dtv

GÜNTER OGGER

Die Diktatur der MORAL

Wie »das Gute« unsere Gesellschaft blockiert

Deutscher Taschenbuch Verlag

Dieses Buch ist auch als E-Book erhältlich.

FSC
www.fsc.org
MIX
Papier aus verantwortungsvollen Quellen
FSC® C014496

Originalausgabe 2015

Umschlagkonzept: Balk & Brumshagen
Umschlaggestaltung: Katharina Netolitzky
Gesetzt aus der Concorde 9,25/11,95˙
Satz: Greiner & Reichel, Köln
Druck und Bindung: GGP Media GmbH, Pößneck
Gedruckt auf säurefreiem, chlorfrei gebleichtem Papier
Printed in Germany · ISBN 978-3-423-28053-2

Inhalt

Prolog
Moral mit Behinderung

Die Begegnung, die meinen Blick auf die Welt veränderte, fand im Parkhaus statt. Es war Freitagnachmittag, und ich hatte einen Notartermin in der Münchner Innenstadt. Mein Lieblingsparkhaus war ziemlich neu und ziemlich besetzt. Suchend kurvte ich von Etage zu Etage nach unten, dann wieder nach oben.

Frei waren nur die Behindertenplätze, und davon gab es jede Menge. Also stellte ich meinen Wagen auf einem Platz ab, über dem ein gelbes Schild hing: Reserviert für Behinderte. Ich hatte ein schlechtes Gewissen, obwohl ich kurz nach einer Rücken-OP auch nicht ganz frei von Behinderung war. Das rechte Bein schmerzte, aber ich hatte keinen Behindertenausweis.

Als ich mich davonmachen wollte, kam ein älteres Paar auf mich zu. Die Frau, Mitte 50, Typ Studienrätin, deutete mit dem Finger strafend auf das gelbe Schild über mir:

»Sie wissen schon, dass dies ein Platz für Behinderte ist?«

»Ja, ich kann lesen.«

»Und Sie stellen sich trotzdem hin?«

»Ja.«

»Damit nehmen Sie einem behinderten Menschen die Möglichkeit zur Mobilität.«

»Ich weiß. Aber in diesem Haus werden so viele Behindertenplätze frei gehalten, dass es auf einen wohl nicht ankommt.«

»Sie sollten sich schämen!« Sprach's und ging mit ihrem Begleiter kopfschüttelnd von dannen.

Ich stand wie ein begossener Pudel da und dachte nach. Die Frau hatte recht – und ich hatte einen Termin. Plötzlich steht einem die Moral gegenüber, und sämtliche Argumente, die man im Hinblick auf das Gebot der Fairness vorbringen könnte, wirken so schal wie aufgewärmtes Bier. Erst vor kurzem war ein höchstrichterliches Urteil verkündet worden, das meine Parksünde straffrei stellte. In einem privaten Parkhaus muss zwar ein bestimmter Prozentsatz der Stellplätze für Behinderte frei gehalten werden, doch da hier die StVO nicht gilt, bleibt die Fehlbelegung ohne juristische Folgen. Ich hatte mich nicht strafbar gemacht, war aber dennoch im Unrecht. Das hätte ich der Frau sagen können, wenn es mir rechtzeitig eingefallen wäre.

Mein Verstoß gegen die Moral öffnete mir die Augen. Die Schmerzen im Bein zählten, weil ohne Bescheinigung, so wenig wie das Wissen um die Rechtslage. Wer die Moral auf seiner Seite hat, ist immer im Recht. Frau Studienrätin war unangreifbar. Früher hätte ich die Frau ohne ein Wort stehenlassen und mir höchstens gedacht: Was geht die das an, soll sie sich doch um ihren eigenen Kram kümmern. Als Wirtschaftsjournalist war ich daran gewöhnt, alles und jedes unter ökonomischen Aspekten zu sehen. Um Geld zu verdienen, stand man morgens auf und ging mit dem Gedanken, morgen noch mehr zu verdienen, am Abend ins Bett. Ums Geld drehte sich einfach alles, und wer vorgab, ihm ginge es um eine tolle Produktidee, um den Nutzen für den Kunden, um eine saubere Umwelt, um soziale Gerechtigkeit, ums Weltklima oder auch nur um bessere Nachbarschaft, den hielten viele für einen Lügner. Jeder wollte seinen Vorteil und sonst nichts. Schlagartig wurde mir in diesem Parkhaus bewusst, wie sehr sich die Welt verändert hat. Die Moral ist zurück, und sie sitzt in jedem von uns. Doch inzwischen sind mir einige Zweifel gekommen. Die Frau im Parkhaus zum Beispiel. War sie wirklich um die behinderten Menschen besorgt, die nun vergeblich nach einem Parkplatz Ausschau hielten? Oder wollte sie sich nur wichtigmachen? Vielleicht freute sie sich über die Gelegenheit, jemand anderen maßregeln zu können?

Ich wusste es nicht, und je mehr ich darüber nachdachte, desto mehr reizte mich das Thema. Und wenn man erst begonnen hat, die Moral der Menschen ernst zu nehmen, dann bekommen die Ereignisse plötzlich einen neuen Sinn. Die veränderte Sprache zum Beispiel. Die früher so geläufigen Abwertungen für Türken, Polen, Russen waren aus dem offiziellen Sprachgebrauch verschwunden. Nun gab es nur noch Menschen mit Migrationshintergrund und Zigeuner hießen Sinti oder Roma. Von Idioten sprach keiner mehr, nur noch von bildungsfernen Schichten. Überall hörten die Leute auf, Tiere zu essen; in Bayern wich sogar der beliebte »Schweinsbrohn« auf dem Teller hie und da dem Tofu-Schnitzel. Gleichzeitig fingen die Jugendlichen an, Jeans,

T-Shirts und Turnschuhe im Dritte-Welt-Laden einzukaufen und auf die Herkunft der Klamotten zu achten.

Das Magazin der ›Süddeutschen Zeitung‹, stets am Puls der jüngeren Leserschaft, startete eine Endlos-Serie zu moralischen Themen. Rainer Erlinger, Jurist und Mediziner, beantwortete Fragen wie diese: »Neulich bekam ich an der Kasse des Supermarkts ein Paket Kaffee geschenkt, irgendeine neue Sorte. Ich kaufe grundsätzlich aber nur fair gehandelten Kaffee. Nun habe ich den geschenkten Kaffee zu Hause, den ich nur mit schlechtem Gewissen trinken kann, weil ich an die Kaffeepflücker denken muss, die für einen Hungerlohn die Bohnen ernten müssen. Andererseits nützt es ja auch nichts, den Kaffee wegzuwerfen. Hätte ich das Geschenk im Supermarkt nicht annehmen dürfen?« Dr. Erlingers Antwort: den Kaffee an jemanden weiterschenken, der diese Sorte mag.

Unter Erwachsenen war die Moral nicht weniger gefragt. In der Bilanzpressekonferenz bei Siemens war plötzlich vom »Corporate Sustainability Report« die Rede, in welchem der Konzern treuherzig versicherte: »Nachhaltigkeit bedeutet für uns, im Sinn künftiger Generationen verantwortungsbewusst zu handeln – wirtschaftlich, ökologisch und sozial.« Ich rieb mir die Augen. Dieser Laden, der noch vor kurzem wegen milliardenschwerer Korruption am Pranger stand, verantwortungsbewusst? Wenig später bei der Deutschen Bank: Anshu Jain und Jürgen Fitschen, die neuen Vorstandschefs, beschworen den Kulturwandel, den sie ihrem wegen tausenderlei Sauereien in die Bredouille geratenen Haus verordnet hatten. Schuldige wurden entlassen, 50 Topbanker nach Köln ins Seminar eines Ethikprofessors entsandt. Was war da los in der deutschen Wirtschaft?

Etwas spät, zugegeben, begriff ich die ungeheure Macht der Moral. Für viele meiner Generation, geboren im Krieg, aufgewachsen in der Adenauer-Republik, spielten moralische Fragen nur eine marginale Rolle. Wir waren fasziniert von der Technik, der Machbarkeit, der Dynamik wirtschaftlicher Prozesse. Über die Gutmenschen, die ab den 70er Jahren vor den Folgen der Ausbeutung des Planeten und der Überlastung des Ökosystems warnten, machten wir uns lustig.

Müslifresser oder Birkenstöckler nannten wir sie, und ihre Untergangsszenarien nahmen wir nicht ernst. Doch Atomkraftgegner und Friedensmarschierer gründeten bald eine Partei und begannen, die Politik aufzumischen. Noch immer hielten wir sie, irren ist menschlich, für eine vorübergehende Randerscheinung.

Völlig unterschätzten wir den Einfluss der Gutmenschen auf das Denken unserer Kinder und Enkel. Für die neue »Millenniums«-Generation, im Wohlstand aufgewachsen, hatte das Schaffen und Raffen nur noch begrenzten Reiz. Die Söhne und Töchter der Nachkriegsgeneration achteten auf ökologisch korrekte Labels und waren ergriffen vom Elend dieser Welt. Mehrsprachig erzogen, lernten viele von ihnen die Lebensumstände in Afrika, Asien, Südamerika kennen und verglichen sie mit dem Reichtum in ihrer Heimat. Mit ihnen begann der Siegeszug der Moral.

Die Finanzkrise, ausgelöst von der Politik des US-Präsidenten Bill Clinton, der jedem Amerikaner sein eigenes Haus versprach, besorgte den Rest. Die gewissenlosen Finanzartisten an der New Yorker Wall Street wie in der Londoner City, die aus den Hypotheken amerikanischer Geringverdiener pekuniäre Massenvernichtungswaffen machten und die ganze Welt damit infizierten, zerstörten das Vertrauen der Menschen in das System der freien Märkte. Überall auf dem Globus begannen die Leute, sich nach mehr Gerechtigkeit, mehr Anstand, mehr Moral zu sehnen.

Die Macht der Moral ist gewaltig, furchterregend und rätselhaft. Man weiß nicht, woher ihre immensen Kräfte stammen, noch kennt man den Mechanismus, der sie zündet. Sie steckt in uns, wird jahrelang nicht benötigt im sozialen Überlebenskampf um Beruf, Partnerschaft, sozialen Status, und dann genügt ein einziges, unbedeutendes Ereignis, und es fällt einem wie Schuppen von den Augen. Menschen mit Moral, das wissen wir aus der Literatur wie aus dem richtigen Leben, sind stärker und zufriedener als die anderen. Und wenn sie eine Wertegemeinschaft bilden, sind sie unbesiegbar.

Es war die wiedererwachte Moral, die den mächtigsten Geheimdienst der Welt in die Knie zwang. Edward Snowden, der Whistleblower, fühlte sich seinem Gewissen und sonst niemandem verpflichtet, als er die Menschheit über die Überwachungspraktiken der amerikanischen National Security Agency informierte. Genau wie Bradley Manning, der sich nach einer

Geschlechtsumwandlung Chelsea nannte. Er brachte die Foltermethoden der US-Army im Irak wie auf dem Militärstützpunkt Guantánamo auf Kuba ans Licht der Öffentlichkeit, wurde dafür unter schwer erträglichen Bedingungen eingesperrt und schließlich von einem Militärgericht zu 35 Jahren Haft verurteilt.

Die Energie, die ihrer Moral verpflichtete Menschen entwickeln, zeigt sich überall in der Welt. Sie explodierte im Arabischen Frühling und verjagte in der Ukraine den Kleptokraten Janukowitsch, sie krempelt die größten Banken, die gewaltigsten Konzerne um, zwingt Regierungen zum Kurswechsel und verändert die Bedingungen für nahezu sämtliche Aktivitäten. Ob der Sport dem Doping den Kampf ansagt, die Staaten gegen Steuerflucht mobilmachen, Regierungen die Energiewende einleiten, ob Staatsanwälte korrupte Manager auf die Anklagebank zwingen, stets geschieht dies aus Gründen der Moral.

Doch wo die Moral ihre Macht zeigt, ist die Heuchelei nicht weit, und manchmal fällt es schwer, den Unterschied zu erkennen. Auch die Skandale der jüngeren Zeit, vom gestürzten Bundespräsidenten über den der Pädophilie verdächtigten Abgeordneten bis hin zum wegen Steuerbetrugs eingesperrten Fußballpräsidenten, sind nicht frei von fragwürdigen Begleiterscheinungen. Denn unterm Deckmantel der Moral lässt sich trefflich der eigene Vorteil verbergen.

Darum geht es in diesem Buch.

Kapitel I
Vom Egoismus zum Moralismus

Das Gute – dieser Satz steht fest –
ist stets das Böse, das man lässt.
Wilhelm Busch

Wenn uns ein Glaube eint, dann ist es dieser: Die Welt ist schlecht, und wir sind es auch. Wir: Das sind die Menschen in den Demokratien der westlichen Welt, die ihren Lebensweg selbst bestimmen und für sein Ge- oder Misslingen Verantwortung tragen. Wir gehen davon aus, dass man die Ellbogen ausfahren muss, wenn man sich im wirtschaftlichen und sozialen Wettbewerb behaupten will.

Unseren Mitmenschen begegnen wir mit Vorsicht, weil wir, bis zum Beweis des Gegenteils, in jedem einen potentiellen Feind, Rivalen, mindestens aber einen Störenfried vermuten. Konkurrenten machen wir, so gut es geht, platt, und mit den Arbeitskollegen verkehren wir nur so lange freundlich, wie sie uns nützlich sind. Dem direkten Vorgesetzten dienen wir uns beflissen an, auch wenn wir ihn für ein Arschloch halten. Wir wollen nach oben, und dafür ist uns jedes Mittel recht.

Effizienz bestimmt unser Leben, denn wir wähnen uns in einer Gesellschaft von Egoisten und pflegen, um nicht unterzugehen, den Egoisten in uns. Klamotten, Schuhe oder Einrichtungsgegenstände erstehen wir grundsätzlich im Ausverkauf, beim Auto handeln wir zweistellige Rabatte aus, und das Konto lassen wir kostenlos von der Direktbank führen. Wir sind ja nicht blöd.

Deshalb finden wir auch nichts dabei, in der Steuererklärung bei den Fahrten zum Arbeitsplatz ein paar Kilometer zu viel abzurechnen oder private Bewirtungen steuermindernd abzusetzen. Kontrolliert doch eh niemand. Dass wir die polnische Putzfrau wie die ukrainische Pflegerin für die Oma steuertechnisch unter den Tisch fallen lassen, versteht sich von selbst. Das bisschen Schwarzarbeit am Wochenende verdient ja ohnehin keine Erwähnung. Mitunter vergessen wir auch, die Einnahmen aus einem Nebenjob anzugeben, und im Kaufhaus kann es schon mal vorkommen, dass wir nicht wirklich jeden (!) der mitgenommenen Artikel auf den Kassentisch legen.

Gegen den Nachbarn gehen wir gerichtlich vor, wenn das Laub von seinem Baum auf unser Grundstück fällt oder wenn er seine Hundehütte zu nahe an unserem Zaun aufstellt. Ansonsten zahlen wir pünktlich die Miete, gehen ordentlich zur Wahl und lassen uns nichts zuschulden kommen.

Politiker halten wir grundsätzlich für korrupt, aber den zuständigen Polizisten bringen manche an Weihnachten immer ein paar Geschenke auf die Wache. Unsere Kinder warnen wir vor den Gefahren des Internets, aber unter der IP-Adresse dieses notorischen Intriganten im Büro verschicken wir schon mal eine kompromittierende E-Mail an den Chef. Kurz: Wir sind für alles, was uns und gegen alles, was anderen nützt.

Dumm nur, dass das Optimieren der Ich-AG in letzter Zeit immer weniger gut gelingt. Die Kollegen sind mittlerweile genauso ehrgeizig wie wir, die Beförderungslisten werden zentral von der Personalabteilung abgesegnet, und die geschäftliche Konkurrenz rüstet gewaltig auf. Bei der Schnäppchenjagd treffen wir auf die spitzen Ellbogen der anderen, und der Service bei der Direktbank ist gestrichen. Mit dem Finanzamt gibt es, wie mit der Krankenkasse, wegen lächerlicher Beträge Zoff, und in den Kaufhäusern hängt an jeder Ecke eine Überwachungskamera. Das Leben als Egoist wird allmählich ungemütlich, und das scheint sich herumgesprochen zu haben.

Fast täglich servieren uns die Medien Schreckgeschichten aus der finsteren Welt des Kapitalismus. Mal geht es um den manipulierten Libor-Zinssatz, mal um Betrügereien am Bankschalter, mal um verbotene Preisabsprachen beim Bier, mal um einen Schmiergeldskandal, mal um manipulierte Siegerlisten beim ADAC. Die Welt ist schlecht, und wir sind es auch. Doch ist das wirklich so? Oder sind die nicht enden wollenden Berichte über Betrug und Korruption, Doping und Steuerhinterziehung, Mobbing, Entmietung und Dumpinglöhne in Wahrheit nicht eher Beweise des Gegenteils? Beweise der Empörung einer nach moralischen Werten und Vorbildern lechzenden Gesellschaft?

Es könnte doch sein, dass wir heute sensibler auf die Fouls von

Politikern, Managern und Bankern reagieren als die Generationen vor uns, weil wir klüger geworden sind. Weil wir erfahren haben, wie schädlich korrupte Führungsfiguren für die Gesellschaft sind. Vielleicht ist auch die Justiz effektiver, sind die Medien aufmerksamer, ist das Publikum sachkundiger geworden. Vielleicht ist unser Gefühl für Fairness und Gerechtigkeit ausgeprägter und die Toleranz gegenüber Regelverletzern geringer geworden.

Dieses Buch will dem Verdacht nachgehen, dass unser Land, ebenso wie die meisten Nationen, mit denen wir uns vergleichen, dem Kapitalismus längst entsagt hat, mehr noch: dass es in Wahrheit von einem neuen Moralismus befallen wurde. Einem Moralismus, von dem man nicht so genau weiß, was er bezweckt, wem er nützt und wohin er führt. Einem Moralismus auch, der nicht ganz ungefährlich ist, denn im Namen der Moral lassen sich trefflich die eigenen Interessen befördern, wie zahlreiche Affären der jüngeren Zeit bewiesen haben. Ob Klimawandel, Gleichstellung, Homo-Ehe, Israel-Tabus, Putin-Bashing, NSA-Überwachung, Veggie-Day, Migration – hinter vielen moralingetränkten Aufregerthemen stecken handfeste Gruppeninteressen.

EGOISTEN WERDEN GEÄCHTET Die Stimmung ist umgeschlagen. Immerhin lehnen in einer dem Anschein nach so egoistischen Gesellschaft wie der unseren 77 Prozent der Bevölkerung den »Raubtierkapitalismus« amerikanischer Prägung ab – so das Ergebnis einer repräsentativen Dimap-Infratest-Meinungsumfrage vom Herbst 2013. Dafür wollen wir andere Nationen, von Afghanistan über den Irak bis zur Ukraine, gern mit unseren »Werten« beglücken, auch wenn die ihre eigenen Vorstellungen von einem guten Leben haben.

Soziale Gerechtigkeit ist in Deutschland den meisten Menschen offenbar wichtiger als materieller Erfolg. Egoisten werden nicht mehr bewundert, sondern müssen mit gesellschaftlicher Ächtung rechnen. Gesetzesverstöße werden, anders als in der jüngeren Vergangenheit, gnadenlos geahndet. Doch auf welcher Ethik fußt die Attacke gegen die Ungleichheit? Auf der der Zehn Gebote, auf der Nikomachischen Ethik des Aristoteles, auf dem kategorischen Imperativ Immanuel Kants, auf der amerikanischen Unabhängigkeitserklärung? Fragen über Fragen und keine Antwort.

Streng gehen die Moralisten mit der Wirtschaft um. Unternehmen wie Siemens, Daimler oder Deutsche Bank werden gezwungen, für die Bekämpfung der Korruption Milliarden Euro auszugeben und amerikanischen Anwälten Einblicke in ihre intimsten Daten zu gewähren, derweil die ausländische Konkurrenz sich ins Fäustchen lacht und weiterhin Geschäfte mit Kunden von zweifelhaftem Ruf macht. Polizei, Zoll und Justizbehörden rüsten personell und technisch auf, um Lohndumping, Preisabsprachen und andere Verfehlungen zu unterbinden.

Während die Buchhandlungen noch überquellen von Kapitalismuskritiken und Krimis, in denen gesellschaftliche Missstände angeprangert werden, haben sich die Machtverhältnisse in den westlichen Demokratien, ohne dass es groß auffiel, grundlegend verändert. Nicht mehr Banken, Konzerne oder deren Großaktionäre geben den Ton an, sondern die Sittenwächter aus Justiz, Medien und Internet. Der Shitstorm ersetzt das Femegericht im Mittelalter. Und wie damals werden Kreuzzüge geführt, gegen Modemarken, die ihre Klamotten in Billiglohnländern nähen lassen, gegen Agrarkonzerne, die die Gentechnik nutzen wollen, gegen Energieversorger, die Kohlekraftwerke betreiben.

Ein Medienmogul wie Italiens Expräsident Silvio Berlusconi verlor nicht nur die politische Macht, sondern jegliches Ansehen und einen Teil seines Vermögens. In Griechenland wanderten Minister und Milliardäre in den Knast, in Spanien stehen sogar Mitglieder des Königshauses vor Gericht, die Briten sperren dutzendweise Boni-Banker ein, und die US-Regierung presst Großbanken wie JP Morgan und Credit Suisse zweistellige Milliardenbeträge ab, als Buße für betrügerische Finanzgeschäfte. In China wurde der milliardenschwere Konzernchef Liu Han wegen Korruption und Verbindungen zur Mafia zum Tode verurteilt. Deutschland begnügte sich vorläufig damit, einen Bundespräsidenten wegen einer gesponserten Hotelübernachtung im Wert von 720 Euro aus dem Amt zu jagen.

Man mag den neuen Moralismus mögen oder nicht, auf jeden Fall aber dürfte es sich lohnen, ihn ein wenig genauer anzusehen. Denn er wird unser aller Leben im 21. Jahrhundert prägen. Haben die öffentlichen Attacken auf Politiker, Banker, Manager, Sport- und Showstars überhaupt etwas mit Moral zu tun oder handelt es sich nicht eher um Racheakte der Geprellten? Um geheuchelte Aufregung der Medien, die um Quoten und Auflagen kämpfen? Ist die Stimmung im Volk tatsächlich gekippt, seit Mittel- und Unterschichten von Absturzängsten geplagt werden? Oder soll die Jagd auf die Eliten von den eigenen Fehlern und Versäumnissen ablenken?

Noch gibt es keine seriöse Untersuchung zu dem Thema, doch an einzelnen Beispielen wird klar, wie vielschichtig und spannend der Wertewandel in den Demokratien des Westens abläuft. Die Causa Hoeneß etwa hat auf den ersten Blick wenig mit Moral zu tun, und doch ist sie symptomatisch für die Empfindsamkeit der Nation, wenn es um Geld und Gerechtigkeit geht. Da wollte einer, aus Angst, erwischt zu werden, mit der Selbstanzeige der Bestrafung wegen Steuerhinterziehung entgehen, und das ging daneben. Aus.

PROMI-MALUS STATT PROMI-BONUS Was den Fall interessant macht, ist die Reaktion der Öffentlichkeit darauf. Schadenfreude wallt zwar immer auf, wenn es einen Promi erwischt, doch diesmal kochte die Volksseele, falls es so etwas gibt, vollends über. Hass und Häme schlugen dem zuvor von Feind und Freund gleichermaßen geschätzten Präsidenten des FC Bayern entgegen, wo immer er sich in einem Fußballstadion blicken ließ. Per Post und E-Mail erreichten ihn sogar Morddrohungen. In den einschlägigen Internetforen entledigten sich die Fans der von den Hoeneß-Kickern sportlich gedemütigten Clubs ihres Frusts mit brachialen Kraftausdrücken; die Leitartikler der Gazetten beklagten den Verfall der Steuermoral, Politiker jeder Couleur forderten schärfere Gesetze gegen Steuerflucht, und die Finanzämter wurden überrollt von einer Lawine von Selbstanzeigen.

Speziell um diesen Effekt war es wohl jenem Denunzianten aus der Finanzverwaltung gegangen, der, unterm Bruch des Steuergeheimnisses, einem Reporter des Magazins ›Focus‹ verriet, dass aus Hoeneß' Wohnort Miesbach beim Finanzamt Rosenheim eine Selbstanzeige angekommen war. Als die Sache dann die Gemüter erhitzte, mussten sich die Staatsanwälte, ähnlich wie im Fall des ehemaligen Bundespräsidenten Christian Wulff, gegen den Vorwurf schützen, bei »Großkopferten« Milde walten zu lassen. Also zogen sie das Verfahren bis zur öffentlichen Verhandlung durch, während der Beschuldigte Anzeige gegen Unbekannt einreichte.

Fand der zu dreieinhalb Jahren Gefängnis verurteilte Uli Hoeneß wenigstens bei den Fans und Förderern seines Clubs noch ein wenig Rückhalt, so war die Oberfeministin Alice Schwarzer den Attacken der Medien schutzlos ausgeliefert, nachdem durchgesickert war, dass sie ein millionenschweres Schwarzgeldkonto in der Schweiz unterhielt. Mit voller Wucht entlud sich der neue Moralismus über der Symbolfigur der Frauenbewegung, ungeachtet ihrer Verdienste um die Gleichstellung von Mann und Frau. Hat der Zorn des Volkes ein Opfer gefunden, kennt er weder Erbarmen noch Vergebung; es gilt Rache zu nehmen für die Ungleichheit der Gleichen.

Galten Steuervergehen früher als Kavaliersdelikte, die dem Verursacher nicht selten Komplimente ob seiner Cleverness einbrachten, so reagiert die Öffentlichkeit heute mit Abscheu und Verachtung. Der Medienhype um Hoeneß und Schwarzer ist, so scheint es, ein Abgesang auf die EGO-Republik. Nicht mehr der Mensch, der Bemerkenswertes geleistet hat, zieht die Aufmerksamkeit auf sich; man sieht nur noch den Sünder, der den Staat und damit die Allgemeinheit betrogen hat.

Ähnlich verhält es sich mit der Welle der Umbenennungen von Straßen, Plätzen, Schulen. Häufig handelt es sich um Namen von Leuten, denen eine Verstrickung in die Verbrechen des Dritten Reiches vorgeworfen wird. So wehrte sich das Gymnasium im siegerländischen Kreuztal gegen den Namen seines langjährigen Sponsors Friedrich Flick, der schon vor den Nazis Deutschlands erfolgreichster Konzernschmied war und in der Nachkriegszeit wieder zum bedeutendsten Privatunternehmer aufstieg, nachdem er in Nürnberg als Kriegsverbrecher verurteilt worden war. Im Urteil der Schüler wiegen Flicks 12 Nazi-Jahre schwerer als seine unternehmerischen Qualitäten. Aus dem gleichen Grund lehnen die Schüler des Wernher-von-Braun-Gymnasiums in Friedberg bei Augsburg ihren Namenspatron ab, der nicht nur Hitlers V2-, sondern auch Kennedys Saturn-V-Rakete baute, mit denen der Amerikaner Neil Armstrong im Jahr 1969 als erster Mensch den Mond erreichte.

Metro-Gründer Otto Beisheim wollte dem Gymnasium Tegernsee 2005 eine Spende über 10 Millionen Euro zukommen lassen. Einzige Bedingung: Die Schule sollte fortan seinen Namen tragen. Doch dann stießen sich Lehrer, Schüler und deren Eltern an dem Umstand, dass der Spender als junger Mann Mitglied der Waffen-SS war. Das Gymnasium wollte die Spende deshalb nur noch annehmen, wenn Beisheim genau erklärte, was er in dieser Zeit getan hatte. Der erzürnte Milliardär, der bei Kriegsende gerade mal 21 Jahre alt war, zog seine Zusage zurück.

Unerbittlich fängt die Gesellschaft ihre Überflieger ein, gleich welche Verdienste sie sich erworben haben. Durften Politiker, Manager, Sport- oder Showstars bei Fehltritten bisher mit pfleglicher Behandlung durch Justiz und Medien rechnen, so stehen sie inzwischen unter verschärfter Beobachtung. Es kann ja wohl nicht mit rechten Dingen zugegangen sein, wenn einer soooo viel Erfolg hat. Statt des Promi-Bonus gibt es jetzt den Promi-Malus, und das sagt mehr über die Stimmungslage der Nation aus als manche Meinungsumfrage.

MORAL ALS ZUCHTMEISTER Als sich Sport-Heroen wie Franz Beckenbauer, Boris Becker oder Michael Schumacher dem Zugriff des deutschen Fiskus entzogen, da tat dies ihrer Beliebtheit (und ihren Werbeeinnahmen) keinen Abbruch, weil es in einer Zeit geschah, die mehr nach Helden als nach sozialer Gerechtigkeit verlangte. Zwar mussten auch sie manch hämischen Kommentar einstecken, doch ihrem Image hat dies kaum geschadet. Die Nation bangte um Michael Schumacher, nachdem er sich im Dezember 2013 beim Skifahren eine schwere Kopfverletzung zugezogen hatte. Dabei lieferte der in die Schweiz emigrierte Formel-1-Pilot, dessen Vermögen auf rund eine Milliarde geschätzt wird, keinen einzigen Euro beim deutschen Finanzamt ab.

So fremd wie die McCarthy-Ära in den 50er Jahren der USA wirkt aus heutiger Perspektive das Wertesystem der untergegangenen Bundesrepublik. Galt es damals, Anschluss zu finden an die ehemaligen Kriegsgegner, den Wiederaufbau des zerstörten Landes zu finanzieren, Geld zu verdienen, um sich wieder das Nötigste leisten zu können und ein paar Spargroschen beiseitezulegen für schlechte Zeiten, so plagen den Wohlstandsbürger von heute ganz andere Sorgen. Er macht sich Gedanken um die Umwelt und um Menschen, denen es schlechter geht als ihm. Vor allem aber fragt er sich, warum es manchen besser geht als ihm. Die ungleiche Verteilung des Wohlstands, Systemfehler des Kapitalismus, stärkt die Macht der Moral.

Gilt die Religion, frei nach Lenin, als Opium fürs Volk, so dient ihm die Moral als Zuchtmeister. Das Gleichheitsprinzip verlangt heute nach strenger Kontrolle der Eliten. Statt auf Kommunisten, wie in Zeiten des Kalten Krieges, macht der Staat heute Jagd auf Steuer- und Umweltfrevler, und mit der ganzen Wucht seiner Verwaltungs- und Überwachungsmaschinerie versucht er das Leben der Bürger bis ins kleinste Detail zu regulieren. Das Merkwürdige daran: Die Betroffenen, jedenfalls die Mehrheit unter ihnen, finden dies in Ordnung.

Dass eine honorige Politikerin wie Annette Schavan in ihrer Doktorarbeit möglicherweise ein paar Quellen zu wenig angegeben hat, erregt die Bürger mehr als die Totalüberwachung durch den US-Geheimdienst NSA. Vieles von dem, was heute als Ärgernis empfunden wird, war in der alten Bundesrepublik kein Thema, und manches, was damals als selbstverständlich galt, erhitzt heute die Gemüter. Die Tendenz zur Beschneidung der individuellen Freiheit aber ist unverkennbar.

Erinnern wir uns: Es gab einmal eine Zeit in Deutschland, da galt das Bestechen von Auftraggebern als selbstverständliche Kunst, die jeder Außendienstler zu erlernen hatte. Im Fall des Falles kam nicht der Compliance Officer und nicht der Staatsanwalt, sondern der Steuerberater, der einem schnell erklärte, wie man die Kosten der Schampuskiste, die ein guter Kunde gerade erhalten hatte, als »nützliche Aufwendung« von der Steuer absetzen konnte. Niemand fand etwas Ehrenrühriges dabei. Warum auch? Mit Vitamin B eroberten Siemens & Co. den Weltmarkt, und die Wirtschaft lief wie geschmiert. Der Bestechungsparagraf 299 wurde erst am 19. Juni 1997 ins Strafrecht aufgenommen und in mehreren Schritten so weit verschärft, dass heutzutage nicht mal mehr Müllmänner oder Postboten an Weihnachten beschenkt werden dürfen. Von Sanktionen ausgenommen sind lediglich nichtbeamtete Politiker.

Es gab einmal eine Zeit in Deutschland, da drückte die Staatsgewalt ein Auge zu, wenn ein guter Steuerzahler ein paar der im Ausland erzielten Erlöse bei der Addition seiner Einnahmen vergessen hatte. Stärkte die stille Reserve doch die Finanzkraft des Sünders und half ihm in schweren Zeiten über die Runden.

Sorgfältig achteten die Bundesländer darauf, dass die Zahl der Steuerfahnder in einem der Wirtschaft zuträglichen Verhältnis zu den Steuerpflichtigen blieb, denn die Finanzminister wussten: Geld ist ein scheues Reh, das schnell verschwindet, wenn man garstig zu ihm ist. Steuervermeidung galt als Denksportaufgabe, und viele im Lande fühlten sich ihr gewachsen.

WER ZWEI MAL MIT DERSELBEN PENNT ... Es war eine SPD-geführte Regierung – der Finanzminister hieß Hans Eichel –, die das fröhliche Treiben anno 2004 mit einer Amnestie sanktionierte. Weil diese nur ein mageres Ergebnis brachte, wurde die Staatsgewalt zornig. Zu spüren bekam dies der oberste Postbeamte Klaus Zumwinkel, der am 14. Februar 2008 vor laufenden TV-Kameras von Steuerfahndern abgeführt wurde, weil sein Name samt Kontonummer auf einer vom Finanzministerium angekauften CD aus Liechtenstein verzeichnet war. Auch dies darf als gewollter Bruch des Steuergeheimnisses gewertet werden, denn der anonyme Anruf, der die Reporter des ZDF zu Zumwinkels Privathaus nach Bonn in Marsch setzte, kam aus Berlin. Seither streiten die Juristen, ob es statthaft ist, dass ein Staat wie Deutschland gestohlene Hehlerware – in diesem Fall Datenträger – ankaufen darf, um seinen Bürgern nachzustellen. Verteidiger der CD-Ankäufe wie NRW-Finanzminister Norbert Walter-Borjans argumentieren, jedes Mittel sei ihnen recht, wenn es dazu dient, Schaden von der Allgemeinheit abzuwenden. Mit ähnlichen Worten legitimiert übrigens US-Präsident Barack Obama die Folterpraxis im Gefangenenlager Guantánamo auf Kuba und die Überwachung von Angela Merkels Handy.

Es gab einmal eine Zeit in Deutschland, da wollte man nicht die Welt retten, sondern reich werden – oder wenigstens Karriere machen. Der soziale Aufstieg war das Gesellschaftsspiel, das alle fesselte. Millionen machten mit, und am Ende gab es viele Sieger und wenige Verlierer. Wer sich nicht allzu dusslig anstellte, brachte es zu einem schwarz gebauten Häuschen, einem hoch rabattierten Auto und einem gut gefüllten Schweizer Bankkonto. Umweltschutz war ein unbekanntes Wort, und für die Armen in Afrika interessierte sich nicht mal der Entwicklungshilfeminister.

Es gab einmal eine Zeit in Deutschland, da ließ man es krachen. Die Studenten handelten nach dem Motto: Wer zwei Mal mit derselben pennt, gehört schon zum Establishment, und auch die erwachseneren Bürger nahmen es mit dem Treuegelöbnis nicht allzu genau. In Büchern, Zeitungen und Zeitschriften wurde die sexuelle Befreiung gefeiert; Aufklärer wie Oswalt Kolle leisteten Orgasmushilfe, und die Frauen beanspruchten das Recht auf sexuelle Erfüllung. Die Sekretärinnen – damals wimmelte es in den Büros nur so davon – waren hübsch, die Ehefrauen ahnungslos. Im Ernstfall drohte die Scheidung, aber kein Femegericht im Internet. Heute können Trennungen zu finanziellen Katastrophen führen, wenn die Partner uneinsichtig sind. Gezielte Indiskretionen, wie im Fall des Goldman-Sachs-Bankers Alexander Dibelius, rufen die Steuerbehörden auf den Plan und erhöhen den Druck auf den vermögenderen Partner.

Damals war es undenkbar, dass eine Firma verklagt wurde, nur weil der Chef ein paar anzügliche Bemerkungen über die körperlichen Vorzüge einer Mitarbeiterin losgeworden war. Die Dresdner Bank – inzwischen Teil der Commerzbank – kosteten die kessen Sprüche einer Führungskraft 1,4 Millionen US-Dollar Schadensersatz. Die Klägerin in New York hatte behauptet, ihr Vorgesetzter habe sie, in Anspielung auf eine vollbusige US-Schauspielerin, »als Pamela Anderson der Handelsabteilung« tituliert.

Es gab einmal eine Zeit, da hieß der Kanzler Willy Brandt, und der hatte nicht nur eine Vorliebe für guten Cognac (Spitzname: »Willy Weinbrandt«), sondern auch für gutaussehende Journalistinnen, was schließlich zur Scheidung von seiner Frau Rut führte. Während sich die männlichen Kollegen das Maul zerrissen, blieben die Feministinnen cool, denn Willy war sakrosankt. 40 Jahre später wurde der FDP-Politiker Rainer Brüderle zum Gespött der Nation, nur weil er spätabends an einer Hotelbar einer Journalistin vom ›Stern‹ ein zweifelhaftes Kompliment gemacht hatte.

Es gab einmal eine Zeit, da mischten die Grünen die Gesellschaft auf. Eine neugegründete Partei, deren Mandatsträger in Turnschuhen und Kapuzenpullis herumliefen, sich mit Polizisten prügelten und auch politisch die Staatsgewalt bekämpften, wo sie nur konnten. Sie waren für den Frieden, für den Erhalt von Fauna & Flora und gegen die Atomkraft. In Sachen Sexualität hatten sie ihre eigenen Vorstellungen. Eine der Keimzellen der neuen Partei war die Bundesarbeitsgemeinschaft »Schwule, Päderasten und Transsexuelle« (BAG SchwuP), die auf dem Parteitag 1985 in Lüdenscheid »die gewaltfreie Sexualität zwischen Erwachsenen und Kindern« offiziell erlauben wollte. Daniel Cohn-Bendit, kurzzeitiger Kindergärtner und späterer Partei-Hero, freute sich darüber, dass »einige Kinder meinen Hosenlatz geöffnet und angefangen haben, mich zu streicheln« – so sein Bekenntnis in der APO-Zeitung ›Pflasterstrand‹. Heute gerät man schon, wenn man als erwachsener Mann vor einem Kinderspielplatz stehen bleibt, in Verdacht.

AUF DEN PFAD DER TUGEND EINGESCHWENKT Es gab einmal eine Zeit in Deutschland, da waren Ärzte Dreiviertel- oder wenigstens Halbgötter in Weiß. Sie konnten gebrauchte Herzschrittmacher zum Neupreis abrechnen, sich von der Pharmaindustrie zu Fortbildungskursen auf die Bahamas einladen lassen – und genossen dennoch einen tadellosen Ruf. Heute gelten sie als Raffzähne und werden von Krankenkassen wie Finanzämtern gepiesackt, auch wenn sie zu einem Vortrag nur bis Tirschenreuth reisen.

Es gab einmal eine Zeit in Deutschland, da schickten bedenkenfreie Verkaufsgenies ihre Drückerkolonnen aus, um ahnungslosen Kunden schrottreife Immobilien und allerlei zweifelhafte Finanzprodukte anzudrehen. Wer darauf hereinfiel, machte schwere Zeiten durch und hatte die Gewissheit, vielen Banken und noch mehr Rechtsanwälten und Notaren zu schönen Gewinnen verholfen zu haben. Ein Verkaufsgenie mit dem Namen Maschmeyer aber wurde zum Darling der schlechteren Hälfte der besseren Gesellschaft. Im Jahr 2013 hingegen landeten mutmaßliche Anlagebetrüger wie die Herren Stephan Schäfer und Jonas Köller (S+K Immobiliengruppe) schneller hinter Gittern, als sie mit ihren Ferraris flüchten konnten.

Es gab einmal eine Zeit in Deutschland, da galten Priester als in jeder Hinsicht vorbildliche Menschen. Die Diener Gottes wiesen den Gläubigen den richtigen Weg durchs irdische Jammertal, und die folgten ihnen zwar nicht immer kritiklos, doch mit Zuversicht und Vertrauen. Nach den Skandalen um sexuellen Missbrauch von Kindern und Jugendlichen in Kirchen, Klöstern und christlichen Internaten stehen sie unterm Generalverdacht der Pädophilie. Auf Geheiß von Papst Benedikt XVI. mussten 400 von ihnen die Kirche verlassen.

Es gab einmal eine Zeit in Deutschland, da verhökerte der Finanzminister – wieder hieß er Hans Eichel – nicht nur Mobilfunklizenzen zu Wahnsinnspreisen, sondern gleich den bundeseigenen Telekom-Konzern hinzu. Viele Aktionäre, die sich von der hundert Millionen teuren Werbekampagne mit dem beliebten Volksschauspieler Manfred Krug ansprechen ließen, verloren zwar den größten Teil ihres Einsatzes im Börsenlotto, aber die Mehrheit der Deutschen wählte die Partei des raffgierigen SPD-Ministers erneut in die Regierung. Inzwischen tüfteln die Parteien nicht nur an einer Finanztransaktionssteuer, sondern sie deckeln die Vorstandsgehälter, regulieren Bankgeschäfte und machen Geldhäuser bei Falschberatung schadenersatzpflichtig.

Es waren nicht immer schöne, aber abwechslungsreiche Zeiten, und sie sind wohl für immer passé. Unser Land ist auf den Pfad der Tugend eingeschwenkt, und das hat nicht nur erfreuliche Folgen. Schuldenberge müssen abgetragen, Sparpakete geschnürt, Gürtel enger geschnallt werden – Hinterlassenschaft der wilden Jahre. Verdruss macht sich breit, die Verteilungskämpfe nehmen an Heftigkeit zu, und nicht selten werden sie unter dem Vorwand moralischer Gründe geführt. Ehedem zukunftsfrohe Angestellte fürchten den Abstieg ins Prekariat, Sparer bangen ums Eingemachte. Keine Bank, keine Geldanlage gilt mehr als krisenfest, nicht mal das Gold taugt noch als sicherer Hafen.

Auch in der Politik ist nichts mehr so, wie es mal war. Da wird ein Bundespräsident aus dem Amt gemobbt, der sich nichts weiter hat zuschulden kommen lassen, als dass er sich von einem befreundeten Filmproduzenten eine Übernachtung im Münchner Hotel »Bayerischer Hof« spendieren ließ. Wenn er dann diesem Produzenten einen Gefallen tat, indem er bei Siemens anrief, um auf einen geplanten Film über den ehemaligen Siemens-Manager John Rabe hinzuweisen, der ab 1937 in China etwa 200 000 Menschen das Leben gerettet hatte, dann kann das nur in einer aufgeheizten Atmosphäre als Korruption gedeutet werden. Christian Wulff kostete der von übereifrigen Staatsanwälten genährte Verdacht nicht nur das Amt, sondern auch die persönliche Reputation.

Karl Theodor zu Guttenberg galt als erstklassiger Politiker und guter Verteidigungsminister, bis sich herausstellte, dass er seine Doktorarbeit wohl gar nicht selbst geschrieben hatte. Plötzlich spielten seine zuvor hochgeschätzten Fähigkeiten keine Rolle mehr – im Haifischbecken Berlin fielen alle über ihn her. Vor den Nachstellungen selbsternannter Sittenwächter ist inzwischen kein Mandatsträger mehr sicher. Aus dem Hinterhalt der Anonymität heraus überprüfen Unbekannte übers Internet die Lebensläufe von Politikern, Managern oder Hochschullehrern, hacken sich in die Computersysteme von Universitäten, Parteien und Justiz ein, um im Leben der anderen Skandalträchtiges aufzuspüren. Oder sie organisieren den Shitstorm gegen einen Fernsehmoderator, dessen Fragen ihnen nicht gefallen haben. Das alles geschieht im Namen der Gerechtigkeit, und die meisten Menschen in diesem Land spenden Beifall.

SEHNSUCHT NACH DEM STARKEN STAAT Für jedes dieser Ereignisse gibt es, einzeln betrachtet, Erklärungen, die nichts mit der Veränderung des gesellschaftlichen Klimas zu tun haben müssen. Zum Symptom für eine zunehmende Moralisierung der Bevölkerung werden sie im Zusammenhang. Die Rigorosität, mit der heute Verfehlungen einzelner Personen verfolgt und geahndet werden, spricht für einen verschärften Verhaltenskodex. Die Masse will Genugtuung für ihre eigenen schlechten Perspektiven, für drückende Abgabenlasten und geringe Aufstiegschancen.

Wo sind sie geblieben, die bajuwarisch-heitere Lässigkeit, der preußisch-berlinerische Mutterwitz? Die rheinländische Frohnatur? Keiner weiß so ganz genau, wann die Stimmung kippte. Vielleicht war es der 15. September 2008, als die amerikanische Investmentbank Lehman Brothers zusammenbrach und damit die schwerste Finanzkrise der Nachkriegszeit auslöste. Vielleicht fing alles aber schon früher an. Mit dem Auswaschen der Joghurtbecher zwecks Mülltrennung zum Beispiel oder mit der panischen Angst vor dem Waldsterben. Mit der friedensbewegten Petra Kelly und dem Kampf gegen die Castor-Transporte, wer weiß das schon.

Klar ist nur, dass die Befindlichkeiten heute andere sind als eine Generation zuvor. Der Glaube der Menschen an die wohlstandsmehrenden Kräfte dynamischer Märkte ist erschüttert, die Angst vor dem sozialen Absturz übermächtig. Sehnsüchte nach Gleichheit und Gerechtigkeit überlagern den Willen, aus eigener Kraft den sozialen Aufstieg zu bewältigen. Schwarze Wolken umhüllen die Zukunft, die einst mehr Wohlstand, Konsum und Lebensfreude verhieß und heute vor allem demografische Löcher bereithält. Nach zahlreichen Umfragen wünscht sich die Mehrheit der Bundesbürger einen starken Staat, der den Reichen nimmt und den Armen gibt.

Wer nicht der Depression anheimfiel oder sein Burnout-Syndrom im Whirlpool der Rehaklinik ausbadete, verspürte nicht selten Lust, es »denen da oben« mal gründlich zu zeigen. Der Wutbürger trotzte in Stuttgart den Wasserwerfern der Polizei, die ihn vom Bahnhofsgelände pusten wollten, und ließ sich in Frankfurt vom Börsenplatz wegtragen, wo er gegen die Banken demonstriert hatte. Keiner sollte mehr auf Kosten der Allgemeinheit seinen Reibach machen dürfen: weder die Immobilienspekulanten von Stuttgart 21 noch die Reichen, die ihr Geld in den Briefkästen der Steueroasen versteckten, und schon gar nicht jene Bankster, die ihre Boni auf Rechnung der Steuerzahler einstrichen. Das Volk hat die Contenance verloren, die Justiz wandelt auf dem Kriegspfad, und die Medien versuchen, aus der Gemengelage ein Geschäft zu machen. Besonders beliebt sind Talkshows, in denen Niedriglöhner gegen Manager und ihre Konzerne antreten dürfen – aufgestachelt von Moderatoren mit Spitzeneinkommen.

Der Stimmungswechsel blieb keineswegs auf Deutschland beschränkt. Überall in der Welt mehren sich die Zeichen für eine Verschärfung der Sitten und Gebräuche. Dies als Moralisierung zu werten, mag manchem übertrieben vorkommen, doch dass die Bürger mit der zunehmenden Verbreitung des mobilen Internetzugangs sich mehr einmischen als früher, gilt als unbestritten. Die Einmischung in politische, wirtschaftliche oder kulturelle Belange aber geht fast immer einher mit dem Verweis auf moralische Ansprüche. Ob in den Vereinigten Staaten ein Präsidentschaftskandidat einpacken musste, weil seine außereheliche Affäre publik wurde, oder ob in der Ukraine hunderttausende gegen ihre korrupte Regierung auf die Barrikaden gingen, stets spielte die Moral die entscheidende Rolle.

OBSZÖNER REICHTUM DER WENIGEN In den USA machte die Moralisierung selbst vor dem Allerheiligsten des Kapitalismus nicht halt: dem Kapital. Occupy Wall Street nannte sich eine Bürgerrechtsbewegung, die schnell zum Exportartikel gedieh, und Staatsanwälte bliesen zur Jagd auf die Verursacher der Krise. Gauner vom Schlag der Madoffs, Guptas, Rjaratnams landeten zwar rasch hinter Gittern, aber die wahren Schuldigen wie die Blankfeins, Fulds und Greenbergs an der Spitze riesenhafter Finanzinstitute blieben unbehelligt. Nicht wenigen Bürgern im Heimatland des Kapitalismus wurde das Raffen als Lebenszweck suspekt, und statt nach einem der zahllosen »How-to-get-rich«-Titel griffen die Kunden plötzlich wieder vermehrt nach Büchern, die ihnen entweder, wie die ›Fifty Shades of Grey‹, sinnliches Vergnügen, oder, im Fall der Esoterikwelle, spiritistische Erlebnisse verhießen. Was passiert da gerade in den Wohlstandsgesellschaften des Westens, im kommunistischen China wie in den islamisch geprägten Staaten Nordafrikas? Überall besinnen sich die Menschen auf ihre Rechte, sie verlangen nach Gleichheit vor dem Gesetz, nach Teilhabe an den politischen Entscheidungsprozessen, und sie begehren auf gegen Willkürherrschaft, gegen Korruption und die schamlose Bereicherung ihrer Eliten. Und das alles geschieht im Namen einer christlichen, islamischen oder sozialistischen Moral.

Die Berufung auf religiös begründete Wertesysteme fällt zeitlich wohl nicht zufällig zusammen mit dem Ende des Kalten Krieges. Kaum hatte der US-Kapitalismus den Endsieg über den Marxismus errungen, da begannen ihn heftigste Selbstzweifel zu plagen. Anstatt den Wohlstand aller Menschen zu mehren, wie es der amerikanische Traum verhieß, brachte er in den ersten 25 Jahren nach dem Zusammenbruch der Sowjetunion vor allem mehr Ungleichheit hervor. Wenigen Glücklichen bescherte er obszönen Reichtum, die Masse der Amerikaner aber leidet unter sinkenden Einkommen und schrumpfenden Vermögenswerten. Verdiente eine amerikanische Durchschnittsfamilie 1999 noch 57 000 Dollar, so waren es 2012 nur noch 51 000, obwohl die Lebenshaltungskosten in dieser Zeit um 25 Prozent zulegten.

Kein Wunder, dass auch im Mutterland des Kapitalismus die Zustimmung zur »The-winner-takes-it-all«-Ideologie schwindet und die Superreichen um ihre Pfründe und Privilegien fürchten. Nicht anders ist es zu erklären, wenn Milliardäre plötzlich anfangen, sich um die Welt zu sorgen. Bill Gates, der Reichste der Reichen, brachte einen Großteil seines Vermögens in eine Stiftung ein, die sich der Bekämpfung von Tropenkrankheiten wie jener der Armut in den Entwicklungsländern widmet. Zusammen mit dem legendären Investor Warren Buffett, der Nummer zwei auf dem Reichen-Ranking des Wirtschaftsmagazins ›Forbes‹, überredete er 40 weitere Kollegen aus der Milliardärsklasse, wenigstens die Hälfte ihrer Kapitalien gemeinnützigen Zwecken zuzuführen. »The Giving Pledge« heißt die philanthropische Initiative der US-Tycoone, der sich mit Hasso Plattner (Gründer der Softwarefirma SAP) und Nicolas Berggruen (Erbe und Investmentbanker) auch zwei Deutsche anschlossen.

Kaum ein Show- oder Sportstar kann es sich noch leisten, fette Gagen einzustreichen, ohne demonstrativ Gutes zu tun. Und so sammeln sie denn alle für einen edlen Zweck: das Burda-Bambi wie die Goldene Kamera, der vom Krebs genesene Tenor José Carreras wie Fußballkaiser Franz Beckenbauer, der Pop-Barde Peter Maffay wie die Maschmeyer-Gefährtin Veronica Ferres.

Ob es sich dabei lediglich um eine aus den USA importierte Mode zur Imagepflege oder um ein tieferes Bedürfnis des Publikums handelt, das als Preis für seine Aufmerksamkeit die Demutsgeste der Idole fordert, sei dahingestellt. Jedenfalls spricht der Boom an gemeinnützigen Stiftungen, die sich seit einigen Jahren vermehren wie die Pilze im Wald, nicht nur für ein verbessertes Steuerrecht, sondern auch für ein verändertes Wertesystem im Land.

Wenn etwa ein Selfmade-Milliardär wie der schwäbische Unternehmer Reinhold Würth mit hunderten Millionen eine bedeutende Kunstsammlung aufbaut und seine Trophäen in eigenen Museen dem Publikum kostenlos zur Verfügung stellt, dann kauft er sich von dem Verdacht frei, ein Egoist und Steuerhinterzieher zu sein. Er gibt ja der Gesellschaft, die ihm einen enormen Profit ermöglichte, etwas zurück. Und nebenbei wird aus dem Schraubenhändler ein nobler Mäzen.

Clever stiftet auch SAP-Gründer Hasso Plattner. Das von ihm über eine gemeinnützige, also steuerbefreite Stiftung finanzierte Institut für Softwaresystemtechnik an der Uni Potsdam bildet genau jene Leute aus, die sein Unternehmen dringend benötigt: eine schöne Verbindung von Eigen- und Gemeinnutz. Selbst einfache Feld-Wald-und-Wiesen-Millionäre gehen neuerdings stiften, und oftmals nicht bloß, um Steuern zu sparen oder den Erben eine lange Nase zu drehen, sondern weil sie sich vor minderbemittelten Zeitgenossen rechtfertigen wollen.

WHISTLEBLOWER SIND DIE NEUEN HELDEN Der Rechtfertigungsdruck lastet mittlerweile auf allen, die aus der Masse herausragen, also auch auf Politikern, Managern, Künstlern und sogar Bischöfen. In Deutschland zwingt das Parlament die Vorstände der im DAX notierten Konzerne per Gesetz zur Offenlegung ihrer Bezüge und deckelt die Boni der Banker – ihre eigenen Nebeneinkünfte aber wollen die Volksvertreter weiterhin verheimlichen. Umso überraschter waren dann die Abgeordneten des Bayerischen Landtags, als die Moralisierungswelle auch über sie hereinbrach. 79 von ihnen hatten Familienangehörige auf gut bezahlte Parlamentsposten gehievt, und das roch so stark nach Selbstbedienung, dass der Ministerpräsident seinen Amigo-Stall ausmisten musste. Zu Zeiten von Franz Josef selig hätte man gefragt: Wo ist der Skandal?

Galt noch in den 90er Jahren das Salär eines Managers als Ausweis seiner Tüchtigkeit, so erregen die seitdem noch einmal exorbitant gestiegenen Vorstandsbezüge mittlerweile die gesamte Nation. Man diskutiert, ob der Chef eines DAX-Konzerns das 20-, 50- oder gar 200-Fache eines Facharbeiters wert sein kann und weshalb VW-Lenker Martin Winterkorn 18 Millionen Euro im Jahr einstreichen durfte. Um den Druck aus dem Kessel der Emotionen zu nehmen, verzichteten die Vorstände von Audi und VW freiwillig auf einen Teil ihres Millionensalärs. Nicht ganz freiwillig musste sich Commerzbank-Vorsteher Martin Blessing mit einer halben Million zufriedengeben, nachdem sein Institut während der Finanzkrise vom Steuerzahler mit etlichen Milliarden gerettet werden musste.

Die gesellschaftlich sanktionierte Kontrolle der Mächtigen und Vermögenden brachte einen neuen Heldentypus hervor: den

Whistleblower. Der Begriff stammt aus dem Englischen (to blow the whistle = pfeifen) und meint den Insider einer Organisation, der die Öffentlichkeit über Unrechtmäßiges informiert. Seit Leute wie Daniel Ellsberg (Pentagon-Papers), Chelsea Manning (Irakkrieg) oder Edward Snowden (NSA-Affäre) die Welt über die Machenschaften von Militär und Geheimdiensten aufklärten, ist keine Armee, keine Behörde, kein Geldinstitut und keine Firma vor moralisch motivierten Angestellten sicher, welche die finstersten Geheimnisse ans Licht zu zerren imstande sind.

Whistleblower wie die Liechtensteiner Bürger Heinrich Kieber (LGT Treuhand), Klaus Peter Lins (Dr. Herbert Batliner) oder die Schweizer Rudolf Elmer (Julius Bär) und Hervé Falciani (HSBC) brachten das seit Kriegsende prächtig funktionierende Geschäftsmodell helvetischer Geldhäuser zum Einsturz, indem sie Computerdisketten mit den Daten tausender Steuerflüchtlinge aus Europa und den USA entwendeten und an die jeweiligen Steuerbehörden verkauften. Zwar ging es hier beiden Seiten weniger um die Moral als ums Geld. Die kriminellen Geschäfte zwischen den um ihre Steuern besorgten Finanzbehörden und den ungetreuen Angestellten von Banken und Vermögensverwaltern erfüllten letztlich doch noch einen guten Zweck: Die Oasen trockneten aus.

Der Verräter aus den eigenen Reihen, früher als Nestbeschmutzer geschmäht, entwickelte sich zur Symbolfigur der Remoralisierung. Handelt er aus altruistischen Motiven wie Edward Snowden, der Leib und Leben riskierte, als er die Schnüffelpraktiken des US-Geheimdienstes NSA enthüllte, ist er ein Moralist. Bestiehlt er seinen Arbeitgeber aus Geldgier, macht er ein Geschäft mit der Moral.

Niemand ist heutzutage vor dem Wissen der Whistleblower sicher, wie aufs Neue die »Offshore-Leaks«-Affäre beweist. Es geht um einen Datensatz von gewaltigen 400 Gigabyte, der aus zwei Steuervermeidungsfabriken in der Karibik und auf den Cook-Inseln stammt. Hunderte von Finanzbeamten in verschiedenen Ländern und dutzende von Journalisten, darunter auch welche von ›Süddeutscher Zeitung‹ und Norddeutschem Rundfunk, sind seit 2012 damit beschäftigt, ihn zu dechiffrieren und auszuwerten. Schon die bisher publizierten Ergebnisse sorgten für

Angst und Schrecken unter den Reichen in aller Welt. Neben Depotnummern von bekannten Namen wie Porsche, Quandt, Burda, Otto, Sachs finden sich auf den Dateien Hinweise auf die Geldverstecke etwa der chinesischen Polit- und Wirtschaftselite bis hinauf zum Parteichef und Ministerpräsidenten. Allein die Familie des Expremiers Wen Jiabo soll viele Milliarden US-Dollar geheim gehortet haben. Noch glauben die roten Mandarine, mit der Sperrung der entsprechenden Internetseiten und rigoroser Zensur der landeseigenen Medien die sie kompromittierenden Informationen von der Bevölkerung fernhalten zu können, doch es ist wohl nur eine Frage der Zeit, bis auch das Land der Mitte von der Moralisierung der Welt erfasst wird. Parteichef Xi Jinping ist sich der Gefahr bewusst; er räumte dem Kampf gegen die Korruption höchste Priorität ein, ließ allzu dreiste Kleptokraten einsperren und verbot sämtlichen Staatsbediensteten die Annahme von Geschenken – was kurioserweise den Chef des französischen Spirituosenherstellers Remy Martin den Job kostete: Weil im Reich der Mitte nicht mehr bestochen werden darf, brach der Cognac-Absatz ein.

GEISTLICHER ALZHEIMER In Tunesien, Libyen und Ägypten fegte die Revolution der Völker, oft mit ausländischer Unterstützung, hartgesottene Potentaten hinweg, und in Südafrika bedroht sie das korrupte Regime des Mandela-Nachfolgers Jacob Zuma. Sogar in Russland werden Korruption und Steuerbetrug neuerdings geahndet, und Kreml-Chef Wladimir Putin zwang dem Oligarchen Roman Abramowitsch das Amt des Gouverneurs von Tschukotka auf, was diesen verpflichtete, einen Teil seines Milliardenvermögens ins öde Ostsibirien zu investieren. Abramowitschs Standeskollegen hatten sich an der Finanzierung der Olympischen Winterspiele des Jahres 2014 in Sotchi zu beteiligen.

Auf ihrem Siegeszug rund um die Welt macht die Moral nicht mal mehr vor der höchsten moralischen Autorität halt: der Kirche. Da muss ein dem Schönen und Wahren sehr geneigter Bischof seinen Stuhl räumen, nur weil er ein wenig zu teuer bauen ließ. Der gute Hirte von Limburg brauchte sich die 31 Millionen für seine prächtige Badewanne nebst angeschlossenem Residenz-Neubau ja nicht mal zu pumpen, sondern konnte sie, Vorbild für geplagte Stadtkämmerer, locker aus dem Beutel finanzieren. Dass ihn seine Schäflein dennoch im Stich ließen, hat mit seiner Weigerung zu tun anzuerkennen, dass sich die Zeiten auch für einen Bischof geändert haben. Franz-Peter Tebartz van Elst vermochte partout nicht einzusehen, weshalb er den Gläubigen Rechenschaft ablegen sollte für etwas, was ihm seiner Meinung nach zustand.

Sein oberster Chef ist da ganz anderer Meinung. Deutlich wie keiner seiner Vorgänger zeigte der aus den Armenvierteln der argentinischen Metropole Buenos Aires stammende Papst Franziskus, was er von einer Kirche der Pracht und des Protzes hält: gar nichts. In seinem Hirtenbrief »Evangelii Gaudium« bezichtigte Jorge Mario Bergoglio den auf Effizienz und Wettbewerb getrimmten Kapitalismus, Ursache zu sein für alle sozialen Übel dieser Welt. Wörtlich heißt es darin: »diese Wirtschaft tötet«. Dass der Nachfolger des überforderten deutschen Theologen Joseph Ratzinger es ernst meint mit der Kehrtwende der Kirche, bewies er in seiner Weihnachtsbotschaft 2014, als er den Kardinälen und Kurienbeamten die Leviten las. Mit seltener Klarheit geißelte er die Eitelkeiten, Machtgelüste und die Raffgier seines Personals, dem er »geistlichen Alzheimer« bescheinigte: »Das Streben nach Profit und die Prahlerei: Das ist die Krankheit jener, die unersättlich sind in ihren Versuchen, ihre Macht zu vervielfachen und dabei des Rufmords, der Diffamierung und Diskreditierung anderer fähig sind …«

Zuvor schon hatte er die von Skandalen geplagte Vatikanbank IOR zur Offenlegung auch ihrer finsteren Geschäfte verpflichtet und den langjährigen Chef Ettore Gotti Tedeschi gefeuert. Die Finanzen des Vatikans überwacht inzwischen eine mit Wirtschaftsprüfern besetzte Aufsichtsbehörde.

Ein Papst, der Moral predigt, macht freilich noch keine moralische Kirche. Nicht nur die als Kinderschänder entlarvten Priester und die der Geldwäsche überführten Kleriker, vom einstigen IOR-Chef Paul Casimir Marcinkus bis hin zum Prälaten Nunzio Scarano, der Schwarzgeld in Höhe von 20 Millionen US-Dollar im Privatjet nach Rom befördern wollte, lassen die Gläubigen an ihrer Kirche verzweifeln. Zumindest in den aufgeklärten Gesellschaften Mitteleuropas wie der USA haben die großen Religionsgemeinschaften, ob katholisch oder protestantisch, viel von ihrer Kraft als wertesetzende Institutionen eingebüßt. Zwar ist, zumindest seit Beginn des Pontifikats von Franziskus, eine leichte Reanimation spürbar, doch die Kirchen laufen Gefahr, dass die Moralisierung der laizistischen Gesellschaften an ihnen vorbeiläuft.

Die Protestbewegungen der Jugend, die verschärfte Kontrolle der nationalen Eliten, der Aufstieg der NGOs (Non-Governmental Organizations) wie Greenpeace, Amnesty International oder Transparency International geschahen ohne die Kirchen oder gar gegen ihren Widerstand. Smartphone, Laptop und Internet haben wahrscheinlich mehr zur Moralisierung der Völker beigetragen als die großen Landeskirchen. Nicht nur in Deutschland verhallen die Predigten der Pfarrer in leeren Gotteshäusern. Auch in Frankreich, Italien und Spanien treten täglich tausende Gläubige aus ihren Gemeinschaften aus, oft weil sie ihre Jobs verloren, jeden Cent umdrehen müssen und keine Hoffnung haben, dass die Kirche helfen kann, ihr Los zu verbessern.

DIE ELITEN HABEN ANGST Die Finanzkrise war vielleicht der Auslöser, die wahren Ursachen für die neue Macht der Moral aber liegen tiefer. Die immer ungleichere Verteilung von Einkommen und Vermögen gab nicht nur dem in Deutschland besonders ausgeprägten Sozialneid neue Nahrung; sie verletzte das Gerechtigkeitsgefühl der Menschen überall da, wo der Kapitalismus über die Stränge schlug. Eine tiefe Sehnsucht nach Gleichheit und Gerechtigkeit scheint den Traum vom individuellen Reichtum in den Hintergrund gedrängt zu haben. Der Milliardär, einst Idol ganzer Generationen, steht heute unter dem Generalverdacht, seinen Status kriminellen oder zumindest zwielichtigen Machenschaften zu verdanken.

Immer öfter wird das gesamte System in Frage gestellt. »Zivilisiert den Kapitalismus!«, forderte schon vor der Jahrtausendwende Marion Gräfin Dönhoff, Herausgeberin der Wochenzeitung ›Die Zeit‹, und nach der Lehman-Pleite gesellten sich sogar Leute wie der amerikanische Wirtschafts-Nobelpreisträger Joseph Stieglitz und der Großspekulant George Soros ins Lager der Kapitalismuskritiker. Noch auf dem World Economic Forum in Davos diskutierte die versammelte Wirtschaftselite der Welt 2013 plötzlich nicht mehr über neue Märkte und Technologien, sondern: übers Glücklichsein. 2015 übrigens hieß das Thema: Vertrauen in unsicheren Zeiten. Die Angst vor der Moral sitzt den Wirtschaftslenkern in den Knochen.

Die Welt der Ökonomen ist ins Wanken geraten. Da die Wirtschaftsweisen weder vor der Finanzkrise gewarnt hatten noch sie verhindern konnten, gelten ihre Postulate als obsolet. Die »unsichtbare Hand des Marktes«, die nach Adam Smith, dem Urvater der Volkswirte, dafür sorgen soll, dass das egoistische Verhalten jedes einzelnen Wirtschaftssubjekts zu einer Steigerung des Gemeinwohls führt, wird heute nur noch als Pranke des Raubtierkapitalismus wahrgenommen. Die in mathematische Formeln gegossenen Marktmodelle der Ökonomen sollten Gewissheiten vermitteln und sind entlarvt worden als Kaffeesatzleserei, nicht zuverlässiger als die Gottesbeweise der Scholastiker im Mittelalter. »Neoliberalismus« heißt das Schimpfwort der Stunde, schlimmer als einst »Kommunismus«. Nicht ohne Grund warnte der in der ehemaligen DDR aufgewachsene Expfarrer und heutige Bundespräsident Joachim Gauck seine Landsleute, es mit der Verteufelung des Kapitalismus nicht zu übertreiben.

Enttäuscht von ihren realen Möglichkeiten, suchen die Menschen Halt und Orientierung abseits der Ökonomie. Esoterische Praktiken und Heilslehren finden ebenso Zulauf wie allerlei Sekten und radikale Parteien. In den Weltreligionen, vom Christentum bis zum Islam, gewinnen fundamentalistische Strömungen an Gewicht. Radikale Islamisten wollen, ebenso wie die Evangelikalen Amerikas, dem Rest der Welt ihre Moral aufzwingen, notfalls mit Gewalt.

Niemand vermag vorherzusagen, wie sich die Macht moralischer Vorstellungen weiterentwickeln wird. Über die sozialen Netzwerke wie Facebook oder Twitter kommunizieren Milliarden Menschen miteinander. Meinungen wie Emotionen verbreiten sich in Sekundenschnelle über die gesamte Erde. Sie können Stürme der Entrüstung oder der Zuneigung auslösen und so die Stabilität auch gefestigter Demokratien gefährden.

Friedliche Demonstrationen, die unversehens in brutale Straßenschlachten umschlagen wie zum Jahreswechsel 2013/2014 in Hamburg, oder die Aufstände jugendlicher Migranten in den

Banlieues französischer Großstädte sowie der brutale Mord an den Redakteuren und Karikaturisten des Pariser Satiremagazins ›Charlie Hebdo‹ geben einen Vorgeschmack dessen, was den Demokratien des Westens blüht, wenn sie ihre sozialen Probleme nicht in den Griff bekommen. Die Unzufriedenheit mit der materiellen Situation aber ist stets verknüpft mit moralischen Vorstellungen von Menschenwürde und Gerechtigkeit. Immer wird dem jeweils anderen die Moral ab- und sich selber zugesprochen. Auch die Dresdner Demonstranten der Pegida-Bewegung (= Patriotische Europäer gegen die Islamisierung des Abendlands e.V.) glauben, moralisch im Recht zu sein, wenn sie aus Angst vor Überfremdung auf die Straße gehen.

VON SAVONAROLA ZU LENIN Die großen Umbrüche in der Geschichte begannen meist mit moralischen Ansprüchen an die herrschende Elite. Wurden diese nicht erfüllt, kam es zur Revolution, verbunden mit Gewaltexzessen und der Ablösung der Führungsschicht. Bereits im Florenz des 15. Jahrhunderts bewies ein eifernder Mönch, welche Macht die Moral über die Menschen hat. Der Bankiersclan der Medici beherrschte die Stadt und demonstrierte seinen Reichtum, indem er die bedeutendsten Künstler der Zeit mit immer neuen Aufträgen für Paläste und Porträts bedachte. Die Oberschicht feierte rauschende Feste; die Mode war auf die Präsentation weiblicher Reize ausgerichtet; der hohe Klerus leistete sich Mätressen und uneheliche Kinder. Da tauchte im Jahr 1490 eine düstere Gestalt in der Stadt auf.

Lorenzo der Prächtige höchstselbst hatte sich dafür eingesetzt, dass der aus Ferrara stammende Dominikanermönch Girolamo Savonarola eine Lektorenstelle am Kloster San Marco bekam. Doch bald geißelte der wortgewandte Prediger Sonntag für Sonntag das Raffen und Prassen der Florentiner derart nachdrücklich, dass selbst der Herrscherfamilie mulmig wurde. Zügelloser Konsum führe zur ewigen Verdammnis, der Weg ins Paradies erfordere Verzicht und Askese, donnerte der Dominikaner und traf damit die Stimmung im Volk. Vor allem die Jugend hörte dem coolen Mönch mit wachsender Begeisterung zu.

Im Februar 1497 zog eine Bande fanatisierter Halbstarker durch die Stadt. Im Auftrag Savonarolas drangen die jugendlichen Fans in die Häuser der Reichen ein, rissen kostbare Bilder von den Wänden, plünderten Schmuckschatullen und Kleiderschränke, zerrten Bücher pornografischen Inhalts aus Geheimkabinetten. Ihre Beute trugen sie zur Piazza della Signoria und entzündeten, begleitet vom Gegröle des faszinierten Publikums, den Scheiterhaufen des Luxus und der Moden. Selbst ein Superstar der Renaissance wie der Maler Sandro Botticelli ließ sich von der Begeisterung mitreißen und warf einige seiner eigenen Bilder in das Fegefeuer der Eitelkeiten. Entsetzt flüchteten die Medici aus der im Aufruhr begriffenen Stadt.

Die Zeit der Buße und Askese dauerte freilich nicht lange. Auf Betreiben neidischer Franziskanermönche exkommunizierte der um Ruhe und Ordnung bemühte Borgia-Papst Alexander VI. den aufwieglerischen Dominikaner bereits ein Jahr später. Nun bekamen die Widersacher Savonarolas, an der Spitze die Medici, Oberwasser. Unterm Vorwand der Ketzerei wurde der Volksverhetzer verhaftet, gefoltert und schließlich dort verbrannt, wo zuvor der Wohlstandsmüll einer übersättigten Gesellschaft den Flammen zum Opfer gefallen war.

300 Jahre später führten Gefühlsaufwallungen ähnlicher Art zur Französischen Revolution. Aufklärerische Denker wie Montesquieu, Rousseau und Diderot bereiteten mit ihren Schriften zwar intellektuell den Boden für den Aufstand der Massen, doch es war das Empfinden maßloser Ungerechtigkeit, welches die Menschen so erbitterte, dass sie am 14. Juli 1789 unter Einsatz des eigenen Lebens den Sturm auf die Bastille wagten. 98 Tote und 73 Verwundete wurden am Ende dieses Tages gezählt, der die europäische Geschichte veränderte wie kaum ein zweiter.

Vordergründig ging es um den drastisch gestiegenen Brotpreis, der eine durchschnittliche Familie zwang, über 80 Prozent ihres Einkommens allein für das Grundnahrungsmittel aufzuwenden. Die Mehrheit der Franzosen aber wollte mehr als bezahlbares Brot; an erster Stelle forderten die Revolutionäre die Durchsetzung der Menschenrechte nach dem Vorbild der amerikanischen Unabhängigkeitserklärung.

Moralische Prinzipien entfalteten in den Wirren der Revolution ihre segensreiche wie zerstörerische Kraft; sie beseitigten, einerseits, den monarchischen Ständestaat mitsamt den Privilegien des Adels und des Klerus und kosteten, andererseits, unzählige Menschen das Leben. Nicht nur Idealisten wie Jean-Jacques Rousseau, auch Finsterlinge wie der blutrünstige Anwalt Maximilien de Robespierre beriefen sich auf die Moral. Um die Gleichheit aller Bürger vor dem Gesetz durchzusetzen, hielt der Jakobiner den Terror per Guillotine für gerechtfertigt: »Wenn im Frieden die Tugend die treibende Kraft der Volksregierung ist, so sind es in der Revolution zugleich die Tugend und der Terror …« Als Madame Roland, die Frau des ehemaligen Innenministers, aufs Schafott geführt wurde, waren ihre letzten Worte: »Oh Freiheit, was für ein Verbrechen wird in deinem Namen begangen …«

Ähnlich radikal, nur in viel größerem Umfang, wüteten die Bolschewiki unter dem adeligen Intellektuellen Wladimir Iljitsch Uljanow, der sich den Kampfnamen Lenin gab, von 1917 bis 1922 in Russland. Nach dem Sturz des Zaren Nikolaus II. im Februar 1917 kämpfte sich Lenin, der mit Hilfe des deutschen Generalstabs im plombierten Eisenbahnwaggon von seinem Züricher Exil nach Petrograd (dem heutigen Petersburg) gelangte, an die Spitze der Revolutionsbewegung vor. Im blutigen Bürgerkrieg zwischen Bolsche- und Menschewiki fanden zehntausende Russen den Tod, und noch viel mehr ließen unter der Schreckensherrschaft des Lenin-Nachfolgers Stalin ihr Leben. Zwar wurden die Ungerechtigkeiten und die Willkür des Zarenregimes schnell beseitigt, doch erst mit dem Zusammenbruch der Sowjetunion endete 72 Jahre später die Herrschaft der Kommunistischen Partei. Im Namen der Moral hatte die Revolution begonnen, an der Unfähigkeit der Parteifunktionäre ging sie zugrunde.

DIE PARTEIEN UND DIE MORAL Moralisten neigen, ähnlich wie von ihrem Glauben überzeugte Christen oder Muslime, zur Verabsolutierung. Als Verkünder des Guten und Richtigen pflegen sie wenig Rücksicht auf die Meinungen anderer Menschen zu nehmen. Kam Mephistopheles in Goethes ›Faust‹ zur Erkenntnis: »Ich bin Teil von jener Kraft, die stets das Böse will und stets das Gute schafft …«, so verhält es sich bei den Moralisten andersherum: Sie wollen das Gute und erreichen am Ende oft das Gegenteil. Dennoch sind sie unverzichtbarer Teil der Geschichte. Wahre Moralisten, von biblischen Gestalten wie Abraham und Moses bis hin zu modernen Vorbildern wie Albert Schweitzer und Nelson Mandela, geben den Menschen Halt und Orientierung in schweren Zeiten.

Auch heute fragt man sich: Woher kommt der moralische Furor? Weit und breit ist kein Savonarola in Sicht, und dennoch haben die Völker in Ost und West genug vom Treiben der Potentaten, genug von gierigen Oligarchen, genug von den zwielichtigen Geschäften der Zockerbanken, die mit Steuergeldern vor dem Ruin bewahrt werden mussten. Sie fordern eine gerechtere, friedlichere Welt und mehr Mitsprache bei allen Entscheidungen, die ihre eigenen Belange betreffen. Millionen Europäer fühlten sich 2010 von der Streitschrift des damals 93-jährigen französischen Diplomaten Stéphane Hessel angesprochen, die sie zum zivilen Ungehorsam aufforderte: »Indignez vous!« – »Empört Euch!«

Im Zeitalter der sozialen Medien ist es sehr leicht, sich zu empören. Per Mausklick kann man der ganzen Welt mitteilen, was man von ihr hält. Der Protestler von heute braucht nicht mehr, wie noch die Elterngeneration, sich an die Gleise zu ketten, auf denen die Castorbehälter daherrollten, wenn er den Ausbau der AKWs verhindern will. Abgesehen davon, dass ihm die Kanzlerin mit ihrer Energiewende die Entscheidung abgenommen hat, findet er es absolut uncool, für seine Überzeugungen auf die Straße zu gehen. Die Moral kommt aus dem iPhone und sickert über Millionen Kapillaren in die politischen Entscheidungsprozesse ein. Sie bestimmt die Agenda der Tagespolitik und beherrscht das Denken und Trachten der Akteure mindestens ebenso stark wie die Arbeit von tausenden Lobbyisten.

Ein Blick auf die Parteienlandschaft zeigt, wie sehr moralische Überzeugungen die deutsche Politik in den vergangenen 40 Jahren geprägt haben. Die Christlich Demokratische Union, einst Hort freiheitlicher wirtschaftspolitischer Wertvorstellungen, ist heute nur noch die größere der beiden sozialdemokratischen Parteien, die jetzt die Regierung bilden. Unter Angela Merkel verkümmerte der Wirtschaftsflügel, zerbröselten die Positionen des bürgerlichen Lagers. Im Parteiprogramm spielt der Leistungsgedanke kaum noch eine Rolle. Selbst bei der bayerischen Schwesterpartei des Horst Seehofer dominiert, zum Leidwesen der bäuerlichen Stammwähler, das Soziale über das Christliche.

Die stets von hohen moralischen Ansprüchen geprägte SPD

wiederum leidet an innerer Auszehrung; erst machten ihr die Grünen Mitglieder abspenstig, später die Linken und am Ende auch noch die Piratenpartei. Der Rest, fest im Griff von Lehrern und Beamten, vergaß den Klassenkampf und gibt sich betont staatstragend. Nur die für ihr Überleben notwendige Bindung an die Gewerkschaften hält bei den Sozis den Linksdrall aufrecht.

Interessanter sind die Veränderungen bei den kleineren Parteien. Die Grünen, einst hervorgegangen aus der Friedens- und Anti-Atomkraft-Bewegung, dürfen für sich in Anspruch nehmen, die Moralisierung Deutschlands mehr vorangetrieben zu haben als alle anderen Parteien. Ihr Eintreten für den Erhalt des Ökosystems und ihre Kampagnen gegen Militäreinsätze der Bundeswehr gaben den diffusen Moralgefühlen der jüngeren Generation feste Ziele. Mit ihrem Erfolg bei den Wählern zwangen sie den großen Volksparteien das Öko-Thema auf, doch inzwischen ist ihr Repertoire verbraucht.

Auf der anderen Seite des politischen Spektrums spricht der Niedergang der FDP eine deutliche Sprache. Das auf freie Entfaltung des Individuums zielende Parteiprogramm, in den Nachkriegsjahren ein Fundament der jungen Bundesrepublik, findet bei den in moralischen Kategorien denkenden Wählerschichten immer weniger Anklang. Der politischen Konkurrenz fiel es leicht, die Freien Demokraten als Partei der Besserverdienenden und ihre Ziele als »Klientel-Politik« zu denunzieren. Den Rest besorgten personelle Defizite.

ZWISCHEN GEFÜHL UND VERSTAND Die Linken wiederum, im Verbund mit dem Bündnis 90, setzen die Klassenkampfpolitik der alten SPD fort. Nicht selten allerdings kommen, selbst auf dem Gebiet der Wirtschaftspolitik, die besseren Ideen aus der Ecke von Oskar Lafontaine & Co. 2017 bestehen reelle Chancen auf eine rot-rot-grüne Koalition und damit auf den Zugang zur Macht. Wenn Moral und Ideologie ein Bündnis schließen, bleibt die Freiheit auf der Strecke.

Inzwischen sammelt die AfD (= Alternative für Deutschland) Protestwähler ein, denen die ganze Richtung nicht passt. AfD-Anführer Bernd Lucke will nicht, dass Deutschland für die Schulden der Griechen, Italiener, Spanier haftet, und offenbar hat seine Partei auch etwas gegen den unbegrenzten Zuzug von

Ausländern. Es ist eine eigensüchtige, aber nicht unverständliche Moral, zu der sich die AfD bekennt.

Angesichts der auf der wachsenden Macht moralischer Vorstellungen basierenden Veränderungen in den Parteiprogrammen verwundert es kaum noch, dass sich Regierung und Parlament heute mit Sachen beschäftigen, die zu anderen Zeiten keinerlei Relevanz besaßen. Statt um harte Themen wie die geostrategische Positionierung Deutschlands im Machtspiel der Nationen zu ringen, diskutiert die politische Klasse hingebungsvoll über eine Frauenquote in den Aufsichtsräten großer Unternehmen. Statt sich intensiv mit der Weiterentwicklung der EU oder der Vorherrschaft der USA über die Kommunikationswege auseinanderzusetzen, erregen sich die Abgeordneten über Vorschläge zur Mütterrente.

Kaum ein politisches Thema aber beschäftigt die Nation so sehr wie die Energiewende: überflüssig, schädlich, kostentreibend, finden die Wirtschaftsverbände. Unbedingt notwendig, zukunftssicher und chancenreich, meint die Mehrheit. Nach dem Reaktorunfall im japanischen Fukushima von der Kanzlerin per Blitzentscheid verkündet, anschließend miserabel gemanagt, sorgt sie für einen steten Konflikt zwischen Moral und Kalkül. Die Moral gebietet, die Gefahren der Nukleartechnik von den Menschen fernzuhalten, das Kalkül fordert billige und klimafreundliche Energie. Die Moral hat zwar gewonnen, aber sie verlangt einen hohen Preis. Beileibe nicht alle, die für die erneuerbaren Energien aus Sonne und Wind gestimmt haben, sind mit ihren Stromrechnungen einverstanden und noch weniger akzeptieren sie es, wenn in ihrer Nachbarschaft ein Windrad aufgestellt oder eine Starkstromtrasse verlegt werden soll. Das ist die Krux mit der Moral: Sie befriedigt das Gefühl – und stört häufig den Verstand.

Wer nach den Gründen für die zunehmende Macht der Moral sucht, gerät schnell ins Ungefähre. Mehrere, sich oft überschneidende Entwicklungen kommen in Frage, und messbar ist keine von ihnen. Die Komplexität der modernen, von Technologie geprägten Welt könnte zum Beispiel als Erklärung dafür herhalten, dass die Menschen in einem vertrauten Ordnungsrahmen nach Halt suchen. Die Freiheit, das eigene Leben nach Gusto zu gestalten, scheint den Bürgern in den westlichen Demokratien so viele Entscheidungen abzufordern, dass sie sich wieder gerne an bekannten Regeln und Normen orientieren. Möglicherweise suchen sie aber auch nur Schutz vor dem härter gewordenen Wettbewerb um Job, Karriere und sozialen Status. Oder ist es generell ein Merkmal reifer, vom Wohlstand verwöhnter und von Überalterung geplagter Gesellschaften, dass sie sich ideelle Ziele setzen, weil sie im Wettbewerb mit vitaleren Konkurrenten nicht mithalten können? Wie auch immer: Die Auswirkungen der Moralisierung bekommen wir alle täglich zu spüren. Das fängt ganz harmlos im Alltagsgespräch an, in dem es gilt, tabuisierte Begriffe zu vermeiden. Wer etwa einen farbigen Mitbürger Neger nennt, bekommt sofort die rote Karte gezeigt. Rassistisch – geht gar nicht. Deshalb ist der Sarotti-Mohr jetzt weiß, der Negerkuss heißt Schokokuss und der Mohrenkopf Schokokopf. Die Holländer nahmen den beliebten Jodekoeken (Judenkuchen) aus den Regalen, und bei uns verschwand das Zigeunerschnitzel von der Speisekarte. »Ausländer« ist ähnlich negativ besetzt. Menschen mit Migrationshintergrund sind angesagt. Dem »Migazin«, Sprachrohr der Migranten, gilt selbst dieser Begriff als Beleidigung. Schon die Frage »Woher kommen Sie?« halten seine Autoren für einen Anschlag auf die Integrationspolitik. Analphabeten und Proleten sind nicht ausgestorben, sondern in den »bildungsfernen Schichten« untergegangen. Höhepunkt der kulturellen Entwicklung sind gendergerechte öffentliche Toiletten für Trans- und Intersexuelle.

DER SAROTTI-MOHR IST JETZT WEISS Aus Gründen der Political Correctness gibt es jetzt bei uns auch keine Wähler, Genossen und Mitarbeiter mehr, sondern nur noch »Wählerinnen und Wähler«, »Genossinnen und Genossen«, »Mitarbeiterinnen und Mitarbeiter«. Wehe dem Politiker oder Betriebsratsvorsitzenden, der den Zungenbrecher nicht unfallfrei über die Lippen bringt! Die Fraktion der Frauenrechtlerinnen, die den Gender-Mainstream gnadenlos durchsetzen möchte, würde ihm die Hölle heißmachen. Ihretwegen mussten Friedrich Schiller und die Straßenverkehrsordnung umgeschrieben werden. In Schillers ›Ode an die Freude‹ werden alle Menschen jetzt nicht mehr (männliche) Brüder, sondern (gleichberechtigte) Geschwister. In der StVO verschwand der (männliche) »Fußgänger« zugunsten der

»zu Fuß Gehenden«, und die »Milchmädchenrechnung«, die der Bundesfinanzminister regelmäßig aufzumachen pflegt, wurde zur »Milchjungenrechnung«. Noch Fragen?

Wie schnell sich die offizielle Einstellung den veränderten gesellschaftlichen Verhältnissen anpasst, lässt sich deutlich am Umgang mit der sexuellen Orientierung beobachten. 1994 erst wurde der Paragraf 175, der sexuelle Kontakte zwischen Männern unter Strafe stellte, aus dem Strafgesetzbuch getilgt; dennoch mussten Schwule und Lesben noch jahrelang unter Diskriminierung leiden. Inzwischen bekennen sich Politiker wie Klaus Wowereit (»Ich bin schwul, und das ist gut so!«), Ole von Beust oder Guido Westerwelle ebenso offen zu ihrer Homosexualität wie Künstler (Hape Kerkeling, Alfred Biolek) und sogar Sportler (Thomas Hitzelsberger). Lesbische Frauen wie Hollywood-Star Jodie Foster, TV-Talkerin Anne Will oder die Entertainerin Hella von Sinnen mochten da nicht zurückstehen. Mit dem »Christopher Street Day« haben die Schwulen, Lesben und Transvestiten nicht nur den öffentlichen Raum erobert, sondern sie haben es auch geschafft, als hip und cool zu gelten. Wer die Gleichgeschlechtlichen verunglimpft, wird schnell als Spießer oder Neandertaler etikettiert.

Den einen geht es um das Verbot jeder Form der Diskriminierung anderer Menschen, die anderen sehen in der öffentlichen Anerkennung gleichgeschlechtlicher Partnerschaften den Untergang des Abendlands. Bei der Kleidung ist auf die Herkunft zu achten, damit niemand auf die Idee kommt, man profitiere von der Arbeit versklavter Kinder aus Bangladesch. Als im April 2013 in Sabhar, unweit der Hauptstadt Dhaka, das fehlerhaft gebaute Fabrikgebäude Rana Plaza einstürzte und mehr als tausend Arbeiter(innen) unter sich begrub, beeilten sich 70 Textilhandelsketten wie C&A, Zara oder H&M, ihren Kunden zu versichern, dass sie künftig streng auf die Einhaltung von Bau- und Brandvorschriften achten würden. Der Handelskonzern KIK spendierte den Opfern eine Million Euro als Wiedergutmachung, und die Bundesregierung will ein Gütesiegel für Textilprodukte vergeben, das hohe ökologische und soziale Standards bei der Produktion garantieren soll. Nichts fürchten die internationalen Modelabels mehr als den Boykott ihrer Kunden aus ethischen Gründen.

Nicht mal Techno-Konzerne wie Apple können sich sicher fühlen. Als Gerüchte über fragwürdige Arbeitsbedingungen beim Zulieferer Foxconn aus China die Runde machten, versuchte Apple-Chef Tim Cook seine Kunden mit Bildern aus sauberen Fabriksälen und Interviews mit zufriedenen Mitarbeitern zu beruhigen. 541 Kontrollen habe Apple in den letzten beiden Jahren bei seinen Zulieferern vorgenommen, rechtfertigte sich der Herr über ein Barvermögen von mehr als 170 Milliarden Dollar, und er werde künftig kein Material aus Krisengebieten wie dem Kongo mehr einkaufen. »Fair Trade«, also der Handel zu fairen Preisen und menschenwürdigen Arbeitsbedingungen, gehört im Zeitalter der Moral zu den wirksamsten Werbeparolen.

Klima und Ökologie sind weitere Tabuthemen, bei denen man sich schnell in die Nesseln setzen kann. Sollte es ein Ungläubiger wagen, an den Ursachen der Erderwärmung zu zweifeln oder gar die ganze Theorie des Klimawandels abzulehnen, droht ihm ein ähnliches Schicksal wie einem, der mit dem Sternenbanner durch Teheran läuft. Obwohl keineswegs klar ist, welchen Einfluss Industrie und Verkehr auf das Weltklima haben, sind die meisten Industrieländer, allen voran Deutschland, übereingekommen, dem als Verursacher der Erderwärmung verdächtigten Gas CO_2 den Kampf anzusagen.

FRÖSCHE HABEN VORFAHRT Niemand bekam das härter zu spüren als die Autoindustrie. In den wichtigsten Abnehmerländern, von Kalifornien im Westen bis Japan im Osten, gelten immer rigidere Abgasvorschriften, welche die Hersteller zu hohen Investitionen in neue Technologien zwingen. Um die gesetzlichen Vorgaben erfüllen zu können, tüfteln sie an emissionsfreien Antrieben, die ihre Energie aus Batterien oder Brennstoffzellen beziehen. Weil deren Kraft aber bisher nicht für die gewohnten Fahrleistungen ausreicht, müssen die Karosserien leichter werden. Das relativ schwere Stahlblech wird ersetzt durch Leichtmetall oder Verbundwerkstoffe mit einem hohen Karbonfaseranteil. Selbst milliardenschwere Konzerne fühlen sich hier überfordert und gehen deshalb notgedrungen Kooperationen mit der Konkurrenz ein. Die Moral der Regierungen, weniger die der Kunden, diktiert der mächtigsten Industrie der Welt die Marschroute.

Betriebe müssen ihren CO_2-Ausstoß durch teure Filteranlagen reduzieren, Autos sollen mit einer Ökosteuer belegt, Häuser und Wohnungen besser denn je isoliert werden. Unternehmen, denen die Spartechnik zu teuer ist, können sich mit Emissionszertifikaten freikaufen. Inzwischen wird mit diesen Papieren ein reger Handel betrieben, ähnlich den Ablassbriefen zu Zeiten Martin Luthers. Trieb damals die Angst vor dem Fegefeuer die Menschen um, so schaudert es den aufgeklärten Bürger der Gegenwart vor überschwappenden Weltmeeren, untergehenden Eilanden und Hitzewellen am Polarkreis. Derweil haben die Klimaforscher große Probleme, der Welt zu erklären, warum es in den letzten 15 Jahren auf der Erde, entgegen ihren Voraussagen, nicht wärmer geworden ist. Egal, solange der Sorge ums Klima Rechnung getragen wird. Klarer Punktsieg der Moral.

Der in Deutschland exzessiv betriebene Naturschutz spricht ein weiteres Mal dafür, dass wirtschaftliche Argumente gegen die Moral keine Chance haben. Seit die Grünen in den Parlamenten sitzen, verteuern sich Autobahnen, Bundes- und Landstraßen, weil Grünbrücken oder Grüntunnel angelegt werden müssen, um allerlei Getier den gefahrlosen Übergang zu gewährleisten. Auch bestehende Verkehrswege sind vor den Tierfreunden nicht sicher. So muss die B 305 bei Reit im Winkl zwischen 19 Uhr abends und 5 Uhr morgens gesperrt werden, wenn sich die Frösche im Dreiseengebiet auf Wanderschaft begeben. Unzählige Bauvorhaben fielen den Einsprüchen des Bundes Naturschutz zum Opfer. Zwischen Füssen und Flensburg wehren sich die Retter des Ökosystems gegen neue Start- und Landebahnen, Straßen, Brücken, Bergbahnen, Skilifte. Sie beklagen die Zersiedelung der Landschaft und verhindern die Erschließung von Bauland.

So, wie sich die Parteien gerne ihrer »Parteisoldaten« rühmen und man bei der Deutschen Bank des Vorsitzenden Anshu Jain ehrfurchtsvoll von »Anshus Army« spricht, verfügen auch die Moralisten im Lande über Elitetruppen: die sogenannten »Aktivisten«. Gut organisiert in sogenannten NGOs, kämpfen die selbsternannten Retter der Welt gegen alles, was ihren Idealen widerspricht. Das Spektrum ihrer oft mit erheblichem finanziellem Aufwand inszenierten Kampagnen reicht vom Angriff auf japanische Walfängerboote bis hin zur Forderung an den Sportschuhhersteller adidas, dafür zu sorgen, dass seine Textilien frei von Giftstoffen aller Art sind. Neben sinnvollen Aktivitäten wie dem Kampf gegen Folter durch Amnesty International und Human Rights Watch oder medizinischer Entwicklungshilfe durch Ärzte ohne Grenzen findet sich in den Katalogen der Idealisten auch allerlei Verzichtbares. Demos gegen die Agrarindustrie zum Beispiel wirken lächerlich, wenn die Demonstranten sich mit Pommes aus dem Supermarkt verpflegen. Und Tortenwürfe gegen Politpromis, wie beim Weltsozialforum im brasilianischen Porto Allegre, dürften kaum für mehr soziale Gerechtigkeit sorgen.

Große NGOs wie Amnesty International, Greenpeace, Oxfam oder Attac sind inzwischen so mächtig, dass sie von Konzernen und Regierungen gefürchtet werden. Wenn sich die deutsche Möbelindustrie verpflichtet, kein Tropenholz aus dem Regenwald Borneos mehr zu verarbeiten, dann ist dies ebenso ein Erfolg der NGOs wie die von Attac (100 000 Mitglieder weltweit) geforderte Einführung der Finanztransaktionssteuer. Mit dem Erfolg aber verwandelten sich manche der ursprünglich von ehrenamtlichen Helfern gegründeten Vereinigungen selbst in konzernähnliche Unternehmen, die ihre Angestellten nach Tarif bezahlen und ihnen jene sozialen Errungenschaften gewähren müssen, die sie selbst bei anderen eingefordert haben. Auf dem Moral-Ticket schaffte es Attac-Mitgründer Sven Gigold ins Europaparlament und gibt dort den kompetenten Banken-Kritiker.

GENTECHNIK OHNE CHANCE Das Geld für ihre Aktivitäten werben sie professionell ein wie ein normales Wirtschaftsunternehmen: über Anzeigen, TV- und Kinospots. Manche NGOs scheuen sich auch nicht, aus den Fördertöpfen der Staaten zu schöpfen, die sie mit ihren Aktionen angreifen. Oxfam zum Beispiel bekommt Geld von der EU wie von Großbritannien. Sogar Konzerne, die unter den publikumswirksamen Attacken der Aktivisten zu leiden hatten, zählen über direkte Spenden oder gut bezahlte Forschungsaufträge zu den Finanziers der Weltenretter. Der Ölmulti Shell wurde von Greenpeace wegen der Versenkung der in Brand geratenen Bohrinsel »Brent Spar« mit der Behauptung angegriffen, das austretende Petroleum würde die Nordsee verseuchen. Obwohl sich hinterher herausstellte, dass so gut wie kein Öl mehr an Bord war und die Versenkung die bestmögliche Lösung gewesen wäre, ließ Shell das Wrack ans Ufer schleppen und auf dem Trockenen verschrotten. Greenpeace ging als moralischer Sieger hervor. Zu Big Spendern der NGOs zählen neben der Öl-, Nahrungs-, und Chemieindustrie vor allem Firmen der Solarbranche. Die Moral hat eben ihren Preis.

Kaum eine Branche ist vor den Protestlern sicher, und manchmal richtet sich der Protest auch gegen die eigenen Leute. Als André Baumann, oberster Naturschützer Baden-Württembergs, Anfang 2014 in einem Interview mit den ›Stuttgarter Nachrichten‹ erklärte, er habe nichts gegen Fuchsjagden, brach ein Sturm der Empörung über ihn herein. Auf einer Online-Plattform sammelten die Freunde des Fuchses Unterschriften für eine Petition, in der seine Ablösung gefordert wurde. Statt vernünftig über Abschussquoten des Hühnerräubers zu debattieren, ließen die Tierschützer ihren Gefühlen freien Lauf.

Sachkunde ist selten gefragt bei den Aktionen der Gutmenschen und das macht sie in den Augen der Wirtschaftslenker, die es gewohnt sind, profitorientiert zu entscheiden, so bedrohlich. Weil kaum einer versteht, was in den Labors der Chemie-, Pharma- oder Agrarkonzerne vor sich geht, herrscht ein tiefes Misstrauen gegen alles, was mit Gentechnik zu tun hat. Aktivisten der verschiedensten Gruppierungen nutzen die Angst der Verbraucher vor Genmais, Genkartoffeln oder Gentomaten, um die ganze Forschungsrichtung in Misskredit zu bringen. 61 Prozent der Europäer und 72 Prozent der Deutschen lehnen nach jüngsten Umfragen die Gentechnik ab.

Als der Chemiekonzern BASF die Kartoffelsorte Amflora, die mit biotechnischen Methoden gegen Unkraut resistent gemacht wurde, in den Handel bringen wollte, verlor er in Brüssel den Kampf gegen die Öko-Lobby. Verärgert schloss BASF-Boss Kurt Bock die Forschungslabore in Ludwigshafen und verlagerte die gesamte Genforschung nach North Carolina. 150 hochqualifizierte Arbeitsplätze wanderten ab. Kein Wunder, dass die Fortschritte in der Stammzellen-Therapie wie in der Biotechnik aus den USA kommen.

Der ökologisch korrekte Mitbürger von heute raucht nicht,

trinkt keinen Alkohol und isst kein Fleisch. Dafür joggt er bis zum Umfallen. Er ist höflich zu seinen Mitmenschen, trennt sorgfältig den Müll, spendet für die Kinder der Sahelzone, fährt mit dem Fahrrad ins Büro und legt Wert darauf, dass wenigstens die Inneneinrichtung des SUV seiner Lebensabschnittsgefährtin aus recyclingfähigem Material besteht. Sein Erspartes legt er auf der Ökobank in Nachhaltigkeitsfonds an, und den Urlaub nutzt er für ein Engagement beim Deutschen Entwicklungsdienst in Guatemala. Für all diese Mühe will er nur ein bisschen geliebt werden.

Nur schade, dass die Welt der Moralisten auch jene Schlaumeier kennt, die aus dem guten Gewissen der Menschen ein Milliardenbusiness machten. Abgehalfterte Politiker wie Ex-US-Präsident Bill Clinton und sein schwerreicher Vize Al Gore gehören ebenso dazu wie Großbritanniens Expremier Tony Blair. Ihre Vorträge, vermittelt von der New Yorker Harry Walker Agency, lassen sie sich mit Honoraren zwischen 100 000 und 200 000 Dollar fürstlich vergüten. Das ist freilich nur Kleingeld, verglichen mit den Summen, die Popstars wie Bono, Bob Geldof oder Bon Jovi einstreichen, wenn sie mal wieder ein Konzert für eine gute Sache geben und dies anschließend weltweit vermarkten.

In Deutschland ist eine ganze Industrie entstanden, deren einziges Geschäftsmodell das Beklagen und Beheben sozialer, ökologischer oder humanitärer Missstände ist. Zu ihrer millionenstarken Belegschaft zählen die Bediensteten der Bundesagentur für Arbeit ebenso wie die Mitglieder der Paritätischen Wohlfahrtsverbände nebst den Beschäftigten in den kirchlichen Diakonie- und Caritas-Organisationen sowie des Roten Kreuzes. Dieser ökosoziale Komplex, so nützlich er für die Gemeinschaft sein mag, verdankt seine Bedeutung einzig und allein der Moral.

Kapitel II
Wulff, Edathy und die Heuchelei

Niemand wird behaupten wollen, die Menschen seien heute moralischer als, sagen wir, vor hundert Jahren. Es ist, nach den Erkenntnissen der Verhaltensforscher, ohnehin fraglich, ob sich die Grundstruktur des Menschen im Laufe der Jahrtausende wesentlich verändert hat. Große Unterschiede freilich zeigen sich in den politischen Systemen, in denen die Menschen leben, und die wiederum bestimmen auch das Wertesystem der Moral.

Die Ständegesellschaft des Kaiserreichs erforderte ein anderes Verhalten als die Weimarer Republik, und die Diktatur des Nazi-Regimes zwang den Deutschen andere Werte auf als die Volkskammer der DDR. Das Bürgerliche Gesetzbuch (BGB) indessen, das die Regeln des Zusammenlebens der Deutschen in Paragrafen fasst, trat bereits am 1. Januar 1900 in Kraft und überdauerte, dank diverser Änderungen, Anhängsel und Abstriche, die unterschiedlichsten Regime. Die Rechtsordnung sagt jedoch wenig über die wechselnden Befindlichkeiten einer Gesellschaft aus. Zum Beispiel über die Prioritäten in den Wertvorstellungen der Bürger. Die Gleichstellung von Mann und Frau etwa hat derzeit einen solch hohen Stellenwert, dass die Regierung private wie öffentliche Unternehmen dazu verpflichten will, ihre Lenkungsgremien paritätisch zu besetzen. Dabei spielt die Frage, ob dies zu Lasten des wirtschaftlichen Erfolgs geht, kaum eine Rolle.

In den Jahren des Wiederaufbaus nach dem Zweiten Weltkrieg wäre niemand auf eine solche Idee verfallen, obwohl die Gleichberechtigung von Mann und Frau von Anfang an im BGB verankert war. Abgesehen davon, dass es damals gar nicht genügend Frauen gab, die für eine Leitungsfunktion in Frage gekommen wären, stand das Streben nach Erfolg im Vordergrund. Man machte sich keine Gedanken darüber, ob Frauen diskriminiert wurden, sie kamen einfach nicht in Betracht. In den Vorständen und Aufsichtsräten der Großunternehmen wimmelte es hingegen von Männern, die sich aus alten Zeiten kannten, aus der Wehrmacht, der SS, der Organisation Todt.

Die Emanzipation der Frauen veränderte die Moralvorstellungen in der westlichen Welt wahrscheinlich mehr als jede andere Entwicklung, inklusive zweier Weltkriege, der Nazi-Diktatur und des Kommunismus. Sie umfasst nahezu alle Bereiche des Lebens, von der Politik bis zur Kindererziehung, und zeigt anschaulich, wie schwankend der Boden unserer angelernten Verhaltensnormen ist. Was gestern selbstverständlich war – dass Frauen weder eine Bar noch eine Universität betreten durften –, kommt den Kindern von Apple und Google so fremdartig vor wie das Leben in Nordkorea.

Das berechtigte Streben der Frauen nach Gleichberechtigung artete in jüngerer Zeit aus zum »Gender Mainstreaming«, einer Art Pseudowissenschaft, die der deutschen Sprache den Kampf angesagt hat. Wo immer das generische Maskulinum auftaucht, soll es geschlechtsneutralen Formulierungen weichen, auch wenn Sprachpuristen wie der Hamburger Journalist Wolf Schneider dies für »Schwachsinn« halten. So lässt die Uni Brandenburg, wie der ›Spiegel‹ berichtete, ihre Berufungsordnung umschreiben, mit dem Effekt, dass männliche Lehrkräfte künftig als »Herr Professorin« angesprochen werden können. Da ist es nicht mehr weit zur »Polizei, deiner Freundin und Helferin«.

Veränderlich wie das Verhältnis der Geschlechter ist auch der Stellenwert, den die persönliche Freiheit im Wertekanon der Gesellschaft einnimmt. Bundespräsident Joachim Gauck geht nicht wenigen Bundesbürgern gehörig auf den Keks, wenn er immer wieder das hohe Gut der Freiheit in den Mittelpunkt seiner Reden stellt. Klar: Anders als den Bürgern der ehemaligen DDR ist den jungen Westdeutschen manches andere wichtiger als ihre persönliche Freiheit, denn die bekamen sie als selbstverständliche Zugabe mit in die Wiege gelegt. Güter, an denen es nicht mangelt, werden bekanntlich wenig geschätzt.

Der Zwang, sich ständig zwischen mehreren Möglichkeiten – Apple oder Samsung, Realschule oder Gymnasium, Laura oder Lea – entscheiden zu müssen, nervt sie ebenso wie die Ungewissheit ihrer beruflichen Zukunft. Freiheit verheißt den ans Kollektiv von Schulen und Universitäten gewöhnten Wohlstandskindern nichts Gutes. Sie fürchten sich vor dem »gnadenlosen« Wettbewerb um die guten Jobs, vor irreparablen Umweltschäden und leeren Rentenkassen mehr als vor dem Verlust ihrer Wahlmöglichkeiten. Kein Wunder also, wenn der Trend wieder zur stärkeren Kollektivierung der Gesellschaft geht.

Zur Relativierung des Begriffs Freiheit beigetragen haben zweifellos auch die neueren Erkenntnisse der Neurowissenschaftler, wonach der Mensch in seinen Entscheidungen viel weniger frei ist, als er sich das selber gerne einredet. Nicht nur soziale Faktoren wie Elternhaus und Lebensweg determinieren die persönlichen Entscheidungen. Es sei dem Menschen prinzipiell gar nicht möglich, frei zu entscheiden, behauptet etwa Wolf Singer vom Max-Planck-Institut für Hirnforschung in Frankfurt, da das archaische »Betriebssystem« des Stammhirns die Entscheidung vorgibt, bevor der rationale Verstand sich damit befasst. Wenn der Instinkt schneller schaltet als das bewusste Denken, ist der freie Wille nicht mehr als eine schöne Illusion. Die Erkenntnisse der Neurowissenschaftler aber entheben den Menschen nicht der Verantwortung für sein Tun, und dieses wiederum hat sich nach der geltenden Moral zu richten.

VERTEILUNGSKÄMPFE BESTIMMEN DIE AGENDA Was als moralisch oder unmoralisch empfunden wird, hängt also stark vom Zeitgeist ab, jener schwer definierbaren Stimmungs- und Erkenntnislage, die sich aus der Summe unzähliger Ereignisse und deren Bewertung gebildet hat. Nicht nur die Codices verändern sich laufend, das ganze System der Moral wird mal mehr, mal weniger stark beachtet. Gegen Kriegsende, als Deutschland die militärische Niederlage drohte, hatte die Abwehr des Feindes allerhöchste Priorität. Selbst die primitivsten zivilisatorischen Errungenschaften zählten nichts mehr.

In der Nachkriegszeit, als das zerstörte Land wieder aufgebaut und die Demokratie eingeübt werden musste, bestimmten große Kontroversen die politische Diskussion: West-Orientierung oder Neutralitätsverpflichtung, Wiederbewaffnung oder Pazifismus, Sozialismus oder soziale Marktwirtschaft? Persönliche Befindlichkeiten und moralische Fragen spielten keine besondere Rolle. Dem Streben nach Frieden, Anerkennung und wirtschaftlichem Erfolg hatte sich alles andere unterzuordnen.

Im Deutschland der Gegenwart bestimmen die Verteilungskämpfe zwischen den verschiedensten Gruppierungen die Agenda, und im Ringen um Macht und Einfluss berufen sich alle auf die Moral. Als moralisch gilt, was als gerecht erscheint. Und was legitimiert einen Anspruch mehr als die Berufung auf Gerechtigkeit? Frauenrechtlerinnen rufen nach der Quote, Mütter nach mehr Rente, Sozialpolitiker nach höheren Steuern für Reiche, Schwule und Lesben nach dem Recht auf Ehe und Adoption. Die Jungen sorgen sich um ihre Rentenansprüche, die Alten verteidigen ihre Privilegien, die Gewerkschaften streiken für mehr Lohn, die Unternehmer drohen mit Abwanderung.

Die Inflation der Ansprüche, die mit moralischen Argumenten begründet werden, führt zwangsläufig zu einer Sensibilisierung der Bevölkerung. Man wird empfindlich gegen Ungerechtigkeiten und verlangt nach mehr Moral – von den jeweils anderen. Der deutsche Philosoph Vittorio Hösle, der das Standardwerk ›Politik und Moral‹ (1997) verfasste, verspürt in weiten Kreisen der westlichen Demokratien »ein geradezu pathologisches Bedürfnis nach moralischer Entrüstung«, und da liegt er wohl nicht ganz daneben.

Entrüstung über moralische Verfehlungen anderer stimuliert das Selbstwertgefühl. Sie hebt den Einzelnen aus der anonymen Masse heraus und liefert ihm für einen Moment einen Sinn seiner Existenz. Die Entrüstung ist wohlfeil, sie kostet nichts und ist doch gesellschaftlich geschätzt. Entrüstung belebt die Demokratie, manchmal führt sie gar zu ihrer Verbesserung. Doch Entrüstung kann auch vernichten, und sie kann künstlich erzeugt werden.

In Berlin wurde ein Bundespräsident aus dem Amt gejagt, der den Fehler gemacht hat, die Medien, die ihm bei seinem beruflichen Aufstieg hilfreich waren, auf Distanz zu halten, nachdem er das höchste Staatsamt erklommen hatte. Der Mann hat seinen Job gut erledigt, er war ein im In- wie Ausland geschätzter Repräsentant der Bundesrepublik, und doch musste er abtreten, weil er die Kräfteverhältnisse in der Mediokratie falsch eingeschätzt hatte. Medien informieren nicht nur, sie bedienen auch den Gefühlshaushalt ihrer Konsumenten. Sie sind umso erfolgreicher, je höher sie den Erregungspegel des Publikums treiben können. Christian Wulff kam ihnen wie gerufen.

Der Präsident hielt es zunächst für unter seiner Würde, auf

Anfragen eines Redakteurs der ›Bildzeitung‹ nach der Herkunft eines 500000-Euro-Kredits, mit dem er den Kauf seines Hauses in Burgwedel finanziert hatte, zu antworten. Weil er so in den Verdacht geriet, er habe sich von einem unbekannten Investor abhängig gemacht – vermutet wurde zunächst, es handele sich um den berüchtigten Hannoveraner Geschäftsmann Carsten Maschmeyer –, stand der Vorwurf der Korruption im Raum. Ein Irrtum, wie sich später herausstellte.

Jetzt erwachte der Eifer der Rechercheure von ›Bild‹, ›Spiegel‹, ›FAZ‹ und beflügelte auch die von den Leitmedien abschreibenden Kollegen. Im Gegensatz zu ihrem Opfer wussten die Leithammel der Medienmeute ziemlich genau um die Verwundbarkeit eines Bundespräsidenten, und so löste die »Kriegserklärung«, die Christian Wulff auf dem Anrufbeantworter des ›Bild‹-Chefredakteurs Kai Diekmann hinterließ, bei ihnen höchstens ein trotziges »Jetzt erst recht« aus.

Die Vorstellung, den höchsten Repräsentanten des Staates moralischer Verfehlungen überführen zu können, war zu verlockend, als dass ihr Medien und Justiz widerstehen konnten. Die Kalkulation: Nach all den Skandalen um korrupte Manager bei Siemens, Daimler, MAN, Ferrostaal sowie der bayerischen Amigo-Affäre würde die Öffentlichkeit auf jeden Anschein von Bestechlichkeit höchst allergisch reagieren. In den Augen der Jäger war Wulff eine leichte Beute, zumal er sich eine Blöße nach der anderen gab.

Auf der Suche nach skandalträchtigen News wühlten sich die Reporter tief ins Privatleben des Präsidenten und bliesen auch noch die belanglosesten Details zu Erregungsballons auf. So fanden sie eines Tages tatsächlich ein Bobbycar, das der Geschäftsführer eines Berliner Autohauses im Mai 2011 als Geschenk für den Sohn des Ehepaares Wulff an ihre Privatadresse nach Burgwedel geschickt hatte. Wulffs Gegenleistung bestand in einer Einladung zum Sommerfest des Präsidenten ins Schloss Bellevue. Korruption auf höchster Ebene also. Mindestens ebenso brisant war die Nachricht, die ein ehemaliger Schulkamerad Wulffs einem Reporter der dänischen Zeitung ›Morgenavisen Jyllandsposten‹ anvertraute und die von deutschen Blättern eifrig abgeschrieben wurde: Als Gymnasiast habe Christian Wulff, um zum

Schulsprecher gewählt zu werden, an seine Mitschüler Schoko-Täfelchen der Marke After Eight verteilt. Wieder ein klarer Fall von Korruption.

Der Träger des höchsten Amts im Staat verfügt über keinerlei reale Macht. Er kann weder den Staatsanwalt in Marsch setzen, um den Chefredakteur der ›Bildzeitung‹ verhaften zu lassen noch kann er die Medien mit Aufträgen für TV-Spots oder Anzeigen gefügig machen. Ja, er kann sich nicht einmal öffentlich verteidigen, denn dies würde ihm als Schwäche und Schuldeingeständnis ausgelegt. Der Bundespräsident wirkt allein aufgrund seiner Persönlichkeit. Ist diese stark und überzeugend, darf er sogar der Kanzlerin die Leviten lesen, ohne dass ihm dies schadet. Ist er schwach und unentschlossen, verliert er die Rückendeckung im Volk wie im Parlament.

DIE WÜRDE DES AMTES – EIN WITZ Christian Wulff, der im entscheidenden Moment nicht mehr auf seinen Medienberater hörte, war schwach, sein erzwungener Rücktritt deshalb kein Schaden für Deutschland. Die Fehler, die er im Umgang mit den Medien wie mit der Wahrheit machte, beging er noch als Ministerpräsident von Niedersachsen, und möglicherweise war seine zweite Ehe mit der attraktiven Bettina daran nicht ganz unbeteiligt. Die brutale Demontage durch Presse und Justiz aber, die dann folgte, hatte er nicht verdient.

Die Staatsraison, die früher einen Schutzmantel selbst um schwache Präsidenten wie den unseligen Heinrich Lübke legte, ist heute nicht mal mehr als Putzlappen zu gebrauchen. In ihren Statements berufen sich zwar alle, Politiker wie Medienmenschen, auf die Würde des Amtes, die nicht beschädigt werden dürfe, in Wahrheit aber ist ihnen diese schnurzegal. Respekt vor hohen Ämtern ist verpönt in der Rüpelrepublik Deutschland, und jeder Anflug von Nationalstolz gilt, wenn er sich nicht auf Fußball, Rodeln oder die Formel 1 bezieht, als Rückfall in die Nazizeit. ›Bild‹-Reporter Martin Heidemanns hatte denn auch keine Skrupel, dem Präsidenten während eines Staatsbesuchs im Nahen Osten telefonisch ein Ultimatum zu stellen: wenn er ihm nicht binnen weniger Stunden die gewünschten Informationen zu dem Hauskredit liefere, werde seine Zeitung die Geschichte am nächsten Tag drucken. Was zählt der Respekt vor dem Amt oder die Außenwirkung der Bundesrepublik, wenn es um die Auflage der ›Bildzeitung‹ geht? Man mag sich nicht vorstellen, wie auf den Emir von Abu Dhabi ein Staatsgast wirkt, der wegen irgendwelcher Petitessen von den Medien des eigenen Landes denunziert wird.

Das mediale Trommelfeuer trieb den Erregungspegel sowohl des Volkes als auch der Staatsanwaltschaft Hannover hoch. Obwohl den niedersächsischen Juristen klar sein musste, dass die Aufnahme offizieller Ermittlungen unweigerlich den Rücktritt des Bundespräsidenten auslösen und seiner Persönlichkeit schweren Schaden zufügen würde, machten sie sich mit Eifer ans Werk. Sie hielten es für ihre Pflicht, Schaden vom deutschen Volk abzuwenden und dem Fall ein Aktenzeichen zu verpassen.

Nun muss man wissen, dass Christian Wulff mal Ministerpräsident in Hannover war und dass dort inzwischen der politische Gegner regierte. Kenner des Geschäfts verwunderte es deshalb nur wenig, dass die niedersächsischen Ermittler weder Mühe noch Kosten scheuten, um ihren ehemaligen Oberchef der Korruption zu überführen. Über 20 Mann kümmerten sich zeitweise um den Fall, ihre Erkenntnisse füllten dutzende Aktenordner mit nicht weniger als 120000 Seiten. An verwertbaren Beweisen indessen herrschte ziemlicher Mangel.

Nach genauer Prüfung der insgesamt 17 vermeintlichen Straftaten, die dem ehemaligen Staatsoberhaupt vorgeworfen wurden, ließ die 2. Große Strafkammer des Landgerichts Hannover unter dem Vorsitzenden Richter Frank Rosenow nur eine einzige zur Anklage zu: den Vorwurf, der ehemalige Bundespräsident habe sich von dem befreundeten Filmproduzenten David Groenewold zum Oktoberfest nach München einladen lassen und so einen geldwerten Vorteil von etwas mehr als 700 Euro erlangt. Im Gegenzug habe Wulff dem Filmproduzenten einen Gefallen getan, indem er in einem Brief an den Vorstand des Siemens-Konzerns für Groenewolds Projekt ›John Rabe‹ warb.

Der Prozess um die 700 Euro dauerte 22 Tage und kostete den Steuerzahler insgesamt mehr als 2 Millionen Euro. Macht nichts, verteidigen sich die Juristen, in der Strafprozessordnung gehe es nicht um die Höhe eines Schadens, sondern allein um die Frage: Ist der Angeklagte schuldig oder unschuldig? Christian Wulff wurde bekanntlich freigesprochen, ist also unschuldig. Der Schaden, den er durch die Attacke der Justiz erlitten hat, lässt sich kaum beziffern. Die Staatsanwälte aber wollten sich mit ihrer Niederlage nicht abfinden, sie legten Berufung ein.

Die Medien lieferten sich nun in der Disziplin: Wer legt die beste Rolle rückwärts hin? einen bemerkenswerten Wettbewerb, den Heribert Prantl von der ›Süddeutschen‹ gewonnen haben dürfte. »Die Art und Weise, wie sie (die Staatsanwaltschaft in Hannover) das Wulff-Verfahren betrieben hat, ist ungut, unstatthaft und unanständig. Die Ermittlungen sind einseitig, sie sind auf beinahe schon lächerliche Weise parteilich«, befand der Kommentator, der früher selbst ein Staatsanwalt war, kurz vor Prozessende.

EINE KERBE AM COLT DES BILD-CHEFS Was war die wahre Ursache für die komplizenhafte Kampagne von ›Bild‹, ›Spiegel‹, ›FAZ‹ und Justiz? Den Medien ging es ums Geschäft, den Staatsanwälten möglicherweise um die Gerechtigkeit, vielleicht auch um die Karriere. Alle zusammen befeuerte eine Art Jagdinstinkt, denn es winkte eine respektable Beute. Nach Lage der Dinge hätte das aber kaum ausgereicht, das Staatsoberhaupt »abzuschießen«, es musste noch etwas dazukommen, damit die Hatz von Erfolg gekrönt war: die moralische Erregbarkeit des Publikums.

Ohne die Bereitschaft der Bevölkerung, einem Politiker wie Wulff das Schlimmste zuzutrauen, wären die von der ›Bild‹-Redaktion erhobenen Vorwürfe im Nu verpufft. Der Verdacht, Christian Wulff habe sich wegen seines Privatkredits in Abhängigkeit von einem dubiosen Geldgeber gebracht, fiel ja bereits in den ersten Tagen der Kampagne in sich zusammen. Die Spürhunde der Medien gaben dennoch keine Ruhe, denn der Präsident schien angeschlagen. Nun ging es nicht mehr um die Moral, sondern um den Sieg, um eine weitere Kerbe an Kai Diekmanns Colt.

Selten zuvor wurde eine im Namen moralischer Motive geführte Pressekampagne so eindeutig der Heuchelei überführt wie im Fall des gestürzten Bundespräsidenten. Und dies wirft die Frage auf, wie echt die moralische Empörung über soziale Ungerechtigkeit, Korruption und Steuerbetrug überhaupt ist. Handelt es sich hier nicht eher um billige Sensationshascherei, um von Interessengruppen gesteuerte Aufregerthemen, die das Volk ablenken sollen von den wahren Problemen des Landes? Etwa von der Unfähigkeit der Politiker, selbst in Zeiten wirtschaftlicher Prosperität den drückenden Schuldenberg der öffentlichen Hand abzubauen? Von ihrem Versagen, Unternehmen wie Privathaushalten bezahlbaren Strom zur Verfügung zu stellen? Von ihrer Unlust, sich mit Briten und Amerikanern anzulegen, die dreist die gesamte Kommunikation des Landes abfischen?

Das Spiel mit der Moral und ihrer hässlichen Schwester, der Heuchelei, beherrschen die Medienmacher ebenso gut wie die politische Klasse. Dabei dient die Moral stets als Anlass, die Heuchelei als Instrument. Man heuchelt Bedauern, verlangt Aufklärung und totale Transparenz – und sucht in Wirklichkeit doch nur den eigenen Vorteil. Der Politiker will den Gegner treffen, der Reporter Karriere machen. So war es auch in der Affäre um den der Pädophilie verdächtigten SPD-Abgeordneten Sebastian Edathy, die einen CSU-Innenminister den Job kostete und beinahe auch noch den Präsidenten des Bundeskriminalamtes mit in den Abgrund gerissen hätte. Für jene Leser, die das Drama um sexuelle Moral und politische Heuchelei nicht im Detail verfolgt haben, hier ein kurzer Überblick:

Schon das Thema Pädophilie verdient Beachtung, weil es die Problematik der Diskussion um ethische Werte verdeutlicht. Teile der 68er Generation, die sich Anfang der 70er Jahre auf den Marsch durch die Institutionen machte, sahen in erotischen Beziehungen zwischen Erwachsenen und Kindern eine Art Befreiung von den Tabus einer verklemmten Sexualmoral. Sie beriefen sich dabei sowohl auf Sigmund Freud als auch auf den amerikanischen Sozialwissenschaftler Wilhelm Reich, der die These vertrat, Triebunterdrückung führe zum Faschismus. Im Umkehrschluss hieß dies: Befreite Sexualität führt zu einer befreiten Gesellschaft.

Die Berliner Schriftstellerin und FDP-Politikerin Sophie Dannenberg verzichtete auf eine Bundestagskandidatur, weil sie im Alter von 19 Jahren einen Aufsatz geschrieben hatte, in dem sie den Sex mit Kindern rechtfertigte. In einem Interview mit der ›Zeit‹ bekannte sie: »Diese Haltung war nicht nur die Verirrung eines kleinen Zirkels. Pädophilie wurde in den achtziger Jahren oft gleichgesetzt mit anderen Spielarten der Sexualität unter Erwachsenen.« Heute distanziert sie sich davon: »Man kann diese Leute nicht entschuldigen, aber man muss verstehen, dass sie von einem alles umfassenden Zeitgeist vergiftet worden sind.« Aus Solidarität mit ihrem der Pädophilie verdächtigten Parteifreund Daniel Cohn-Bendit barmten denn auch einige Spitzenpolitiker der Grünen um Milde. Baden-Württembergs grüner Ministerpräsident Winfried Kretschmann verwies auf die »christliche Nächstenliebe«, die frühere Parteivorsitzende Claudia Roth brachte eine »wissenschaftliche Aufarbeitung« des Themas ins Spiel.

KASTRIEREN UND AB INS ARBEITSLAGER Heute versteht man unter Pädophilie eine therapierbare Krankheit, unter der in Deutschland nach Schätzungen des Kieler Sozialwissenschaftlers Jorge Ponseti etwa 250000 Männer leiden. In fast allen zivilisierten Gesellschaften wird sie geächtet, selbst in den Gefängnissen dieser Welt stehen »Kinderficker« am unteren Ende der Hierarchie. Für Politiker jeder Couleur ist sie ein Igitt-Faktor der schlimmsten Sorte, denn Kinder sind, seit die Frauen immer weniger Lust aufs Gebären haben, zum kostbarsten Gut der Gesellschaft geworden. Den Nachwuchs gilt es zu behüten und zu beschützen, auf dass er später die Rentenkassen aufzufüllen vermöge. Sex mit Kindern, nein, das geht auf keinen Fall, und wer auch nur in den Verdacht gerät, ein Päderast zu sein, den trifft die Wut des Volkes mit voller Wucht. »Kastrieren, lebenslang wegsperren, ab ins Arbeitslager«, lauteten die Empfehlungen aus den Internetforen zum Fall Edathy. Einer der Chatter, von Beruf Lehrer, bedauerte, dass »Steinigungen verboten« seien.

Der 1969 geborene Sohn eines aus Indien stammenden lutherischen Pastors galt in der SPD-Bundestagsfraktion als hoffnungsvolles Talent. Sebastian Edathy, unverheiratet und kinderlos, leitete den Parlamentsausschuss, der die Ermittlungspannen bei der Aufklärung der NSU-Morde untersuchen sollte, so objektiv wie kompetent, dass er bei den Beratungen über die Große Koalition als Kandidat für einen Spitzenposten in der Regierung gehandelt wurde. Obwohl er sich mit seinen hartnäckigen Fragen bei den Strafermittlern nicht nur Freunde geschaffen hat, war für ihn sogar ein Job als Staatssekretär drin.

Die Karriere des Aufsteigers aus dem niedersächsischen Rehburg-Loccum endete jäh, als sein Name auf einem Datensatz auftauchte, den kanadische Behörden nach Wiesbaden geschickt hatten. Er war Teil eines riesigen Konvoluts von mehr als 45 Terrabytes – das entspricht dem Speicherplatz von 30000 Kinofilmen –, der bei der in Toronto beheimateten Firma Azov Films beschlagnahmt worden war. Das Material reichte von harmlosen FKK-Aufnahmen bis zu widerlichen Hardcore-Pornos mit Kindern. Nachdem sie die Kunden- und Lieferantenliste des Pornovertriebs nach Ländern sortiert hatten, informierten die kanadischen Ermittler die jeweiligen Polizeibehörden, und so erreichte bereits Ende 2012 eine Sendung das BKA. Sie bestand aus 500 Videofilmen, 70000 Fotos – und 800 Namen.

Nun beginnen die Merkwürdigkeiten. Einerseits handelte die Behörde sofort und konsequent. Ein Spitzenbeamter aus dem eigenen Haus, dessen Name ebenfalls auf der Liste stand, bekam einen Strafbefehl und wurde Ende 2013 in den vorzeitigen Ruhestand verabschiedet. Auf den Abgeordneten Edathy aber, der seit Ende Januar 2012 als Vorsitzender des NSU-Ausschusses auch die BKA-Ermittler in die Zange nahm, wollen die Beamten in Wiesbaden erst im Spätsommer 2013 gestoßen sein. Nach Sichtung der rund 30 Film- und Fotosets, die der SPD-Politiker zwischen 2005 und 2010 aus Toronto bezogen hatte, kamen sie zu dem Schluss, dass es sich hier nicht um »strafbewehrte Kinderpornografie« handele.

ZWISCHEN MORAL UND HEUCHELEI Der Besitz von Fotos nackter Kinder ist schon deswegen nicht strafbar, weil sonst die meisten Familienväter hinter Gitter landeten. Bei den Kunden von Pornoverlagen indes wittern die Strafermittler auch dann, wenn ihnen nur harmloses Material in die Hände fällt, härtere Sachen. Anstatt nun den Fall mit der gebotenen Diskretion selbst aufzuklären, brachte das BKA die Akte Edathy auf den Behördenweg, und so gelangte sie über diverse Zwischenstationen (Frankfurt, Celle) im November 2013 zur Staatsanwaltschaft Hannover.

Schon vorher allerdings, die Großkoalitionäre in Berlin verhandelten gerade über die Besetzung der Schlüsselpositionen in der neuen Regierung, hatte der bisherige Innenminister Hans-Peter Friedrich von seinem ehemaligen Staatssekretär Klaus-Dieter

Fritsche erfahren, dass es in Wiesbaden eine Liste mit Namen deutscher Staatsbürger gebe, die in den kanadischen Kinderpornofall involviert seien. Und auf dieser Liste stehe auch der Name Edathy.

Friedrich wusste, dass die SPD ihrer Nachwuchshoffnung einen schönen Posten zugedacht hatte. Also griff er zum Telefon und informierte den Koalitionspartner, obwohl er wissen musste, dass er sich damit eines Geheimnisverrats schuldig machte. Das Spiel zwischen Moral und Heuchelei nahm seinen Lauf. Niemand fragte nach, ob Edathy tatsächlich ein Pädophiler ist oder vielleicht nur ein Ästhet mit einer Vorliebe für nackte Knabenkörper. Niemand machte sich Gedanken, ob und wie er geheilt werden könnte, niemand überlegte, ob eine solche Krankheit den Patienten für jede Art politischer Tätigkeit disqualifiziert. Die Beteiligten hatten Besseres zu tun.

SPD-Chef Sigmar Gabriel weihte sowohl den künftigen Außenminister Frank-Walter Steinmeier als auch seinen Fraktionschef Thomas Oppermann ein, und der vergewisserte sich beim BKA-Chef Jörg Ziercke persönlich, ob an der Sache etwas dran sei. Ein absurdes Gespräch, denn weder durfte Oppermann seinen Parteifreund zum Bruch des Dienstgeheimnisses verleiten noch durfte Ziercke eine solche Information preisgeben. Das kümmerte Oppermann wenig, denn kurz darauf machte er die Sache publik, und die Große Koalition hatte ihre erste Regierungskrise.

Nun ging es nicht mehr um den Abgeordneten Sebastian Edathy und auch nicht um die Sexualmoral. Das Einzige, das die Führungsriege in Berlin interessierte, war die Frage, wer auf der Gewinner- und wer auf der Verliererseite stehen würde. Man brauchte ein Bauernopfer – und fand es im ehemaligen Innen- und neuen Agrarminister, der sich zwar menschlich anständig verhalten hatte (indem er den Koalitionspartner warnte), wegen der Preisgabe eines Dienstgeheimnisses aber juristisch angreifbar war. Im entscheidenden Moment konnte sich Hans-Peter Friedrich weder auf seinen Parteichef Horst Seehofer noch auf die Kanzlerin Angela Merkel verlassen. Sein Rücktritt war unvermeidlich, mit der Folge, dass er jetzt auch noch die Staatsanwälte gegen sich hatte. Der geschwätzige Thomas Oppermann hingegen war für die SPD unverzichtbar und durfte bleiben. Die

Opposition forderte einen Untersuchungsausschuss und den Rücktritt des BKA-Präsidenten Ziercke.

Schon nach den ersten Medienberichten über den Schlag der kanadischen Polizei gegen Azov Films war Sebastian Edathy nervös geworden. Ende November 2013 beauftragte er einen Berliner Anwalt mit Nachforschungen bei verschiedenen Justizbehörden, ob etwas gegen ihn vorliege, und das machte die Staatsanwälte in Hannover hellhörig. Zwar verneinten sie offiziell die Anfrage, begannen aber im Geheimen doch zu ermitteln, und dabei kam es zu neuen Merkwürdigkeiten. Der Beschuldigte, der nichts von den Recherchen der Justiz mitbekommen sollte, ahnte offenbar dennoch etwas. Zunächst postete er auf seiner Facebook-Seite, er sei krank, dann unterschrieb er in der Kanzlei eines Berliner Notars seinen Verzicht auf das Abgeordneten-Mandat, und schließlich meldete er auch noch seinen Laptop, auf dem das Material aus Kanada gespeichert war, als gestohlen, bevor er sich ins Ausland absetzte.

Die Merkwürdigkeiten waren noch nicht erschöpft. Als nämlich die Kripo am 10. Februar 2014 endlich ausrückte, um Edathys Wohnhaus in Rehburg-Loccum zu filzen, fanden die Beamten, außer Resten einer zerstörten Festplatte, nichts, was auf eine Straftat hindeutete. Ein Reporter des Lokalblatts ›Die Harke‹ allerdings war vor Ort und filmte die Durchsuchung. Sein Tippgeber blieb ebenso im Dunkeln wie jener, der Sebastian Edathy gewarnt hatte. Die Affäre zerstörte nicht nur das Vertrauen innerhalb der Großen Koalition, sondern auch das vieler Bürger in die Redlichkeit der Justiz. Sebastian Edathy, der sich zu Unrecht verfolgt fühlte, stellte Strafanzeige gegen die Staatsanwaltschaft Hannover wegen Verletzung des Dienstgeheimnisses, forderte die Ablösung der Ermittler und kündigte an, über seinen Fall ein Buch schreiben zu wollen. Später nannte er den SPD-Abgeordneten Michael Hartmann als Informanten, was dieser aber bestritt.

Derlei Affären sind, jenseits der Tagesaktualität, deshalb so interessant, weil sie die Spannungslinien innerhalb einer Gesellschaft sichtbar machen. Im Fall Edathy kreuzen sich einige dieser Linien: die Kumpanei von Justiz und Medien, der Rette-sich-wer-kann-Opportunismus der Politiker – und die zunehmende Prüderie in der bürgerlichen Gesellschaft. Ob Frankreichs Präsident

François Hollande fotografiert wird, während er auf einer Vespa zu seiner heimlichen Geliebten fährt, ob US-Präsident Barack Obama mit einer harmlosen Bemerkung über eine gutaussehende Generalstaatsanwältin einen Sturm der Entrüstung auslöst oder ob das Essener Folkwang-Museum nach der Pädophilie-Diskussion eine geplante Ausstellung von Fotoarbeiten des Malers Balthus absagt. Der Zeitgeist hat auch die Einstellung zur Sexualität verändert. »Das hat in Nordamerika angefangen«, meint der Berliner Sexualtherapeut Christoph J. Ahlers, »da wurden die ollen Kamellen wieder aufgewärmt. Kein Sex vor der Ehe, coole Kids können warten, spar dich auf für den einen …«

Vordergründig geht es um den Schutz der Schwachen, Minderjährigen, der zur Prostitution gezwungenen Frauen Osteuropas und, überhaupt, aller Frauen. Eine von der EU in Auftrag gegebene Studie soll belegen, dass ein Drittel aller Frauen innerhalb Europas schon einmal körperlicher Gewalt ausgesetzt war und dass 60 Prozent sexuell belästigt worden sind. Zu den Belästigungen, das wird immerhin zugegeben, zählten die Autoren der Studie auch unerwünschte Annäherungsversuche und sexistische Witze.

DIE NEUE PRÜDERIE Nach so vielen schlagenden Beweisen verspürten wohlmeinende Politiker Handlungsbedarf. Zuerst verabschiedete das französische Parlament ein neues Gesetz, das Frauen die Prostitution zwar nicht verbietet, ihre Freier aber unter Strafe stellt. 1500 Euro muss ein ertappter Kunde berappen und überdies einen »Sensibilisierungskurs« belegen, ähnlich dem »Depperltest« nach dem Verlust des Führerscheins. Die Große Koalition in Berlin mochte da nicht zurückstehen, will die Freier aber nur »im Fall erkennbarer Zwangsprostitution« zur Kasse bitten und überdies den »Flatrate-Sex« in den Bordellen verbieten – ungeachtet der Tatsache, dass die Huren, die sich jetzt Sexarbeiterinnen nennen, davon gar nichts halten. Johanna Weber vom Berufsverband der erotischen und sexuellen Dienstleister: »Der weitaus größte Teil meiner Berufskolleginnen arbeitet selbstbestimmt und frei von Zwang.«

Wie der moralische Furor, einst nicht mehr als eine Randerscheinung der Frauenbewegung, bis in die Mitte des Politbetriebs vordrang, ist ein Lehrstück über die Willensbildung in einer Demokratie. Wenn kleine, aggressive Gruppen genug medialen Wirbel verursachen, können sie der schweigenden Mehrheit schnell ihren Willen aufzwingen. Abgeordnete wie Regierungsmitglieder haben ja meist kein festgefügtes Wertekonzept, sondern handeln opportunistisch – anders hätten sie im Politbetrieb kaum Karriere gemacht. Einerseits suchen sie nach Themen, mit denen sie sich profilieren können, andererseits fürchten sie nichts mehr, als einen aktuellen Hype zu verpassen. Das macht sie anfällig für fremdgesteuerte Kampagnen.

So war es in den USA, wo die von zwei Milliardären, den Brüdern Charles G. und David H. Koch, finanzierte Tea-Party-Bewegung die Republikanische Partei unterwanderte und die politische Klasse Washingtons mächtig unter Druck setzte. Und so ist es auch in Deutschland, wo Tugendwächter für die Rechte von Minderheiten eintreten und eine weit über ihre tatsächliche Bedeutung hinausreichende Aufmerksamkeit erzwingen. Gruppierungen wie die Gender-, Diversity-, Schwulen- oder Islam-Lobby verstanden es, nicht nur die öffentliche Aufmerksamkeit zu gewinnen, sondern ihre Anliegen so nachhaltig zu vertreten, dass abweichende Meinungen alsbald tabuisiert wurden. Da sie stets im Namen der Moral auftraten, wagte es bei den Mainstream-Medien kaum mehr jemand, für die Rechte der schweigenden Mehrheit einzutreten.

Thilo Sarrazin hat sich des Themas angenommen und in seinem Buch ›Der neue Tugendterror‹ insgesamt 14 Axiome ausgemacht, vom Gleichheitswahn bis zur Multikulti-Bewegung, die angeblich die Meinungshoheit okkupiert haben. Da es ihm selbst bisher noch immer gelungen ist, seinen vom Mainstream abweichenden Ansichten Geltung zu verschaffen, darf man die These von der Bedrohung der freien Meinungsäußerung getrost als erledigt betrachten. Jeder darf in Deutschland seine Meinung äußern, doch sie muss nicht immer beachtet werden.

Geblieben ist das Problem der Pressure groups. Die Empörungsbereitschaft des Publikums verschafft lautstarken Trommlern, die im Namen der Moral auftreten, viel Aufmerksamkeit und damit politischen Einfluss. So vermochte es auch eine seltsame Allianz zwischen den Feministinnen um Alice Schwarzer und konservativen Unionspolitikern, das 2002 von der rot-grünen

Koalition unter Kanzler Gerhard Schröder beschlossene Prostitutionsgesetz zu diskreditieren. Es war ein sehr liberales Gesetz, das die Hurerei als normales Gewerbe definiert, mit Steuer- und Sozialversicherungspflicht für die Beschäftigten. Nach zahlreichen Zeitungsartikeln, Talkshows und fiktionalen Krimis über Zwangsprostitution war Schluss mit der großen Freiheit. Ein Kreis konservativer Unionsabgeordneter um den Fraktionsvize Günter Krings tat sich mit Frauenrechtlerinnen aus der SPD zusammen, um über verschärfte Verkehrsregeln nachzudenken.

Zwiespältig wie die Koalition der Bordellgegner ist das Bild, welches das Sexualleben der Deutschen im Jahr 2014 bietet. Da zeigt sich, einerseits, eine nie dagewesene Vielfalt an Möglichkeiten, andererseits eine zunehmende Verunsicherung über das, was geht und was nicht. Während Kids auf Websites wie youporn.com das ganze Programm sexueller Praktiken kennenlernen und auf ihre Smartphones herunterladen und potentielle Freier unter der Adresse kaufmich.com aus einem Riesenangebot vielfältigster Dienstleistungen wählen können, laufen Vorgesetzte weiblicher Angestellten stets Gefahr, mit einem flotten Spruch Job und Karriere zu beenden.

168 MILLIONEN FÜR SEXUELLE BELÄSTIGUNG Nach einer Reihe erfolgreicher Klagen von Frauen, die sich am Arbeitsplatz Übergriffen von Vorgesetzten und Arbeitskollegen ausgesetzt sahen, grassiert in vielen Firmen die Angst vor dem Geschlechterkampf. Der Autobauer BMW zum Beispiel richtete eine Hotline ein, unter der Mitarbeiter solche Vorfälle anonym melden können. Die Nummer ist sämtlichen BMW-Beschäftigten in 47 Ländern bekannt und kann online oder telefonisch angewählt werden. Der Versicherungskonzern Allianz schickt alle neuen Mitarbeiter erst mal in ein Seminar zum Thema Gleichbehandlung, ehe sie ihre Arbeit aufnehmen dürfen. Der Sportartikelhersteller adidas schwört seine Angestellten auf einen »Code of Conduct« ein, der zum respektvollen Umgang miteinander und zu Toleranz gegenüber Minderheiten auffordert. Dass die von oben verordnete Prüderie in der Wirtschaftswelt ein wenig weltfremd daherkommt, beweisen diverse Umfragen aus der letzten Zeit. Einer Forsa-Studie aus dem Jahr 2013 zufolge hatten rund 14 Prozent der befragten Arbeitnehmer sexuelle Affären mit Arbeitskollegen, und 22 Prozent gaben an, sie seien solchen nicht abgeneigt.

Vorreiter der Gleichheitsbewegung waren mal wieder die USA, wo sexuell belästigten Frauen von verschiedenen Gerichten hohe Ausgleichszahlungen zuerkannt wurden. Der japanische Autobauer Mitsubishi musste 1998 an hunderte weibliche Angestellte insgesamt 34 Millionen Dollar überweisen, weil in einer Fabrik im US-Bundesstaat Illinois allzu lockere Sitten geherrscht hatten. Als Rekordhalterin in Sachen Schmerzensgeld gilt die (damals) 41 Jahre alte kalifornische Assistenzärztin Ani Chopourian, die 2012 vom Bezirksgericht in Sacramento die nette Summe von 168 Millionen Dollar zugesprochen bekam, weil sie glaubhaft machen konnte, dass sie von Kollegen im Catholic Healthcare Hospital West mindestens 18-mal sexuell belästigt worden war.

Auch wenn sexistische Übeltäter in Deutschland etwas billiger davonkommen, so reagiert man auf unerwünschte Annäherungsversuche hier mittlerweile genauso allergisch wie in den USA. Die Spielregeln bestimmt das 2006 in Kraft getretene Allgemeine Gleichbehandlungsgesetz (AGG), das geschlechtsneutral formuliert, was als sexuelle Belästigung gilt: »Unerwünschte sexuelle Handlungen und Aufforderungen zu diesen, sexuell bestimmte körperliche Berührungen, Bemerkungen sexuellen Inhalts sowie unerwünschtes Zeigen und sichtbares Anbringen von pornografischen Darstellungen, die die Würde der betreffenden Person verletzen.«

Das Playmate an der Wand: geht nicht mehr, Herrenwitze im Büro: strikt verboten. Ein plumpes Kompliment über die »geile Figur« einer Untergebenen: Entlassungsgrund. Schon fürchten deutsche Vorgesetzte, dass sie, wie in den USA, den Fahrstuhl verlassen müssen, wenn eine jüngere Frau zusteigt und sonst niemand anwesend ist. Es könnte ihre Chefin sein.

Tatsächlich geht es beim Einüben der Geschlechterrollen weniger um Stil- als um Machtfragen. Die Herren der Schöpfung müssen sich damit abfinden, dass ihnen eine Zacke nach der anderen aus der Krone gebrochen wird und dass auf den Thronen der Wirtschaftsimperien bald mehr Frauen als Männer sitzen werden. Das übliche Macho-Verhalten, das noch vor wenigen Jahren allenfalls durch verstaubte Benimmregeln in Schach gehalten wurde, löst heute schon im Ansatz massive Gegenwehr aus. Die Kumpanei der Männerbünde, die in der Sauna oder im Fitnessclub Grundstücksgeschäfte aushandelten, Urteile abkarteten oder Topjobs besetzten, wirkt in Zeiten der Antidiskriminierungsbewegung so zeitgemäß wie Tarzan im Pilates-Studio.

Wie sehr sich die Zeiten geändert haben, bewies die Reaktion der Öffentlichkeit auf die Sause der ERGO-Vertreter im Budapester Gellert-Bad. Es war ein Event, wie er dutzende Male stattfand, ohne dass sich außerhalb der Firma irgendjemand darüber aufgeregt hätte. Öffentlich wurde das fröhliche Treiben der Assekuranz-Agenten nur, weil einige von ihnen glaubten, Anspruch auf höhere Provisionszahlungen zu haben. Nachdem sie mit ihren Forderungen beim Vorstand abgeblitzt waren, suchten sie Verstärkung und fanden sie in Clemens Vedder, einem schillernden Investor mit Wohnsitzen auf Sylt und in der Karibik. Der »Privatier mit abgeschlossener Vermögensbildung«, so seine Selbstbeschreibung, wies den Vorstand mit gebührendem Nachdruck darauf hin, dass da einige unschöne Vorkommnisse der Aufarbeitung harrten. ERGO-Vorstandschef Torsten Oletzky blieb dennoch hart, und das war möglicherweise ein Fehler.

BEI ERGO GING ES NUR UM GELD Vedder wusste natürlich, dass die ERGO-Versicherung zur Munich Re gehörte und Oletzkys Chef Nikolaus von Bomhard ein Ehrenmann war, der nichts mehr hasste als unerwünschte Aufmerksamkeit. Im April 2011 musste der oberste Häuptling aller ERGO-Mannen auf der Hauptversammlung der Munich Re seinen Aktionären Rede und Antwort stehen. Leonhard Knoll, Professor für Bank- und Betriebswirtschaft an der Uni Würzburg, fragte dezidiert nach »Fringe Benefits im rosaroten Bereich«, und wahrheitsgemäß antwortete Nikolaus von Bomhard, es könne nicht ausgeschlossen werden, »dass es hier gewisse Exzesse gegeben hat«.

Die gewissen Exzesse fanden bereits 2007 im Rahmen einer dreitägigen Fete für die 64 erfolgreichsten Vertreter statt. Nach dem Geplansche im Gellert-Bad waren zur Abendveranstaltung 20 Damen geladen, die der besseren Übersicht wegen verschiedenfarbige Armbänder trugen. Es gab einfache Prostituierte fürs Vertreter-Fußvolk, Hostessen für den Mittelbau und Edelnutten für die Top-Verkäufer. Als das ›Handelsblatt‹, allerdings erst im Mai 2011, darüber berichtete, brach ein Sturm der Entrüstung über die Versicherungsgruppe herein. Politiker äußerten Abscheu, Kunden kündigten ihre Verträge, Außendienstler flüchteten zur Konkurrenz, Torsten Oletzky musste um seinen Job bangen. Auf allen Seiten wurde geklagt: ERGO gegen ihre Vertreter, ERGO gegen Vedder, Vedder gegen ERGO etc. Wieder einmal diente die moralische Empörung dazu, materielle Interessen durchzusetzen.

Hätten die Zeitungen schon 2007 über die Budapester »Motivationsveranstaltung« berichtet, die Meldung wäre im Nachrichtenstrom untergegangen. Vor der Finanzkrise von 2008 gab es keine Reports über die dekadenten Feste von Londoner Investmentbankern, keine Empörung über die Finanzindustrie und eine größere Toleranz in Sachen Sexualität.

DAS LUSTSCHIFF BLIEB AN LAND Wie gering die mittlerweile geworden ist, erwies sich aufs Neue, als die »MS Schwaben« von Konstanz aus zu ihrer jährlichen Swinger-Party ablegen sollte – hochgerüstet mit diversen Dancefloors, Tanzstangen und einer Dildo-Ausstellung. Das Schiff in den Diensten der kommunalen Bodensee-Schiffsbetriebe (BSB) wird seit Jahren von einer Firma namens »Dreamteam-Erotik-Events« aus dem bayerischen Friedberg gechartert, und bisher fand niemand etwas daran auszusetzen, denn das zahlende Publikum – pro Pärchen wurden 178 Euro fällig – verhielt sich an Land diskret. Im Frühjahr 2014 war es dann in Konstanz plötzlich vorbei mit der Ruhe. Die CDU entdeckte das Lustschiff als Wahlkampfthema, und die Gazetten beidseits des Sees amüsierten sich so ausgiebig, dass der Konstanzer Oberbürgermeister als Dienstherr der BSB sich gezwungen sah, künftig auf den amourösen Einsatz seines Partydampfers zu verzichten.

Die lokale Posse wäre kaum einer Erwähnung wert, wenn sie nicht symbolhaft für das Auf und Ab der sexuellen Freiheit stünde. In der Konstanzer Hafeneinfahrt begrüßt seit 1993 die ankommenden Schiffe unübersehbar die »Imperia«, eine überlebensgroße Frauenfigur des Bildhauers Peter Lenk. Die freizügig gestaltete Dame soll an das Konstanzer Konzil (1414–1418) erinnern, zu dessen Anlass nicht nur Scharen von Klerikern, sondern auch etwa 700 »Hübschlerinnen« aus ganz Europa anreisten. Als deren ungekrönte Königin galt die Italienerin Lucrezia de Paris, die vor dem Bildhauer Lenk schon zahlreiche Künstler inspiriert hatte. Der französische Romancier Honoré de Balzac widmete ihr in seinen ›Tolldreisten Geschichten‹ die Episode »La belle Imperia«; in der Hure sah er die Herrin über die Lüste mächtiger Männer und damit die eigentliche Beherrscherin der Welt.

War man vor 600 Jahren, im angeblich so finsteren Mittelalter, toleranter als heute? Oder verhinderte lediglich die Unwissenheit des Volkes über das Verhalten der kirchlichen Würdenträger einen Aufstand? Noch gab es keine Zeitungen, keine gedruckten Bücher und schon gar kein Internet. Die Erregung über das Treiben der Klerikalen blieb, sofern sie denn überhaupt aufkam, auf die unmittelbare Umgebung beschränkt. Abgesehen davon: Der hohe Klerus und der Adel verfügten damals über so viel politische und wirtschaftliche Macht, dass ihnen die Moral des Volkes gleichgültig sein konnte.

Um die Erhaltung dieser Macht ging es ihnen auch bei dem Treffen in Konstanz. Die Bischöfe und Kardinäle, derentwegen die Imperia und ihre Berufskolleginnen in die Stadt gekommen waren, beschäftigten sich, neben ihren innerkirchlichen Ränkespielen, hauptsächlich mit dem böhmischen Theologie-Professor Jan Hus, in dem sie einen ihrer gefährlichsten Widersacher sahen. Der wortmächtige Gelehrte aus Prag geißelte die Habgier und Prunksucht der Kirchenoberen ähnlich wirkungsvoll wie 70 Jahre später der Dominikaner Girolamo Savonarola in Florenz.

In seinen Predigten und Schriften forderte er nicht nur die Rückkehr zu einer tugendhaften Lebensweise, sondern auch die Reform der Kirche, die sich zu der Zeit gleich drei Päpste leistete und in Machtkämpfe verstrickt war. Damit brachte er sowohl die damalige Luxusindustrie – Hutmacher, Schneider, Schuster, Juweliere und Weinhändler – gegen sich auf als auch das klerikale Establishment. Auf dem Konzil wollte er seine von dem britischen Gelehrten John Wyclif beeinflusste Glaubenslehre öffentlich vertreten. Nachdem ihm König Sigismund freies Geleit zugesichert hatte, machte er sich auf die Reise nach Konstanz.

Drei Wochen nach seiner Ankunft wurde er, trotz des königlichen Freibriefs, verhaftet und in ein stinkendes Verlies gesperrt. Hus sollte seine Thesen widerrufen. Da er dazu nicht bereit war, wurde ihm der Prozess gemacht. Aus Angst vor einem Volksaufstand versuchten Kirche und Adel, dem Verfahren einen legalen Rahmen zu verpassen, doch das Urteil stand längst fest: Tod durch Verbrennen. Eskortiert von 2000 Bewaffneten, wurde Jan Hus am 6. Juli 1415 vor den Toren der Stadt auf den Scheiterhaufen geführt, seine Asche in den Rhein geschüttet. Der Moralist war tot, Imperia und ihre Berufskolleginnen machten mit ihren, dem Zölibat verpflichteten, Kunden weiter gute Geschäfte. Nur der Minnesänger Oswald von Wolkenstein versagte sich, mangels Masse, ihre teuren Dienste: »Denk ich an den Bodensee, tut mir gleich der Beutel weh!«

Heute heißen die Ketzer Steuerbetrüger und Sozialschmarotzer. Sie werden nicht mehr verbrannt, sondern der ›Bildzeitung‹ ausgeliefert.

Kapitel III
Geld und Gerechtigkeit

Nirgendwo wird mehr moralisiert und geheuchelt als dort, wo die Macht der vielen auf die Verschlagenheit des Einzelnen trifft: bei der Steuer.

Warum nur ein Einziger? Nur einer von den angeblich über 100 000 Deutschen, die sich selbst angezeigt haben? Es war der Trierer Privatier Lutz Scheider, der sich nicht wegduckte, sondern seine Steuerhinterziehung öffentlich rechtfertigte: »Ich kann doch mit meinem Geld machen, was ich will!«, sagte er dem ›Stern‹ und zahlte ungerührt die fällige Steuer samt Strafe nach. Sein Name stand auf einer vom Land Rheinland-Pfalz angekauften CD, und er klagte vor dem Verwaltungsgerichtshof gegen die Verwendung der Hehlerware in seinem Steuerprozess. Natürlich hat er den Prozess verloren. Wenn es um die Interessen des Staates geht, der ihre Gehälter und Pensionen zahlt, kennen Polizisten, Staatsanwälte und Richter kein Pardon.

Schon einmal gestanden Bürger der Bundesrepublik Deutschland öffentlich, ein Gesetz, das sie ablehnten, gebrochen zu haben. Es war im Juni 1971, als sich dutzende prominenter Frauen, ebenfalls im ›Stern‹, bezichtigten: »Wir haben abgetrieben!« Mit ihrem Bekenntnis (»Mein Bauch gehört mir!«) machten sie sich strafbar, doch ihr Mut zahlte sich aus. Nach dem massenhaften Tabubruch war der umstrittene Paragraf 218 im Strafgesetzbuch nicht länger haltbar. Jene Frauen bereiteten den Boden für ein liberaleres Recht, die (meist männlichen) Steuerflüchtlinge indessen kuschten vor der – inzwischen weit größeren – Macht der Moral.

Wie auch Uli Hoeneß. Der FC-Bayern-Präsident bekannte sich schuldig, obwohl die Rechtsgrundlage, auf der er verurteilt wurde, ziemlich zweifelhaft erscheint. Uli hat gezockt, mal verloren, mal gewonnen. Von dem, was am Ende übrig blieb, sackt das Finanzamt, inklusive Strafe und Verzugszinsen, mehr als 42 Millionen Euro ein. Mit welchem Recht eigentlich? Hätte Hoeneß sein Geld in der Spielbank Bad Wiessee angelegt und ähnlich viel Glück gehabt, wäre der Gewinn steuerfrei geblieben. Klar: Betreiber der Spielbanken sind die Bundesländer, die an jedem Einsatz mitverdienen. Damit die Zocker nicht ausbleiben, dürfen sie überall in Deutschland ihren Gewinn behalten. Auch Lottospieler kommen ungeschoren davon, wenn sie ihren Einsatz bei der staatlichen Lotterie vervielfacht haben. Erst von den Erträgen ihrer Gewinne will das Finanzamt seinen Anteil.

Es ist ja nichts dagegen einzuwenden, wenn der Fiskus Kapitalerträge abschöpft. Nur: was heißt das, Kapitalerträge? Regelmäßige und berechenbare Erträge wie Zinsen aus einer Anleihe: geht in Ordnung, weil sonst, dank Zins- und Zinseszins-Effekt, die Geldvermögen ins Uferlose steigen würden. Hier sorgt die Kapitalertragsteuer für einen gesellschaftlich erwünschten Dämpfungseffekt, nach dem Motto: Die Bäume sollen nicht in den Himmel wachsen.

Schon bei Dividenden wird die Sache komplizierter. Das sind Erträge, die börsennotierte Unternehmen an ihre Aktionäre ausschütten. Die können mal höher, mal niedriger oder auch ganz ausfallen. Wer die Anteilsscheine privater Unternehmen kauft, trägt nicht nur das Dividenden-, sondern auch das Kursrisiko. Dennoch will der Staat an den Dividenden teilhaben, obwohl die Unternehmen ihre Gewinne ja bereits versteuert haben. Weil deutsche Anleger dieses doppelte Risiko scheuen, gehört schon mehr als die Hälfte der 30 DAX-Unternehmen ausländischen Investoren. Das ist dem Staat offenbar egal, Hauptsache, er verdient an den Ausschüttungen mit. Das Risiko überlässt er gerne anderen.

Rechtlich fragwürdig ist die Besteuerung von Spekulationsgewinnen, wie sie bei Uli Hoeneß anfielen. Der Fiskus will kassieren, die Verluste aber nicht mittragen. Der Fußballpräsident spekulierte hauptsächlich mit Devisen: Euro gegen Dollar, Dollar gegen Euro, Euro gegen Yen, Yen gegen Euro, und so weiter. Ein hochriskantes Spiel mit einem langen Hebel. Wer hier zugelassen ist, kann mit einer Million hundert Millionen bewegen und so riesige Gewinne einfahren. Oder ebensolche Verluste. An einem schlechten Tag verlor Uli Hoeneß nach eigenem Bekunden 18 Millionen Euro. Für solche Exzesse ist das Steuerrecht eigentlich nicht konstruiert. Es verlangt für jedes Jahr eine Steuererklärung, und die Gewinne sind mit den Verlusten nur unter besonderen Bedingungen aufrechenbar.

Privatpersonen dürfen Verluste aus schlechten nicht mit Gewinnen aus guten Jahren und auch nicht aus verschiedenen Einkommensarten miteinander verrechnen. Gewinne aus Devisengeschäften unterliegen, anders als etwa Kursgewinne bei Aktien oder Fonds, nicht der Kapitalertragsteuer. Der Steuerpflichtige hat die Differenz zwischen den Anschaffungs- und Veräußerungswerten korrekt zu ermitteln und mit seinem persönlichen Steuersatz zu versteuern. Das Finanzamt Rosenheim addierte für Hoeneß letztlich eine Steuerschuld von 27,2 Millionen Euro plus Soli, Strafe und Zinsen. Es sind Steuern auf Spielgewinne, die ihrem Charakter nach ebenso zu behandeln wären wie ein Gewinn beim Roulette oder in der Lotterie. Darf der Staat hier einen Unterschied zu seinen Gunsten machen? Er darf, weil er will, aber nicht, weil es gerecht ist. Der Fiskus bereichert sich an der gleichen Zockerei, die er den Banken vorwirft und die er dort unterbinden will.

GEWOLLTER BRUCH DES STEUERGEHEIMNISSES Er hat offenbar auch nichts gegen den Bruch des Steuergeheimnisses, den seine Beamten begingen, als sie den früheren Post-Chef Klaus Zumwinkel wie den Bayern-Präsidenten den Medien auslieferten. Niemand wurde dafür zur Rechenschaft gezogen, im Gegenteil: Die Repräsentanten des Fiskus freuten sich öffentlich über die denunzierten Promis, die eine Flut von Selbstanzeigen auslösten: »Ich kann mir vorstellen, dass die breite öffentliche Darstellung ein Mosaikstein in der Straffindung sein wird«, drohte Thomas Eigenthaler, Chef der Gewerkschaft der Steuerbeamten, und Sahra Wagenknecht, die stellvertretende Fraktionsvorsitzende der Linken, polterte: »Es darf nicht mehr möglich sein, dass man sich mit einer Selbstanzeige von der Strafe befreien kann.« Brav folgte der Finanzminister dem Trend und ließ die Bedingungen der seit 1919 im Strafgesetzbuch verankerten strafbefreienden Selbstanzeige drastisch verschärfen. Ein Sieg des Gerechtigkeitsempfindens über die Zweckmäßigkeit.

Fragwürdig wie die öffentliche Zurschaustellung der Steuer-Delinquenten ist das Rechtsverständnis des Staates bei der Beschaffung des Datenmaterials. Zwar hat der Bundesgerichtshof die Praxis des Ankaufs der sogenannten Steuer-CDs legitimiert, doch knüpfte er sein Plazet an die Bedingung, dass der Staat die Datendiebe nicht anstiften dürfe. Zumindest der Bundesnachrichtendienst, der dem Liechtensteiner Bürger Heinrich Kieber rund 4,5 Millionen Euro für Material aus der LGT Treuhand bezahlte, scherte sich einen Teufel darum. Bei den anderen Deals ist ebenfalls nicht geklärt, wie aktiv die deutschen Steuerfahnder ihre Suche betrieben haben. Unnötig zu erwähnen, dass Norbert Walter-Borjans, der fleißigste deutsche CD-Ankäufer, Finanzminister des Bundeslandes mit dem höchsten Schuldenberg ist.

Auch anderswo gehen die Staaten ordentlich zur Sache. Nicht die Deutschen, die es bei wilden Drohungen beließen, machten der Steueroase Schweiz den Garaus, sondern die ungleich härteren Amerikaner. Ermittler der US-Steuerbehörde Internal Revenue Services (IRS) nahmen 2005 den in Florida beheimateten Immobilien-Mogul Igor Olenicoff ins Visier, da sie ihn verdächtigten, in großem Stil Steuer hinterzogen zu haben. Dabei stießen sie auf den Banker Bradley Birkenfeld, der von Genf aus im Auftrag der Schweizer Großbank UBS reichen Amerikanern bei der Steuerflucht half. Mit einer List lockten sie Birkenfeld in die USA und nahmen ihn fest. Der Banker hatte nur die Wahl, auszupacken oder sein Leben im Gefängnis zu verbringen. Nach 31 Monaten Haft war sein Widerstand gebrochen. Birkenfeld verriet den Steuerfahndern die Steuervermeidungsstrategien der Schweizer Großbank bis ins kleinste Detail und wurde dafür mit 104 Millionen Dollar großzügig belohnt.

Für die IRS machte sich der Judaslohn bezahlt, denn sie kam Fluchtgeld von über 20 Milliarden Dollar auf die Spur, das von rund 4500 Amerikanern bei der UBS gebunkert worden war. Der Großbank pressten sie in einem Vergleich über 780 Millionen Dollar Strafe ab und erzwangen die Rückführung des schwarzen Geldes in die USA. Birkenfelds Chef Raoul Weil ging ihnen in Italien ins Netz, er wurde, ebenso wie die UBS-Kollegen Martin Liechti, Renzo Gadola, Christos Bagios in den USA vor Gericht gestellt und zu hohen Gefängnisstrafen verurteilt. Dank ihrer detailgenauen Kenntnisse der Methoden und Fluchtwege setzten die IRS-Fahnder weitere Schweizer Banken wie die Credit Suisse, Julius Bär und Wegelin unter Druck.

Versuche der Berner Regierung, ihre Banken zu schützen, blieben erfolglos, denn die Washingtoner Behörden drohten mit Enteignung des US-Vermögens der helvetischen Geldhäuser und dem Verbot jeglichen Kapitalverkehrs mit den USA. So blieb am Ende nur die totale Kapitulation: Brav lieferten die Banken der IRS die Kontodaten sämtlicher US-Bürger ins Haus. Wegelin, das älteste Bankhaus der Schweiz, gab auf und verkaufte das Kundengeschäft an die Raiffeisengruppe. Die EU machte sich die Niederlage der Eidgenossen zunutze und forderte die Gleichstellung mit den USA. Der automatische Datenaustausch ist beschlossen und die Schweiz keine Steueroase mehr.

Man mag das aggressive Verhalten des Steuerstaates moralisch in Ordnung finden, weil es vorgibt, Ungerechtigkeiten zu beseitigen. Der Vorsprung, den sich die Schwarzgeldbesitzer bei ihrer Vermögensbildung verschafft haben, geht zu Lasten der Allgemeinheit, die entweder keine vergleichbare Möglichkeit hat – oder sich nicht traut, das Risiko einer Steuerstraftat einzugehen. Die Schadenfreude der ehrlichen Steuerzahler ist freilich nicht frei von Heuchelei, denn viele von ihnen sind alles andere als ehrlich. Sie schummeln eben mit geringerem Risiko, beim Kilometergeld, beim häuslichen Arbeitszimmer, oder sie arbeiten, ohne Beteiligung des Finanzamts, am Wochenende bei der Firma »Samstags & Schwarz«.

4 MILLIONEN BETRÜGEN DAS FINANZAMT Rund 4,5 Millionen Haushalte in der Bundesrepublik beschäftigen eine Putzhilfe, aber nur 5 Prozent von ihnen melden diese bei der Minijobzentrale an. Das heißt: Über vier Millionen deutsche Familien betrügen das Finanzamt. Etwa 2,5 Millionen Mal im Jahr versuchen die braven Bürger, ihre Versicherungen zu leimen (so der Gesamtverband der Versicherungswirtschaft), rund 500 000 werden beim Ladendiebstahl erwischt, und jeder Dritte fährt mit öffentlichen Verkehrsmitteln schon mal ohne Ticket. Der Mensch ist eben, das wusste schon Immanuel Kant, »aus krummem Holz« geschnitzt.

»Da fordert eine selbsterklärte Masse ›kleiner Leute‹ von der verachteten Elite in moralinsaurer Weise die Beachtung sozial-ethischer Regeln«, wunderte sich der Schriftsteller Ludwig Greven in der ›Zeit‹, nachdem er beobachtet hatte, wie hunderte dieser »kleinen Leute« nach Beendigung der Internationalen Gartenschau in Hamburg unerlaubt Blumen, Sträucher und Pflanzen aller Art ausbuddelten und nach Hause karrten. »Was sie für sich in Anspruch nehmen, lassen sie den Besserverdienenden nicht mehr durchgehen«, bestätigt Dominik Enste, Professor für Verhaltensökonomik und Wirtschaftsethik am Institut der Deutschen Wirtschaft in Köln: »Wer viel Geld verdient und in einer privilegierten Stellung ist, an den werden höhere moralische Standards angelegt als an den Normalbürger.«

Der FC-Bayern-Boss mag gute Gründe dafür gehabt haben, dass er vor Gericht den reuigen Sünder mimte (»Ich habe einen großen Fehler gemacht …«), denn die Justiz honorierte die Demutsgeste mit einem Abschlag auf die eigentlich fällige Strafe. »Dieser Staat, der sich gerne paternalistisch als Wohltäter gibt«, kommentierte Rainer Hanks in der ›Frankfurter Allgemeinen Sonntagszeitung‹, »hat ein Janusgesicht: Wenn es ums Geld geht, kennt er keinen Spaß und kein Pardon. Da wird er hart, autoritär, unerbittlich, gerne auch zum Schnüffler und so wütend, dass ihm, dem Rechtsstaat, das Gefühl für die Rechtsstaatlichkeit abhanden kommt. Es zeigt sich die wahre Macht, doch sie kaschiert sich als Moral.«

Es ist eine doppelte Moral. Denn die strengen Maßstäbe, die der Staat bei seinen Untertanen anlegt, mag er für sich selber und seine Bediensteten nicht gelten lassen. Zahllos sind die Beispiele für die Verschwendungssucht der öffentlichen Hand, und bis auf den ehemaligen rheinland-pfälzischen Finanzminister Ingolf Deubel ist noch nie ein Politiker dafür in den Knast geschickt, nie ein Ministerialbeamter haftbar gemacht worden. Höchste Zeit also für einen neuen Paragrafen im Strafgesetzbuch, der Mandatsträger und Staatsdiener zur Rechenschaft zieht, wenn sie Steuergelder versemmeln. Man muss nicht auf die skandalösen Fehlplanungen von Großprojekten wie dem Flughafen BER, der Hamburger Elbphilharmonie, dem Bahnhof Stuttgart 21, dem Erlebnispark am Nürburgring oder dem von Containerschiffen gemiedenen JadeWeserPort verweisen, um zu erkennen, wie großzügig, ja leichtsinnig der Staat mit dem Geld seiner Bürger umgeht. Die jährlichen Schwarzbücher des Bundes der Steuerzahler wie die Berichte des Bundesrechnungshofs künden von Dilettantismus und Sorglosigkeit bei unzähligen öffentlichen Projekten. Allein im Bundeshaushalt 2015 entdeckte Rechnungshofpräsident Dieter Engels vermeidbare Ausgaben von 25 Milliarden Euro.

Die Milliarden, die Bundes- und Landesregierungen aus politisch motivierten Gründen versenkten, sind da noch nicht eingerechnet: die Rettungsaktionen zugunsten maroder Geldinstitute wie Commerzbank, HRE, WestLB, BayernLB, LBBW, SachsenLB; die sinnlosen Subventionen für landwirtschaftliche Großbetriebe oder für Regionalflughäfen ohne Flugverkehr und, last but not least, die unglaublich teuren Hilfsmaßnahmen für Griechenland, Zypern, Portugal, Irland, die Ukraine. Was geht das alles den deutschen Steuerzahler an, und weshalb soll er mit seinem sauer verdienten Geld dafür einstehen? Etwa aus Gründen der politischen Moral? Eher doch wohl aus Gründen einer verfehlten Politik.

DAS GEJAMMER DER POLITIKER Nur um die Größenordnungen zu verdeutlichen: Von 2008 bis März 2014, dem Beginn des Hoeneß-Verfahrens, bescherten die Selbstanzeigen dem deutschen Fiskus Einnahmen von ca. 3,3 Milliarden Euro. Der Berliner Flughafen sollte mal 1,7 Milliarden kosten, jetzt rechnen Fachleute bis zur Fertigstellung mit Gesamtkosten von bis zu 8 Milliarden – macht 6,3 Milliarden Differenz, die auf Schlamperei und Unfähigkeit der Beteiligten zurückzuführen sind. Aufsichtsratschef Klaus Wowereit (SPD) aber blieb zunächst im Amt. Die Rettung der BayernLB verschlang bereits 10 Milliarden, die der HRE-Bank wird den Steuerzahler nach Experten-Schätzungen mindestens 14 Milliarden kosten. Am Europäischen Stabilitätsmechanismus (kurz: ESM), der notleidende EU-Staaten mit Geld versorgen soll, ist der deutsche Steuerzahler mit gigantischen 190 Milliarden beteiligt.

Vor dem Hintergrund solcher Glanzleistungen leichtsinniger Politiker nimmt sich die Jagd auf das im Ausland gebunkerte Geld der Bürger reichlich zynisch aus. Wenn etwa NRW-Finanzminister Norbert Walter-Borjans jammert, die der Besteuerung entzogenen Kapitalerträge fehlten »zum Bau von Kindertagesstätten, zur Förderung der Bildung und zur Ausbesserung der Straßen«, dann bleibt er die Antwort auf die Frage schuldig, was er denn mit den 44,665 Milliarden Euro angestellt hat, die 2013 in seiner Kasse landeten. Und weshalb er, nur um ein Verschwendungs-

Beispiel zu nennen, 18 Millionen Euro für die WestLB ausgibt, nachdem die längst vom Markt verschwunden ist. Die 350 Leute, die 2014 noch auf der Gehaltsliste der staatlichen Bankleiche Portigon stehen, haben nicht mehr viel zu tun.

Politiker denken sich immer neue Mittel und Wege aus, um ans Geld ihrer Bürger zu gelangen. Die Liste kurioser Steuern reicht von der Urinsteuer des römischen Kaisers Vespasian (9–79 n. Chr.) bis zur Sexsteuer, welche die Stadt Köln bei Prostituierten eintreibt. Und immer dann, wenn eine einmal eingeführte Steuer obsolet geworden ist, weil ihr Zweck entfiel, pflegt die Politiker eine unerklärliche Gedächtnisschwäche zu plagen. So gilt die 1902 von Kaiser Wilhelm II. zum Aufbau der preußischen Kriegsflotte eingeführte Schaumweinsteuer bis heute fort, obwohl die Bundesmarine eigentlich keine Aufbauhilfe mehr benötigt. Ungerührt sackt der Bundesfinanzminister die rund 500 Millionen Euro pro Jahr dennoch ein. Ähnlich verhält es sich mit dem sogenannten Solidaritätszuschlag von 5,5 Prozent auf die Einkommens- und Körperschaftssteuer, der 1991 zur Finanzierung der Infrastruktur in der ehemaligen DDR eingeführt wurde. Längst sind dort Straßen, Häfen und Telefonleitungen in Bestzustand, doch der gierige Staat will auf die 14 Milliarden zusätzlicher Einnahmen nicht verzichten – der größte Teil davon landet nicht im deutschen Osten, sondern in der Rentenkasse. Dafür droht der schleswig-holsteinische SPD-Ministerpräsident Torsten Albig eine zusätzliche Schlagloch-Abgabe von 100 Euro an, weil die Politiker vergessen haben, die vorhandenen Fahrwege instand zu halten.

Ein Blick auf die Einnahmen- wie Ausgabenseite des Bundeshaushaltes lässt die Schwarzgeld-Jagd des Bundesfinanzministers ohnehin in einem anderen Licht erscheinen. Die mit gewaltigem Getöse eingetriebenen Beträge an Kapitalertragsteuern sind nämlich, am gesamten Steueraufkommen gemessen, allenfalls Peanuts. Auch das politische Hickhack um den Spitzensteuersatz der Einkommensteuer oder um die Höhe der von den Unternehmen zu zahlenden Körperschaftssteuer entpuppt sich bei näherem Hinsehen als Schattenboxen. Die gesamte Einkommensteuer trägt nämlich nur 4,7 Prozent, die Körperschaftssteuer gar nur 4,3 Prozent zu den Einnahmen des Bundes bei. Zu mehr als der Hälfte finanziert sich der Staat nämlich aus Lohn- und Mehrwertsteuern. Viel effektiver als die Hatz auf einzelne Steuerhinterzieher wäre demnach die konsequente Verfolgung betrügerischer Umsatzsteuer-Geschäfte, wie sie von internationalen Banden mit Hilfe europäischer Banken betrieben werden.

Noch lohnender wäre es, wenn sich die Bundesregierung mit den übrigen EU-Staaten auf eine gemeinsame Steuerpolitik einigen würde, um dem ganz großen Steuerbetrug internationaler Konzerne beizukommen. Allein die US-Firmen Amazon, Apple, eBay, Google und Starbucks schädigen den deutschen Fiskus durch legale Transaktionen zwischen ihren deutschen, irischen und holländischen Tochtergesellschaften jährlich um etwa 80 Milliarden Euro. Die Kölner Steuerrechtsprofessorin Johanna Hey schätzt den Gesamtschaden durch legale Manipulationen global agierender Unternehmen auf 160 Milliarden Euro jährlich. Das führt zu einer gewaltigen Wettbewerbsverzerrung, denn die nur national tätigen Mittelständler, die mit den Konzernen konkurrieren, müssen den vollen Steuersatz abdrücken und deswegen höhere Preise verlangen oder auf Gewinne verzichten. Auch der Steuerbetrug mit den sogenannten Cum- und Ex-Geschäften, die von Geldhäusern wie der (staatseigenen) HSH Nordbank oder der HypoVereinsbank im Auftrag reicher Kunden betrieben wurden, fällt in diese Kategorie. Obwohl die Gesetzeslücke beim Handel mit Aktien und ihren Dividenden bereits 2002 entdeckt wurde, bequemte sich der Finanzminister erst 10 Jahre und etwa 1,5 Milliarden Steuerschaden später, sie zu korrigieren.

KAPITULATION VOR KONZERNEN So wenig die Bundesregierung in der Lage war, die erkannten Steuerschlupflöcher zu stopfen, so wenig konnte sie verhindern, dass laufend neue entstehen. Noch während Wolfgang Schäuble zur Jagd auf die kleinen Steuerhinterzieher blies, führte Großbritanniens Premier David Cameron ungerührt eine neue *low tax* ein, die es Konzernen wie Siemens, VW oder BASF gestattet, ihre in Deutschland erzielten Gewinne durch Abführung von Patent- und Lizenzgebühren kleinzurechnen und so Steuern zu sparen. Doch weil die Abstimmung mit den europäischen Nachbarn so mühsam ist und die Konzerne gewiefte Steueranwälte beschäftigen, wählt die deutsche Finanzverwaltung den leichteren Weg.

Uli Hoeneß ist in diesem Spiel nur ein kleiner Fisch und der von viel Presserummel begleitete Ankauf der Steuer-CDs, bei Licht besehen, ein Schlag ins Wasser. NRW-Chefankäufer Walter-Borjans beispielsweise erlöste aus insgesamt 8 Datenträgern ausländischer Kreditinstitute bis März 2014 lediglich 89 Millionen Euro, wie das ARD-Wirtschaftsmagazin ›Plusminus‹ herausfand. Grund: Die Daten der Banken sind schwer zu entschlüsseln und reichen als Beweise im Strafverfahren oft nicht aus, außerdem binden sie viel Personal. Lukrativer ist die Panikmache: Die durch die Veröffentlichungen provozierten Selbstanzeigen spülten die bereits erwähnten 3,3 Milliarden in die Kassen der Bundesländer. Dies alles kann den Steuerbetrug keinesfalls rechtfertigen, doch hilft es, die moralische Empörung über Einzelfälle zu relativieren.

Die in Geldnot geratenen Regierungen der EU-Staaten wollen den gläsernen Bürger. Nichts soll ihrer Kontrolle entgehen; sie schnüffeln in seinen Geschäften genauso herum wie in seinem Privatleben. Mal geschieht dies unterm Vorwand der Bekämpfung des Terrorismus, mal unter dem des Steuerbetrugs. Sie geben vor, die Allgemeinheit vor der kriminellen Energie Einzelner schützen zu wollen, und schützen in Wahrheit sich selber vor der Allgemeinheit. Ihr zynisches Spiel mit der Moral nützt ihnen mehr als den ehrlichen Steuerzahlern.

Das Abkommen über den automatischen Datenaustausch zwischen den EU-Staaten und anderen Niedrigsteuerländern, das 2015 in Kraft treten soll, dient in Wirklichkeit keinem anderen Zweck, als die 500 Millionen Europäer gemeinsam zu schröpfen. Uralte Schutzrechte der Privatsphäre wie das Bank-, Brief- und Fernmeldegeheimnis werden von raffgierigen Regierungen einfach beiseitegeräumt. Die Moral des 21. Jahrhunderts unterwirft den Einzelnen der totalen Kontrolle durchs Kollektiv. Beinahe putzig wirkt dagegen der Freiraum, den absolutistische Herrscher einst ihren Untertanen einräumten. »Wir verbieten bei unserer königlichen Ungnade allen und jenen nachzuforschen, wie viel ein anderer auf seinem Folium zugute habe«, verfügte Preußenkönig Friedrich der Große anno 1765 in seinem Edikt zum Bankgeheimnis. 250 Jahre später will die SPD auch noch den letzten Rest des Schutzes der finanziellen Privatsphäre schleifen.

In den Demokratien der Gegenwart missbrauchen Parteien

und Regierungen das Geld der Steuerzahler zu dem gleichen Zweck wie einst die Könige: um ihre Herrschaft abzusichern. Nur ein Zehntel des Bundeshaushaltes, der mehr als 300 Milliarden Euro umfasst, fließt in Investitionen für Infrastruktur, Bildung etc.; der große Rest dient, sofern er nicht für Gehälter und Pensionen der Staatsdiener sowie den Schuldendienst draufgeht, der Umverteilung. Allein die Sozialausgaben, mit denen sich die Volksparteien Wählerstimmen und Ruhe im Land erkaufen, machen über die Hälfte des gesamten Etats aus.

Das Muster wiederholt sich in den meisten EU-Staaten: Verkehrs- und andere Infrastrukturprojekte werden nach Parteienproporz vergeben, Sozialleistungen und andere Nettigkeiten an die eigene Wählerklientel verteilt, Subventionen an Firmen ausgeschüttet, die auf den Spenderlisten der Regierungsparteien auftauchen. Von Winston Churchill stammt der Spruch: »Staaten haben keine Moral, Staaten haben Interessen.« Das gilt auch für Parteien. Misstrauen ist deshalb immer angebracht, wenn Regierungen ihren Bürgern mit moralischen Argumenten ans Konto wollen.

DIE BÜRGER SOLLEN ABHÄNGIG BLEIBEN Der Konflikt zwischen Einzel- und Gemeinwohl-Interessen ist uralt und wohl niemals ganz aufzulösen. Der Mensch strebt nach Gewinn und finanzieller Sicherheit, der Staat nach Macht über seine Untertanen und ihrem Geld. In jungen Jahren ist der mündige Bürger bemüht, sich die notwendigen Kenntnisse anzueignen, um später auf dem Arbeitsmarkt einen möglichst gut dotierten Job anzutreten. Zwischen 30 und 60 Jahren will er so viel verdienen, dass er eine Familie ernähren und fürs Alter vorsorgen kann. Sein Ziel ist es, so schnell wie möglich finanziell unabhängig zu werden, damit er nicht jede beliebige Arbeit annehmen und fremden Chefs zu Diensten sein muss. Genau dies aber will der Staat verhindern. Er mag keine finanziell unabhängigen Bürger, weil er auf diese keinen Zugriff mehr hat. Deshalb besteuert er schon relativ geringe Einkommen so heftig, dass die große Mehrheit der Bürger niemals ihren Traum von der Unabhängigkeit verwirklichen kann.

Wer sich dem rabiaten Zugriff des Staates entziehen will, wird versuchen, einen größeren Teil seines Einkommens für sich zu behalten, als ihm das Finanzamt zugestehen will. Hier liegt das Motiv der meisten Steuerflüchtlinge. Sie wollen die Entscheidung, wie das von ihnen erwirtschaftete Geld verwendet werden soll, nicht dem Staat überlassen – und machen sich dadurch strafbar. Viele von ihnen sind offenbar auch der Meinung, dass es reicht, wenn sich der Staat von ihrem Einkommen rund die Hälfte nimmt. Dass der Fiskus auch noch an den Erträgen ihres bereits versteuerten Vermögens teilhaben will, geht ihnen zu weit.

Die Vertreter des Gemeinwohls sind da anderer Meinung. Politiker trachten, wie Unternehmer und Manager, grundsätzlich danach, ihren Einflussbereich maximal auszudehnen. Je mehr sie vom Einkommen und Vermögen ihrer Bürger in den Griff bekommen, desto größer ist ihre Verteilungsmacht. Mit dem Geld der Steuerzahler erkaufen sie sich Wählerstimmen, Parteispenden und – am wichtigsten – Aufmerksamkeit. Mal spendieren sie Hoteliers den halben Mehrwertsteuersatz, mal den Rentnern ein paar Euro mehr oder den Pendlern eine höhere Pauschale. Und wenn Firmen mit dem Wegzug drohen, bekommen sie die gewünschten Subventionen. Dem Volk aber erzählen sie etwas von Gerechtigkeit und dringend notwendigen Investitionen in die Zukunft.

Weil die Parteien das Land im Griff halten, ist die Abgabenquote in Deutschland, entgegen den Propagandaparolen der Linken, höher als in den meisten anderen Staaten. Einem durchschnittlich gut verdienenden ledigen Arbeitnehmer mit 4000 Euro brutto im Monat bleiben, nach Abzug von Steuern und Sozialversicherungsbeiträgen, kaum mehr als 2300 bis 2500 Euro netto übrig. Netto heißt in Deutschland aber noch lange nicht, dass man über dieses Geld wirklich verfügen kann. Denn alles, was der Mensch zum Leben braucht, ist nochmal mit Steuern befrachtet. Neben der allgegenwärtigen Mehrwertsteuer von 19 Prozent gibt es zusätzliche Steuern auf alles und jedes: Tabak-, Alkohol-, Energie-, Versicherungs-, Glücksspiel-, Vergnügungssteuern und jede Menge zusätzlicher Gebühren, fürs Parken und Angeln, für die Müllabfuhr wie fürs Ausstellen eines Personalausweises. Und demnächst soll auch noch das Fahren auf der Autobahn gebührenpflichtig werden.

Der Trend ist klar: Der Durchschnittsbürger wird so gründlich abkassiert, dass er keine Chance hat, privates Vermögen zu bilden. Der Höchststeuersatz von 42 Prozent greift bereits bei einem jährlichen Bruttoeinkommen von 52882 Euro (für Ledige), und die »kalte Progression« zehrt die Gehaltserhöhung auf. Nach einer OECD-Studie vom Frühjahr 2014 beträgt die Abgabenlast für einen Durchschnittsverdiener in Deutschland 49,3 Prozent vom Bruttoverdienst und damit mehr als in fast allen anderen OECD-Staaten. Deshalb sind die angeblich so wohlhabenden Deutschen, nach Erhebungen der Bundesbank, in Wahrheit ärmer als etwa Griechen, Franzosen, Italiener und Spanier. In allen diesen Ländern verfügt die Mehrheit der Familien über eine eigene Immobilie: In Frankreich sind es 58 Prozent, in Italien 68, in sogar Spanien 83 Prozent. Von den Deutschen indessen lebt nur eine Minderheit von 44 Prozent in den eigenen vier Wänden, die Mehrheit wohnt zur Miete. Und das soll, wenn es nach dem Willen der Sozialdemokraten geht, auch so bleiben, denn Mieter sind Protestwähler, die man gegen Hausbesitzer und andere Kapitalisten in Stellung bringen kann.

ITALIENER SIND REICHER ALS DEUTSCHE Die Staaten des »Club Med«, von den Griechen im Osten bis zu den an den Atlantik grenzenden Portugiesen im Westen, leiden arge Not und müssen hin und wieder von den spendablen Nordländern gerettet werden, wofür sie diese dann umso inniger hassen. Ein erheblicher Teil der Bürger dieser Länder aber nagt keineswegs am Hungertuch, denn außer Immobilien besitzen sie gut gepolsterte Konten, manchmal bei den heimischen Banken, öfter aber im sicheren Ausland, vorzugsweise in der Schweiz. Lugano beispielsweise, das kleine, schön gelegene Städtchen im Tessin, ist gespickt mit Geldhäusern, die ihre Geschäfte mehrheitlich mit Kunden aus Italien und anderen Südländern abwickeln. Andere Schwarzgeld-Parkplätze liegen in Zypern, San Marino oder Andorra.

Nach den Erhebungen der Bundesbank besitzen die Italiener im Durchschnitt ein Vermögen von 163900 Euro, die Spanier bringen es auf statistische 178300 Euro. Die Deutschen hingegen haben nur 51000 Euro (alle Zahlen von 2013) auf der hohen Kante. Andere Studien, etwa von der gewerkschaftsnahen Hans-Böckler-Stiftung, kommen zu abweichenden Zahlen, die am Kernproblem jedoch wenig ändern: Es fällt nicht schwer, einen Zusammenhang herzustellen zwischen den relativ armen Staaten rund ums Mittelmeer und ihren relativ reichen Bürgern. Diese Bürger zahlen, wenn überhaupt, sehr wenig Steuern und bunkern gerne Schwarzgeld. Ihre Regierungen machen es ihnen leicht, denn sie verfügen weder über eine funktionierende Finanzverwaltung noch über hinreichend unbestechliche Beamte.

In Deutschland ist es eher umgekehrt: Der Staat hat, trotz des von ihm angehäuften Schuldenbergs, die höchste Bonitätsnote AAA, weil er in der Lage ist, seine fleißigen Bürger bis aufs Hemd auszuziehen. Sein bestens bezahltes und versorgtes Beamtenheer gilt als überdimensioniert und leistungsfähig. Das muss man nicht bedauern, genauso wenig wie man die Regierungen in Athen, Rom oder Madrid bemitleiden muss, doch zum Nachdenken bieten die europäischen Verhältnisse den Deutschen allemal Anlass: Ist die von Staats wegen geschürte Gerechtigkeitsdebatte, die zu einer wachsenden Macht moralischer Argumente führt, am Ende nichts anderes als der Versuch, die Bürger noch mehr auszuplündern?

Die Kanzlerin Angela Merkel, die 2014 mit dem Versprechen angetreten ist, keine Steuererhöhungen zuzulassen, unternimmt wenig, diesen Eindruck zu verwischen. Bereits die ersten Beschlüsse der neuen Regierung, zur Rente mit 63 wie zur Familienpolitik, kosten den Steuerzahler locker zusätzliche 21 Milliarden Euro pro Jahr, bis 2030 kommen stattliche 160 Milliarden zusammen. Die Prognose ist erlaubt: Je weniger der Staat Steuerflucht und Vermeidungsstrategien seiner Bürger fürchten muss, desto gieriger wird er ihnen ins Portemonnaie greifen.

Innerhalb Europas treffen hier zwei verschiedene Gesellschaftsmodelle aufeinander: Im Süden gilt das Prinzip des Laissez-faire, das, ähnlich dem amerikanischen Brutalokapitalismus, den Tüchtigen belohnt, den Schwachen seinem Familienverbund überlässt. Der Staat hat nur eine Minimalfunktion; er soll für Ordnung im Innern sorgen und den Frieden nach außen sichern. Steuern zahlt der Bürger nach Gusto, und dem Beamten, von dem er eine Genehmigung braucht, steckt er einen Umschlag zu.

Im europäischen Norden hat sich der Sozialstaat durchgesetzt, der vorgibt, zum Wohl aller Bürger zu handeln und keinen von ihnen im Stich zu lassen. Er ist groß und mächtig, bestens organisiert und demokratisch legitimiert, deshalb kann er sich eine unabhängige Justiz und ebensolche Medien leisten. Doch unterm Deckmantel der staatlichen Fürsorge ist ein Monster herangewachsen, das sich immer neue Aufgaben sucht und seine Bürger bis in den Tod hinein bevormundet. Es will keine kreativen, selbständig denkenden Köpfe, die ihr Leben selbst in die Hand nehmen, sondern fügsame Stimmbürger, an deren Fleiß es sich mästet. »Der Staat lebt über unsere Verhältnisse«, befand schon der 1999 verstorbene Publizist Johannes Groß.

BANKEN SCHREIBEN IHRE GESETZE SELBER In einer Demokratie sind nominell alle Bürger gleich; bei der politischen Willensbildung entscheidet die Zahl der Wählerstimmen, unabhängig davon, ob sie von Milliardären, Professoren oder Hartz-IV-Empfängern stammen. Alle Parteien sind deshalb bestrebt, einer möglichst großen Wählerschaft Gefälligkeiten zu erweisen. Um diese Gefälligkeiten kämpfen Gewerkschaften und Sozialverbände, Autofahrerklubs und Berufsvereinigungen ebenso wie die Lobbyisten der Wirtschaftsverbände und einzelner Unternehmen. Allein in Berlin umgarnen über 20 000 Interessenvertreter, ausgestattet mit Expertise und üppigen Spesenbudgets, Abgeordnete, Beamte und Politiker, um von den Geldquellen der Nation etwas auf die Mühlen ihrer Auftraggeber umzulenken.

Das gelingt ihnen so gut, dass Fachleute wie der britische Sozialwissenschaftler Colin Crouch bereits das »postdemokratische Zeitalter« ausrufen. Crouch meint eine Lobbykratie, in der unter die Räder kommt, wer keiner Interessengruppe angehört, die den politischen Betrieb zu beeindrucken vermag – wie der Bund der Steuerzahler zum Beispiel. Obwohl er die zahlenmäßig größte Bevölkerungsgruppe vertritt, verhallen die Appelle des Vereins wirkungslos im Geschnatter der TV-Talkshows. Wegen der angestrebten »Einzelfallgerechtigkeit«, unzähligen Ausnahmeregelungen, höchstrichterlichen Urteilen und einer chaotischen Subventionspraxis gilt das deutsche Steuerrecht als das komplizierteste der Welt. Es bevorzugt jene, die sich hochspezialisierte Steueranwälte leisten können, und benachteiligt die abhängig Beschäftigten.

Erfolgreiche Lobbyisten bleiben lieber im Hintergrund. Die Abgesandten der Deutschen Bank und anderer Geldinstitute beispielsweise schafften es, Gesetze, die ihre Interessen tangieren, von privaten Anwaltskanzleien gleich selbst schreiben zu lassen. Die Advokatenfabrik Freshfield Bruckhaus Deringer, die vorzugsweise Geldkonzerne vertritt, verfasste 2009 das sogenannte Finanzmarktstabilisierungsgesetz, weil die Beamten des Finanzministeriums mit der Materie angeblich überfordert waren. Der Minister, der das Gesetz in Auftrag gab, hieß Peer Steinbrück. Er durfte wenig später in der Großkanzlei einen Vortrag halten und dafür 7000 Euro Honorar einstreichen. Ein Schelm, der da noch von Moral redet.

Etwas einseitig macht Colin Crouch allein die Wirtschaftslobby für die Aushöhlung der Demokratie verantwortlich. Dabei mischen andere gesellschaftlichen Kräfte, von den in Deutschland besonders mächtigen Gewerkschaften bis hin zu den Medien, genauso eifrig am Agenda-Setting des Politbetriebs mit. Da die verschiedenen Lobbygruppen sich gegenseitig in Schach halten, droht die größere Gefahr inzwischen nicht von bestechlichen, sondern von allzu eifrigen Abgeordneten.

Weil sie, gedrängt auch von den Lobbyisten, auf der Jagd nach Aufmerksamkeit jedes gerade aktuelle Thema aufgreifen und in für ihre Klientel vorteilhafte Gesetze verpacken wollen, ersticken sie das gesellschaftliche Engagement der Bürger. Weshalb diese, wenig überraschend, eine immer geringere Lust verspüren, ihre Wählerstimmen abzugeben. Als in München 2014 ein neues Stadtoberhaupt bestimmt werden sollte, schleppten sich am Tag der Stichwahl gerade mal 38,5 Prozent der stimmberechtigten Bürger zur Urne. Die Partei der Nichtwähler errang die absolute Mehrheit, regiert wird die bayerische Metropole aber seither von einem Oberbürgermeister, für den nur eine Minderheit von 22 Prozent votierte – ein Trend, der sich fortsetzen dürfte.

Mit seiner Streitmacht von 1,7 Millionen Beamten und 2,9 Millionen Angestellten des öffentlichen Dienstes regelt der deutsche Staatsapparat das Leben der 80 Millionen Bürger vergleichsweise gut. Doch die Gesetzesmaschinerie mit ihren unzähligen teuren Kommunal-, Landes- und Bundespolitikern findet immer weniger Rückhalt bei den Wählern, weil die das Gefühl der Bevormundung und Überforderung nicht loswerden. Da die demokratische Legitimation der Regenten schwindet, berufen sie sich immer häufiger auf die Moral oder, noch allgemeiner, auf eine wie immer geartete Gerechtigkeit – und das scheint anzukommen. Soziale Gerechtigkeit ist das bei Politikern jeder Couleur beliebteste Schlagwort und der Wert, den die Deutschen allem Anschein nach am meisten schätzen. Nur: Was ist damit eigentlich gemeint? Schon bei der Geburt eines Erdenbürgers beginnt die Ungerechtigkeit: Der (die) eine landet in einem Hartz-IV-Haushalt, der (die) andere wächst bei Millionärs auf. Der (die) eine ist kräftig, schön, begabt, der (die) andere kränklich, unansehnlich und geistig beschränkt. Der Sozialstaat will mit seinen Schulen, Steuergesetzen, Rententabellen die Unfairness ausgleichen. Es wird ihm nicht gelingen.

Abgesehen davon: Die Menschen wollen im Grunde ja gar nicht gleich sein. Sie schätzen es, besser, schöner, klüger zu sein als der Bruder, die Schwester oder die Cousins. Nur wenn sie das Gefühl der Unterlegenheit bekommen, finden sie die Ungerechtigkeiten der Natur weniger charmant. In jungen Jahren müssen die Eltern für den Ausgleich sorgen, im späteren Leben brauchen die Benachteiligten andere Sündenböcke für ihr Schicksal. Verständnislose Lehrer, hinterlistige Mitschüler, ausbeuterische Arbeitgeber und ein total ungerechtes kapitalistisches Wirtschaftssystem übernehmen nach und nach diese Aufgabe.

UNGLEICHHEIT IST UNPOPULÄR Da eine freie Gesellschaft zwangsläufig mehr Verlierer als Gewinner hervorbringt, werden stets jene Parteien die Mehrheit der Wählerstimmen gewinnen, die den Unterlegenen am überzeugendsten Trost und Wohltaten verheißen. Entsprechend schwer hatte es in Deutschland der auf die Tüchtigkeit des privaten Unternehmers bauende Kapitalismus. Als das Land nach dem verlorenen Zweiten Weltkrieg wirtschaftlich am Boden lag, gab es zunächst niemand, der aus der jungen Bundesrepublik einen unternehmerfreundlichen Staat machen wollte.

Selbst die nordrhein-westfälische CDU gab sich mit ihrem am 3. Februar 1947 in Ahlen beschlossenen Programm eindeutig kommunistisch: Sie forderte die Vergesellschaftung der Großindustrie wie der Banken und die unternehmerische Mitbestimmung der Arbeitnehmer. Erst später, als der Kalte Krieg zwischen den (kapitalistischen) USA und der (kommunistischen) Sowjetunion Deutschland eine Richtungsentscheidung aufzwang, setzte sich mit der Westorientierung Konrad Adenauers der Kapitalismus durch. Damit er mehrheitsfähig werden konnte, musste er allerdings gezähmt und verbrämt werden. Das Kunststück gelang, unterstützt von amerikanischer Marshallplan-Hilfe, dem CDU-Wirtschaftsminister Ludwig Erhard mit der Formel von der sozialen Marktwirtschaft.

Der rheinische Kapitalismus setzte zwar auf die Dynamik der Privatwirtschaft, doch er sorgte mit hohen Steuern und Sozialabgaben, rigiden Kartellgesetzen und einem arbeitnehmerfreundlichen Betriebsverfassungsgesetz für sozialen Ausgleich. Solange die Wirtschaft boomte, konnten die Parteien ausreichend soziale Wohltaten verteilen, um die Masse der Wähler bei der Stange zu halten. Erst als nach dem Ölpreisschock in den 70er Jahren die Konjunktur einbrach und die Gewerkschaften beträchtliche Lohnerhöhungen durchsetzten, geriet der Sozialstaat in Schwierigkeiten. Wahlversprechen ließen sich nur noch mit weiteren Schulden finanzieren, und das brachte die öffentlichen Haushalte allmählich in eine immer größere Schieflage.

Anderen Staaten ging es in dieser Zeit nicht viel besser. Auch die USA litten nach dem Vietnamkrieg unter nachlassenden Wachstumsraten, hohen Kriegsschulden und sozialen Protesten. Es war der ehemalige Hollywood-Schauspieler Ronald Reagan, der als Präsident in den 80er Jahren auf Steuersenkungen und Deregulierung setzte und so die Wirtschaft seines Landes wieder in Schwung brachte. Englands Premierministerin Margret Thatcher machte es ihm nach und sorgte mit dem »Big Bang« dafür, dass in der City of London das zweitgrößte Finanzzentrum der Welt heranwuchs. Deutschland brauchte, nach 16 ermüdenden Kohl-Jahren und den Lasten der Wiedervereinigung, ein wenig länger, um wieder Fahrt aufzunehmen. Es war ausgerechnet eine SPD-Regierung unter Kanzler Gerhard Schröder, die sich 2003 an die lang aufgeschobenen Reformen am Arbeits- und Finanzmarkt wagte. Dafür wurde sie zwar von ihren Stammwählern abgestraft, aber die Wirtschaft bekam Auftrieb.

Dass Staaten, die sich zurücknehmen und der privaten Wirtschaft bessere Bedingungen einräumen, erfolgreicher abschneiden als solche, die auf mehr Umverteilung und soziale Gerechtigkeit setzen, ist zwar längst erwiesen. Populär wurde diese Erkenntnis in Deutschland jedoch so wenig wie in Frankreich oder Italien. Der Preis für höhere Wachstumsraten, steigende Steuereinnahmen und sinkende Arbeitlosenzahlen ist nämlich die Ungleichheit in der Einkommens- und Vermögensentwicklung. Je länger das Monopoly-Spiel der Wirtschaft dauert, desto größer werden die Unterschiede, und das führt zu Frustration bei weiten Teilen der Bevölkerung und zu sozialen Spannungen, die unterm Deckmantel der Moral ausgetragen werden.

Genauso richtig ist aber auch die Erkenntnis, dass man die Märkte nicht sich selbst überlassen darf. In New York und London entstand eine Finanzindustrie, die sich mehr und mehr von der Realwirtschaft abkoppelte und virtuelle Werte kreierte, für die es keine Deckung mehr gab. Als dieses System im Oktober 2008 nach der Pleite der Investmentbank Lehman Brothers kollabierte, wurde auf der ganzen Welt plötzlich das Geld knapp. Firmen bekamen keine Kredite mehr, Fließbänder wurden abgeschaltet, Containerschiffe stoppten ihre Fahrt, und vor den Geldautomaten der Banken bildeten sich lange Schlangen. Um die Schließung ihrer Banken zu verhindern, setzten die europäischen Regierungen gigantische Beträge ein, was ihre Verschuldung in die Höhe trieb. Mit der Bekämpfung der Steuerflucht versuchen sie jetzt, einen Teil dieses Geldes wieder hereinzuholen. Vernünftiger wäre es, die Banken an die Kandare zu nehmen und die gesamte Finanzindustrie auf ein wirtschaftlich vernünftiges Maß einzudampfen.

DER MENSCH IST VOLLER NEID UND HASS Den größten Schaden richtete die Finanzkrise jedoch nicht in den Banken, sondern in den Köpfen der Bevölkerung an. Der Glaube an die wohlstandsmehrende Kraft des Kapitalismus schwand so schnell dahin wie die Kursnotierungen an der Aktienbörse. Banker wurden zu Bankstern, Manager zu Raffzähnen, und das ganze System der freien Marktwirtschaft geriet in den Verdacht, eine Veranstaltung für Räuber und Betrüger zu sein. Der vorher gering geschätzte Staat gewann plötzlich neue Sympathie, und die Regierungen erschienen dem Volk als ultimative Retter seiner Sparguthaben.

Nach den Erhebungen des Demoskopie-Instituts Allensbach hatten zur Jahrtausendwende noch 55 Prozent der Deutschen eine gute Meinung von der sozialen Marktwirtschaft. 10 Jahre und zwei Börsencrashs später aber waren es nur noch 38 Prozent. Je weniger die Leute verdienten, desto ungerechter kam ihnen der Kapitalismus vor. Auf die Frage des Infratest-Instituts, was sie am System störe, antworteten 77 Prozent der Deutschen, dass die soziale Marktwirtschaft »die Reichen immer reicher, die Armen immer ärmer« mache.

Obwohl Deutschland vergleichsweise gut durch die Krise kam und, dank stabiler Steuereinnahmen, als Retter des Euro gefeiert wurde, fühlten sich die Bürger mehrheitlich als Verlierer. Sie sorgten sich um die uferlos steigenden Staatsschulden wie um ihre privaten Finanzen. Eine Gerechtigkeitsdebatte flammte auf, die Geringverdiener ebenso einbezog wie die um ihre Besitzstände bangenden Mittelschichten. Mit Gerechtigkeit aber war, wie schon bei Karl Marx, Gleichheit gemeint. Ungezählte Zeitungsartikel, Talkshows und wissenschaftliche Arbeiten beschäftigten sich mit der Kernfrage: Wie kann verhindert werden, dass der Abstand zwischen einer kleinen, vermögenden Oberschicht und der Masse der Arbeitnehmer immer größer wird?

Die Frage der gerechten Verteilung irdischer Güter ist so alt wie die Menschheit, und bis heute wurde sie nicht befriedigend beantwortet. Die Gleichheit aller Menschen ist ein Wunschgedanke, der Jesus Christus genauso faszinierte wie Mohammed und Martin Luther. Doch die Religionsstifter konnten ihn so wenig durchsetzen wie die großen Denker der Menschheit, angefangen mit den Griechen Sokrates, Platon und Aristoteles, bis hin zu den Deutschen Karl Marx und Friedrich Engels. Das Experiment einer auf Gleichheit aufgebauten sozialistischen Gesellschaft scheiterte, wie bereits erwähnt, sowohl an der Unfähigkeit der die Gleichheit verwaltenden Eliten, ob in der Sowjetunion, der DDR oder in der Volksrepublik China, als auch an der schlichten Tatsache, dass die Menschen nicht gleich sein wollen. Wenn alle Mitglieder einer Gemeinschaft von den erarbeiteten Gütern gleich viel abbekommen, werden sie sich nicht besonders anstrengen, die Güter zu erarbeiten. Das alles ist längst bekannt, und dennoch lässt die Idee von einer gleichen und gerechten Gesellschaft die Menschen nicht los. Möglicherweise, weil sie von sich allzu gerne ein falsches Bild malen.

Im Alten Testament, 1. Buch Mose, wird die Geschichte von Kain und Abel erzählt. Kain, der älteste Sohn von Adam und Eva, ist neidisch auf seinen jüngeren Bruder Abel, weil dessen Opfer Gott besser gefällt als sein eigenes; also erschlägt er ihn. Der Mörder Kain zieht in die Welt, gründet Siedlungen, zeugt viele Kinder und wird einer der Stammväter der Menschheit. Seither wissen wir: »Neid ist eine anthropologische Grundkategorie.« So definierte der Soziologe Helmut Schoeck jenes Gefühl, das Menschen befällt, wenn sie sich miteinander vergleichen. »Neidisch sind immer nur die anderen«, betitelte der Frankfurter Psychologie-Professor Rolf Haubl sein Standardwerk zum Thema, in dem er dem Neid bescheinigt, »einer der zentralen Motoren der Konsumgesellschaft« zu sein.

STEVE JOBS SÄSSE IM KNAST Das mag so sein, doch der Neid ist auch ein Motor der Leistungsgesellschaft, und darum macht es wenig Sinn, ihn zu schmähen, wie es die Vertreter der bürgerlichen Parteien reflexhaft vorexerzieren, sobald sie mit der Forderung nach höheren Steuern konfrontiert werden. Neid spornt an, mehr zu leisten, um sich mehr leisten zu können als der Nachbar. Dass der Neid gerade bei uns eine so wesentliche Rolle spielt, spricht für und nicht gegen das Land. Die Diskussion um die »Neidgesellschaft« bestätigt die Dynamik und den Leistungswillen der Deutschen, auch wenn das den Gleichheitsideologen widerstreben mag.

Die auf Drängen der Sozialdemokraten ab 2007 eingeführte Reichensteuer indes, die den Spitzensteuersatz für Einkommen ab 250 000 (für Ledige) bzw. 501 000 Euro (Ehepaare) von 42 auf 45 Prozent erhöht, entpuppte sich als Schlag ins Wasser. Betroffen sind nämlich nur etwa 45 000 Personen, und die zahlten gerade mal 650 Millionen zusätzlich in den Staatssäckel ein. Effizienter wäre eine hochprozentige Erbschaftssteuer auf die wirklich großen Vermögen. Neid ist ein intensives Gefühl, das den Menschen zu Betrug, Mord und Totschlag anstiften – und ihn zu Höchstleistungen befähigen kann. Es gilt also, seine Motivationskraft zu pflegen und seine zerstörerische Wirkung in Schach zu halten. Als gesellschaftliche Kraft ist er genauso zu akzeptieren wie die Gier oder die Nächstenliebe. Weil der vom Neid genährte Ehrgeiz des einzelnen Bürgers die gesamte Gesellschaft voranbringt, sollte er vom Staat nicht zu heftig bekämpft werden. Eine Lieblingsidee der Linken ist das gesetzlich verbriefte Recht auf ein Grundeinkommen für alle. Ein solches »Schlaraffenland-Gesetz« aber würde der Bequemlichkeit Vorschub leisten und die Menschen demotivieren. Hier unterscheiden sich die sozialdemokratisch geprägten Demokratien Europas von den USA. Diesseits des Atlantiks steht der Gleichheitsgedanke im Vordergrund, jenseits das Vertrauen in die Stärke des Individuums.

In jeder Gesellschaftsordnung geht es darum, die Balance zu finden zwischen der Gleichheit der vielen und der Freiheit des Einzelnen. Werden die gemeinsam erwirtschafteten Güter zu gleichmäßig verteilt, verliert die Gemeinschaft ihre Dynamik, sie gerät gegenüber konkurrierenden Gesellschaften ins Hintertreffen und wird irgendwann deren Schuldner oder gar deren Besitz. Lässt sie ihren Mitgliedern zu viel Freiraum und einen zu großen Teil des gemeinschaftlichen Reichtums, wird sie von Sozialkonflikten heimgesucht.

Steve Jobs zum Beispiel säße im Deutschland des Jahres 2015 wahrscheinlich im Gefängnis (wenn er nicht 2011 gestorben wäre) statt an der Spitze des wertvollsten Unternehmens der Welt. Der Gründer des Apple-Konzerns hielt sich weder an Gesetze noch beachtete er die Regeln der Fairness. Konsequent weigerte er sich, für sein Mercedes-Cabrio, mit dem er jahrelang ohne Nummernschild durch Kalifornien kutschierte, Steuern zu zahlen. Irgendwann kapitulierte die Polizei von Cupertino, weil es sich um den Wagen des berühmtesten Bürgers der Stadt handelte. Ebenso konsequent verlangte Jobs von seinen Managern, die riesigen Gewinne, die sein Konzern in aller Welt erwirtschaftete, nicht ins Land zu holen, weil darauf horrende Steuern fällig würden. Derzeit bunkert das Unternehmen 170 Milliarden Dollar auf Konten außerhalb der USA. Der von der technikaffinen Jugend in aller Welt als »i-God« verehrte Schöpfer von iMac, iPhone und iPad war wenig zimperlich, wenn er es für nützlich hielt, sich der Ideen anderer Menschen zu bedienen. Umso wütender reagierte er, als ihm mit dem von Google entwickelten Handy-Betriebssystem Android ernsthafte Konkurrenz drohte: »Ich bin bereit, dafür einen thermonuklearen Krieg anzufangen …«.

Um Missverständnissen vorzubeugen: Hier wird nicht zum Gesetzesbruch aufgefordert. Das Beispiel soll lediglich zeigen, welche großartigen Leistungen nicht hätten erbracht werden können, wenn es überall auf der Welt stets streng nach Recht und Gesetz zugegangen wäre. Nicht zufällig entstand die Internetwirtschaft im liberalsten und weltoffensten US-Bundesstaat. Wo einst die Hippie-Kultur mit ihren Sex & Drugs-Experimenten wurzelte, revolutionierten einige Jahrzehnte später Firmen wie Apple, Google, Facebook die Art, wie Menschen miteinander kommunizieren. In krassem Gegensatz zu dem unerhörten Reichtum der im Silicon Valley beheimateten Unternehmen wie zu der kulturellen Dominanz Hollywoods steht die Tristesse der kalifornischen Staatsfinanzen. Immer wieder muss der Gouverneur seine Lehrer, Polizisten oder Müllkutscher vertrösten, weil ihm das Geld zur pünktlichen Auszahlung der Löhne und Gehälter fehlt. Zu viel Staat bremst die Wirtschaft, zu wenig Staat schadet dem Wohlbefinden der Menschen.

MANAGER VERDIENEN ZU VIEL Es geht also ums Gleichgewicht zwischen Freiheit und Moral, privatem und öffentlichem Eigentum, Entfaltung der Persönlichkeit und Staatsräson. Deutschland ist da, so scheint es, in den letzten Jahren ein wenig in Schieflage geraten. Im Volk machen sich Misstrauen und Gereiztheit breit. Die Eliten, gleich ob in Politik, Wirtschaft, Kultur oder Kirchen, stehen unter verschärfter Beobachtung durch Justiz und Medien. Zentrales Thema ist die als ungerecht empfundene Verteilung der Einkommen und Vermögen. Eine von den Gewerkschaften und den ihnen verbundenen sozialwissenschaftlichen Instituten instrumentierte Kampagne zielt darauf ab, im Verbund mit SPD, den Grünen, der Linkspartei sowie den linkslastigen Medien den Vertrauensverlust, den die Marktwirtschaft nach der Finanzkrise erlitten hat, zu größeren Umverteilungsaktionen zu nutzen.

Erstes Ziel war die Einführung eines flächendeckenden Mindestlohns, danach kam die Verschärfung der strafbefreienden Selbstanzeige. Nun wird die Erhöhung des Spitzensteuersatzes bei der Einkommensteuer auf die Agenda gesetzt, es folgt die Einführung einer Vermögenssteuer, schließlich die Erhöhung der Körperschaftssteuer, verbunden mit flankierenden Maßnahmen zur Verhinderung von Gewinnverlagerungen. Das Programm, das unter dem ambitionierten Motto »Mehr Gerechtigkeit wagen« realisiert werden soll, appelliert an die Moral und will in Wahrheit das Geld der anderen. Da die FDP aus dem Bundestag ausgeschieden ist und die CDU dem Koalitionspartner das Regieren überlässt, stehen die Chancen, dass es umgesetzt wird, nicht allzu schlecht.

Die Frage ist nur: Bringt die Umverteilung der gesamten Gesellschaft Vorteile oder nur einzelnen Parteien, Gewerkschaften und Geringverdienern? Mehr Gerechtigkeit wagen – das hat was! Wer will nicht, dass es gerechter zugeht auf der Welt? Und natürlich geht es in Deutschland, wie in allen Staaten, äußerst ungerecht zu, wie uns tausenderlei Studien, Analysen und Umfragen immer wieder bestätigen.

Nehmen wir nur mal die Gehälter. Ist es gerecht, wenn der Vorstandsvorsitzende eines DAX-Konzerns 200-mal so viel verdient wie ein normaler Angestellter in diesem Unternehmen? Dies jedenfalls behaupten die Autoren einer Studie, die von der gewerkschaftsnahen Hans-Böckler-Stiftung in Auftrag gegeben worden war. Der Angestellte wird die Frage naturgemäß anders beantworten als der Vorstand, doch beider Antworten sind, aus dem Blickwinkel des Unternehmens betrachtet, wenig relevant. Bei der Bestellung eines Vorstands geht es nicht um den Abstand zum Gehalt eines Sachbearbeiters, sondern um die Frage, ob diese Person in der Lage ist, den Unternehmenswert so zu steigern, dass am Ende alle etwas davon haben: die Eigentümer, die Kunden, die Belegschaft, das Management. Es ist ähnlich wie in der Bundesliga; die Stars verdienen zu viel, aber wegen ihnen kommen die Leute in die Stadien.

Absolut ungerecht sind die Vorstandsbezüge allerdings, wenn sie an »Nieten in Nadelstreifen« ausbezahlt werden. Manager, die durch falsche oder zu riskante Entscheidungen Werte vernichten, sollten mit ihrem privaten Vermögen dafür haften und nicht noch mit hohen Abfindungen und Pensionszahlungen belohnt werden, wie die Herren Schrempp (Daimler), Wiedeking (Porsche), Eick (Arcandor), Sommer (Telekom), Löscher (Siemens) etc. In die gleiche Kategorie gehören die Gehälter und Boni für Banker, die ihrem Arbeitgeber die Risiken hinterlassen, nachdem sie sich mit der Beute aus dem Staub gemacht haben. Dass es bisher nicht gelungen ist, Manager für Fehler zur Verantwortung zu ziehen, hat mit der Schwäche der Aufsichtsräte zu tun, nicht mit mangelnder Moral.

Es ist richtig, dass die Tarifgehälter in Deutschland ab Mitte der 90er Jahre bis 2010 nicht mehr zugelegt haben. Wegen der Preissteigerungen und der neu entstandenen »prekären« Arbeitsverhältnisse (400-Euro-Jobs, Zeitarbeit etc.) hat die Kaufkraft der deutschen Arbeitnehmer in diesem Zeitraum sogar abgenommen, und zwar, je nach Berechnungsmethode, zwischen 2 und 6 Prozent.

Ohne diese mehrjährige Lohnpause aber wäre die deutsche Wirtschaft nicht so gut über die Runden gekommen. Die maßvolle Lohnpolitik der Gewerkschaften hat so dazu beigetragen, die Wettbewerbsfähigkeit der Unternehmen zu sichern. Sie gilt inzwischen als Blaupause für Länder wie Frankreich, Italien und Spanien. Die außertariflich bezahlten leitenden Angestellten haben sich dagegen an der Sanierung des Sozialstaats kaum beteiligt, denn ihre Gehälter legten in dieser Phase leicht zu. Völlig unkooperativ zeigten sich die Manager. Vorstände und Geschäftsführer steigerten ihre Bezüge in den vergangenen 10 Jahren um fast 40 Prozent. 2013 verdienten die Vorstände der 30 DAX-Konzerne im Durchschnitt 3,2 Millionen Euro, die Vorstandsvorsitzenden brachten es gar auf 5,3 Millionen.

ZU VIEL GLEICHHEIT SCHADET DEM LAND Die Gerechtigkeitsdebatte drehte sich denn auch weniger um die absolute Höhe der Bezüge als um die Diskrepanz zwischen dem Verhalten der Manager und ihren Forderungen an die Mitarbeiter. Indem sie für sich anders handelten, als sie es von ihren Mitarbeitern verlangten, verloren die Manager ihre Glaubwürdigkeit.

Das Steuerrecht verschärft die Ungerechtigkeit. Eine OECD-Studie vom Frühjahr 2014 weist nach, dass Deutschland seine Normalverdiener im internationalen Vergleich überdurchschnittlich hoch belastet, die Spitzeneinkommen (ab 100000 Euro im Jahr) aber vergleichsweise milde davonkommen lässt. Wer dies als unmoralisch betrachtet, hat den Finanzminister als Gegner. Wolfgang Schäuble weiß genau, dass das große Geld nur bei den vielen Mittelverdienern zu holen ist. Selbst wenn es ihm gelänge, die richtig Reichen mit konfiskatorisch hohen Sätzen von 70 oder 80 Prozent zu besteuern, würde das nur relativ geringe Mehreinnahmen bringen, dafür müsste er mit allerlei Verweigerungsstrategien rechnen.

Das einst als sozialdemokratisches Musterland gefeierte Schweden machte in den 80er Jahren die Erfahrung, dass zu viel Umverteilung den Wohlstand aller sinken lässt. Um ihren überdimensionierten Sozialstaat zu finanzieren, drehten sie so lange an der Steuerschraube, bis die Reichen mit Verweigerung drohten. Öffentlich brandmarkte die Kinderbuchautorin Astrid Lindgren das schwedische System mit dem Bekenntnis, dass sie über 100 Prozent ihrer Honorare als Einkommensteuer abführen müsse. Auch die Pop-Gruppe ABBA und andere revoltierten gegen den Zugriff des Staates, durch dessen Hände über zwei Drittel des jährlich erwirtschafteten Bruttosozialproduktes flossen.

Als das Land, das 1970 noch das vierthöchste Pro-Kopf-Einkommen in der Welt erzielt hatte, auf Platz 14 abgesackt war, reichte es den Schweden. Sie wählten die Sozialdemokraten ab, und die neue bürgerliche Regierung leitete einen drastischen Reformkurs ein. Die Einkommensteuer wurde gesenkt, Erbschafts-, Vermögens- und Grundsteuern gestrichen, die Staatsquote heruntergefahren. Inzwischen hat sich das Land erholt, die Wirtschaft ist in guter Verfassung, der Staat mit nur noch 38 Prozent des Sozialprodukts verschuldet (Deutschland mit rund 80 Prozent). Dennoch gilt Schweden, zusammen mit seinen beiden skandinavischen Nachbarn Dänemark und Norwegen, als beispielhaft für eine gerechte Vermögensverteilung.

Davon ist Deutschland weit entfernt. Geht es nach der Verteilung der Vermögen, herrschen im Land der Dichter und Denker tatsächlich urkapitalistische Zustände. Die wohlhabendsten 10 Prozent der Bürger verfügen über mehr als zwei Drittel des privaten Besitzes, und der beträgt im Jahr 2013 etwa 9300 Milliarden oder 9,3 Billionen Euro. Das eine Prozent der sehr vermögenden Menschen darf rund ein Drittel aller Güter sein Eigen nennen. Ganz oben auf der Vermögenspyramide stehen etwa 130 Milliardäre, und als deren Anführer gelten die Clans der Albrecht (Aldi), Quandt (BMW u.a.), Porsche/Piëch (VW), Otto

(Otto-Versand), Schwarz (Lidl) etc., wenn man dem Reichenbarometer des Manager-Magazins glauben darf.

Gezählt und bewertet werden kann freilich nur das sichtbare Vermögen, das in Anteilen an Firmen jeder Art besteht. Weitgehend unsichtbar bleibt das Privatvermögen, das bei den reichen Familien häufig von fremden Dienstleistern, den sogenannten »Family Offices«, verwaltet wird. Die zerteilen die Vermögensmasse in kleine Portionen, streuen sie nach Risiko- und Ertragsgesichtspunkten und verstecken sie in allerlei Rechtsformen so gründlich, dass niemand mehr in der Lage ist zu beurteilen, welchen Umfang das Eingemachte einer Familie eigentlich hat. Eine vernünftige Steuerpolitik müsste die Reichen zum Investieren anhalten, anstatt sie in anonyme und nur scheinbar sichere Finanzanlagen zu treiben.

PORSCHE UND QUANDT AN DER SPITZE Doch was sagt das über die Zustände im Land aus? Handelt es sich um eine Oligarchie, in der eine schmale Oberschicht die Geschicke von 80 Millionen Menschen bestimmt? Wohl eher nicht. Tatsächlich ist die politische und wirtschaftliche Macht in Deutschland extrem gesplittet. Den größten Einfluss und den meisten Besitz hat nämlich der Staat, und der ist aus gutem Grund nicht nur demokratisch, sondern auch sehr dezentral organisiert. Die großen Konzerne werden regiert von angestellten Managern und beaufsichtigt von Gremien, in denen die Arbeitnehmer die Hälfte der Mitglieder stellen.

In nur wenigen großen Industrieunternehmen haben private Eigentümer wesentlichen Einfluss, so die Familien Porsche und Piëch bei VW, Quandt bei BMW, Schaeffler bei Schaeffler und Conti, Henkel und Merck bei den gleichnamigen Chemie- und Pharma-Konzernen, Heinz-Hermann Thiele bei Knorr-Bremse. All diesen Firmen ist der Einfluss langfristig denkender Ankeraktionäre bestens bekommen, während manche Publikums-AG, die von anonymen Finanzgesellschaften kontrolliert wird, durch hohe Verschuldung, geringe Reserven und hektische Kurswechsel auffiel. Nicht zuletzt wegen der deutschen Steuergesetze gewinnen die Vertreter der internationalen Kapitalsammelstellen immer mehr Macht über die Konzerne. Die US-Fondsgesellschaft Blackrock zum Beispiel ist an nahezu allen DAX-Unternehmen mit bis zu fünf Prozent beteiligt und drängt auf eine aktionärsfreundliche Geschäftspolitik. Es gibt keine nationalen Hegemonien mehr, nur noch den globalen Wettbewerb.

Während die Industrievermögen über mehrere Generationen hinweg gebildet wurden, ging es im Handel etwas schneller. Kaufleute wie die Brüder Karl und Theo Albrecht, Dieter Schwarz (Lidl), Werner Otto, Otto Beisheim (Metro), Götz Werner oder Dirk Rossmann schafften binnen weniger Jahrzehnte den Aufstieg in die Klasse der Superreichen. Noch beherrschen ihre Familien die Handelsgiganten, doch es ist wohl nur eine Frage der Zeit, bis auch den Kaufmannsdynastien die globale Expansion zu teuer wird. Ansonsten gelang das Kunststück nur noch den Gründern des Softwarekonzerns SAP, Hasso Plattner, Dietmar Hopp und Klaus Tschira.

Der etwas breiter gestreute Reichtum findet sich bei den Inhabern kleiner und mittelgroßer Betriebe, dem in Deutschland besonders ausgeprägten und vom Ausland bewunderten Mittelstand also. Vom Inhaber geführte Unternehmen gelten als besonders leistungsfähig und in der Mehrheit auch als ausgesprochen sozial. Wären sie es nicht, bekämen sie keine erstklassigen Mitarbeiter und könnten auf Dauer kaum überleben. Das größte Problem in diesem Milieu ist der Nachwuchs. Viele mittelständische Betriebe verschwinden, durch Verkauf, Liquidation oder Insolvenz, wenn die »geschäftsführenden Gesellschafter« dem Tempo des Wandels nicht mehr gewachsen sind und die nächste Generation kein Interesse an der Firma zeigt. Mitunter sind die Väter schuld, weil sie ihren Söhnen und Töchtern nicht rechtzeitig das Ruder überlassen oder weil sie ihnen frühzeitig das Selbstvertrauen genommen haben. Nach dem Tod des Patriarchen rächen die sich, indem sie den Laden verkaufen, um von den Erträgen des in Finanzkapital umgewandelten Familienvermögens komfortabel zu leben. Diese reichen Erben könnten zweifellos mehr zum Steueraufkommen beitragen, als sie bisher müssen, denn ihr Beitrag zum Gemeinwohl ist bescheiden.

Die Reichen im Lande haben Macht, doch nur so lange, wie sie erfolgreich wirtschaften. Machen sie in ihren Unternehmen grobe Fehler, verlieren sie schnell ihren Einfluss und auch ihr Vermögen, wie die Familie Schlecker, Madeleine Schickedanz oder der Bankiersclan der Oppenheims. Der Kapitalismus ist für die Reichen nämlich nicht weniger gefährlich als für den normalen Arbeitnehmer. Der Angestellte läuft Gefahr, seinen Job zu verlieren, der selbständige Unternehmer riskiert den Verlust seines Vermögens.

Das ist gut für die Demokratie, gut für die Wirtschaft und gut für die gesamte Gesellschaft. Die Dynamik der Märkte sorgt für ständige Bewegung im Haifischbecken. Neue Technologien zerstören altbewährte Geschäftsmodelle (man denke nur an den Internethandel), und neue Wettbewerber, die überall auf dem Globus auftauchen, sorgen für permanenten Stress auch bei marktbeherrschenden Konzernen.

DIE PYRAMIDE BLEIBT, WIE SIE IST Das Problem in Deutschland ist nicht die ungerechte Verteilung des Reichtums, sondern die Stabilität der Ungerechtigkeit. Die Vermögensverteilung entspricht im Jahr 2014 in etwa jener der Ständegesellschaft aus dem Jahr 1910. Zu wenigen Gründern gelingt nämlich der unternehmerische Durchbruch, zu wenige Kleinbetriebe werden zu Konzernen, zu wenige Arbeitnehmer können Vermögen bilden, zu winzig sind die Aufstiegschancen, zu gering ist die soziale Mobilität. Schuld ist sowohl eine verfehlte Bildungs- und Steuerpolitik als auch die Risikoscheu und Unkenntnis der Kreditgeber in den Banken. Der Staat hat es überdies versäumt, den seit Kriegsende anhaltenden Trend zu immer größeren Unternehmenseinheiten zu stoppen. Die riesenhaften Konzerne, die heute die wesentlichen Märkte beherrschen, sind weder besonders effizient noch volkswirtschaftlich sinnvoll. Sie sind schlicht »too big to fail«; im Fall einer Pleite würde unweigerlich der Staat einspringen, um Arbeitsplätze und Gläubiger zu retten. Die Regierungen lassen sich lieber erpressen, anstatt mit Hilfe strenger Kartellgesetze die Macht- und Vermögenskonzentration zu bremsen.

So bleibt die Pyramide, von wenigen Pleitefällen abgesehen, wie sie ist: oben eine kleine Schicht superreicher Familien, darunter das Besitz-Bürgertum von etwa 10 Prozent der Bevölkerung mit Mietshäusern, Wohnungen und Wertpapieren. Die nachfolgende Mittelschicht, die knapp 40 Prozent ausmacht, verfügt in der Regel über eine selbstgenutzte Immobilie, Lebensversicherungen und Sparguthaben. Aber nahezu die Hälfte der

Bevölkerung hat, abgesehen von einem Auto und ein bisschen Hausrat, fast gar nichts, und über 4 Millionen Haushalte haben mehr Schulden als Vermögen. Als Ausgleich für ihre karge Ausstattung mit materiellen Gütern fordern sie von den Reichen wenigstens die Einhaltung der Moral.

Sozialwissenschaftler vom Institut der deutschen Wirtschaft haben unter der Leitung von Professor Dominik Enste versucht, das sperrige Thema der sozialen Gerechtigkeit, aus dem die Umverteilungspolitiker ihre Munition beziehen, messbar zu machen. Sie zerlegten den Begriff in sechs Einzelteile, maßen anhand der verfügbaren statistischen Daten den Erfüllungsgrad von 33 Indikatoren auf einer Skala von 1 bis 100 und verglichen die Daten der 34 OECD-Staaten miteinander. Dieser sogenannte Gerechtigkeitsindex gibt Auskunft über:

1. *Bedarfsgerechtigkeit:* Gemeint ist der Grad, mit dem die Bevölkerung eines Landes seine Grundbedürfnisse decken kann. Dazu gehört die Versorgung mit Wohnung, Nahrungsmitteln, Medizin und sonstigen zum Lebensstandard zählenden Gütern wie Kühlschrank, Telefon etc. Ergebnis: Deutschland belegt mit 64 Punkten Platz 6 und erreicht damit im internationalen Vergleich einen Spitzenplatz. Nur die skandinavischen Staaten sowie Österreich und Luxemburg schneiden besser ab. Ganz am Ende: die USA.
2. *Leistungsgerechtigkeit:* Gemeint ist, ob jeder verdient, was er verdient. Gemessen wurden individuelle Anstrengungen, Ausbildungswege, die Verfügbarkeit von Arbeitsplätzen, Arbeitslosigkeit sowie das Lohn- und Gehaltsgefüge. Ergebnis: Deutschland liegt auf Platz 15 und damit im Mittelfeld. An der Spitze erstaunlicherweise die Slowakei, am Ende die Schweiz.
3. *Chancengerechtigkeit:* Gemessen werden die Ausgaben fürs Bildungswesen im Verhältnis zu den gesamten Staatsausgaben, die frühkindliche Förderung, der Zugang zu den Bildungswegen, die berufliche Aus- und Weiterbildung sowie die Aufstiegschancen in den verschiedenen Berufen. Ergebnis: Deutschland belegt Platz 14, ist hier also kaum besser als bei der Leistungsgerechtigkeit und hat einen großen Rückstand gegenüber den Spitzenreitern Norwegen, Neuseeland und der Schweiz. Am Ende der Skala: die Türkei.

4. *Verteilungsgerechtigkeit:* Gemeint ist das zentrale Thema der Moralisierung, nämlich die gerechte Verteilung der Einkommen. Dabei spielen die Höhe des Arbeitslosengeldes (Hartz IV) ebenso eine Rolle wie die Bezahlung von Geringqualifizierten und Teilzeitbeschäftigten sowie die Gehaltsunterschiede bei den Vollbeschäftigten. Ergebnis: Deutschland liegt auf Platz 14, weit hinter Schweden und Norwegen, aber mit Abstand vor dem Schlusslicht USA.
5. *Regelgerechtigkeit:* Gemeint sind verlässliche und faire Rahmenbedingungen für das Zusammenleben der Menschen. Untersucht wurden u.a. die Qualität der Rechtsprechung, der öffentlichen Verwaltung, die Bekämpfung der Korruption sowie das Vertrauen der Bevölkerung in die Parlamente. Ergebnis: Deutschland erzielt mit 71 Punkten ein respektables Resultat und liegt auf Rang 12, allerdings weit entfernt von den Spitzenreitern aus Skandinavien, die fast 100 Punkte bekommen. Am Ende behauptet sich Griechenland knapp vor Rumänien.
6. *Generationengerechtigkeit:* Gemeint ist die Verteilung von Leistungen und Lasten zwischen drei Generationen. Die Jungen erhalten Leistungen in Form von Fürsorge und Bildung, die mittlere Generation bekommt Lohn für ihre Arbeitsleistung und finanziert über Steuern und Sozialabgaben die Renten der Älteren. Gemessen wurden Haushaltsdefizite, Staatsschulden, Nachhaltigkeit des Wirtschaftens, Schonung der natürlichen Ressourcen, Belastung des Ökosystems sowie die Stabilität und Zukunftsfähigkeit der Wirtschaft. Ergebnis: Deutschland liegt auf Platz 9 und damit im oberen Drittel. Der Abstand zum Spitzenreiter Neuseeland ist geringer als bei den anderen Kategorien, der zum Tabellenletzten Australien aber auch. Das Jammern der Jungen über zu hohe Lasten zu Gunsten der Alten ist demnach nicht berechtigt.

Gesamtergebnis: Deutschland belegt Platz 7 und schneidet damit innerhalb der OECD gut ab. Gerechtester Staat ist demnach Norwegen, am ungerechtesten geht es, wenn das Barometer recht hat, in der Türkei zu. Man mag solche Rankings mögen oder nicht, sie liefern jedenfalls ein paar Daten für die niemals endende Diskussion um die soziale Gerechtigkeit.

Eine andere Methode, die soziale Ungleichheit zu messen, stammt von dem 1965 verstorbenen italienischen Statistiker Corrado Gini. Der von ihm entwickelte Gini-Koeffizient setzt die vollkommene Gleichheit aller Einkommen und Vermögen mit der Ziffer 0 fest. Die totale Ungleichheit, bei der eine einzige Person sämtliche Werte besitzt, erhält den Wert 1. Je höher der Gini-Koeffizient, desto ungleicher sind in einem Land die Einkommen und Vermögen verteilt. Nach diesem System messen die OECD-Staaten seit 1985 die Verteilung der Güter. Ergebnis: 2012 kam Deutschland auf einen Gini-Koeffizienten von 0,28. Das Land liegt damit erheblich näher an der Gleichheit als an der Ungleichheit. Nur in den vier skandinavischen Staaten sowie in Israel und Luxemburg sind Vermögen und Einkommen noch etwas gleicher verteilt.

Deutschland, das lehrt ein Blick auf die globalen Daten, krankt eher an einer zu gleichmäßigen Verteilung des Wohlstands als an seinem Gegenteil. Fast überall in der Welt ist der Wohlstand nämlich ungleicher verteilt als bei uns. Oxfam, eine von der EU geförderte NGO, fand heraus, dass die 80 reichsten Individuen zusammen so viel besitzen wie die ärmere Hälfte der Menschheit – und das sind immerhin gut dreieinhalb Milliarden. In Großbritannien gehört den reichsten fünf Personen so viel wie den ärmsten 12,6 Millionen. Konfiskatorische Erbschaftssteuern könnten hier Wunder wirken.

Schädlich ist das große Geld, wenn es der Realwirtschaft entzogen wird und als reines Finanzkapital um die Welt vagabundiert. Die wichtigste Aufgabe der Staatenlenker müsste deshalb darin bestehen, das in den Steueroasen gebunkerte und anonymisierte Kapital in gemeinsamer Aktion zu identifizieren und es ihren Volkswirtschaften zuzuführen. Doch davor schrecken sie alle zurück, entweder weil sie selbst Nutznießer solcher schwarzen Gelder sind oder weil sie die damit verbundenen Probleme scheuen.

In seinem 2013 erschienenen Buch ›Capital in the twenty-first Century‹ (›Das Kapital im 21. Jahrhundert‹) untersucht der französische Ökonomie-Professor Thomas Piketty die Verteilung des Wohlstands in Relation zum Wirtschaftswachstum während der vergangenen 300 Jahre. Er kommt zu der Erkenntnis, dass die

Ungleichheit in Friedenszeiten stetig zunimmt, weil die Rendite auf das eingesetzte Kapital stets höher ausfällt als die Produktivität, von der wiederum die Steigerungsraten der durch Arbeit erzielten Einkommen abhängen. Anders ausgedrückt: Die Reichen werden schneller reicher als die Gehaltsempfänger. Piketty weist aber auch nach, dass der Reichtum durch externe Einflüsse wie Kriege, Revolutionen oder technische Umbrüche immer wieder neu verteilt wird. Da er die Ansicht vertritt, dass extreme Ungleichheit das Wachstum einer Volkswirtschaft bremst, erkor das ›Manager-Magazin‹ Pikettys Buch zur »neuen Bibel der Umverteilungspolitiker«.

VERLOGENER ARMUTSBERICHT Die oft vernommene These, dass auch in Deutschland die Reichen immer reicher, die Armen immer ärmer werden, lässt sich anhand der OECD-Daten widerlegen. Seit 1985 sank der »Gini« nämlich um 0,07 Punkte ab. Mit Ausnahme der Jahre zwischen 2000 und 2005 sind innerhalb dieser Periode Einkommen und Vermögen gleicher und nicht ungleicher verteilt worden. Gründe dafür sind Lohnzuwächse bei fast allen Bevölkerungsgruppen und ein allgemein gestiegenes Wohlstandsniveau.

Daran ändert auch der seit einigen Jahren auf Drängen von SPD und Bündnis 90/Die Grünen von der Bundesregierung herausgegebene »Armuts- und Reichtumsbericht« nichts. Der 2013 veröffentlichte vierte Bericht suggeriert, in Deutschland seien 16 Prozent der Bevölkerung – das wären 13 Millionen Menschen – vom Armutsrisiko bedroht. Was sich dramatisch anhört, entpuppt sich bei genauerem Hinsehen als Chimäre. Denn als »arm« gilt in diesem reichen Land bereits, wer weniger als 60 Prozent des Durchschnittseinkommens zur Verfügung hat, ohne Berücksichtigung etwa einer Lebensversicherung, einer eigenen Wohnung oder anderer Vermögenswerte. Armut ist eben, Moral hin oder her, ziemlich relativ, und das Beklagen sozialer Missstände ein interessantes Geschäftsmodell nicht nur für Parteien.

Wenn Moralisten die »sich weiter öffnende Schere zwischen Arm und Reich« thematisieren, dann beweisen sie ihre Unkenntnis oder sie negieren bewusst die Fakten. Selbst ein seriöser Wissenschaftler wie der Historiker Hans-Ulrich Wehler, der in seinem 2013 erschienenen Buch ›Die neue Umverteilung – soziale

Ungleichheit in Deutschland‹ vor drohenden sozialen Konflikten warnt, unterliegt offenbar der Vorstellung, dass Gleichheit ein Wert an sich sei. Zu einem Wert aber wird sie lediglich als Utopie. Ungleichheit war von Anfang an das Motiv zur Zivilisation, zur Industrialisierung, zum Wohlstand der Massen. Schädlich ist sie für eine Gesellschaft nur dann, wenn sie die Privilegien der Eliten zementiert, wie das in der Feudalzeit geschah.

Oberste Priorität muss deshalb die Bildungspolitik haben. Deutschland nutzt das Potential seiner Zuwanderer zu wenig und lässt zu, dass sich die Geld-, Bildungs- und Funktionseliten selbst reproduzieren. Die soziale Durchlässigkeit ist zu gering, die ethnische Vielfalt in den Oberschichten unterrepräsentiert. Das ist das Kernproblem in der Gesellschaftspolitik, und nicht die fehlende Gleichheit. Wettbewerb, auch zwischen den gesellschaftlichen Schichten, geht vor Moral. Deshalb erscheint es durchaus sinnvoll, den Wettbewerb durch höhere Erbschaftssteuern zu verschärfen. Wenn jede neue Generation gezwungen ist, ihren Wohlstand durch eigene Leistung zu erarbeiten, gewinnt die Wirtschaft an Dynamik, und die Demokratie bleibt lebendig. Der Weg dahin aber führt unausweichlich zum Konflikt mit den alten Eliten – und davor schrecken die Politiker bisher zurück.

Kapitel IV
Das M-Business

Erst kommt das Fressen, dann die Moral.
Bertolt Brecht

In der Wohlstandswelt des 21. Jahrhunderts kommt erst die Moral, dann das Fressen. Kein Unternehmen kann es sich heute noch leisten, gegen die hohen Sozial-, Ethik- und Umweltschutzstandards zu verstoßen, die sich das Land der Dichter und Denker verordnet hat, auch wenn diese die Gewinne schmälern und das Geldverdienen an sich erschweren. Das reiche Deutschland geht davon aus, dass sich die Moral von alleine bezahlt machen wird.

Seit in den Gerichtssälen der Nation immer häufiger Leute auf der Anklagebank Platz nehmen, die man aus Hauptversammlungen oder von der Senator-Lounge her kennt, und an den Pforten der Konzerne Staatsanwälte in Begleitung bewaffneter Polizisten Einlass begehren, ist die Wirtschaft der Moral zum Opfer gefallen. Verhallt ist der mit viel Geld gepflegte Ruf der Industrie, verblichen der Glanz der Banken, erloschen der Glaube an die Redlichkeit der Manager. Tiefes Misstrauen hat sich in der Bevölkerung breitgemacht gegenüber allem, was nach Wirtschaft, Wettbewerb und Gewinnstreben aussieht.

Doch die neue Ehrbarkeit hat ein doppeltes Gesicht. Dieselben Leute, die mit dem Finger auf die Steuersünder, Umweltfrevler und Lohndrücker deuten, konsumieren deren Produkte, als ob es nie ein Morgen gäbe. Sie kaufen bei Amazon und erregen sich über die Steuertricks des US-Konzerns. Gehen zum Media-Markt (»Geiz ist geil«) und jammern über die Ausbeutung chinesischer Lohnfertiger. Shoppen bei H&M und beklagen das Schicksal der Textilarbeiterinnen in Bangladesch.

Bei ihren eigenen Gehältern aber kennen sie kein Pardon. Mit Trillerpfeifen bewaffnet, fordern die Verdi- und IG-Metall-Mitglieder Lohnerhöhungen, von denen die Genossen und Genossinnen in der Dritten Welt nur träumen können. Und wenn sie das Glück haben, Schlüsselstellungen besetzen zu dürfen, wie Piloten, Fluglotsen oder Zugschaffner, dann zeigen sie wenig Hemmungen, Millionen von Reisenden als Geiseln zu nehmen für ihre oft überzogenen Ansprüche.

Zur rücksichtslosen Durchsetzung eigener Vorstellungen wie zur Konsumfreude gesellt sich die Lust an der Empörung über die Verfehlungen anderer. Ein wohliges Gefühl der Erhabenheit erfasst den Moralbürger, wenn er von den Strafen hört, die Leute bezahlen müssen, die er insgeheim beneidet. Geschieht ihnen recht, denkt der Rechtschaffene, wenn mal wieder ein Gribkowsky, Ecclestone oder Middelhoff vor dem Richter steht. Die sind auch nicht besser als ich, obwohl sie hundert Mal so viel verdienen. Kein Wunder, dass sie reich sind, wenn sie sich nicht an Gesetze halten und auf die Moral pfeifen. »Hinter jedem großen Vermögen steckt ein großes Verbrechen«, der Satz stammt nicht von Brecht, sondern von Honoré de Balzac und beschreibt treffend die Verdachtskultur der Gegenwart. Die Moral, das bin ich, und die Bösen sind immer die anderen.

Dem Land muss es ziemlich gut gehen, wenn es, aus Sorge um die ganze Welt, seine Unternehmen auf den Pfad der Tugend zwingt, obwohl jeder weiß, dass erfolgreiches Wirtschaften auf Egoismus und Gewinnstreben beruht. Manchmal sieht es gar so aus, als ob unsere Politiker, Richter, Staatsanwälte und Chefredakteure mehr die Interessen ausländischer Konkurrenten im Blick hätten als die der heimischen Unternehmen. Der Quell des nationalen Wohlstands wird als selbstverständlich hingenommen, so als habe man in Deutschland ein verbrieftes Recht auf gut bezahlte Arbeitsplätze, hohes Steueraufkommen und einen Spitzenplatz im wirtschaftlichen Wettbewerb der Nationen. Die Belastbarkeit der Unternehmen testen – an diesem Spiel versuchen sich, mit wechselndem Erfolg, Politiker, Gewerkschafter, Kirchen und allerlei selbsternannte Aktivisten. Und alle führen moralische Gründe ins Feld, auch wenn sie in Wahrheit nur an die Fleischtöpfe der Firmen wollen.

Um auch hier keine Missverständnisse aufkommen zu lassen: Unternehmen, die ihre Kunden und Geldgeber betrügen, Kartelle bilden, überhöhte Preise absprechen, Lieferanten erpressen, gehören so bestraft, dass sie dergleichen künftig unterlassen werden. Der Staat hat den Firmen einen gesetzlichen Rahmen zu setzen, innerhalb dessen sie sich frei bewegen können, den zu überschreiten aber harte Strafen nach sich zieht. Die Hexenjagd indes, denen sich die Unternehmen durch die zunehmende Moralisierung der Gesellschaft ausgesetzt sehen, ist volkswirtschaftlich schädlich und gefährdet die Grundlagen unseres Wohlstands.

Nehmen wir den Fall, der das Image der deutschen Wirtschaft beschädigt hat wie kein zweiter: die Korruption bei Siemens. Groß war die Aufregung, als am 15. November 2006 ein Rollkommando, bestehend aus 23 Staatsanwälten und 250 Polizeibeamten, ausrückte, um die Konzernzentrale am Münchner Wittelsbacher Platz sowie gleichzeitig weitere 30 Firmensitze in Erlangen, Österreich und der Schweiz zu durchsuchen. Auslöser war eine anonyme Anzeige und ein Rechtshilfeersuchen der italienischen und schweizerischen Behörden. Es ging um den Verdacht, dass Mitarbeiter der Konzernsparte COM, in der das Kommunikationsgeschäft gebündelt war, schwarze Kassen führten, die seit 2002 mit mindestens 20 Millionen Euro aufgefüllt worden waren. Wofür das Geld verwendet wurde, war zunächst nicht bekannt.

SIEMENS IN DER FALLE Was in einem gut gemanagten Unternehmen zu einer begrenzten Säuberungsaktion geführt hätte, mit Entlassung eines oder mehrerer Verantwortlichen und einer Geldstrafe in gleicher Größenordnung, wuchs sich bei Siemens zur existenzbedrohenden Katastrophe aus. Ein ahnungsloser Vorstand, ein profilierungssüchtiger Aufsichtsrat und die alles beherrschende Angst vor der amerikanischen Börsenaufsichtsbehörde SEC trugen dazu bei, dass der deutscheste aller global agierenden Konzerne zu einem Schatten seiner selbst verkam.

Siemens macht sein Geschäft hauptsächlich mit dem Bau und Verkauf technischer Großanlagen: Kraftwerke, Stromversorgungsnetze, Verkehrssysteme (Straßenbahnen, Züge), Telekommunikation. Die Kundschaft besteht überwiegend aus Repräsentanten der öffentlichen Hand: Staatschefs, Regierungsvertreter, Ministerialbeamte, Stadträte und Bürgermeister aus aller Welt. Diese Klientel ist es gewohnt, für ihre Aufträge gewisse Gegenleistungen zu erhalten. Die konnten in der Ansiedelung von Fabriken bestehen oder eben auch in der Zahlung von Schmiergeld.

An dieser Praxis kam niemand vorbei, der im Geschäft bleiben wollte.

Es ist unbestreitbar, dass Korruption schädlich ist. Sie schadet den Unternehmen, weil sie der Bequemlichkeit Vorschub leistet. Wenn sie Aufträge mit Geld erkaufen können, müssen sie nicht unbedingt die besten Produkte herstellen. Sie schadet der Volkswirtschaft, weil überhöhte Preise bezahlt werden müssen. Und sie schadet der Gesellschaft, weil sie dem Gemeinwohl abträglich ist. Deshalb ist es richtig und notwendig, die Korruption zu bekämpfen.

Tatsächlich gibt es Korruption, seit es die Wirtschaft gibt, und in manchen Kulturen gehört sie zur Tradition; das *Bakshish* im Orient, die *Fakelaki* (Briefumschläge) in Griechenland, das *coima* in Südamerika. Überall dort, wo Staatsdiener schlecht bezahlt werden, nutzen sie ihre Machtstellung, um Bürger und Unternehmen abzukassieren. Deutschland als bedeutende Exportnation sammelte frühzeitig Erfahrungen mit dieser Praxis. Der damalige Staatssekretär im Bundesfinanzministerium, Rainer Offergeld, vertrat noch in den 70er Jahren die Ansicht: »Entweder man macht da mit oder man sitzt auf dem Trockenen.« Und der Bundesgerichtshof (BGH) begründete 1985 die Ablehnung einer Klage wegen Korruption mit dem Argument, von einem deutschen Unternehmen könne nicht erwartet werden, »dass es in den Ländern, in denen staatliche Aufträge nur durch Bestechung zu erlangen sind, auf dieses Mittel völlig verzichtet«. Bis 1996 durften die als »nützliche Aufwendungen« verbuchten Schmiergelder steuermindernd abgesetzt werden, und bis 1999 blieb die Bestechung straffrei.

Sie wäre es wohl noch heute, wenn sich der Wind nicht gedreht hätte. Der Wind blies aus Richtung der USA. Nach dem Bestechungsskandal um die Rüstungsschmiede Lockheed verabschiedete der Kongress in Washington bereits in den 70er Jahren den »Foreign Corrupt Pratices Act« (FCPA), der die Bestechung ausländischer Amtsträger unter Strafe stellte. Von nun an wurde die Moral immer stärker. Als in den 90er Jahren eine starke Antikorruptionslobby, bestehend aus Dritte-Welt-Sympathisanten und kirchlichen Kräften, die OECD (Organisation für wirtschaftliche Zusammenarbeit) für das Thema erwärmen konnte und mit Transparency International eine ernstzunehmende Korruptionsgegnerin auf den Plan trat, verschärfte die US-Regierung unter Bill Clinton den FCPA. Korruption wurde nun international geächtet, das Zeitalter der Compliance (Methoden, die sicherstellen, dass Gesetze und freiwillig vereinbarte Regeln eingehalten werden) brach an. Die rot-grüne Bundesregierung unter Kanzler Gerhard Schröder mochte bei der Moralisierung der Welt nicht abseits stehen und belegte die zuvor geduldete Korruption mit Geld- und Gefängnisstrafen.

Dabei blieb es nicht. Auf Drängen amerikanischer Investoren beauftragte die damalige Justizministerin Hertha Däubler-Gmelin eine Expertenkommission, den »Deutschen Corporate-Governance-Kodex« zu entwickeln, der verbindliche Regeln für die Führung und Überwachung großer Unternehmen formulieren sollte. Die Leitung des Gremiums übernahm nach einigem Hin und Her schließlich ThyssenKrupp-Verweser Gerhard Cromme, der bald noch eine weitere Rolle spielen sollte.

WALL STREET BEHERRSCHT DIE WELT Bezeichnend für den am 27. Februar 2002 verabschiedeten Kodex ist, dass er erst mal fein säuberlich die Kritikpunkte der ausländischen Investoren an der deutschen Unternehmensverfassung auflistet, wie die zu geringe Berücksichtigung der Aktionärsinteressen oder den Dualismus von Vorstand und Aufsichtsrat. Dann gibt er den deutschen Unternehmen 82 Empfehlungen, die für eine bessere »Compliance« sorgen sollen, was im Klartext heißt: Liebe deutsche Manager, richtet euch gefälligst nach unseren Vorstellungen oder wir geben euch kein Geld mehr. Da sie großes Interesse am internationalen Kapital hatten, beeilten sich die Firmenlenker, den Kodex zu akzeptieren. Im Jahr 2010 hatten ihn bereits 96 Prozent der 30 DAX-Konzerne und 91 Prozent der im M-DAX vertretenen Unternehmen umgesetzt.

Vordergründig soll der Kodex für mehr Wahrheit und Klarheit in den Unternehmen sorgen, also der Moral dienen. In Wahrheit geht es um die Vergleichbarkeit international tätiger Unternehmen aus dem Blickwinkel amerikanischer Fondsmanager. Die Verwalter des US-Kapitals zwangen den Deutschen bereits ihre eigenen Bilanzregeln auf (US-GAAP oder IFRS), und im Freihandelsabkommen mit der EU möchten sie einen höchst zweifelhaften Investorenschutz verankern, der es ihnen erlaubt, Staaten auf Schadenersatz zu verklagen, wenn diese Gesetze erlassen, die ihnen nicht passen. Noch dreister ist ihr Ansinnen, dass diese Klagen nicht vor ordentlichen Gerichten, sondern vor privaten und geheimen Schiedsstellen verhandelt werden sollen, gegen deren Urteile keine Berufung möglich ist. So gesehen, ist der Unternehmenskodex nur ein weiterer Versuch der Wall Street, die Welt ihren Regeln zu unterwerfen.

Wie ein braves Schoßhündchen folgten die Deutschen jeder aus den USA kommenden Mode. Millionen machten den Aktien-Hype um die sogenannte »New Economy« in den späten 90er Jahren mit – verloren prompt einen großen Teil ihrer Ersparnisse. Die Topmanager großer Konzerne, von Daimler bis Siemens, waren nicht klüger. Sie wollten ihre Aktien partout an der New Yorker Börse verkaufen – und merkten zu spät, auf was sie sich da eingelassen hatten. Nach den Bilanzfälschereien der »New-Economy«-Konzerne Enron und Worldcom erließ der US-Kongress am 30. Juli 2002 den sogenannten Sarbanes-Oxley Act, der falsche Angaben in den Bilanzen mit Gefängnis bestrafte. Und dies war das Stoppschild, das die Herren am Wittelsbacher Platz in München glatt übersehen hatten. Als Unternehmen, dessen Anteilsscheine an der NYSE (der New Yorker Börse) gelistet waren, unterlag Siemens fortan der amerikanischen Rechtsprechung, mit den entsprechenden Folgen fürs Topmanagement.

Die Mittel für die schwarzen Kassen, die der Konzern einrichtete, um sich Kunden in aller Welt gewogen zu machen, mussten ja dem regulären Geldkreislauf entzogen werden. Die Siemens-Manager ließen sich Rechnungen für fingierte Beratungsleistungen ausstellen und erfüllten damit den Tatbestand des Bilanzbetrugs. Sie wähnten sich ihrer Sache so sicher, dass sie sich wenig Mühe gaben, die Herkunft der Schmiergelder zu verschleiern. Da wurden Boten mit Koffern voller Schwarzgeld kreuz und quer durch Europa geschickt, Konten unter allerlei Tarnnamen in der Schweiz, Österreich und Liechtenstein geführt, Briefkastenfirmen in Steueroasen unterhalten.

Nachdem die Staatsanwälte die beschlagnahmten Unterlagen gesichtet hatten, entwickelte sich aus dem Einzelfall, bei dem es um die Bestechung von Managern des italienischen Stromversorgers Enel mit 6,2 Millionen Euro gegangen war, schnell eine verheerende Korruptionslawine. Die Ermittler fanden Schmiergeldspuren, die nach Argentinien, Griechenland, Afrika und Asien führten, und immer größere Summen, die für die Bestechung der Auftraggeber ausgegeben wurden. Sie entdeckten auch, dass das Bestechungssystem keineswegs zentral gesteuert, sondern in den einzelnen Bereichen des Konzerns willkürlich angelegt war. Als die Vorstände mit den Ergebnissen der Ermittler konfrontiert wurden, packte manchen von ihnen das Grausen – entweder, weil er ertappt wurde, oder weil er tatsächlich ahnungslos war.

Es kam noch schlimmer. Rechtsgutachten bescheinigten den Konzernoberen, dass sie mit der Verhaftung rechnen mussten, sobald sie den Boden der Vereinigten Staaten betraten. Dies war der Zeitpunkt für den Auftritt eines Saubermanns, der sich vornahm, bei Siemens kräftig aufzuräumen. Gerhard Cromme, im Hauptberuf oberster Kontrolleur des Stahlkonzerns ThyssenKrupp und Mitglied im Siemens-Aufsichtsrat seit 2003, wollte zeigen, dass er zu Recht Vorsitzender der Corporate-Governance-Kodex-Kommission geworden war. Im April 2007 zwang er den Siemens-Patriarchen Heinrich von Pierer, die Verantwortung für den unter seiner Regentschaft angerichteten Schaden zu übernehmen, und okkupierte den Sessel des Aufsichtsratsvorsitzenden.

100 MANAGER VERLOREN IHREN JOB Nicht alle der übrigen 19 Räte waren damit einverstanden. Insbesondere von Pierers Vize, Deutsche-Bank-Chef Josef Ackermann, hatte Vorbehalte gegen Cromme, dem er nicht zutraute, den Konzern in ruhigeres Fahrwasser zu steuern. Der Stahlmanager jedoch setzte sich durch und nutzte seine Machtfülle für einen beispiellosen Kehraus. Den frisch installierten Vorstandschef Klaus Kleinfeld, ein reines Siemens-Gewächs, schockte er mit der Mitteilung, dass er nicht mit einer Vertragsverlängerung rechnen könne, worauf dieser das Handtuch warf und wenig später den Chefposten beim weltgrößten Aluminiumhersteller Alcoa antrat. Als Ersatz für Kleinfeld zauberte Cromme flugs den bei der US-Firma Merck & Co. abgeworbenen Pharma-Manager Peter Löscher aus dem Hut, der sich später als Fehlbesetzung an der Spitze des größten deutschen Technologiekonzerns erwies und 2014 durch den Finanzvorstand Joe Kaeser ersetzt wurde.

Im Namen der Moral wechselte Cromme auch die restlichen Vorstände aus. Um die SEC zu besänftigen, vor deren Strafen er einen Horror hatte, heuerte der Oberkontrolleur die in New York und London beheimatete Anwaltskanzlei Debevoise & Plimpton mit dem Auftrag an, den gesamten Konzern so gründlich wie möglich nach Anhaltspunkten für illegale Geschäftspraktiken zu durchleuchten. Die angelsächsischen Rechtsanwälte ließen denn auch keinen Stein auf dem anderen und förderten allerlei Beweismaterial zutage, das den Konzern, fette Honorare und Strafen eingeschlossen, insgesamt mehr als 2 Milliarden Euro kostete. Nicht eingerechnet sind hier der beträchtliche Image-Schaden und der Informationsverlust, mit dem der Konzern durch die Inspektion von Anwälten, die auch für die Konkurrenz tätig sind, rechnen musste.

Die Aktion befreite Siemens zwar von den Altlasten, doch sie hinterließ ein geschwächtes Unternehmen mit einer verunsicherten Belegschaft, unzufriedenen Aktionären und misstrauisch gewordenen Kunden. Für Gerhard Cromme hingegen ist der Vorsitz im Aufsichtsrat, den er 2014 gegen aufgebrachte Aktionäre verteidigen musste, die letzte Bastion seiner Macht, nachdem er bei ThyssenKrupp schmählich gescheitert war. Nicht wenige altgediente Siemensianer sehen in ihm eine Art Totengräber, manche allerdings auch den Retter ihrer Firma.

Die brutale Art, wie die Korruption bei Siemens geahndet wurde, hat in der Unternehmenslandschaft tiefe Spuren hinterlassen. Über 100 Manager verloren ihren Job, und auf Betreiben Crommes verlangte der Konzern von seinen früheren Topleuten hohen Schadenersatz. Heinrich von Pierer musste 5 Millionen berappen, Heinz-Joachim Neubürger, der ehemalige Finanzchef, gar 15 Millionen und Klaus Kleinfeld, der kurzzeitige Vorstandsvorsitzende, immerhin noch 2 Millionen. Neubürger, dem es gelang, die Strafe auf 2,5 Millionen zu drücken, nahm sich 2015 das Leben. Volker Jung, fürs Griechenland-Geschäft zuständig, wurde von der Justiz in Athen anderthalb Jahre lang an der Ausreise gehindert, und der frühere Zentralvorstand Uriel Sharef hatte sich, zusammen mit acht ehemaligen Siemens-Kollegen, vor einem US-Gericht wegen Bestechung argentinischer Auftraggeber zu verantworten.

Plötzlich begriffen die Manager auch in anderen Unternehmen, dass sie gegen die Macht der Moral nicht die geringste Chance haben. Steht der Staatsanwalt erst mal im Haus, verlässt sie der Mut. Hatten sie vorher versucht, die Durchstechereien, so gut es ging, zu vertuschen und ihre Mitarbeiter zum Stillschweigen zu verpflichten, so zeigten sie sich nun als reuige Sünder. Selbst hartgesottene Firmenchefs, bei Rheinmetall wie bei Krauss-Maffei Wegmann, bei EADS wie bei MAN, sicherten den Strafermittlern ihre »volle Unterstützung« zu und gelobten Besserung. Die im Kampf um Aufträge jahrzehntelang geschätzte »Eine-Hand-wäscht-die-andere«-Praxis erschien nun als verwerfliches, ja abscheuliches Delikt. Auf ganzer Linie siegte die Moral über den Profit, auch wenn dieser Triumph die betroffenen Firmen hunderte Millionen Euro kostete. Nur in verschwiegenen Zirkeln diskutierte man die Frage, ob die Konkurrenz, etwa aus den USA, tatsächlich sauberer arbeitete, oder ob sie nur geschickter vorging.

DAIMLERS DEAL MIT DER SEC In ähnlicher Gefahr wie Siemens schwebte lange Zeit die Daimler AG. Obwohl sich das Unternehmen längst von seinem US-Partner Chrysler getrennt hat, unterliegt es, solange seine Aktien in New York gehandelt werden, weiterhin dem amerikanischen Recht. Aufgrund anonymer Anzeigen und beschlagnahmter Unterlagen klagte das US-Justizministerium im März 2010 den schwäbischen Autobauer in 22 Ländern wegen Korruption an. Um an Aufträge für Lastwagen und Luxuskarossen zu kommen, hatten Daimler-Mitarbeiter gute Kunden mit Geld, Autos und sonstigen Aufmerksamkeiten verwöhnt. Einem hohen Regierungsbeamten in Kasachstan spendierten sie eine gepanzerte S-Klasse-Limousine, einem Würdenträger in Indonesien die Mitgliedschaft in einem exklusiven Golfclub.

Um den Rechtsstreit zu beenden und sein Unternehmen vor weiteren Ermittlungen der US-Justiz zu schützen, musste sich Daimler-Chef Dieter Zetsche auf einen ebenso kostspieligen wie schmerzhaften Deal einlassen. Er engagierte den ehemaligen FBI-Chef Louis Freeh, der die internen Ermittlungen gegen 60 Manager überwachte, von denen schließlich 45 entlassen wurden. Außerdem zahlte der Konzern 185 Millionen Dollar Strafe, die das US-Justizministerium und die Börsenaufsicht SEC unter sich aufteilten.

Aus Furcht vor künftigen Repressalien baute Daimler, wie schon Siemens, eine kopfstarke Compliance-Abteilung auf, die alle Geschäfte auf Konformität mit den Gesetzen in sämtlichen Ländern, in denen der Konzern aktiv ist, abklopfen soll. Damit negative Befunde von den Ein- und Verkäufern nicht torpediert werden können, berief der Konzern deren Leiterin Christine Hohmann-Dennhardt sogar in den Vorstand. Auf die Frage, wo für sie die Korruption anfängt, antwortete die gestrenge ehemalige Richterin am Bundesverfassungsgericht: »Unser Richtwert beim Geben und Nehmen von Geschenken ist 50 Euro.«

Korruption ist in Deutschland viel weiter verbreitet, als man glauben möchte. Bereits 2011 registrierte das Bundeskriminalamt (BKA) 47 795 Korruptionsdelikte, davon entfielen ca. 65 Prozent auf die Privatwirtschaft und 35 Prozent auf die öffentliche Verwaltung. Die Wirtschaftsprüfer von PricewaterhouseCoopers halten diese Zahlen allerdings nur für die Spitze eines Eisbergs. Schwer zu orten sind zum Beispiel Fälle im kommunalen Bereich, wo Stadträte, Beamte und private Unternehmer gerne miteinander kungeln.

In München fiel der damalige Wirtschaftsreferent und spätere Oberbürgermeister Dieter Reiter auf, als er sich vom FC Bayern zum Champions-League-Finale nach London einladen ließ. Prompt verschärfte der Stadtrat nach heftiger Kritik der Opposition die Anti-Korruptionsregeln für die städtischen Beamten, für sich selber aber wollten die 80 Kommunalpolitiker die Regeln nicht gelten lassen. In Düsseldorf akzeptierte Oberbürgermeister Dirk Elbers einen Strafbefehl über 10 000 Euro wegen Vorteilsannahme und vermied dadurch eine öffentliche Gerichtsverhandlung. Der Staatsanwalt warf ihm vor, er habe sich von der städtischen Immobilienfirma IDR mit ein paar Kisten Champagner im Wert von etwas mehr als 1000 Euro bestechen lassen.

»Sie müssen davon ausgehen, dass bei jedem größeren Bauprojekt illegale Geldflüsse stattfinden«, behauptet der Düsseldorfer Rechtsanwalt Andreas Riegel. Er arbeitet bei Transparency International mit, einer NGO, die jedes Jahr einen Korruptionsindex herausgibt. Durch Befragung von Experten wird ermittelt, wie empfänglich Politiker, Staatsdiener und private Geschäftsleute in 177 Ländern für Bestechungsgelder sind. Auf dem Index, der den Wert 0 mit höchstmöglicher und den Wert 100 mit ausgeschlossener Korruption ansetzt, belegt Deutschland 2013 mit 78 Punkten Rang 12, weit hinter den Spitzenreitern Dänemark und Finnland, aber vor den meisten anderen Ländern. Am Ende rangieren Bangladesch und der Tschad.

Umso erstaunlicher, dass der BGH eine besonders ärgerliche, weil massenhaft verbreitete Form der Korruption sanktionierte: die Bestechung der Mediziner durch die Vertreter der Pharmakonzerne. Ein freiberuflicher Arzt, so verfügte das oberste deutsche Gericht in einer Grundsatzentscheidung 2012, sei weder Angestellter noch Funktionsträger der gesetzlichen Krankenkassen und damit nach geltendem Recht nicht zu belangen. Verhandelt wurde der Fall einer Pharmareferentin, die mehrere Vertragsärzte mit rund 18000 Euro für Verschreibungen ihrer Präparate geschmiert hatte. Wenn sich an dieser Praxis etwas ändern soll, meinten die Richter, müsse der Gesetzgeber aktiv werden. Das Problem ist nicht gerade klein: 2011 registrierten die Kassen rund 53000 Betrugsfälle, die einen Schaden von 41 Millionen Euro anrichteten.

DEUTSCHLAND EIN SAUBERLAND? Verglichen mit anderen EU-Staaten, erscheint die Bundesrepublik fast als Sauberland. Von den 120 Milliarden Euro Korruptionsgeld, die nach Schätzungen Brüsseler Strafermittler jedes Jahr in Europa ausgezahlt werden, landet nach Schätzungen von Transparency International rund die Hälfte in italienischen Taschen. Doch das Leben der Korruptis rund ums Mittelmeer wird auch beschwerlicher. Staatsanwälte, die sich von bestochenen Politikern nicht mehr zurückpfeifen lassen, sondern den Schulterschluss mit Kollegen in europäischen Nachbarstaaten suchen, rücken ihnen immer näher auf die Pelle. Ein Jahr vor Eröffnung der Expo 2015 in Mailand gelang es einer Task Force unter dem obersten Korruptionsermittler Raffaele Cantone zum Beispiel, ein Schmiergeldkartell aus Politikern und Unternehmern zu zerschlagen, die sich an dem über 12 Milliarden Euro teuren Prestigeprojekt die Taschen füllen wollten.

In Spanien gerieten sogar Regierungschef Mariano Rajoy und die Infantin Cristina ins Visier der Strafermittler. Der Ministerpräsident musste sich gegen den Vorwurf verteidigen, er habe vom früheren Schatzmeister seiner Partei 25 000 Euro jährlich aus schwarzen Kassen erhalten, die Königstochter wurde beschuldigt, sie habe ihrem Ehemann Inak Urdangarin dabei geholfen, 6 Millionen Euro veruntreuter Stiftungsgelder zu verstecken. In Griechenland zittern Politiker wie Unternehmer vor resoluten Strafverfolgerinnen. Die Staatsanwältinnen Evgenia Kivelou und Eleni Siskou brachten den ehemaligen Verteidigungsminister Akis Tschochatzopoulos für 20 Jahre hinter Gitter, weil er für annähernd zwei Milliarden, die sich der Staat pumpen musste, deutsche Leopard-Panzer kaufte, die der Staat nicht brauchte. Panzer-Produzent Krauss-Maffei Wegmann (KMW) hat dabei nicht nur im Abnehmerland nachgeholfen. Auch zwei ehemalige Bundestagsabgeordnete sollen über ihre Firma BfS über fünf Millionen kassiert haben, damit die erforderliche Ausfuhrlizenz nicht blockiert wurde. Die Zeiten, in denen solche Geschäfte möglich waren, sind wohl für eine Weile vorbei.

Es ist eine puritanische Moral, der sich die Wirtschaft zu unterwerfen hat. Sie kommt aus Amerika und hat die volle Unterstützung der Europäer. Der Zeitgeist, so scheint es, zwingt die reichen Gesellschaften der westlichen Welt von zwei Seiten her auf den rechten Weg: von oben, über die Politik, und von unten, über das Gerechtigkeitsempfinden der Menschen. Man kann sie als eine Art Rache der Geschichte für die Verfehlungen in den fetten Jahren begreifen, doch sie ist nicht frei von Widersprüchen, denn sie enthält allerlei Fallstricke und begünstigt Täuschungsmanöver, vor allem in den Geschäftsbeziehungen mit dem Ausland.

Deutschlands Wirtschaft ist bekanntlich weit mehr auf Exporte angewiesen als die amerikanische. Deshalb schadet es den US-Unternehmen weniger als den deutschen, wenn sie in Afrika, Südamerika oder Südostasien Marktanteile verlieren, weil sie nur noch absolut legale Geschäfte machen dürfen. Gerne besetzen die Konkurrenten aus Asien das Feld, das die Deutschen räumen müssen, denn in ihren Ländern gelten andere Spielregeln.

In der Volksrepublik China, dem für die deutsche Chemie-, Auto- und Maschinenbau-Industrie wichtigsten Markt der Welt, wird die Korruption neuerdings zwar ernsthaft bekämpft, doch in der täglichen Praxis läuft nach wie vor nichts ohne entsprechende Gegenleistung. Die deutschen Autokonzerne, die sich hier eine dominierende Marktstellung erarbeitet haben, müssen mit verschärfter Beobachtung durch die US-Konkurrenz rechnen. Wie gefährlich die Übernahme der Landessitten für ausländische Geschäftsleute mittlerweile geworden ist, bekam der fürs China-Geschäft zuständige Manager des britischen Pharmakonzerns GlaxoSmithKline zu spüren. Mark Reilly wurde, zusammen mit zwei ehemaligen Mitarbeitern, wegen Bestechung angeklagt. Die Staatsanwälte werfen ihm vor, er habe seine Außendienstler angewiesen, chinesische Krankenhausärzte zu schmieren, und dafür seit 2007 bis zu 500 Millionen US-Dollar ausgegeben. Die Anklage stützt sich auf Dokumente und ist gut begründet; der Brite muss mit einem harten Urteil rechnen. Nicht weniger als 71 748 Beamte wurden 2014 im Reich der Mitte wegen Vorteilsannahme bestraft. In der Wohnung eines Beamten der Wasserversorgung fand die Polizei nach einer Razzia 37 Kilo Gold und Tonnen von Papiergeld.

MACHTGEFÄLLE BREMST DIE JUSTIZ Ähnlich verhält es sich in Russland, wo die Geschäfte nicht nur durch eine ausufernde Korruption, sondern, seit Beginn des Tauziehens um die Ukraine, in erheblichem Maße von der Politik behindert werden. Deutschland wäre schlecht beraten, wenn es seine guten wirtschaftlichen Beziehungen wegen eines nur vordergründig mit moralischen Argumenten geführten Konflikts gefährden würde. Tatsächlich geht es der geostrategischen Machtpolitik Amerikas wohl kaum um die demokratischen Rechte der Ukrainer, sondern um den Versuch, Russland militärisch und wirtschaftlich in die Zange zu nehmen. Da der Konflikt Deutschland mehr schadet als den USA, wäre Zurückhaltung angebracht.

Berlin sollte sich nicht zum Büttel amerikanischer Machtinteressen machen und auch in der Nato auf eine friedliche Beilegung des Konflikts drängen. Verzerrt wird der internationale Wettbewerb durch das Machtgefälle zwischen den Nationen und die unterschiedliche Qualität der Rechtssysteme. Kaum ein europäischer Staatsanwalt wird es riskieren, sich mit den USA anzulegen, während die Amerikaner mit Firmen aus fremden Ländern rigoros umspringen. Zwar nehmen sie auch ihre eigenen Unternehmen an die Kandare – drakonische Strafen für Banken oder die Zerschlagung marktbeherrschender Konzerne sprechen eine deutliche Sprache –, doch sind ihnen europäische Firmen mit US-Besitz nahezu schutzlos ausgeliefert. Entweder sie beugen sich dem amerikanischen Recht oder es droht die Enteignung. Das mussten insbesondere die europäischen Banken, von den Schweizern UBS und CS bis zur britischen HSBC, bereits schmerzhaft erfahren.

Noch bezweifeln Kenner der Materie, dass die Antikorruptionskampagne nachhaltigen Erfolg haben wird. Zu groß sind die Verlockungen der jeweiligen Machthaber, bei Aufträgen an private Firmen Geld für sich und ihre Familien abzuzweigen. Wer sich dem Gewinnstreben der Potentaten und Funktionäre verweigert, geht eben leer aus. Aus Sorge um die Beschäftigung ihrer Mitarbeiter werden sich die Manager neue Tricks zur Tarnung der Korruption einfallen lassen, doch der Aufwand zur Umgehung der Moral steigt unaufhaltsam.

Fast noch mehr gefürchtet als die Korruptionsbekämpfer sind in der deutschen Wirtschaft die Kartellwächter. Entgegen ihren feurigen Bekenntnissen zum freien Wettbewerb, machen es sich die Manager nämlich gerne bequem. Auf Märkten, auf denen es nur wenige Anbieter gibt, sprechen sie untereinander gern die Preise ab und sichern sich so auskömmliche Margen. Dazu muss man heutzutage kein vertraglich abgesichertes Kartell mehr gründen, ein paar Anrufe oder E-Mails genügen. Das Spiel mit überhöhten Preisen ist so alt wie die Marktwirtschaft und aus gutem Grund verboten. Wie die Korruption verführt es die Anbieter zur Trägheit und schadet den Abnehmern sowie der gesamten Volkswirtschaft. Zu Zeiten der Weimarer Republik stand Deutschland als »Land der 1000 Kartelle« in Verruf, und die unschöne Praxis möchten manche Unternehmer der Gegenwart allzu gerne fortsetzen.

Dies zu verhindern, ist die Aufgabe des Bundeskartellamtes wie der Europäischen Kommission, und deren Beamte machen ihre Sache gut. Weil der Schaden, der durch verbotene Absprachen verursacht wird, immens ist, sind die Strafen für die ertappten Sünder auch nicht von Pappe. So mussten die Glühlampenhersteller Philips und LG 2012 wegen Preisabsprachen insgesamt 1,47 Milliarden Euro berappen. Die sechs europäischen Banken, die den Basis-Zinssatz Libor zu ihren Gunsten manipulierten, wurden mit 1,3 Milliarden zur Kasse gebeten, und das berüchtigte Aufzugskartell, bestehend aus den Firmen ThyssenKrupp, Otis, Schindler und Kone, büßte mit 831 Millionen für den Mangel an Moral.

Schärfste Waffe der Ermittler ist die Kronzeugenregelung, die am 8. Dezember 2006 von der EU-Kommission beschlossen wurde. Demnach kann die europäische Wettbewerbsbehörde dem Mitglied eines verbotenen Kartells die Strafe ganz oder teilweise erlassen, wenn es sich als Zeuge zur Verfügung stellt. Da nahezu alle großen Kartellverfahren der letzten Jahre auf den Geständnissen von Denunzianten beruhten, wissen wir, dass es mit der Ganovenehre der Kartellbrüder nicht weit her ist und dass illegale Preisabsprachen für alle Beteiligten zunehmend riskanter werden. Zuletzt bekamen das die sechs größten deutschen Zementhersteller zu spüren, gegen die eine Geldbuße von 330 Millionen Euro verhängt wurde, nachdem das Kartellmitglied Readymix »gepfiffen« hatte.

DIE VERLORENE EHRE DER FLICKS Die zunehmende Moralisierung verlangt von den Unternehmen nicht nur, dass sie fragwürdige Praktiken wie Korruption und Kartelle aufgeben, sie müssen sich auch ihrer Vergangenheit stellen – sofern sie eine haben. Jahrzehntelang schwiegen sich die deutschen Traditionsunternehmen über ihre Rolle im Dritten Reich aus. Ähnlich wie im Schulunterricht der Nachkriegszeit huschten die Biografien und Festschriften über jene dunklen Jahre mit wenigen Absätzen hinweg. Inzwischen geht das nicht mehr. Viel zu spät öffneten Konzerne wie Audi, Bertelsmann, die Deutsche Bank, Daimler, BMW, Siemens, VW unterm Druck der Öffentlichkeit ihre Archive und beauftragten namhafte Historiker mit der detaillierten Aufarbeitung der NS-Zeit. Endlich ist die Kumpanei der deutschen Wirtschaft mit den braunen Machthabern wissenschaftlich einwandfrei bewiesen.

Länger noch sperrten sich die Industrie-Dynastien gegen eine allzu genaue Betrachtung ihrer Dienste für die Nazis. Erst als Friedrich Christian (»Mick«) Flick 2004 seine umfangreiche Sammlung moderner Kunst im Museum Hamburger Bahnhof in Berlin ausstellte, begann eine lebhafte Diskussion über das Schicksal der Zwangsarbeiter im Dritten Reich, denn das

Geld für seine Kunstkäufe stammte zum Teil aus dunkler Quelle. Micks Großvater Friedrich besaß den größten privaten Rüstungskonzern Hitler-Deutschlands, doch weder seine beiden Söhne noch deren Kinder hatten es bis dato für nötig befunden, sich zur Rolle der Familie zu äußern, und noch weniger waren sie zu Spenden bereit für die Überlebenden der rund 50000 zwangsverpflichteten Kriegsgefangenen und Fremdarbeiter, die in den Flick-Betrieben malochen mussten. Micks Schwester Dagmar Ottmann, eine promovierte Literaturwissenschaftlerin, war es dann, die die Ehre der Flicks rettete. Sie ließ die Geschichte ihrer Familie, die nach wie vor zu den reichsten des Landes zählt, von Historikern detailgenau recherchieren und das Resultat in drei Bänden veröffentlichen. Außerdem spendete sie großzügig und überredete ihre Brüder, es ihr gleichzutun.

Die noch vermögenderen Quandts – ihnen gehört u. a. nahezu die Hälfte des BMW-Konzerns – brauchten ein paar Jahre länger. Als der NDR im Jahr 2007 den Film ›Das Schweigen der Quandts‹ ausstrahlte, in dem die Verstrickung des Konzernherrn Günther Quandt und seines Sohnes Herbert mit dem Nazi-Regime thematisiert wurde, war es mit der Ruhe in Deutschlands mächtigster Industrie-Dynastie vorbei. Zwar beklagte sich Herberts Sohn Stefan öffentlich darüber, »dass ein einziger kritischer Beitrag die öffentliche Meinungsbildung dominiert.« Doch dann beauftragten die Quandt-Erben den Bonner Historiker Joachim Scholtysek mit der wissenschaftlichen Erforschung ihrer Familiengeschichte. Der Autor des 2010 veröffentlichten 1000-Seiten-Werks kam zu dem Schluss: »Der Familienpatriarch Günther Quandt war Teil des NS-Regimes.« Und diesem Regime verdankte die Familie einen guten Teil ihres Reichtums.

Die Moral machte auch nicht vor den Oetkers halt. Der Bielefelder Puddingpulver-Clan vermied es bis zum Tod des Patriarchen Rudolf-August im Januar 2007, über die Jahre zwischen 1933 und 1945 zu reden. Erst danach gab sein Sohn August dem Münchner Historiker Andreas Wirsching Order zu klären, wie sehr die Familie von den Nazis profitiert hatte. Nach dreijähriger Archivrecherche zog der Professor sein Fazit: »Zwischen Oetker und das NS-Regime passte kein Blatt Papier.« Zu Spottpreisen rissen sich Rudolf-August Oetker und sein Stiefvater Richard Kaselowsky arisierten jüdischen Besitz unter den Nagel, so eine prächtige Villa und ihre erste Brauerei. Erschüttert bekannte Clanchef August Oetker: »Mein Vater war ein Nationalsozialist.« Das änderte freilich nichts an der Tatsache, dass die großen Profiteure der NS-Diktatur die Beute behalten und ihren Erben milliardenschwere Vermögen hinterlassen konnten. Moralisch ist das wohl nicht.

Solange die Konjunktur floriert, mag sich die Welt den Luxus einer über alle wirtschaftlichen Erwägungen dominierenden Moral leisten. Warum auch nicht? Moral ist gut fürs Gemüt, Moral schafft Bedingungen, die für alle gelten. Moral ist der Gleichmacher schlechthin; sie gibt den Menschen das Gefühl, dass es gerecht zugeht in der Welt, besänftigt die Unzufriedenen und schützt die Rechtschaffenen. Wer die Moral auf seiner Seite hat, bleibt Sieger. Wenn in der nach moralischen Regeln funktionierenden Wirtschaft einer erfolgreicher ist als der andere, dann hat er das wohl auch verdient. Moral sortiert die Falschspieler aus und schafft Vertrauen.

Doch was wird wohl passieren, wenn der Kuchen, der zu verteilen ist, nicht mehr größer, sondern kleiner wird? Wenn man sein Unternehmen nur noch auf Kosten eines anderen über die Runden bringen kann? Wenn der Chef Leute entlassen, Fabriken schließen muss? Setzt erst mal der wirtschaftliche Niedergang ein, ist es schnell vorbei mit außertariflichen Zulagen, Urlaubsgeldern und Betriebskindergärten, und manchmal auch mit hohen moralischen Verpflichtungen.

DIE FEELGOOD-ECONOMY Schön zu beobachten war dies in der von langjährigem Erfolg verwöhnten Medienbranche. Als die Auflagen der Zeitungen und Zeitschriften zu schrumpfen begannen und die Anzeigenplantagen ausdünnten, weil das Geschäft ins Internet abwanderte, vergaßen nicht wenige Verlage, auf die saubere Trennung von redaktionellen und bezahlten Inhalten zu achten. Selbst ein so stolzes Unternehmen wie die Bertelsmann-Tochter Gruner + Jahr AG, die mit Titeln wie ›Stern‹, ›GEO‹, ›Capital‹ und der Beteiligung an ›Spiegel‹ und ›Manager-Magazin‹ Pressegeschichte geschrieben hatte, erlaubte sich manchen Fehltritt. In dem Rezepteblatt ›Essen und Trinken‹ zum Beispiel tauchten häufig Seiten auf, von denen man nicht so recht wusste, ob es sich um bezahlte Werbung oder redaktionellen Stoff handelte, und auf der Online-Ausgabe von stern.de wurden Kochtipps »präsentiert von Franziskaner«. Bei manch anderem Titel hat die Verwechselbarkeit Methode, denn so sparen die Verlage auf der einen Seite Geld in der Redaktion und bessern auf der anderen die Anzeigenerlöse auf. In Krisenzeiten, so lernen wir, wird man sich die Moral nicht mehr so ganz leisten wollen. Erst wenn die Kunden reagieren und die Schummelei mit Entzug bestrafen, wird man auf den rechten Weg zurückkehren.

Die Cleveren unter den Managern versuchen vorläufig, mit den Kosten der Moral die eigene Reputation wie den Absatz ihrer Produkte zu fördern. Schon gibt es nicht nur eine »green«- und »clean«-, sondern auch eine »feelgood«-Economy. Die Firmen brüsten sich mit ihren teuren Compliance-Abteilungen, mit Ethik-Regeln und moralischer Selbstverpflichtung. Sie schicken ihre Führungskräfte in Seminare, wo ihnen Patres und Philosophen die Leviten lesen, und hoffen, Kunden und Aktionäre damit beeindrucken zu können. Manche benützen ihre angeblich hohen moralischen Standards auch, um an den Unis die besten Talente auf sich aufmerksam zu machen. Die Jugend ist wählerisch und schätzt ideelle Werte ebenso wie ein reichhaltiges Freizeitangebot. Anstelle der üblichen Erfolgsausweise stellen die Firmen ihr gesellschaftliches Engagement in den Vordergrund, kurz, sie machen aus der Moral ein Geschäft. Beim Düsseldorfer Anlagenbauer GEA, der die Nahrungsmittelindustrie mit Produktionssystemen beliefert, liest sich das u. a. so:

- Wir begegnen einander und unseren Partnern mit Vertrauen, Fairness und Respekt;
- wir halten unsere Zusagen ein und stehen zu unserer Meinung;
- wir sprechen nach innen und außen mit einer Stimme;
- wir handeln umsichtig und bedenken stets die möglichen Ergebnisse und Auswirkungen unseres Handelns;
- wir respektieren andere Meinungen und diskutieren sie offen.

Derlei Selbstverständlichkeiten verdecken den Blick auf den eigentlichen Firmenzweck: Geld zu verdienen, und zwar so viel wie möglich. Doch dieses Ziel ist immer schwerer zu erreichen, seit die hohe Politik angetreten ist, der Wirtschaft ihre Vorstellungen von Moral aufzuzwingen.

Es begann zunächst harmlos, als Kofi Annan am 31. Januar 1999 auf dem Weltwirtschaftsforum in Davos eine Rede hielt. Den versammelten Unternehmenslenkern bot der UN-Generalsekretär einen Pakt zu dem Zweck an, die Globalisierung sozialer und ökologischer zu gestalten. Auf Seiten der Konzerne hatte sich die Internationale Handelskammer (ICC) bereits einverstanden erklärt und 50 der größten Multis mit ins Boot geholt. Die Vorstandschefs mussten dazu lediglich einen kurzen Brief an Annan verfassen, in dem sie sich zur Einhaltung folgender 10 Prinzipien des »Global Compact« verpflichteten:

1. die international anerkannten Menschenrechte zu respektieren;
2. nicht zur Verletzung der Menschenrechte beizutragen;
3. die Rechte ihrer Beschäftigten zur gewerkschaftlichen Organisation und zu kollektiv ausgehandelten Tariflöhnen anzuerkennen;
4. jede Form von Zwangsarbeit auszuschließen;
5. an der Abschaffung der Kinderarbeit mitzuwirken;
6. bei ihren Beschäftigten jede Diskriminierung in Bezug auf Rasse, Alter, Geschlecht zu verhindern;
7. im Umgang mit Umweltproblemen dem Vorsorgeprinzip zu folgen;
8. die Initiative zu ergreifen, um das Bewusstsein für eine intakte Umwelt zu fördern;
9. die Entwicklung und Verbreitung umweltfreundlicher Technologien zu beschleunigen;
10. gegen alle Arten der Korruption, einschließlich Erpressung und Bestechung, einzutreten.

Was der UN-General da von den Managern verlangte, klang so überzeugend und selbstverständlich, dass kaum einer zurückstehen mochte. Im Laufe der Zeit schlossen sich auch Universitäten und andere Forschungseinrichtungen sowie diverse NGOs an. Mehr als 12 000 Teilnehmer in aller Welt haben sich mittlerweile dem Global Compact verpflichtet. In Deutschland allerdings machen lediglich 250 Adressen mit, darunter 24 der 30 DAX-Konzerne, und das hat seinen Grund.

Der Aufwand, den die Firmen betreiben müssen, um die so harmlos klingenden Gebote des Global Compact zu erfüllen, ist nämlich nicht zu verachten. Hersteller komplexer Produkte beispielsweise haben sicherzustellen, dass nicht nur die eigene Wertschöpfungskette, sondern auch jene ihrer Zulieferer den Anforderungen genügen, und dies kann sich, etwa bei Autobauern, zu einer Herkulesaufgabe auswachsen. BMW-Fahrzeuge entstehen in einem Netzwerk, das rund 12000 Zulieferfirmen in 70 Ländern umfasst. Nachdem der Münchner Konzern dem Global Compact beigetreten war, unterzog er sein Produktionssystem einer umfassenden Risikoanalyse. Dabei wurden sämtliche Lieferanten, Unter- und Unterunterlieferanten nach ökologischen und sozialen Kriterien bewertet.

Die Kontrolleure des Konzerns wollten herausfinden, ob bei den Beschäftigten irgendwo in der Welt Menschenrechte missachtet, ob die Umwelt geschädigt oder – etwa durch zu hohe Emissionen – übermäßig belastet wurde. Zulieferer, die Schwächen zeigten, wurden entweder aussortiert oder verpflichtet, die geforderten Standards einzuhalten. Gab es gröbere Verstöße gegen das Gebot der Nachhaltigkeit, schaltete der Konzern unabhängige Auditoren ein, die den Partner zu zertifizieren hatten. In manchen Fällen half der Konzern mit Verbesserungsvorschlägen und eigenen Leuten aus. Am Ende konnte BMW guten Gewissens behaupten, das Mögliche getan zu haben, um den Anforderungen der UN zu genügen. Schön für BMW, weniger schön für die Kunden, denn über die Preise der Autos haben sie die Kosten der Aktion zu zahlen.

Der Global Compact war indes nur der Anfang. Bald mischten sich andere Organisationen wie die OECD, die ILO (International Labour Organization), die Europäische Kommission und auch die nationalen Regierungen ins florierende Moral-Business ein, und allen ging es um nachhaltiges Wirtschaften, Umweltschutz, den Verzicht auf die Ausbeutung der Entwicklungsländer sowie um die Einhaltung sozialer Standards. Die Unternehmen sollten verpflichtet werden, nicht nur nachhaltig und sozial zu wirtschaften, sondern ihre Anstrengungen öffentlich zu dokumentieren. Unter den neudeutschen Chiffren Corporate Citizenship (CC) oder Corporate Social Responsibility (CSR) erschienen bald die ersten Berichte über das gesellschaftliche Engagement der Konzerne.

Doch die Unternehmen entdeckten schnell den Werbewert der geforderten Nachhaltigkeitsreports. Statt sich kritisch mit den Auswirkungen ihrer Aktivitäten auf die Gesellschaft und Umwelt auseinanderzusetzen, ließen viele von ihnen ihrem Drang nach Selbstdarstellung freien Lauf. Da wurde auf den Putz gehauen, dass es manchem gestandenen PR-Profi die Schamröte ins Gesicht trieb. Wenn der Chef ein Faible für die Oper hatte, stellte er seine Spenden, die ihm einen Platz in der Ehrenloge sicherten, als gesellschaftlich bedeutsamen Beitrag heraus. Firmen, die dringend benötigte Arbeitskräfte in Südeuropa anwarben, setzten die Kosten der Umschulung nicht nur von der Steuer ab, sondern priesen die Aktion im CSR-Bericht als selbstlosen Beitrag zur Völkerverständigung.

DIE EU MACHTE 2014 ERNST »Der ehrbare Kaufmann ist grenzenlos engagiert«, betitelte die IHK München und Oberbayern eine Initiative, die darauf abzielte, CSR auch kleineren Betrieben schmackhaft zu machen. Sogar die Deutsche Börse hat sich des Themas angenommen. Da die Investoren es gern sehen, wenn die Firmen mit ihrem Geld eher Gutes als Böses tun, will der Betreiber des Aktienhandels die Unternehmen dazu bewegen, regelmäßig über Moral und Nachhaltigkeit ihrer Geschäfte Auskunft zu geben. ›Best Practice Guide‹ heißt der Leitfaden, der es den AGs erleichtern soll, die richtigen Worte für ihre guten Taten zu finden. Wenn eine Modewelle ins Rollen kommt, wollen eben alle dabei sein.

War die Schönfärberei bis dahin auf freiwilliger Basis betrieben worden, so machte die Europäische Kommission im Februar 2014 Ernst. Per Gesetz verpflichtete Brüssel die 6000 bedeutendsten europäischen Unternehmen, über ihre Aktivitäten in Sachen CSR einmal jährlich Auskunft zu geben. Ursprünglich wollte die Kommission sogar 18000 Firmen erfassen, doch nach Einsprüchen verschiedener Mitgliedstaaten mussten die Bürokraten zurückstecken. Insbesondere Deutschland setzte sich für mehr wirtschaftliche Vernunft ein, was ihm die Schelte der in der »European Coalition for Corporate Justice« organisierten NGO-Aktivisten eintrug. Berichtet werden soll über: Umwelt, Gesellschaft, Mitarbeiter, Menschenrechte, Korruption und Vielfalt in Führungsgremien (Diversity). Als ob die Unternehmen nicht genug damit zu tun hätten, ihren täglichen Geschäften nachzukommen, müssen sie jetzt auch noch belegen, wie viele Frauen, Ausländer oder Behinderte bei ihnen etwas zu sagen haben.

Noch ist nicht klar, ob es sich bei CSR um einen kurzlebigen Hype oder einen langfristigen Trend handelt. Solange die Politik Druck macht, kann es sich keine Firma leisten, auf den zusätzlichen Aufwand zu verzichten. Damit sich das Ganze lohnt, nützen nicht wenige Unternehmen den Bericht über ihre soziale Verantwortung geschickt zur Verkaufsförderung. Die Detmolder Privatbrauerei Strate, mit einem Ausstoß von 13 000 Hektolitern ein eher kleinerer Branchenvertreter, beschreibt, wie sie die Bauern in der Umgebung dabei unterstützte, den Anbau der nicht mehr rentablen Zuckerrüben zugunsten von Brauergerste einzustellen. Das sicherte nicht nur die Existenz manchen Landwirts, sondern half dem Unternehmen auch beim Bierabsatz. Frei nach dem alten PR-Motto: Tue Gutes und rede darüber.

Der Bonner Reiseveranstalter Phoenix spendet für die kirchlichen Hilfswerke Misereor und Brot für die Welt; der Medien-Multi Bertelsmann engagiert sich über die mit den Konzerngewinnen gespeiste Bertelsmann-Stiftung in tausenderlei gemeinnützigen Projekten, der schwäbische Werkzeugmaschinen-Hersteller Trumpf leistet sich sogar eine eigene Abteilung »Gesellschaftliche Verantwortung«, die vielfältige Projekte betreibt. »Um ihre Gewinne dauerhaft maximieren zu können«, beobachteten die Kölner Sozialwissenschaftler Dominik Enste und Julia Wildner, »investieren Unternehmen verstärkt in Moral«. Im Jahr 2012, so weist es der erste »Engagementbericht« der Bundesregierung aus, gaben deutsche Unternehmen insgesamt 11,2 Milliarden Euro für gesellschaftliche Belange aus.

Wie gut sich ein solches Investment auszahlt, ließ sich trefflich auf dem von einem beinharten Wettbewerb geprägten Drogeriemarkt beobachten. Weil Branchenführer Anton Schlecker es nicht für nötig hielt, auch nur einen Euro für die seiner Meinung nach überflüssige Imagepflege auszugeben, verlor er nicht nur das Vertrauen von Kunden und Mitarbeitern, sondern auch den Kampf mit seinen Konkurrenten dm und Rossmann. Insbesondere dm-Gründer Götz Werner verstand es meisterhaft, sich und seine Firma mit der Aura des Besonderen zu umgeben.

Der bekennende Anthroposoph verzichtete auf eine hierarchische Führung und ließ seine rund 35000 Mitarbeiter sogar ihre Gehälter weitgehend selber festlegen. Das Publikum nimmt es ihm ab, wenn er vor Fernsehkameras, in Büchern und ungezählten Vorträgen seine Leitidee verkündet: dass jeder Bürger ein Anrecht auf ein leistungsloses Grundeinkommen habe. Der Mann denkt an uns, dem geht es ja gar nicht um den Gewinn, der ist ein wahrhaft sozialer Unternehmer – viele Kunden sehen in den dm-Märkten die Verkörperung eines Ideals, und Götz Werner zog auf der Moralschiene an der Konkurrenz vorbei. Als der Hannoveraner Rivale Dirk Rossmann begriffen hatte, wie gut das funktioniert, nutzte er die nächstbeste Gelegenheit zur Schärfung seines eigenen Profils. In diversen Talk-Sendungen des Fernsehens verteidigte er den wegen Korruptionsverdacht angeklagten Ex-Bundespräsidenten Christian Wulff vehement gegen die Vorwürfe der Staatsanwälte und erwarb so bundesweit einen Ruf als verlässlicher Freund. Dem Absatz seiner Drogeriemärkte hat das nicht geschadet. Schlecker ging pleite, Werner und Rossmann teilten sich den Kuchen.

DAS AUS FÜR DIE SCHILDKRÖTENSUPPE Wer die CSR-Attitüde verschmäht, läuft Gefahr, von Konkurrenten, Neidern oder auch den eigenen Mitarbeitern angegriffen zu werden. In Zeiten der Social Media verbreiten sich Aufrufe zum Boykott, etwa wegen Verstößen gegen Menschenrechte oder Umweltsünden, in Windeseile über den Globus. Vorwürfe, auch wenn sie unberechtigt sind, haften an den Produkten und können den Ruin einer Firma herbeiführen. Die Schokoladenfabrik Alfred Ritter in Waldenbuch bei Stuttgart geriet in Nöte, nachdem die Stiftung Warentest bemängelt hatte, dass in getesteten Tafeln der Kernmarke »Ritter Sport« künstliche Aromastoffe enthalten seien. Zwar wies das Landgericht München den Vorwurf zurück, doch den Schaden hatte erst mal das Unternehmen. Selbst Weltkonzerne wie Royal Dutch Shell, Nestlé oder Amazon hatten große Probleme mit Boykottaufrufen. Unvergessen sind auch die Kampagnen der Tierschützer, die den Supermarktbetreiber Tengelmann veranlassten, auf seinen Plastiktüten schriftlich zu versichern: »Schildkröten gehören nicht in die Suppe, Froschschenkel nicht auf den Tisch.«

Noch mehr als die Angriffe von außen fürchten die Unternehmer den Feind in der eigenen Firma. Ungetreue Angestellte verursachten nach Untersuchungen der Wirtschaftsprüfer von PricewaterhouseCoopers (PwC) und der Universität Halle bereits 2011 einen Schaden von 8,6 Milliarden Euro. Jedes zweite Unternehmen mit mehr als 100 Mitarbeitern wurde von Kriminellen heimgesucht, und meist handelte es sich um Leute, die auf der eigenen Lohnliste standen. Bei BMW nahm eine gut organisierte Bande Reifen, Felgen und andere leicht verkäufliche Teile mit, bei Tchibo zweigten drei Frauen mit Scheinrechnungen fast eine Million Euro ab. Zwar schützt eine ethikbasierte Unternehmensführung keineswegs vor internen Straftätern, doch sie macht es ihnen schwerer, meinen jedenfalls die Prüfer von PwC.

Wollen die Politiker in Berlin wie Brüssel mit ihrer CSR-Initiative Macht und Verantwortung demonstrieren, so geht es den eher linkslastigen NGOs darum, der Wirtschaft Grenzen aufzuzeigen. Die Branche der Coaches und Unternehmensberater hingegen empfindet die CSR mitsamt der ganzen Compliance-Kultur als warmen Regen nach langer Dürre. Hatten sie in den Jahren der Shareholder-Value-Mode die Maxime des ehemaligen Daimler-Vorsitzenden Jürgen Schrempp »Profit-Profit-Profit« verinnerlicht, so variierten sie den Refrain nun in »Profit-People-Planet«. Gemeint ist, dass die Manager nicht nur ans Geschäft (»Profit«), sondern auch an die Mitarbeiter (»People«) und die Umwelt (»Planet«) denken sollen.

Damit das »Good People's Business« in Schwung kam, beschäftigen die einst als Kostenkiller geholten Consultants nicht mehr nur Betriebswirte, Mathematiker oder Wirtschaftsingenieure, sondern halten vermehrt nach Theologen, Philosophen oder Pädagogen Ausschau. Nun standen nicht länger die *Gemeinkosten-Wertanalyse* oder die Optimierung der *supply-chain* im Vordergrund, sondern eine werteorientierte Führungslehre, die sich um eine einzige Frage drehte: Wie kommt die Moral ins Business?

Weil sie das oft selber nicht so genau wussten, holten sich manche der Berater erst mal fachkundigen Rat. Die Porsche Consulting GmbH, erfolgreiche Tochter der Sportwagen-Firma, schickte Ende 2013 zahlreiche ihrer 364 Mitarbeiter in ein Seminar mit dem Jesuitenpater Michael Bordt. Mit der Frage: »Passt das, was

Sie da machen, wirklich zu Ihnen?« brachte der Professor für Philosophie an der Münchner Jesuiten-Hochschule seine neuen Zöglinge aus der Fassung, ehe er sie mit dem Rat versah, ehrlich mit sich selber umzugehen. An seinem 2011 gegründeten »Institut für Philosophie und Leadership« liest Bordt normalerweise Topmanagern, von BMW bis zum Sparkassenverband, die Leviten. Auf harten Gebetsschemeln kniend, müssen die Herren der Wirtschaft Fragen beantworten wie diese: »Vor welchem Ereignis haben Sie am meisten Angst? Scheidung, Querschnittslähmung, Tod Ihres Kindes?« Dann sollen sie Auskunft geben, wie sie mit ihrer Angst vor beruflichem Versagen fertig werden, da kennt der Professor keine Gnade. Rasch entstand im Zuge der Moralisierung eine neue Dienstleistungsbranche, die Deutschlands Hochschulen etliche Ethik-Lehrstühle bescherte, eine wachsende Zahl freiberuflicher Coaches ernährte und altgedienten Kirchenmännern zu neuer Popularität verhalf. Patres wie Anselm Grün, Anselm Bilgri oder Notker Wolf waren plötzlich gefragte Talkshow-Gäste, und auf dem Buchmarkt verkauften sich ihre Werke wie geschnitten Brot.

DIE ZEIT DER ETHIK-ERZÄHLER Der Benediktiner Anselm Grün aus dem Kloster Münsterschwarzach brachte es gar zum Popstar all der Menschen, die guten Willens sind. Zuhauf pilgerten Junge und Alte, Studenten und gestandene Manager, Frauen wie Männer, in seine Vorträge. Die rund 300 Bücher, die der emsige Mönch zu allen möglichen Lebensfragen verfasste, wurden in 30 Sprachen übersetzt und in einer Gesamtauflage von 15 Millionen Exemplaren verkauft.

Sein Namensvetter Anselm Bilgri, ehemaliger Cellerar im bayerischen Andechs, gründete, nachdem er sich mit seinem Abt überworfen und das Kloster verlassen hatte, eine gut gebuchte Unternehmensberatung. Da er als Chef der klostereigenen Betriebe, die halb Deutschland mit Bier und Milchprodukten belieferten, erstaunliche Markterfolge erzielt hatte, wollten seine Klienten aus dem Management nun erfahren, wie die Moral mit dem Geschäft unter einen Hut zu bringen sei. Bilgris Antwort: »Befolgen Sie die Regeln des Heiligen Benedikt.«

Notker Wolf, Abtprimas der Benediktinischen Konföderation in Rom, verfasste nicht nur zahlreiche gelehrte Bücher mit sperrigen Titeln (›Jetzt ist Zeit für den Wandel – nachhaltig leben für eine gute Zukunft‹), sondern machte sich auch als E-Gitarren-Spieler der Rockband *Feedback* einen Namen. Mit den Honoraren bezahlte er die Renovierung seines Klosters St. Ottilien. Von Managern wie dem ehemaligen Daimler-Vorsitzenden Jürgen Schrempp hält er gar nichts: »Er hat Milliarden Euro und tausende Arbeitsplätze verspielt. Ich kann verstehen, wenn manche Bürger ihn hinter Gittern sehen wollen.«

Der Jesuit Benno Kuppler aus Berlin nennt sich »Wirtschafts-Seelsorger« und »Ethik-Erzähler«. Nachdem der promovierte Sozialwissenschaftler zuvor für Polizei und Zoll gearbeitet hatte, hält er jetzt Vorträge über »Markt und Moral« und coacht Führungskräfte von Unternehmen wie Siemens und Hochtief. Für ein nicht geringes Honorar liefert er nach eigenem Bekunden »spirituelle Impulse für Leader & Manager«. Balsam für die Seele, das ist offenbar genau das, was die von der Moralisierungswelle überrollten Wirtschaftslenker dringend benötigen.

An den Universitäten hat sich das bis zu den Erstsemestern herumgesprochen. Verirrten sich die an einer schnellen Karriere interessierten BWLer früher höchstens aus Versehen in ein Seminar über Wirtschaftsethik, so wissen deren Lehrstuhlinhaber inzwischen oft nicht, wie sie den Ansturm bewältigen sollen. Mehr als zwei Drittel der Management-Aspiranten in Deutschland wünschen sich Ethik als Teil ihres Ausbildungsprogramms, hat die Bertelsmann-Stiftung bei einer Umfrage unter 700 MBA-Studenten herausgefunden. Die Universitäten reagierten, wenn auch ein bisschen spät, auf den Trend. Etwa jede zweite Hochschule mit wirtschaftswissenschaftlicher Fakultät bietet inzwischen Studiengänge zu ethischem und nachhaltigem Wirtschaften an.

Ethik hat Konjunktur, und die in der Wirtschaft einst als weltfremd belächelten Philosophie-Professoren sind gefragt wie nie. Die Doyens der Zunft wie der Münchner Emeritus Karl Homann oder der Konstanzer Josef Wieland haben volle Terminkalender. Wieland, seit 2013 an der Zeppelin-Universität Friedrichshafen, leitet nebenbei das Deutsche Netzwerk Wirtschaftsethik und das »Leadership Excellence Institut Zeppelin«, Homann ist »Spiritus rector« des Wittenberg Zentrums für globale Ethik und gesuchter Gesprächspartner der Industrie.

Doch manche Ethiker tun sich schwer mit dem Kapitalismus. Schon das private Eigentum ist den Vertretern christlicher Soziallehre, die sich auf Thomas von Aquin beruft, nicht geheuer, und noch mehr Kopfzerbrechen bereitet Moralisten das neoliberale Gedankengut, das die wirtschaftlichen Rahmenbedingungen in den meisten westlichen Ländern prägt. So ziehen sich viele Professoren auf die am wenigsten umstrittenen Themen zurück: soziale Gerechtigkeit und Nachhaltigkeit, bleiben aber auch dabei meist im Ungefähren.

Die Macher der Wirtschaft erhoffen sich von den Ethik-Lehrern Orientierung in schwierigen Zeiten und schlüssige Konzepte für die Vereinbarkeit von Macht und Moral. Weil ihm das Dilemma bewusst war, stiftete Siemens-Chef Peter Löscher 2010 der TU München einen Lehrstuhl für Wirtschaftsethik und bezahlte dafür 1,76 Millionen Euro aus seiner Privatschatulle. Jochen Zeitz, der ehemalige Chef des Sportartikel-Herstellers Puma, suchte nach seinem Ausscheiden das Gespräch mit Pater Anselm Grün und veröffentlichte mit ihm ein Buch. Titel: ›Gott, Geld und Gewissen‹. Die Bosse wissen, dass sie um die Moral nicht mehr herumkommen, doch sie wissen noch nicht so recht, wie sie mit der Moral so viel Geld verdienen können wie ohne sie.

DIE SUPERMACHT DES 21. JAHRHUNDERTS Seit Aristoteles und Platon drehen sich alle Konzepte der Ethiklehrer um die Kernfrage: Wie können die egoistischen Triebkräfte des Menschen fürs gedeihliche Zusammenleben genutzt werden? Die passende Antwort indes hängt vom jeweiligen Bild ab, das sich der Mensch von sich selber macht. Die großen Griechen erfanden zwar die Demokratie, doch in ihren Augen war es ganz selbstverständlich, Sklaven jegliches Menschenrecht abzusprechen. Seneca, der römische Stoiker, überforderte nicht nur den Schüler Nero, sondern wohl die meisten Menschen mit seinem Rat, frei von Affekten und Leidenschaften nach Weisheit und sittlicher Vervollkommnung zu streben. Die Menschen aber streben im Allgemeinen nach etwas anderem, nämlich ihrem Vorteil.

Die Wirtschaftsethiker der Gegenwart bemühen sich deshalb, den Menschen klarzumachen, dass sie den größten Vorteil aus moralisch einwandfreiem Handeln ziehen können. Dazu entwickeln sie integrierte Konzepte, die alles umfassen, was moralisches Handeln begünstigt und das Gegenteil zum Hochrisiko macht. Der Zielkonflikt zwischen Erfolg und Moral lässt sich freilich nur schwer aus der Welt schaffen. Das fängt mit dem gesetzlichen Rahmen an, in dem sich Menschen und Unternehmen bewegen dürfen. Der Staat soll Steuerbetrug, Korruption, Untreue und sämtliche anderen unethischen Verhaltensweisen hart bestrafen, aber den Freiraum kreativer Wirtschafts-Subjekte möglichst wenig einschränken. Die Unternehmen sollen verpflichtet werden, ihren geschäftlichen Erfolg nur mit legalen *und* moralisch vertretbaren Mitteln anzustreben, werden von den Investoren aber angehalten, ständig mehr Gewinn zu machen. Die Mitarbeiter sollen die Ethik-Regeln ihres Betriebs einhalten, ihre Intelligenz und Energie aber darauf verwenden, schneller und besser zu sein als die Konkurrenz. Ob Ethik-Kurse die Welt verbessern werden, mag man glauben oder nicht, als gesichert darf jedoch die Erkenntnis gelten: Die Moral ist die ökonomische Supermacht des 21. Jahrhunderts. Wer sich mit ihr einlässt, gleich, ob als Politiker, Manager oder einfacher Angestellter, bleibt auf der sicheren Seite und darf auf Belohnung hoffen. Wer sich gegen sie stellt, weil er meint, so höhere Gewinne zu erzielen, wird ein Debakel wie die Finanzindustrie erleben.

Mit vollem Einsatz widmet sich Deutschlands Wirtschaft derzeit einem Thema, das die Fachleute verkürzt »Industrie 4,0« nennen oder auch »das Internet der Dinge«. Gemeint ist die Umrüstung der industriellen Produktionssysteme auf nahezu vollständige Automatisierung. Alle Teile und Materialien, aus denen im Verlauf des Produktionsprozesses komplexe Geräte wie Autos, Kühlschränke, Fernseher entstehen, erhalten Chips und Sensoren, die sie befähigen, untereinander und mit den sie verarbeitenden Maschinen Informationen auszutauschen. Nach vorgegebenen Designs organisieren die kommunizierenden Teile ihre Fertigung selbständig – eine wahrhaft faszinierende Perspektive.

Bei aller Begeisterung sollten die Software-Entwickler und Produktionstechniker nicht vergessen, dass die »Industrie 4,0« nur Teilaspekt einer viel umfassenderen Revolution ist, die das Wirtschaftsleben im 21. Jahrhundert prägen wird: die »Moral 4,0«. Gemeint ist die Wiederentdeckung ethischer Leitlinien menschlichen Handelns, deren Entwicklungsstufen zurückreichen bis zum Beginn der Zivilisation. So, wie sich die kommunizierenden Teile in der industriellen Fertigung nach dem vorgegebenen Design selbst ordnen, werden die Menschen global kodifizierten Moralvorstellungen gehorchen – diese aber auch von ihrem Führungspersonal einfordern. Manager, die Sonderrechte und asozial hohe Vergütungen für sich beanspruchen, werden die Gefolgschaft verlieren. Politiker, die beim Verbiegen und Manipulieren der Wahrheit erwischt werden, müssen um ihr Mandat fürchten. Verbands- und Vereinsfunktionäre, die in die eigene Tasche wirtschaften, sind der öffentlichen Verachtung preisgegeben.

Vordenker des Managements wie der amerikanische Wirtschaftsprofessor Gary Hamel beschäftigen sich nun nicht mehr mit Rezepten zur Kostensenkung und Effizienzsteigerung, sondern mit der »Renaissance der Moral in der Wirtschaft« – so heißt ein zentrales Kapitel seines jüngsten Buches. Der Chef der Chicagoer Unternehmensberatung Strategos verlangt von den Managern »die Verpflichtung auf großherzige Ziele und erhebende Ideale« und warnt sie vor den Ansprüchen der mit dem Internet aufgewachsenen Mitarbeiter, die sich nicht mehr mit der Ausführung von Vorstandsentscheidungen zufriedengeben, sondern selbst mitentscheiden wollen.

DAS GLÄNZENDSTE GESCHÄFT DER WELT Auf das Bedürfnis der Menschen nach Wahrheit und Klarheit reagiert der Kapitalismus auf seine eigene Art: Er macht ein Geschäft daraus. Rund um die Moralisierung der Welt ist ein Multimilliarden-Markt entstanden, an dem alle verdienen wollen. Politiker profilieren sich mit neuen Gesetzesinitiativen, Parteien gehen mit Moral-Parolen auf Stimmenfang, Ministerialbeamte tüfteln an Regulierungsvorschriften. Die Wirtschaft, Verursacher der Globalisierungsprobleme wie der Gerechtigkeitsdebatte, setzte sich flugs an die Spitze der Moralisierungsbewegung. Aufsichtsräte und Vorstände krempeln ihre Unternehmen um, die Beraterbranche entwickelt Durchsetzungskonzepte, die Universitäten liefern Argumente für den Sinn und Zweck der Aktion, und die Medien transportieren Nachrichten über das Ge- oder Misslingen derselben.

Die Professoren Ludger Heidbrink und Peter Seele vom kulturwissenschaftlichen Institut Essen haben versucht, die Kommerzialisierung der Moral mit Zahlen und Beispielen zu belegen. Ihre wesentlichen Erkenntnisse:

- über 70 Prozent der Unternehmen in Deutschland engagieren sich bereits für das Gemeinwohl;
- weitere 70 Prozent sehen in CSR-Initiativen einen Renditefaktor, der sich in nachhaltigem Wachstum, Wettbewerbsvorteilen gegenüber der Konkurrenz und höherer Reputation manifestiert;
- der Umsatz mit ökologischen Produkten wächst zweistellig;
- das jährliche Marktpotential für nachhaltige Produkte liegt bei 200 Milliarden Euro (Zahlen für 2008).

Bei der Suche nach Werbekampagnen, die auf Moral und gutes Gewissen setzen, entdeckten die Essener Professoren sowohl den chinesischen PC-Hersteller Lenovo, der seine Produkte als besonders umweltverträglich und stromsparend anpreist, wie die deutsche Umweltbank, die behauptet, das Geld ihrer Kunden ausschließlich in ökologisch einwandfreie Projekte zu investieren. Das M-Business reicht bis zum brasilianischen Supermodel Gisele Bündchen, die mit ihrer Schönheit für den Gewässerschutz im Amazonasgebiet wirbt, und zur deutschen Moderatorin Alena Gerber, die sich für eine Kampagne gegen die Pelzmode nackt fotografieren ließ und das nicht ohne Erfolg: Handelskonzerne wie C&A, Otto und Kaufhof verzichteten auf den Verkauf tierhaariger Kleidungsstücke.

Ist das Geschäft mit der Moral nun moralisch oder entwertet es die Moral? Sind die Firmen und Personen, die von der Moral profitieren, Vorbilder oder Heuchler? Folgt man dem gestrengen Philosophen Immanuel Kant, ist moralisches Handeln eine Pflicht, die um ihrer selbst willen befolgt werden muss. Er würde das Geschäft mit der Moral kategorisch ablehnen und Unternehmen, die sich mit der Befolgung moralischer Prinzipien brüsten, der Täuschung bezichtigen.

Die Essener Professoren urteilen milder: »Wir sind der Auffassung, dass die Kommerzialisierung der Moral nicht notwendigerweise problematisch ist, wenn dabei die Ethik den prinzipiellen Vorrang vor der Opportunität der Ökonomie behält.« Einfacher ausgedrückt: Solange die Moral befolgt wird, kann sie zu Geschäften auch missbraucht werden. Tatsächlich ist sie bereits zum Geschäft des Jahrhunderts geworden.

Frank Wedekind, ein Zeitgenosse Bertolt Brechts, ließ den »Marquis von Keith« schon anno 1901 ausrufen: »Das glänzendste Geschäft der Welt ist die Moral.« 100 Jahre später hat er Recht bekommen.

Kapitel V
Die Moral der Macher

Manager und Banker haben vermutlich mehr zur Moralisierung der Welt beigetragen als alle anderen Berufsgruppen, Pastoren, Krankenschwestern und Streetworker eingeschlossen. Dies geschah allerdings eher unfreiwillig, denn in der Bevölkerung gelten die angestellten Chefs als verlogen, korrupt und raffgierig. An ihnen entzündet sich der Zorn jener Schichten, die in der Moral eine Waffe gegen die Profiteure der Globalisierung sehen.

Warum eigentlich? Deutsche Manager haben ihre Unternehmen vergleichsweise gut über die Runden gebracht. Die Gewinne steigen, die Zahl der Beschäftigten legt zu, es gibt wieder Lohnerhöhungen, die Aktienkurse erklimmen neue Rekordstände. Dem Land geht es gut, was will man mehr? Abgesehen von jenen unverbesserlichen Sozialromantikern, denen die kapitalistische Wirtschaft grundsätzlich nicht passt, entzündet sich die Kritik vor allem an den hohen Gehältern der Führungsschicht in Verbindung mit einer ausführlichen Berichterstattung in den Medien über Missmanagement, Korruptions- und Kartellstrafen. So werden die Firmenlenker wahrgenommen als eine Bande überbezahlter Versager, denen die Gerichte Gehorsam beibringen müssen.

Bei aller Grobschlächtigkeit solcher pauschalen Urteile enthalten sie oft mehr als ein Körnchen Wahrheit. Fakt ist, dass die Vorstände und Geschäftsführer der deutschen Unternehmen ihre Bezüge im vergangenen Jahrzehnt weit überproportional steigern konnten, während sie von ihren Belegschaften Opferbereitschaft und Lohnzurückhaltung verlangten. Im Jahr 2010 legten die Vorstandsbezüge durchschnittlich um 11 Prozent, ein Jahr später noch um 6,8 Prozent zu, seither allerdings flacht die Zuwachskurve ab. Dass die Senkung der Personalkosten notwendig war, ist inzwischen allgemein anerkannt, doch die gleichzeitige Explosion der Chefgehälter hat das Vertrauen in die Führungsfiguren nicht eben gefestigt. Wenn dann noch Skandale um Korruption, persönliche Bereicherung und verbotene Preisabsprachen aufkommen, kippt eben die Stimmung. Natürlich ist das Thema vielschichtiger, als es an den Stammtischen diskutiert wird. Es entzündete sich an VW-Chef Martin Winterkorn, dem Spitzenverdiener unter den Vorständen der 30 DAX-Unternehmen, weil er fürs Geschäftsjahr 2011 insgesamt 18,5 Millionen Euro einstrich. Eine unvorstellbar große Summe für einen Normalverdiener, jedoch bescheiden im Vergleich zum Milliardengewinn, den der VW-Konzern im gleichen Jahr machte. Winterkorn und seine Leute hatten gute Arbeit geleistet, an ihrem Gehalt war nichts auszusetzen, abgesehen davon, dass es den meisten Leuten als zu hoch erschien.

Ganz anders war die Situation bei Konzernen wie e.on, RWE, Siemens, Daimler und Deutsche Bank. Auch hier verdienten die Vorstände viele Millionen, obwohl die Ergebnisse ihrer Arbeit alles andere als erfreulich ausfielen. RWE und e.on litten unter der Energiewende, Siemens, Daimler und Deutsche Bank unter hausgemachten Problemen. Anshu Jain und Jürgen Fitschen, die beiden Co-Chefs der Deutschen Bank, verdienten zusammen etwa so viel wie VW-Lenker Winterkorn. Während dieser aber regelmäßig Milliardengewinne ablieferte, mussten die Deutschbanker ihre Aktionäre vertrösten. Grund waren überzogene Boni für Banker, die ihrem Institut enorme Risiken aufbürdeten. Dafür mussten milliardenschwere Rücklagen gebildet werden, die den Gewinn aufzehrten. Im Gegensatz zu ihren Eigentümern, die für die Fehler ihrer teuren Angestellten mit Kursverlusten und mageren Dividenden büßten, beharrten die Vorstände dieser Unternehmen auf ihren überzogenen Gehältern.

Da fängt das Thema an, interessant zu werden. Einerseits wollen die Chefs teilhaben an ihrem unternehmerischen Erfolg, indem sie zu ihren vertraglich vereinbarten Fixgehältern zusätzliche Prämien einstreichen, deren Höhe vom Erreichen bestimmter betriebswirtschaftlicher Ziele abhängt. Dagegen wäre nichts einzuwenden, wenn im umgekehrten Fall, also beim Verfehlen dieser Ziele, Abzüge in gleicher Größenordnung erfolgen würden. Doch das ist bei keinem einzigen DAX-Unternehmen vorgesehen.

Noch deutlicher zeigt sich ihr Mangel an Moral, wenn die Herren an der Konzernspitze Verluste produzieren oder gar den Bestand des Unternehmens gefährden. Ein Vorstand, der für vernichtete Werte, verfehlte Strategien, verlorene Marktanteile mit seinem Privatvermögen zur Haftung herangezogen wurde, hat Seltenheitswert in der deutschen Wirtschaft. Außer bei Siemens kam dies nach Aufdeckung schwerer Korruptionsfälle nur noch bei MAN und Ferrostaal vor. Während private Unternehmer mit allem, was sie besitzen, für ihre Entscheidungen geradestehen müssen, übernehmen die angestellten Manager keinerlei Verantwortung – weder für das eingesetzte Kapital noch für die Beschäftigten.

SKANDAL-PENSIONEN FÜR MANAGER Im Gegenteil: Oft dürfen sie, wenn sie Mist gebaut haben, nach ihrem Rausschmiss noch stattliche Prämien mitnehmen. Jürgen E. Schrempp zum Beispiel, der die stolze Daimler AG durch die missglückte Fusion mit dem US-Hersteller Chrysler beinahe ruiniert und ein Aktienkapital von geschätzten 30 Milliarden Euro vernichtet hatte, ließ sich diese Glanzleistung mit einem fürstlichen Gehalt und einem Abfindungspaket im Gesamtwert von rund 100 Millionen Euro bezahlen. Auch der glücklose Siemens-Lenker Peter Löscher musste nach seinem unfreiwilligen Abgang nicht darben. Mit einer Abfindung von 17 Millionen und Aktienoptionen, die weitere 13 Millionen bringen könnten, legte sich der Österreicher ein feudales Anwesen am Isarhochufer im Münchner Süden zu. Seine einzige Gegenleistung bestand in dem Versprechen, bis zum Herbst 2015 bei keinem direkten Wettbewerber anzuheuern. Dafür unterschrieb er sofort nach seinem Rausschmiss einen hochdotierten Arbeitsvertrag bei dem russischen Oligarchen Victor Wekselberg.

Oft sind die heutigen Galionsfiguren der Wirtschaft mit den Anführern der Söldnerhaufen aus der Zeit der Religionskriege verglichen worden, die sich nach gewonnenen Feldzügen den Löwenanteil der erbeuteten Schätze sicherten. Doch während die Feldherren stets ihr Leben einsetzten, riskieren die Topmanager gar nichts. In ihren von Juristen ausgearbeiteten Arbeitsverträgen lassen sie sich nicht nur exorbitante Bezüge, sondern meist auch noch Pensionsregelungen garantieren, von denen jede andere Berufsgruppe nur träumen kann. Schrempp-Nachfolger Dieter Zetsche zum Beispiel hat, wenn er als Vorstandsvorsitzender bei Daimler ausscheidet, ein Anrecht auf Pensionszahlungen im Gesamtwert von fast 40 Millionen Euro, egal, wie gut oder schlecht das Ergebnis des Unternehmens ausfällt. Beim wenig erfolgreichen e.on-Chef Johannes Teyssen sind es 16,4 Millionen, beim sehr erfolgreichen VW-Lenker Martin Winterkorn 22,8 Millionen Euro. Bevor sie die Ärmel aufkrempeln, sichern sich die Herrschaften erst mal ihre Rente. Moral oder auch nur eine Portion Anstand sucht man in den Chefetagen, wenn es ums eigene Geld geht, meist vergebens.

Deutschlands größter Stahlkonzern ThyssenKrupp ist durch beispielloses Missmanagement an den Rand des Abgrunds manövriert worden, doch die für das Desaster verantwortlichen Manager haben ausgesorgt. So beziehen die Ende 2012 ausgeschiedenen Vorstandsmitglieder Edwin Eichler, Olaf Berlien und Jürgen Claassen ab dem 60. Lebensjahr jährliche Pensionen zwischen 200 000 und 400 000 Euro fürs Nichtstun. Dazu gesellen sich noch ein Inflationsausgleich und die vollständige Absicherung ihrer Familien. Stirbt ein Ex-Vorstand vor seiner Frau, erhält die Witwe mindestens 60 Prozent seiner Pension, und auch die Kinder werden bedacht, sofern sie das 30. Lebensjahr noch nicht vollendet haben. Der Gesamtwert des Ruhegelds für die drei Konzernveteranen beläuft sich auf stattliche 16,5 Millionen Euro. Fürstliche Pensionen für leistungsschwache Chefs gibt es nicht nur an der Ruhr. Der ehemalige TUI-Chef Michael Frenzel, bei den Aktionären des Hannoveraner Reisekonzerns als Wertevernichter gefürchtet, lässt sich den Ruhestand mit jährlichen Pensionszahlungen von 800 000 Euro vergolden.

Die Zahlen »offenbaren eine Selbstbedienungsmentalität, die in krassem Widerspruch zu den Sparopfern steht, die Vorstände von ihren Belegschaften oft verlangen«, urteilte der ›Spiegel‹ in einer Geschichte über »die Luxus-Rentner«. Doch die richtig schönen Tage sind mittlerweile auch in den Vorstandsetagen vorbei, der Widerstand wächst. Neuerdings maulen sogar Arbeitnehmervertreter in den Aufsichtsräten, nachdem sie jahrelang vom Kuhhandel mit dem Management profitiert hatten. Das Spiel ging so: Der Vorstand will mehr Geld und braucht dafür die Stimmen der Gewerkschafter. Die verlangen den Verzicht auf betriebsbedingte Kündigungen und/oder eine Beschäftigungsgarantie. Man einigt sich auf einen für beide Seiten vorteilhaften Deal, inklusive höherer Aufwandsentschädigungen für die Räte. Überraschenderweise entdeckte nun IG-Metall-Chef Peter Huber, der sowohl bei Siemens als auch bei VW die Vorstandsbezüge abgesegnet hatte, dass »Gehälter in einer sozialen Marktwirtschaft nicht grenzenlos sein dürfen«.

Nicht die eigene Einsicht oder gar ein Gefühl für gute Sitten machte die kungelnden Räte vorsichtiger. Es war der Schweizer Zahnpasta-Fabrikant Thomas Minder, der als Initiator eines Volksbegehrens gegen überhöhte Gehälter und Abfindungen für Manager das Meinungsklima in ganz Europa beeinflusste. Weil es lange Zeit so aussah, als würden die Eidgenossen die Bezüge ihrer Bosse deckeln und Abfindungen gesetzlich verbieten, rutschte manchem Chef das Herz in die Hose. Daniel Vasella, als Chef des Pharmakonzerns Novartis höchstbezahlter Manager der Schweiz, verzichtete freiwillig auf 72 Millionen Franken, die ihm nach seinem Ausscheiden als Abfindung zugestanden hätten, und in Deutschland gaben sich die Vorstände von VW und Audi mit ein paar Millionen weniger zufrieden. Mit der Moral wollten sie sich nicht anlegen.

AUSTAUSCHBARE FIGUREN Obwohl die Schweizer Bürger am 3. März 2013 schließlich gegen eine Begrenzung der Managergehälter votierten, war die Protestlawine nicht mehr aufzuhalten. Kanzlerin Angela Merkel tadelte mild: »Maßlosigkeit darf in einer freien und sozialen Gesellschaft nicht sein.« Michael Fuchs, stellvertretender Fraktionschef der Union im Bundestag, wurde deutlicher: »Es kann doch nicht sein, dass die Deutsche Bank weit mehr Geld für Boni ausschüttet als an Dividenden. Da muss man gegebenenfalls eine gesetzliche Regelung finden.« Der SPD-Finanzexperte Joachim Poß polterte: »Die Toleranz gegenüber astronomischen Gehältern ist extrem gesunken.«

Wohl wahr. Fragt sich nur, weshalb die Politik so lange weggesehen hatte. Zwar verabschiedete der Bundestag nach Ausbruch der Finanzkrise am 5. August 2009 ein »Gesetz zur Angemessenheit von Vorstandsvergütungen«, doch dieses war so lax formuliert, dass es die folgenden Gehaltsexzesse nicht verhindern konnte. Auch die Selbstverpflichtung der Unternehmen nach den Regeln des Deutschen Governance Kodex vermochte die

Gier der Manager nicht zu bremsen. Selbst wohlgesinnte Unternehmerfreunde gingen nun auf Distanz. Christian Strenger, ehemaliger Chef der Fondsgesellschaft DWS und Mitglied der Kodex-Kommission, hielt Pensionszusagen in Höhe zweistelliger Millionenbeträge für »ethisch nicht verantwortbar, selbst wenn es vertragliche Ansprüche gibt«. Klaus Schwab, Gründer des Weltwirtschaftsforums in Davos, postulierte, dass kein Manager mehr als 20-mal so viel verdienen dürfe wie der am schlechtesten bezahlte Mitarbeiter seines Unternehmens: »Wenn das Verhältnis 1:100 oder mehr beträgt, ist es nicht mehr sozialverträglich.«

Josef Ackermann, ehemaliger Chef der Deutschen Bank und im Jahr 2006 mit rund 14 Millionen Euro Jahresgage der höchstbezahlte Manager der Republik, entdeckte etwas spät sein soziales Gewissen: »Wenn in der Bevölkerung das Gefühl herrscht, dass sich einige wenige zu Lasten der Allgemeinheit die Taschen füllen, geht die gesellschaftliche und politische Akzeptanz der Unternehmen verloren.« Schade nur, dass die Moral bei den Führungsfiguren der Wirtschaft, die Vorbild sein sollten für Millionen Arbeitnehmer, erst erzwungen werden musste.

Das führt uns zum Selbstverständnis einer Kaste, die sowohl für das wirtschaftliche Wohlergehen als auch für das gesellschaftliche Klima von einiger Bedeutung ist. Dass die Manager als so wichtig wahrgenommen werden, hängt mit der personalisierten Berichterstattung der Medien zusammen. Konzentrierten sich die Wirtschaftsblätter früher auf die Zahlen der Geschäftsberichte, so stehen heute die handelnden Personen im Vordergrund. Im Vorstandsvorsitzenden sieht die Öffentlichkeit das Unternehmen, so als ob ein Herr Zetsche die Daimler AG, ein Herr Kaeser die Siemens AG verkörpere. Großunternehmen bestehen aber aus hunderttausenden von Mitarbeitern, Führungskräften, Vorständen, Aufsichtsräten – wie aus dem in der Firmengeschichte angesammelten Wissen und der erkämpften Marktposition. Der Chef gibt dem Ganzen ein Gesicht, denn nur er selbst darf – das ist ein selten gebrochenes Gesetz – mit den Medien reden.

Tatsächlich sind die Bosse austauschbare Figuren. Ihre Arbeitsverträge haben eine Laufzeit zwischen drei und fünf Jahren, und wenn sie schlechte Zahlen abliefern, müssen sie gehen. Entscheidungen, die über das Wohl und Wehe des Unternehmens bestimmen, werden heutzutage nicht mehr von einzelnen Personen, sondern von Gremien getroffen – Binsenweisheiten, die jedoch in manchem Managergehirn verdrängt werden. Nicht wenige der Firmenlenker führen sich auf, als hinge das Schicksal der ihnen anvertrauten Unternehmen allein von ihren Fähigkeiten ab. »Daimler braucht mich mehr, als ich Daimler brauche«, tönte Missmanager Jürgen E. Schrempp in völliger Verkennung der Lage. Die Medien verstärken das Bild, indem sie die Chefs zu Helden oder Versagern stilisieren.

In Einzelfällen mag das nicht verkehrt sein. Der Computerkonzern Apple wurde durch seinen Gründer Steve Jobs geformt, die Software-Schmiede SAP hat ihrem Mitgründer Hasso Plattner einen erheblichen Teil ihrer heutigen Bedeutung zu verdanken, und auch Wolfgang Reitzle verwandelte den ehemals behäbigen Mischkonzern Linde nach seinem Gusto in einen hochprofitablen Gase-Hersteller. Die Mehrzahl der angestellten Firmenchefs aber sind lediglich Moderatoren, die in den Vorstandssitzungen mehrheitsfähige Meinungen verkünden und zur Abstimmung freigeben. Sie handeln opportunistisch, getrieben von Marktkräften, der Konkurrenz, der allgemeinen Stimmungslage und den gesetzlichen Rahmenbedingungen. Die wenigsten von ihnen haben eine eigene, klar umrissene Vorstellung von der Zukunft ihrer Firma – stattdessen leben sie mit der ständigen Angst, irgendetwas verpasst zu haben.

WUT ÜBER DIE ABZOCKER Sie sind auf ihren Posten gelangt, weil sie cleverer waren als ihre Rivalen oder weil sie das Glück auf ihrer Seite hatten, und nicht, weil sie über herausragende Begabungen verfügten. Ein Leben lang bemühten sie sich, schneller und besser zu sein als die anderen; viele suchten sich frühzeitig einen Gönner, der sie auf der Karriereleiter nach oben schubste. Andere polierten ihre Lebensläufe auf Hochglanz, bildeten Netzwerke, knüpften Kontakte zu Headhuntern und Medien, den Topjob stets im Blick. Nur sehr wenige aber entwickelten eigene Ideen und kreierten bahnbrechende Produkte. Und kaum einer fiel durch Anstand, Charakter und moralische Prinzipien auf.

Lieblingsbeschäftigung der Topmanager ist das Vergleichen, im Neusprech auch Benchmarking genannt. Die Benchmark, das ist der (die) Klassenbeste, mit ihm wollen sie sich messen, alle anderen sind ihnen egal. Sie vergleichen die Zahlen ihrer verkauften Produkte, Kosten, Gewinne, Marktanteile fast täglich mit dem jeweiligen Weltbesten, Europabesten, Deutschlandbesten, Bayernbesten, so lange, bis sich irgendwann ein Erfolgserlebnis einstellt. Notfalls wird es vom Controlling herbeigerechnet. Am allerliebsten aber vergleichen sich Spitzenkräfte mit ihresgleichen, und dieses Spiel ist der wahre Grund für die Gehaltsexzesse.

Bis zu dem Tag im November 1998, an dem Daimler-Chef Schrempp »die Hochzeit im Himmel« mit dem US-Konzern Chrysler verkündete, hielten sich die Vergütungen der Vorstandschefs, auch wenn sie manchem als zu hoch erschienen, in erträglichen Grenzen. Schrempp zum Beispiel verdiente 1997 rund 3 Millionen D-Mark. Nach der Fusion aber, die in Wahrheit eine Übernahme war, schnellten seine Bezüge flugs um das Sechseinhalbfache aufs amerikanische Niveau hoch. Zwar gab es Widerstände im Aufsichtsrat, doch Schrempp verwies auf seinen »gleichberechtigten« Chrysler-Kollegen Robert Eaton und verlangte nun auch beim Gehalt Gleichberechtigung. Die 20 Millionen, die er einsacken durfte, bildeten fortan die Benchmark für Deutschlands Vorstände.

Der einst in der Wirtschaft als »Gottvater« verehrte Bosch-Chef Hans L. Merkle hatte mal die Losung ausgegeben: »Mehr als 600000 Mark im Jahr braucht kein Mensch zum Leben«, doch um die Lebenshaltung ging es den Vorstandschefs schon lange nicht mehr. An den Bezügen messen sie ihren Wert, die Höhe des Gehalts bestimmt ihr Selbstwertgefühl und ihren Rang im Club der Macher. Nicht der Abstand zur nächsten Ebene zählt für sie, sondern allein der Vergleich mit dem Vorsitzenden eines ähnlich großen Unternehmens.

Vermögensmäßig möchten die leitenden Angestellten aufschließen zu den wirklich Reichen, den Inhabern, Großaktionären und Gesellschaftern, in deren Zirkeln sie allenfalls als Zaungäste willkommen sind. Schrempps Gehaltssprung ließ seinen Kollegen keine Ruhe. Was der kann, kann ich schon lange, hieß die Devise, und so sahen sich die Aufsichtsräte bald mit massiven Forderungen konfrontiert. Da man sich kannte und einander verpflichtet war, hielt sich der Widerstand der Räte in Grenzen. Überall kam es zu »Anpassungen der Vergütungsregeln«, die mit

Hilfe spezialisierter Anwälte so trickreich gestaltet wurden, dass deren wahre Höhe schwer erkennbar war und die Chefs immer auf der Gewinnerseite standen, auch wenn die Ergebnisse ihrer Unternehmen zu wünschen übrig ließen. Der Pakt der Manager mit ihren Kontrolleuren war einer der Auslöser für die Gerechtigkeitsdebatte in den Medien.

Der Versuch der Bundesregierung aus dem Jahr 2005, mit der Veröffentlichung der Chefgehälter bei börsennotierten Unternehmen für Mäßigung zu sorgen, schlug fehl. Anstatt vor Scham ihre Häupter zu bedecken, verlangten die Gierigen stets noch mehr, wenn sie erfuhren, was der liebe Kollege im vergangenen Jahr kassiert hatte. Jeder hielt sich für besser als die anderen, und alle zusammen vergaßen, was sich gehörte und was nicht. Die Wut in der Bevölkerung über die Abzocker wuchs, als sich Fälle von Missmanagement häuften, Betrügereien bei Banken ans Licht kamen, tausende Mitarbeiter ihre Jobs verloren und mancher Großmanager auf der Anklagebank landete.

GEWISSENLOSE ABENTEURER Gerichtsberichte enthüllten, wie sorglos mit dem Geld der Aktionäre umgegangen, wie leichtfertig Arbeitsplätze aufs Spiel gesetzt wurden und wie gering der Anstand war, der in den Chefetagen herrschte. Der Vorstand des traditionsreichen Ruhrkonzerns ThyssenKrupp schaffte es nicht, in fünf Jahren zwei funktionierende Stahlfabriken in Brasilien und im US-Bundesstaat Alabama kosten- und zeitgerecht fertigzustellen. Die verantwortlichen Manager mit dem ehemaligen Vorstandschef Ekkehard Schulz an der Spitze aber ließen sich ihren unrühmlichen Abgang teuer bezahlen.

Ein anderer Großmanager, Thomas Middelhoff, führte zwar den Handelskonzern Arcandor (vormals Karstadt-Quelle) in die Pleite, tat aber so, als ob ihn das alles nichts anginge. Im Frühjahr 2014 musste er sich vor dem Landgericht Essen gegen den Vorwurf verteidigen, er habe sich auf Kosten des äußerst finanzschwachen Unternehmens ein Luxusleben mit Flügen in Privatjets und Aufenthalten in First-Class-Hotels geleistet. Das sei notwendig gewesen, verteidigte sich der Überflieger, weil am Kamener Kreuz ewiger Stau geherrscht habe. Noch im Gerichtssaal ließ ihm Arcandors Insolvenzverwalter eine Forderung über 3,4 Millionen Euro zustellen, sein ehemaliger Partner Roland

Berger verlangte 6,7 Millionen. In einem anderen Fall klagte der Troisdorfer Baulöwe Josef Esch bei Middelhoff mehrere Millionen ein, weil der die Charterraten von monatlich 72 000 Euro für seine 33 Meter lange Luxusyacht *Medici* schuldig geblieben war. Für den Normalverdiener taten sich Abgründe auf, wenn er von solchen Summen hörte und den Fehlleistungen, für die sie bezahlt wurden.

Noch mehr Wut auf die Eliten entfachten die Nachrichten, die aus den Banken nach außen drangen. Die einst als Horte der Stabilität und Seriosität wahrgenommenen Geldtempel entpuppten sich im Verlauf der Finanzkrise als Spielkasinos, in denen mit dem Geld der Kunden wild gezockt wurde. Und die scheinbar grundsoliden »Bankiers« standen auf einmal da als gewissenlose Abenteurer, die von den Geschäften, auf die sie sich einließen, viel zu wenig Ahnung hatten. Die Kölner Privatbank Sal. Oppenheim jr. & Cie., gegründet anno 1789, galt bei den Reichen im Lande als erste Adresse, denn sie hatte bislang alle Stürme der Geschichte überlebt und stets für solide Renditen gesorgt. Die Inhaber um den Clanchef Matthias Graf von Krockow brauchten nur wenige Jahre, um den ererbten Reichtum, ihr Renommee und das Geld zahlreicher Kunden zu verspielen. Sie trugen Mitschuld am Untergang des Warenhauskonzerns Arcandor, an den Vermögensverlusten diverser Anlagefonds und am Ansehensverlust des gesamten Bankgewerbes.

Am Ende wurde Sal. Oppenheim von der Deutschen Bank übernommen, doch die Klagen düpierter Kunden wollten nicht abreißen. Wie bei Oppenheims gewirtschaftet wurde, zeigt der Fall Sabine Rau. Die Erbin eines stattlichen Industrievermögens hatte der Bank Anfang der 90er Jahre 30 Millionen Mark übergeben mit dem Auftrag, das Geld so konservativ anzulegen, dass es an ihre Kinder weitergegeben werden konnte. Als sie Anfang 2011 von den neuen Eigentümern zum Gespräch gebeten wurde, traute die Kundin, im Hauptberuf Professorin an der WHU Otto Beisheim School of Management, ihren Augen und Ohren nicht. Aus ihrem Vermögen waren Schulden in gleicher Höhe geworden. Ende 2013 verklagte sie die Deutsche Bank als Rechtsnachfolgerin Sal. Oppenheims auf Schadenersatz.

Sabine Rau war kein Einzelfall und Sal. Oppenheim nicht

die einzige Bank, die für unrühmliches Aufsehen sorgte. Mitten in der Finanzkrise, als keine Bank der anderen auch nur einen Euro leihen wollte, weil alle wussten, dass in den Kreditportfolios enorme Risiken schlummerten und private Investoren deren Aktien mieden wie die Pest, musste der Staat als letzter Retter einspringen. Im Norden gab es Staatsgarantien von 10 Milliarden Euro für die HSH Nordbank, in der Mitte weitere 10 Milliarden aus dem Rettungsfond SoFFin für die Commerzbank und im Süden noch viel mehr Milliarden für die Hypo Real Estate (HRE). Die Manager aber, die ihre Institute heruntergewirtschaftet hatten, wollten weder ihre Schuld eingestehen noch bei ihren Gehältern Einbußen hinnehmen.

Am teuersten war für die Steuerzahler die Rettung der Münchner HRE. Einst als Bad Bank aus der HypoVereinsbank ausgegliedert, wurde sie von unfähigen Managern in den Abgrund gesteuert. Durch Zukäufe pumpte der Vorstand um Georg Funke mit Duldung des Aufsichtsratsvorsitzenden Kurt F. Viermetz die Bilanzsumme, die zunächst etwa 160 Milliarden betragen hatte, auf 400 Milliarden Euro auf – exakt die Größe der fallierten US-Investmentbank Lehman Brothers. Dabei bewies Funke erstaunliches Ungeschick, als er sich die irische *Depfa plc* andrehen ließ, die von ihrem Vorsitzenden Gerhard Bruckermann in eine tickende Zeitbombe verwandelt worden war. »Wenn jemand in Deutschland für die Mentalität steht, die zur Bankkrise geführt hat«, urteilte der ›Spiegel‹, »dann ist es Bruckermann.«

ANSTAND GEHT ANDERS Der 1947 in Solingen geborene Sohn eines Sparkassendirektors hatte nach einem Jurastudium als Trainee beim westfälischen Sparkassenverband angefangen und sich mit Charme und Chuzpe bis in den Vorstand der Deutschen Pfandbriefanstalt in Wiesbaden durchgekämpft. Das einstmals dem Bund gehörende Institut war gerade privatisiert worden und galt als das Langweiligste, was die Bankenwelt zu bieten hatte; es finanzierte Infrastrukturprojekte wie Autobahnen und Kraftwerke und gab dafür Pfandbriefe mit Laufzeiten bis zu 30 Jahren heraus.

Im Jahr 2000 übernahm Bruckermann den Vorsitz mit dem Vorsatz, der Depfa zu Dynamik zu verhelfen. Den Hauptsitz verlegte er von Wiesbaden ins steuergünstige Dublin, und im Nu änderte er die Spielregeln seines langweiligen Instituts. Statt mit langfristigen Pfandbriefen finanzierte er die Infrastrukturprojekte seiner Kunden jetzt mit billigeren Kurzfristkrediten, wodurch er eine wesentlich höhere Rendite einfahren konnte. Bereits 2004 erzielte Bruckermanns Depfa eine Eigenkapitalrendite von 32 Prozent, ein konkurrenzlos guter Wert, den er sofort dazu benutzte, sein eigenes Gehalt in die Höhe zu schrauben.

Der Depfa-Chef ahnte wohl, dass das Verfallsdatum seines Geschäftsmodells näher rückte. Sobald die kurzfristigen Zinsen anzogen, würden die Rekordrenditen der Vergangenheit angehören. Dringend suchte Bruckermann deshalb nach einem Käufer für sein gefährdetes Institut und fand ihn schließlich in Georg Funke, der sich von den schönen Zahlen blenden ließ. Für den Rekordpreis von 5,7 Milliarden übernahm die HRE im Sommer 2007, als in den USA bereits die Subprime-Krise zu lodern begann, eine Bank, die ihre besten Zeiten hinter sich hatte. Gerhard Bruckermann aber machte seine Depfa-Aktien sofort zu Geld und verschwand mit rund 100 Millionen Euro Erlös auf Nimmerwiedersehen. Mal wurde er in Florida gesichtet, dann in Kambodscha, wo er Mikrokredite gegen horrende Zinsen an Bauern und Kleingewerbetreibende ausgab.

Als die Finanzkrise Europa erreichte, wurde das kurzfristige Geld, das die Depfa so dringend brauchte, von Tag zu Tag teurer und war immer schwerer aufzutreiben. Die HRE musste einspringen und geriet selbst in einen unaufhaltsamen Abwärtsstrudel. Weil ihr niemand aus der privaten Wirtschaft helfen wollte, musste schließlich der Bund die Pleite verhindern; eine Kettenreaktion wie bei Lehman Brothers hätte unabsehbare Folgen gehabt. In den Tagen der Not bewies der Funke-Vorstand erneut seine Inkompetenz, denn die Zahlen, mit denen er seinen Finanzbedarf bezifferte, hatten die Lebensdauer von Eintagsfliegen. Die Rettung der HRE kostete den deutschen Steuerzahler 7,7 Milliarden direkte Hilfen und Garantien über aberwitzige 124 Milliarden Euro. Georg Funke, der sich nach Mallorca absetzte, um als Makler Luxusimmobilien zu verkaufen, klagte nach seinem Rauswurf Gehälter und Pensionen im Wert von vier Millionen Euro ein. Anstand geht anders.

Wenig anständig war auch das Verhalten der Vorstände und

Aufsichtsräte der Bayerischen Landesbank, die erst leichtsinnig eine marode Bank kauften und sich dann, als der Schadensfall eintrat, aus der Verantwortung stehlen wollten. Rund 3,7 Milliarden Mark kostete den Steuerzahler die überstürzte und wenig professionell vorbereitete Übernahme der Kärntner Skandalbank Hypo Alpe Adria, doch keiner der beteiligten Vorstände war Manns genug, einen Fehler einzugestehen. Auch die Verwaltungsräte, mit den CSU-Granden Erwin Huber und Kurt Faltlhauser an der Spitze, wuschen ihre Hände in Unschuld. Hartnäckigen Staatsanwälten ist es zu verdanken, dass das Debakel im Gerichtssaal aufgearbeitet wurde. Während die Politiker ihren Kopf aus der Schlinge ziehen konnten, mussten fünf Vorstände auf der Anklagebank Platz nehmen.

Auch die Deutsche Bank war überall dabei, wo gelogen, getäuscht und betrogen wurde. Als auf der Hauptversammlung im Mai 2014 ein Aktionärsvertreter wissen wollte, in wie viele Streitfälle das einzige deutsche Geldhaus von Weltrang verwickelt sei, musste Finanzvorstand Stefan Krause kleinlaut zugeben: über 6000 Verfahren seien anhängig, davon hätten 1000 einen Streitwert von mehr als 100 000 Euro.

EIN FOLGENSCHWERER ANRUF Aufsichtsbehörden verschiedener Staaten ermittelten in 180 Fällen gegen »die Deutsche«, darunter in so brisanten Angelegenheiten wie der Manipulation des Libor-Zinssatzes, des Goldpreises, der Devisen- und Rohstoff-Notierungen. Zuvor schon hatte Deutschlands größtes Geldhaus ordentlich bluten müssen. Allein der Rechtsstreit mit den Erben des verstorbenen Medienzaren Leo Kirch kostete fast eine Milliarde, weitere 1,4 Milliarden waren als Buße an amerikanische Behörden wegen der Verwicklung der Bank in dubiose Immobilienkredite geflossen. Kaum verwunderlich, dass »die Deutsche« sich an der Börse und beim Cousin des Emirs von Katar acht Milliarden Euro neues Kapital besorgen musste. Das einstmals über jeden Zweifel erhabene Institut ist, so scheint es, von gierigen Angestellten ausgeplündert worden.

Den Ruf nach mehr Moral konnten schließlich auch die beiden Co-Chefs der Bank, Anshu Jain und Jürgen Fitschen, nicht mehr überhören. Etwas spät hatten sie begriffen, dass ihre gigantische Geldmaschine mit den Zentren in London, New York und

Frankfurt ohne einen tiefgreifenden kulturellen Wandel nicht überleben würde. Schmerzhaft hatten sie erfahren müssen, dass das, was ihre Bank auszeichnete, in Zeiten der Moralisierung sich zur tödlichen Gefahr entwickelte.

Spätestens im Dezember 2012 musste ihnen klar geworden sein, dass es so nicht weitergehen konnte. 20 Einsatzwagen der Polizei stoppten in Frankfurt vor den gläsernen Zwillingstürmen der Bank, bewaffnete Beamte drangen ins Foyer ein und verlangten Zutritt zu den Chefbüros. Die Staatsanwälte suchten nach Belegen für Steuerhinterziehung und Geldwäsche im Zusammenhang mit dem Emissionsrechte-Handel. Auch Fitschens Büro wurde durchsucht, dem Bankchef eröffneten die Strafverfolger, dass gegen ihn sowie gegen Finanzvorstand Stefan Krause und fünf weitere Manager ermittelt werde, wegen des Verdachts auf Steuerbetrug; sie sollen falsche Umsatzsteuererklärungen unterschrieben haben. Empört griff Fitchen zum Telefon, um sich beim hessischen Ministerpräsidenten Volker Bouffier persönlich zu beschweren. Die Razzia sei unverhältnismäßig und habe eine verheerende Außenwirkung zum Schaden der Bank.

Was früher vielleicht funktioniert hätte, entwickelte sich in den Zeiten der Moralisierung zum Bumerang. Kühl ließ der Landesvater den Co-Chef der Bank abblitzen; die Aktion sei Sache der Justiz, da wolle er sich nicht einmischen. Die Medien erfuhren nicht zufällig von dem Anruf, und das Echo war verheerend. Für »stillos und instinktlos« hielten die Kommentatoren der Zeitungen die Reaktion des Bankers. SPD-Chef Sigmar Gabriel polterte: »Ein Politiker hätte bei einem solchen Versuch, die Arbeit von Staatsanwaltschaft und Polizei durch einen Anruf beim Ministerpräsidenten zu behindern, bereits seinen Job verloren.« Christoph Frank, der Vorsitzende des Deutschen Richterbundes, legte nach: »Es ist bestürzend, dass ein Bankvorstand glaubt, mit einem Telefonanruf Einfluss auf die Unabhängigkeit der Justiz nehmen zu können.« Prompt musste sich Fitschen öffentlich entschuldigen. Schlimmer konnte es kaum noch kommen.

Die ungehemmte Gier nach mehr, die von tausenden hochbezahlter Leute in den Handelssälen der Bank ausgelebt wurde, stieß in immer mehr Ländern auf entschlossenen Widerstand der Strafverfolgungsbehörden. Die restlichen Angestellten der

Bank, in der Zentrale wie in den Filialen, fühlten sich stigmatisiert durch das Treiben der Investmentbanker, die sich bei ihren Geschäften weder durch Gesetze noch durch die Regeln der Fairness bremsen ließen. Dumm nur, dass der Mann, der ihnen den Maulkorb verpassen sollte, einst ihr Anführer und Vorbild war.

Anshuman Jain, kurz »Anshu« genannt, ist eine der bemerkenswertesten Figuren in der Welt der Hochfinanz. Der 1963 im indischen Jaipur, Bundesstaat Rajasthan, geborene Sohn eines mittleren Beamten gehört der rund 4,4 Millionen Köpfe zählenden Religionsgemeinschaft der *Jainis* an, die von ihren Mitgliedern genau das verlangen, was einer Karriere im Geldgeschäft nicht eben zuträglich ist: Gewaltlosigkeit gegenüber allen Lebewesen (*Ahimsa*), Unabhängigkeit von irdischem Besitz (*Aparigraha*) und Wahrhaftigkeit (*Satya*).

KONQUISTADOR DER FINANZWELT Das hielt den überzeugten Veganer nicht davon ab, einer der erfolgreichsten Investmentbanker der Gegenwart zu werden. Wie sein 12 Jahre älterer Cousin Aijit, der es an die Spitze der Investmentgesellschaft Berkshire Hathaway des legendären Warren Buffett schaffte, verfügt Anshu über ein spezielles Geld-Gen, das ihn Profitchancen schneller erkennen lässt als die meisten anderen Menschen. Für seine Karriere fast noch wichtiger war seine außergewöhnliche Selbstdisziplin, die es ihm unter anderem ermöglichte, neben dem Fulltime-Job in der Bank im Schnellverfahren Deutsch zu lernen.

Nach dem Abitur, das er an einer Privatschule in Neu-Delhi ablegte, studierte Anshu Wirtschaftswissenschaften, erst in Indien, dann in den USA. Den MBA machte er an der University of Massachusetts in Amhurst. Sein Berufsziel stand von Anfang an fest: Er wollte Banker werden. Bei Merrill Lynch stieß er Ende der 80er Jahre auf Edson Mitchell, einen Konquistador der Finanzwelt. Der einem Leben in Sanftmut verpflichtete Inder war fasziniert von dem bulldoggenhaften Amerikaner, der mit allem handelte, was Profit versprach.

Als ihm die Chefs von Merrill Lynch den Aufstieg in den Board verweigerten, begann Mitchell 1995 Verhandlungen mit Hilmar Kopper, der Nummer eins der Deutschen Bank. Im Investmentbanking war »The Deutsche« damals ein Nobody und Mitchell eine große Chance. Um ihn an sein Haus zu binden, offerierte ihm Kopper nicht nur außergewöhnliche Verdienstmöglichkeiten, sondern sicherte ihm auch weitgehende Freiheiten in Bezug auf die Gestaltung seiner Geschäfte zu. Der Amerikaner kam nicht allein, sondern brachte eine Truppe von annähernd 100 Händlern mit, und der fähigste von ihnen hieß Anshuman Jain.

Um die Jahrtausendwende herum war Mitchell bereits der Superstar der Deutschen Bank. Mit seiner zahlenmäßig kleinen Händlerschar verdiente er mehr Geld als der riesengroße Rest der Bank, und es schien nur noch eine Frage der Zeit, bis er die Leitung des Hauses übernehmen würde, nachdem er zusammen mit seinem Kollegen Michael Philipp im Sommer 2000 bereits in den Vorstand eingerückt war. Doch es kam anders. Die Weihnachtsferien wollte er zuhause im US-Bundesstaat Maine mit Frau und Kindern verbringen. Von London aus flog er mit Linie nach Boston, dort wartete sein Pilot mit der Beechcraft King Air, die Mitchell gebraucht erstanden hatte. Nach einem Zwischenstopp in Portland, wo die letzten Geschenke gekauft wurden, steuerte der erfahrene Pilot bei klarem Wetter den kleinen Flugplatz bei Rangeley an. Aus bis heute nicht genau geklärten Umständen zerschellte die Maschine an einem nur 1000 Meter hohen Berg kurz vor dem Ziel, Mitchell und sein Pilot überlebten den Absturz nicht. Nachzulesen ist die Geschichte in dem Buch ›Tod eines Investmentbankers‹ von Nils Ole Oermann.

Bei der Deutschen Bank löste der Tod ihres teuersten Angestellten Entsetzen aus. Noch am 26. Dezember flog der fürs Investmentbanking zuständige Vorstand Josef Ackermann nach London und ernannte, nach Beratungen mit seinen engsten Mitarbeitern, den erst 38-jährigen Anshu Jain zu Mitchells Nachfolger. Der hatte die Geschäftsmethoden seines Mentors verinnerlicht und nahm sich vor, noch bessere Zahlen abzuliefern als dieser. Unter der Leitung Jains wurde »The Deutsche« zu einem der aggressivsten Spieler an den Finanzmärkten. Internen Schätzungen zufolge scheffelte er mit seiner Londoner Händlertruppe für die Bank allein in den ersten 5 Jahren einen Gewinn von 16 Milliarden Euro. Da er Mitchells Provisionssystem beibehalten durfte, wurde Anshu gleichzeitig der am höchsten bezahlte Deutschbanker. Wie viel er genau verdiente, gilt bis heute als eines der bestgehüteten Bankgeheimnisse. Die Spanne der Schätzungen reicht von 30 bis 100 Millionen Euro pro Jahr.

Mitchell und Jain sind die Repräsentanten eines Geschäftsmodells, das die Welt nicht braucht. Sie und ihre Kollegen von Goldman Sachs, J.P. Morgan, Barclay's und all den anderen Investmentbanken verwandelten den Dienstleistungsbetrieb »Bank« in Kasinos, die nur einen Zweck verfolgten: die Spieler reich zu machen. Anstatt die Realwirtschaft mit Geld für Investitionen zu versorgen, wie es nun mal der Sinn einer Bank ist, schufen sie ein finanzielles Paralleluniversum aus fiktiven Werten mit dem Effekt, dass das Finanzkapital der Welt heute etwa dem hundertfachen Wert der realen Wirtschaft (Maschinen, Anlagen, Warenvorräte, Fertigprodukte, Immobilien etc.) entspricht. Den Wettgewinn sackten sie selber ein, die Risiken überließen sie den Kunden, dem Staat und ihren Aktionären.

GIGANT AUF TÖNERNEN FÜSSEN Da die wenigsten reellen Geschäfte Renditen im zweistelligen Bereich abwerfen, Bankchefs wie Josef Ackermann aber »mindestens 25 Prozent Eigenkapitalrendite« forderten, operierten die Finanzartisten mit einem langen Kredithebel. Im sogenannten »Interbankenhandel« pumpten sich die Geldhäuser gegenseitig die nötigen Summen, damit am Ende des Tages die Bilanzen ausgeglichen werden konnten. Als dieser Geldkreislauf nach dem Lehman-Crash abrupt stockte, weil keine Bank der anderen mehr traute, stand die Welt vor dem finanziellen Abgrund.

Schlagartig zeigte sich, wie unseriös die Banken gearbeitet hatten, wie dürftig ihre Ausstattung mit Kapital war. Die Bilanzsumme der Deutschen Bank zum Beispiel erreichte gigantische 2500 Milliarden Euro, das echte Eigenkapital aber betrug kaum mehr als 30 Milliarden. Der Gigant stand auf tönernen Füßen. Das aber war durchaus im Sinne der Boni-Banker. Je geringer das Eigenkapital, desto weniger von ihren Gewinnen mussten sie an die Aktionäre ausschütten. Tatsächlich landete der größte Teil der vielen Milliarden, die von der Bank verdient wurden, in den Taschen der Investmentbanker Anshu Jains.

Waren schon viele der kreditfinanzierten Wettgeschäfte der Bank grenzwertig, so wurde die rote Linie, die das Erlaubte vom Kriminellen trennt, im Eigenhandel nicht selten überschritten.

Noch kurz vor der Lehman-Pleite verkauften Anshus Händler mit Nachdruck Wertpapiere, die auf weiter steigende Immobilienpreise setzten (im Bankjargon: »long« waren), während die Bank bereits auf fallende Preise spekulierte (»short« ging). Eigenhandel heißt: Hier handelt die Bank nicht im Auftrag von Kunden, sondern im eigenen Interesse. Da sie aus den Aufträgen der Kunden aber ziemlich genau weiß, wie sich die Notierungen an den verschiedenen Märkten entwickeln werden, ist sie besser informiert und kann ihren Vorsprung zu Lasten der Kunden ausnutzen. Nicht ohne Grund ließ Bankchef Ackermann den Eigenhandel offiziell einstellen, als sich Staatsanwälte in den USA und Europa dafür zu interessieren begannen.

Lang ist das Sündenregister von »Anshus Army«, wie die verschworene Truppe respektvoll genannt wurde. Rund 1,4 Millionen amerikanischer Familien, die ihre Kreditraten nicht mehr zahlen konnten, wurden von der New Yorker Tochter Deutsche Bank National Trust aus ihren Häusern vertrieben, teilweise unter dubiosen Umständen, mit gefälschten Unterschriften auf richterlichen Dokumenten. Ähnlich fragwürdig waren die Zinswetten, die Jains Abgesandte mit europäischen Kommunen abgeschlossen hatten. Für ihre verpfändeten Verkehrsbetriebe, Wasserwerke oder öffentlichen Gebäude mussten Städte wie Mailand, Würzburg oder Pforzheim plötzlich hohe Mietraten und Zinsausfallgebühren bezahlen. Die Kämmerer fühlten sich getäuscht und klagten gegen die Bank.

Als Leiter des Bereichs Corporate Banking & Securities geriet Anshu Jain ins Visier von Staatsanwälten und der Börsenaufsicht. Unzählige Gerichtsverfahren waren anhängig, die meisten davon endeten mit teuren Vergleichen. Bereits im ersten Quartal 2008 machte sein Bereich einen Verlust von 1,6 Milliarden, Folge hoher Abschreibungen auf geplatzte Kredite. Aus Angst vor weiteren Repressalien hielt Jain seine Meute zu einer etwas gesitteteren Gangart an und trennte sich von allzu bedenkenlosen Geschäftemachern. Die Besten allerdings wollte er behalten. So genehmigte er dem aus Frankreich stammenden Händler Christian Bittar, der mit Wetten auf die Differenzen zwischen verschiedenen Referenz-Zinssätzen fast eine halbe Milliarde Euro verdient hatte, für 2008 den Rekord-Bonus von 80 Millionen Euro.

Als sich später herausstellte, dass Bittar an der Manipulation der Zinssätze beteiligt war, wurde er entlassen, und die Bank hielt die Auszahlung der letzten Rate von 40 Millionen Euro zurück.

2009 rückte Anshu Jain in den Vorstand ein. Nun war er nicht mehr nur für seine Händler, sondern fürs gesamte Investmentbanking zuständig. Die Zeiten des rücksichtslosen Geldverdienens schienen allerdings fürs Erste vorbei zu sein.

In New York wurde der Goldman-Sachs-Händler Fabrice Tourre verhaftet, weil er mit obskuren Papieren, die den Namen »Abacus 2007 AC1« trugen, Kunden um rund eine Milliarde Dollar geprellt hatte. In Europa erschütterten die Skandale um Händler wie Jerome Kerviel, der der französischen Großbank Société Générale einen Verlust von 5 Milliarden Euro eingebrockt hatte, oder den aus Ghana stammenden Kweko Adoboli, der die Schweizer UBS um zwei Milliarden schädigte, das Vertrauen in die Geldbranche. Tausende Anhänger der »Occupy-Wall-Street«-Bewegung protestierten gegen die mit Steuergeldern gerettete Finanzindustrie, und die Politiker fingen an, über schärfere Gesetze nachzudenken.

EINE ANSTÄNDIGE BANK? Bankchef Josef Ackermann, dessen Vertrag im August 2013 auslief, beschlichen Zweifel, ob er der Öffentlichkeit den talentierten Mr. Jain als seinen Nachfolger präsentieren konnte. Zu groß waren in Deutschland die Bedenken gegen den Inder, dessen Name zu einem Synonym für die schmutzigen Geschäfte der Londoner Investmentbanker geworden war. Andererseits konnte er den Machtanspruch Jains auch nicht ignorieren, denn seine »Army« stand fest hinter ihm. So schwebte ihm eine Doppelspitze vor. Jain sollte weiter für fette Gewinne sorgen und Axel Weber, der ehemalige Bundesbank-Chef, »die Deutsche« nach außen repräsentieren. Der Plan ging schief, weil Clemens Börsig, der Vorsitzende des Aufsichtsrats, die Kandidaten so lange hinhielt, bis Weber die Geduld verlor und bei der UBS in Zürich unterschrieb.

Die Machtkämpfe demonstrierten, dass es den Bankmanagern gar nicht um einen wirklichen Neuanfang, sondern allein um ihre Reputation und ihren Einfluss ging. Als am Ende doch eine Doppelspitze gebildet wurde, aus Jain und dem aus dem deutschen Teil der »Deutschen« stammenden Jürgen Fitschen, da hatte die Bank schon vehement den Rückwärtsgang eingelegt. Sie setzte 2000 Investmentbanker auf die Straße und trennte sich von Geschäften im Wert von annähernd 1000 Milliarden Euro, so dass ihre Bilanzsumme auf etwa 1500 Milliarden zusammenschnurrte. Eine wirklich saubere Bank aber war sie damit noch lange nicht.

Der Kraftakt war notwendig geworden, weil die Staaten Ernst machten mit ihrer Absicht, eine zweite Lehman-Krise zu verhindern. Sie verlangten mehr Eigenkapital und mehr Haftung der an den Geschäftsbanken beteiligten »Stakeholder«. Im Krisenfall sollten erst die Aktionäre, dann die Gläubiger und schließlich die Kunden für Verluste einstehen, bevor die Steuerzahler zur Kasse gebeten werden. Und weil sie weder den Bilanzen noch den Beteuerungen der Geldmanager vertrauten, beauftragten die Finanzminister der EU-Staaten die EZB, 104 der wichtigsten europäischen Banken einem »Stresstest« zu unterziehen, der klären soll, wie stabil die Institute wirklich sind.

Die Moral musste im Geldgewerbe also erzwungen werden. Freiwillig mochten die Verwalter des Volksvermögens keinen Fußbreit ihrer Privilegien preisgeben.

Erst die Razzien mit Durchsuchungsbeschlüssen und die Aussicht auf vergitterte Zellen brachten die Herrschaften, die so viel Wert auf Seriosität legen, dazu, von allzu räuberischen Geschäften die Finger zu lassen. So wirkt der »Kulturwandel«, den Jain und Fitschen ausgerufen haben, eher wie eine Marketing-Aktion, um das verlorene Vertrauen der Kunden zurückzuholen.

Die PR-Offensive begann im Januar 2014, als der fürs Personal zuständige Bankvorstand Stephan Leithner in einem Interview mit dem ›Handelsblatt‹ öffentlich ankündigte: »Wer den erforderlichen moralischen Kompass nicht besitzt, kann bei uns nicht arbeiten.« Dabei vergaß er zu erwähnen, dass sein eigener Kompass von der Staatsanwaltschaft München angezweifelt wurde, die gegen Leithner ein Ermittlungsverfahren wegen Prozessbetrugs im Fall Kirch eingeleitet hatte. Fast gleichzeitig meldete sich Ex-Chef Josef Ackermann in einer Rede zum Neujahrsempfang in Hamburg-Blankenese zu Wort: Um weitere Eingriffe des Staates zu verhindern, »müssen Unternehmer, Manager und vor allem Banker künftig strengstens darauf achten, ihre Gewinne stets auf absolut ehrbare Weise zu erwirtschaften …« Auf der Hauptversammlung 2014 sprach der neue Co-Chef Jürgen Fitschen dann das Schlusswort zum Kulturwandel: »Wir wollen nicht nur als anständige Bank wahrgenommen werden, wir wollen eine anständige Bank sein.« Wer hätte das gedacht.

Drinnen im Maschinenraum der Bank rumorte es gewaltig, denn viele der zuvor auf maximale Rendite getrimmten Finanzexperten verstanden nicht so recht, was ihre Chefs mit dem Kulturwandel eigentlich meinten. Auf Gewinne verzichten? Blöde Idee. Geringere Gewinne machen? Genauso blöd. Weitermachen wie bisher? Geht wohl nicht. Die Lösung: vorsichtiger agieren und sich nicht erwischen lassen! Ernster war die Frage, wie künftig die Ferraris und Porsches finanziert werden sollten, wenn die Boni gedeckelt waren. Hatten die Bosse doch verfügt, dass der Bonus höchstens doppelt so hoch ausfallen dürfe wie das Fixgehalt. Da konnte man doch gleich zum Sozialamt gehen. Auf jeden Fall mussten jetzt die fixen Bezüge deutlich angehoben werden – was dem Vorstand heftigen Ärger mit den Aktionären eintrug.

ANGST VOR DER MACHT DER MORAL Als Jain und Fitschen der Zweifel ihrer Angestellten ansichtig wurden, verordneten sie ihnen eine außenwirksame Therapie: Die Herren und Damen Deutschbanker wurden zum Ethik-Seminar nach Köln beordert. Rund 500 Führungskräfte, sortiert in Gruppen zwischen 10 und 20 Personen, ließen sich im Institut der deutschen Wirtschaft zwei Tage lang erklären, wie moralisches Verhalten für einen Banker auszusehen hat. Die Lehrer waren der Ethik-Professor Dominik Enste, der Wirtschaftswissenschaftler Michael Hüther und der Psycho-Professor Detlef Fetschenhauer. Nach Grundsätzlichem über die zivilisatorische Entwicklung in Sachen Ethik wurden anhand von Fallbeispielen Entscheidungssituationen durchgespielt, an deren Ende sich die Aspiranten fragen sollten: Kann ich abends noch in den Spiegel schauen? Kann ich meinem Partner erklären, was ich heute getan habe?

Ob sich auf diese Weise der Zielkonflikt zwischen Geschäft und Moral auflösen lässt, darf bezweifelt werden. Wenn etwa Wilhelm Dieter Freiherr Haller von Hallerstein, Co-Chef des Privat- und Firmenkundengeschäfts, seinen Mitarbeitern vollmundig erklärt: »Bei der Frage, ob das Produkt oder der Kunde Vorrang hat, sollte spätestens jetzt jedem klar sein, dass immer der Kunde Priorität hat« – dann vergisst er zu erwähnen, dass er noch vor kurzem als Chef der Bank-Tochter Sal. Oppenheim häufig anders entschieden hat. Im Fall der um viele Millionen geschädigten Kundin Sabine Rau zum Beispiel.

Klarer war die Botschaft, die Colin Fan an seine Leute richtete. Seit Jains Aufstieg in den Vorstand leitete der Kanadier chinesischer Herkunft zusammen mit dem Italiener Michele Faissola das Investmentbanking der Deutschen Bank. Per Video ermahnte er die raubeinigen Händler zu zivileren Umgangsformen: »Unser Ruf ist alles. Zu prahlen, indiskret oder vulgär zu sein, ist nicht in Ordnung. Es wird ernste Folgen für eure Karriere haben. Ich habe bei diesem Thema alle Geduld verloren. Jede Kommunikation, die auch nur ansatzweise als unprofessionell angesehen werden könnte, hört auf. Jetzt sofort ...« Das Benehmen immerhin sollte sich bessern, von den Geschäftsmethoden war nicht die Rede.

Doch auch hier mussten Jain und Fitschen Zugeständnisse an die Moral machen. Nachdem Foodwatch und die Welthungerhilfe der Deutschen Bank vorwarfen, die Spekulation ihrer Händler mit Agrarrohstoffen wie Mais, Soja oder Weizen trieben die Preise für Grundnahrungsmittel in die Höhe und seien die Ursache für Hungersnöte in Afrika, Asien oder Südamerika, entbrannte eine Diskussion über die Richtigkeit dieser These. Obwohl die Mehrzahl der Agrarökonomen nach umfangreichen Studien zu der Erkenntnis gelangte, dass nicht die Spekulanten, sondern eine reale Verknappung des Angebots durch meteorologische und andere Einflüsse Ursache der Preissteigerungen gewesen sei, gab die Bank dem öffentlichen Druck nach. Sie gelobte, künftig keine Anlagefonds mehr aufzulegen, die auf kurzfristige Preistrends bei Agrarrohstoffen setzten.

Wie sehr die Deutschbanker mittlerweile die Macht der Moral fürchteten, zeigte sich im fernen Australien. Die Bergbau-Unternehmerin Gina Rinehart möchte mit ihrer Firma Hancock Prospecting in Queensland eine riesige Kohlemine erschließen und deshalb die Verladestation Abbo Point im Nordosten des Kontinents zum größten Kohlehafen der Welt ausbauen lassen. Dazu müssten mehr als 3 Millionen Tonnen Erde, Sand und Schlamm ausgebaggert und im Meer verklappt werden. An der Finanzierung des gewaltigen Projekts wollte auch die Deutsche Bank verdienen, doch dann erschrak sie vor den Protesten der Umweltschützer.

Aus Sorge um das Ökosystem des Great Barrier Reef machten Organisationen wie Urgewald Front gegen das Vorhaben und sammelten 200 000 Unterschriften zur Rettung des UNESCO-Weltnaturerbes. Als die Aktivisten auf der Hauptversammlung im Frühjahr 2014 den Vorstand für eventuelle Schäden am Korallenriff verantwortlich machten, zuckte Aufsichtsratschef Paul Achleitner zurück: »Wir haben mit diesem Projekt derzeit nichts zu tun und werden auch künftig nichts damit zu tun haben.« Ein freiwilliger Verzicht auf Profit, wann hat es das bei der Deutschen Bank jemals gegeben?

ETHISCH INVESTIEREN UND VERDIENEN Geht es den Geldhäusern darum, von den Sünden der Vergangenheit abzulenken und ihr beflecktes Image aufzupolieren, so sind die Investoren schon ein Stück weiter. Ethisches Investieren ist ein Modetrend, der seit den 90er Jahren an Schwung gewinnt; inzwischen ist er bis zu den Verwaltern des großen Geldes vorgedrungen. Die Idee stammt aus dem 18. Jahrhundert, als die Glaubensgemeinschaft der Quäker in Großbritannien bestimmte Firmen mit dem *Testimony of Integrity* – einem Zeugnis für Ehrlichkeit – auszeichnete. Wer ein solches Zeugnis haben wollte, durfte weder mit Sklaven noch mit Waffen handeln, vor allem aber hatte die Geschäftsleitung ihre Aktionäre stets wahrheitsgemäß zu informieren.

Darauf legen die Manager der zahlreichen Ethik- und Nachhaltigkeitsfonds auch heute großen Wert. Die frühesten dieser modernen Anlagevehikel entstanden nach dem Vietnamkrieg in den USA, als einige Universitätsstiftungen sichergehen wollten, dass ihr Geld nicht für die Produktion von Waffen, Napalm oder Giftgas verwendet wurde. Anthroposophen gründeten 1974 in Bochum mit der GLS Gemeinschaftsbank das erste deutsche Institut, das seine Investitionen ausschließlich nach sozialen und ökologischen Kriterien ausrichtete. Inzwischen bietet so ziemlich jede Bank Wertpapiere zum nachhaltigen Investieren an. Die

Experten der GeVestor Financial Publishing Group zählten zu Beginn des Jahres 2013 nicht weniger als 380 Nachhaltigkeitsfonds, Tendenz steigend.

Die Kriterien, nach denen solche Fonds ihr Geld anlegen, sind allerdings ziemlich verschieden. Gemieden werden im Allgemeinen Rüstungsproduzenten, Tabakkonzerne, Schnapsdestillen, AKW-Betreiber, Drogenlieferanten sowie Firmen, die mit Gentechnik, Raubbau, Kinderarbeit oder Tierversuchen in Verbindung gebracht werden können. Da die positive Auswahl schwieriger ist, gibt es bereits mehrere Rating-Agenturen wie Oekom Research oder Südwind, die Anbieter von Wertpapieren nach sozialen und ökologischen Gesichtspunkten klassifizieren. Die Analysten filtern in jeder Anlageklasse jene Firmen heraus, die bei den Nachhaltigkeitskriterien besonders gut abschneiden. Im Jargon der Börsianer heißt diese Methode »Best-in-Class«.

Für die Unternehmen, die sich am Kapitalmarkt durch die Ausgabe von Aktien oder Anleihen Geld besorgen wollen, haben diese Kriterien eine umso größere Bedeutung, je gewichtiger die Summen sind, die danach angelegt werden. Seit vor allem Staatsfonds, Pensionskassen und Treuhandgesellschaften nach dem Motto handeln: »Mit gutem Gewissen Geld verdienen«, fließt immer mehr Kapital dorthin, wo ein gewisses Maß an Moral vermutet werden darf. Weltweit dürften bereits 13 Billionen Dollar nach sozialen, ökologischen oder ethischen Kriterien angelegt worden sein, schätzt Wolfgang Engshuber, Vorsitzender der Initiative Priniciples for Responsible Investment (PRI) der Vereinten Nationen.

Der norwegische Pensionsfonds (Oljefondet), der die Öl- und Erdgas-Einnahmen des Staates verwaltet, ist mit einem Vermögen von mehr als 550 Milliarden Euro der größte Staatsfonds der Welt. Die Manager dieses riesigen Geldhaufens legen die Messlatte für die ethischen Kriterien ihrer Investments immer höher: Vom Geldsegen ausgeschlossen werden alle Firmen, die mit Kinderarbeit, Waffen und Korruption ihre Brötchen verdienen; neuerdings sind auch Erzeuger und Verarbeiter des Klimakillers Kohle von der Investitionsliste gestrichen. In der Schweiz vertritt die Stiftung »Ethos« 140 öffentliche und private Pensionskassen mit einem Gesamtvermögen von mehr als 100 Milliarden Franken. Nicht selten übertragen die Kassen ihre Stimmrechte auf den Hauptversammlungen an die Stiftung, die somit bei vielen Unternehmen ein gewichtiges Wort mitzureden hat. Ethos-Gründer Dominique Biedermann will die Unternehmen auf eine gute Corporate Governance und die Einhaltung hoher ökologischer und sozialer Standards verpflichten.

Zu einem Big Business hat sich das Ethik-Investment in den USA entwickelt. Betrieben wird es sowohl von institutionellen Investoren wie Pensionsfonds als auch von den »Family Offices« reicher Familien, die sich nicht nachsagen lassen wollen, dass ihr Vermögen skrupelloser Geschäftemacherei diene. Angeblich steckt bereits jeder achte Dollar solcher Großanleger in ethisch vertretbaren Wirtschaftszweigen. Das Global Impact Investing Network (GIIN) hilft bei der Frage, welches Investment ethisch wertvoll ist und welches nicht. Schon gibt es Börsen-Indices wie den Dow Jones Euro Stoxx Sustainability oder den FTSE 4 Good, in denen Aktien besonders nachhaltig wirtschaftender Unternehmen zusammengefasst sind. An der New Yorker Börse (NYSE) durften die Mitglieder eines Clubs, der sich um soziale Investments kümmert, sogar die Schlussglocke läuten, eine Ehre, der sonst nur Polit-Promis oder Wirtschaftsgrößen teilhaftig werden.

KNIEFALL DER GELDBRANCHE Auf Rendite verzichten aber möchten die guten Wall-Street-Kapitalisten natürlich nicht, deshalb rechnet ihnen die Finanzindustrie laufend vor, dass Gewinn und Gutsein durchaus zusammengingen. Nach einer Studie, verfasst von den Autoren Mike Barnett (Oxford University) und Robert Salomon (New York University) werfen Aktienfonds, die ihre Auswahl nach besonders strengen moralischen Kriterien treffen, sogar höhere Gewinne ab als jene mit einer beliebigen Mischung. Das kann man glauben oder nicht, den Kursen »unethischer« Firmen wie British American Tobacco oder EADS (Rüstung) jedenfalls hat der Trend nicht geschadet.

Ein weiterer Grund für den Kniefall der Geldbranche vor der Moral ist die Sorge um den Nachwuchs. Rissen sich vor der Finanzkrise die Jahrgangsbesten der verschiedensten Fakultäten, von der Betriebswirtschaft bis zur Mathematik, um die gut bezahlten Jobs in den Handelssälen der Investmentbanken, so möchte heute kaum einer mit den als Zockerbuden verschrienen Instituten in Verbindung gebracht werden. Bei den Rankings der beliebtesten Arbeitgeber für Akademiker liegen in Deutschland derzeit mal wieder die Autokonzerne vorne, in den USA sind es die Silicon-Valley-Notabeln Google und Facebook, abgeschlagen rangieren in beiden Regionen die Geldhäuser am Ende der Listen.

Abschreckend wirkt auf begabte Absolventen nicht nur der schlechte Ruf der Banker, sondern auch die Entlassungswelle im Investmentgeschäft, die schrumpfenden Gehälter und die hohe Arbeitsbelastung. Als der deutsche Student Moritz Erhardt im August 2013 während seines Praktikums in einer Londoner Investmentbank tot zusammenbrach und sich herausstellte, dass er praktisch drei Tage und Nächte durchgearbeitet hatte, da wirkte das wie ein Schock auf die Absolventen der Business Schools. Obwohl die gerichtsmedizinische Untersuchung ergab, dass der Deutsche einer Epilepsie-Erkrankung erlegen war, verstärkte der Vorfall an den Unis die Abneigung gegen ausbeuterische Arbeitsbedingungen im Geldgewerbe.

Sobald sich die Banken gesundgeschrumpft haben, wird der *War for talents*, der Krieg um Talente, erst so richtig losgehen. Um die rarer werdenden Hochschulabsolventen der geburtenschwachen Jahrgänge ringen dann Industrie- und Handelskonzerne ebenso wie Consultingfirmen, und die Besten wird derjenige bekommen, der nicht nur Geld, sondern prima Arbeitsbedingungen, Aufstiegschancen und ein tadelloses Image zu bieten hat. Moralisches Verhalten hat für die gesuchten Talente heute einen ungleich höheren Stellenwert als für die Generation ihrer Väter und Mütter. Nach Aussagen führender Personalberater spielen beim Recruiting des akademischen Nachwuchses ethische Werte eine immer wichtigere Rolle. *To make the world a better place* – die Welt zu einem besseren Ort machen: Das ist der hohe Anspruch, den viele junge Menschen an sich und ihren künftigen Arbeitgeber stellen. Das wirkungsvollste Instrument im Kampf um begabte Mitarbeiter wird deshalb ein moralisch einwandfreier Ruf sein. Der Kulturwandel ist für die Deutsche Bank mehr als ein bisschen Kosmetik, er entscheidet über die Zukunft des Instituts.

Moral wird zum entscheidenden Verkaufsargument, nicht nur

für Produkte und Dienstleistungen, sondern auch für Banker und Manager. Bei der Besetzung von Spitzenjobs spielt die fachliche Qualifikation eine untergeordnete Rolle, sie wird bei allen Kandidaten vorausgesetzt. Den Unterschied macht der Charakter, die Persönlichkeit. Als wichtigstes Merkmal gilt schon heute die Vertrauenswürdigkeit, und künftig werden die Investoren noch mehr Wert auf moralisch einwandfreies Verhalten legen, denn sie haben erfahren, wie teuer die Reparatur eines ramponierten Rufes kommt. Wahrheit und Klarheit gehen vor Größe und Gewinn; Trickser und Täuscher sieht man deshalb lieber bei der Konkurrenz als im eigenen Haus. Moral ist nicht nur ein Geschäft, sie entscheidet mehr denn je über den Erfolg im Geschäft.

Kapitel VI
Die Diktatur des Moraletats

Nicht nur die Welt der Banken und der Wirtschaft wurde von der Moralisierung umgekrempelt. Tiefer noch sind die Spuren, die sie in der Zivilgesellschaft hinterlassen hat. Der Wertewandel prägt die politische Diskussion wie das Betriebsklima, die Sprache wie das Internet, die Umgangsformen wie das Konsumverhalten, doch nicht immer gereicht er allen Menschen zum Vorteil.

Wer die Regeln verletzt, welche die Moralbürger als die verbindlichen ansehen, bekommt den Zorn einer gar nicht mehr schweigenden Mehrheit zu spüren. Gegen die Moral ist kein Einspruch möglich, da helfen keine Argumente. Moral formt das Verhältnis zu den Nachbarn wie zu den Freunden, erst recht bestimmt sie den Anspruch an öffentlich bekannte Leute, vom Politiker bis zum TV-Moderator. Der Moralist bewertet gerne, am liebsten das Verhalten anderer Menschen.

Vorbei sind die Tage unbeschwerten Konsumierens, des Vergleichens von Haus, Boot und Auto mit denen des Nachbarn oder Kollegen. Jetzt geht es um Höheres. Um guten Benimm, um Spenden für die Benachteiligten, ums edle Gemüt. Die Sehnsucht nach Werten jenseits des Materiellen brachte allerlei Erscheinungen hervor, die den schlichten Lebenszweck der Vorgänger-Generationen alt aussehen lassen. Mit der Inflationierung der Statussymbole verlor das Raffen seinen Reiz. Die erschlaffte Gesellschaft sucht Trost und Halt in neuer Bescheidenheit. Sie will Gutes tun in der Hoffnung, die Wilden zu disziplinieren.

Sie weiß um die Gier der anderen, die erst als Touristen kommen, dann als Lernende, und die sie fürchtet als die künftigen Herren. Sie will sie zähmen mit den Regeln der Moral; will ihnen die Güter, die sie im Überfluss herstellt, nach Hause liefern, in der Hoffnung, sie blieben dort und übernähmen nicht unsere Fabriken. Man will Ordnung halten auf den Straßen, in den Schulen die Kinder schützen vor den anderen. Die Zivilisierung ist eine Waffe, die den Schwachen schützt, die noble Geste regelt die Distanz.

Der Planet ist in Gefahr, wir denken ja global. Ging es früher um den sauberen Weiher nebenan, so machen wir uns heute Gedanken ums große Ganze. Die Armut in der Nähe ist Sache der Behörden, unsere Sorge gilt dem Südsudan, dem Irak oder dem Jemen. Helfen wollen wir, die Ressourcen schonen, die Klimakatastrophe abwenden. Wir essen keine toten Tiere mehr, messen akribisch unseren CO_2-Ausstoß und weinen beim Anblick der vor Lampedusa absaufenden Flüchtlinge. Unsere Moral gebietet Teilnahme am Leid der anderen, das schlechte Gewissen verfolgt den Wohlstandsbürger bis in den Schlaf. Wir sind darauf gepolt, Ungerechtigkeiten aufzuspüren, Heuchelei zu entlarven und die Welt zu einem besseren Ort zu machen. Wir sind gut, weil wir erfolgreich sind. Indem wir für die Armen spenden, demonstrieren wir unsere Überlegenheit.

Ständig stoßen wir uns an den Widersprüchen, die unser Leben prägen. Einerseits verachten wir den Konsumwahn und das Protzen mit Statussymbolen, andererseits beschäftigen wir uns sehr wohl mit den Unterschieden in der Warenwelt. Wir studieren die Bewertungsportale im Internet und achten selbst beim Kauf eines Fahrrades auf die Marke. Wir schimpfen über die Korruption bei der FIFA und versammeln uns beim Public Viewing zu Tausenden, um die WM-Spiele zu sehen. Die Armutsflüchtlinge aus Afrika finden unser Mitgefühl, aber wenn der Stadtkämmerer mehr Geld für ihre Unterbringung fordert, sind wir dagegen. Die Exporte von Panzern und Kanonen nach Afrika finden wir abscheulich, aber wenn Airbus und Krauss-Maffei Wegmann mit Entlassungen drohen, gehen wir auf die Straße. Wir haben einen gut bezahlten Job und leben davon, Dinge herzustellen, die wir nicht brauchen. Unser Geld verdienen wir mit den Ausgaben der anderen.

Selbstverständlich sind wir für barrierefreies Wohnen und die Inklusion an den Schulen, doch unseren begabten Sprössling schicken wir aufs Internat nach England oder in die Schweiz. Einstein war ja auch nicht in der Sonderschule. Wir schätzen die Künste der Sterneköche und genieren uns im Freundeskreis, über deren Preise zu reden. Wir wollen Gutes tun und können gar nicht anders, als die Umwelt zu belasten und Nachbarn zu belästigen. Sobald wir aus der Garage fahren oder ein Flugzeug besteigen, verbrauchen wir Ressourcen und verursachen Emissionen. Die Moral belastet unser Gewissen und raubt uns die Naivität. Wir stecken in der Klemme.

Wie sehr die Moralisierung das Wertesystem der bürgerlichen Gesellschaft verändert hat, zeigt sich an folgenden aktuellen Trends und Moden, die zwar alle unterschiedliche Ursachen haben, doch einem gemeinsamen Nenner folgen: dem Wunsch nach einem besseren, einem moralischeren Leben.

Downshifting: Von allem ein bisschen weniger

So ganz neu ist die Idee des Downshifting nicht. Der Erste, der damit anfing, hieß Diogenes von Sinope und lebte rund 400 Jahre vor Christus in Athen oder Korinth, die Quellenlage ist etwas diffus. Angeblich soll er in einem Fass gehaust und sich von erbetteltem Gemüse ernährt haben. Sein Ruf als Philosoph war jedoch so bedeutend, dass ihm Alexander der Große seine Aufwartung machte, bevor er gegen die Perser in den Krieg zog. Womit er ihm eine Freude machen könne, fragte der König. Diogenes soll, so geht die Sage, den Kopf aus dem Fass gesteckt und geantwortet haben: »Geh mir, oh Herr, nur ein wenig aus der Sonne.«

So radikal wie der Öko-Zausel aus dem alten Griechenland wollen es die Konsumrebellen der Gegenwart nicht angehen lassen. Wenig haben sie auch mit den bärtigen Zivilisationsflüchtlingen der 70er Jahre gemein. Ihnen geht es nicht um die Abschaffung des Kapitalismus oder der Atomkraft, sondern um ein vernünftiges Leben. Freimachen wollen sie sich vom Konsumzwang und nebenbei auch noch ein wenig Gutes für den Planeten tun. Niemand weiß so ganz genau, wer als Erster auf die Idee kam, doch die Welle des Weniger hat längst die Metropolen in Europa wie den USA erreicht. Allerdings spricht vieles dafür, dass die Verkünder des Verzichts mehr Aufmerksamkeit erfahren als die Verzichtenden selbst.

Aussteiger, denen das Getriebe der Zivilisation auf die Nerven ging, hat es wohl zu allen Zeiten gegeben. Von Jean-Jacques Rousseau, dem Theoretiker der Französischen Revolution, über Henry David Thoreau, der 1845 in einer abgelegenen Blockhütte im US-Bundesstaat Massachusetts das naturselige Kultbuch ›Walden‹ verfasste, bis hin zum Anarchisten Erich Mühsam und den übrigen Bewohnern der Künstlerkolonie auf dem Monte Verità bei Ascona reicht die Liste prominenter Stadtflüchtlinge. Sie wollten weg von den Zwängen der Konvention und suchten Erfüllung in der freien Natur. Die Verweigerer unserer Tage aber zieht es mitten hinein in den Großstadtdschungel, befreien möchten sie sich nur vom Überfluss.

Sie brauchen keinen zweieinhalb Tonnen schweren SUV-Panzer, um auf den verstopften Straßen Berlins, Wiens oder Londons voranzukommen, sondern steigen um aufs Fahrrad. Statt ihr Geld in teuren Szenelokalen auszugeben, legen sie auf der Dachterrasse einen Kräutergarten an. Kurz vor Feierabend streunen sie über die Wochenmärkte, wo das lasche Gemüse fast umsonst zu haben ist. Hartgesottene betreiben das *Container-diving*: suchen im Abfall der Wegwerfgesellschaft nach Verwertbarem. Klamotten besorgen sie sich aus Altkleidersammlungen, und den Laptop löten sie aus Elektronik-Schrott selbst zusammen.

Die Verzichtenden stammen aus fast allen Schichten, häufig brachten sie ein Studium der Germanistik, Philosophie oder des Journalismus hinter sich, wie die Leipzigerin Greta Taubert, die ein Jahr lang auf jeden Einkauf verzichtete, dabei 20 Kilo abnahm und ihre Erfahrungen in einem Buch verarbeitete. Titel: ›Apokalypse jetzt‹. Manche haben mit IT zu tun, sind Programmierer oder wenigstens Blogger, wie der Berliner Sebastian Küpers, der sich als »Entrepreneur, Planner, Developer, Gamer« ausgibt. Eines Tages fasste er den Entschluss, sich von dem ganzen Krempel zu trennen, der sich bei ihm angesammelt hatte, und nicht mehr als 100 Dinge zu behalten. Damit scheint er gut klarzukommen. Der Berliner Raphael Fellmer hat es geschafft, ohne einen einzigen Cent ein Jahr zu überleben. Wie er sich am Leben hielt und kostenlos nach Mexiko ausreiste, wo er seine Frau kennenlernte, beschreibt er in seinem Buch ›Glücklich ohne Geld‹.

Nicht blanke Not treibt sie zur Minimierung des Dinglichen, sondern eher der Überdruss an einer ausufernden Warenwelt, die in ihren Augen nicht die Bedeutung haben sollte, die sie nun mal hat. »Mäßigung gilt als Ausweis eines irgendwie klügeren Lebens«, fasste der ›Spiegel‹ die Motivlage der Reduzierer zusammen. Sie zweifeln an der Sinnhaftigkeit einer Gesellschaft, bei der sich alles ums Produzieren und Konsumieren dreht, wie am Verstand der Menschen, die so viele Lebensmittel einkaufen, dass jeder von ihnen im Jahr gut 80 Kilogramm davon in den Abfalleimer wirft (die Zahl stammt vom Bundesernährungsministerium) – und dennoch immer dicker wird. Nach Erhebungen der Deutschen Gesellschaft für Ernährung e. V. (DGE) hatten 2013 bereits 67 Prozent der Männer und 53 Prozent der Frauen Übergewicht.

»›Containern‹ passiert aus zwei Gründen«, erklärt Markus Vogt, der am Lehrstuhl für christliche Sozialethik an der LMU München die Welt der Mülltaucher erforscht, »aus der Not heraus oder als sozialer Protest.« Die Restesammler protestieren gegen die Gedankenlosigkeit der Überflussgesellschaft, die es sich leisten kann, 11 Millionen Tonnen Lebensmittel im Jahr wegzuwerfen. Moralisch fühlen sie sich im Recht, auch wenn sie, juristisch betrachtet, Diebstahl begehen und vor Sachbeschädigung nicht zurückschrecken.

Der Überfluss beginnt im Kinderzimmer, wo sich nach Ansicht der meisten Pädagogen zu viele Spielsachen ansammeln, und setzt sich fort in den Wohnungen der Erwachsenen, wo allein im Jahr 2012 über 10 Millionen neue Fernseher, 13 Millionen Computer und 22 Millionen Handys Platz fanden. Im Schnitt verfügt ein deutscher Haushalt über drei Mobiltelefone; 83 Prozent haben ein, 30 Prozent mindestens zwei Autos.

Den Nachdenklichen schaudert es bei der Vorstellung, dass immer mehr der 7,2 Milliarden Menschen, die derzeit den Planeten bevölkern, eine Ausstattung wie die Amerikaner oder Deutschen anstreben. Die schnell wachsenden Mittelschichten in Russland, Südostasien oder Südamerika erfreuen mit ihren Konsumwünschen zwar die Industrie, doch der damit verbundene Verbrauch an Ressourcen führt schon jetzt zu brutalen Verteilungskämpfen um Rohstoffe und zu einem kaum mehr zu bremsenden Ausstoß an Emissionen.

Dabei sind auch die Wohlstandsbürger noch lange nicht am Ende ihrer Wünsche angelangt. Stets verlangen sie von allem ein bisschen mehr: ein Auto mit noch mehr Prestige, ein Computer mit mehr Leistung, ein Smartphone mit größerem Bildschirm, eine Wohnung mit mehr Zimmern, ein Haus mit noch größerem Garten. Ein VW Golf wog im Jahr 1974 kaum mehr als 750 Kilo und verfügte über eine Motorleistung von 50 PS. Das aktuelle

Modell wiegt zwischen 1200 und 1500 Kilo und leistet bis zu 300 PS. Im Jahr 1965 betrug die durchschnittliche Wohnfläche pro Kopf der westdeutschen Bevölkerung 22 qm, 2014 hat jeder im vereinigten Deutschland statistische 45 qm zur Verfügung. Wenn sich die Gewohnheiten nicht ändern, prophezeit die Umweltschutz-Organisation WWF (World Wide Fund for Nature), braucht die Menschheit im Jahr 2050 drei Erden zum Überleben.

Die schlichte Erkenntnis, dass endloses Wachstum bei endlichen Ressourcen nicht möglich ist, führte schon zu Beginn der 70er Jahre des vergangenen Jahrhunderts zu einer Diskussion über ›Die Grenzen des Wachstums‹ – so der Titel eines 30 Millionen Mal verkauften Buches des Club of Rome. Gelernt hat die Menschheit daraus nichts, im Gegenteil: Der globale Ressourcenverbrauch gewann danach erst richtig an Schwung.

20 WOCHENSTUNDEN REICHEN AUS Auch wenn die Vorhersagen der Autoren um Dennis L. Meadows die enorme Produktivitätssteigerung der Industrie nicht hinreichend berücksichtigten und deshalb in der Wirtschaft belächelt wurden, so wirkt das Bedrohungsszenario bis heute nach. Für die Menschen in den Entwicklungsländern bedeutet die Globalisierung des Wirtschaftsgeschehens die Chance zum Aufstieg aus bitterer Armut in ein Leben mit Kühlschrank, Waschmaschine, Telefon und Fernseher. Von der Produktion dieser und anderer Güter lebt inzwischen der Großteil der Beschäftigten in den Industrie- und Schwellenländern. Doch weil die Bevölkerung des Planeten in atemberaubendem Tempo zunimmt – 2050 soll es bereits 10 Milliarden Menschen geben – potenziert sich das Problem der begrenzten Vorräte an Nahrungsmitteln, Rohstoffen, Energieträgern.

Die Moral gebietet der etwa einen Milliarde Menschen, die in relativem Wohlstand lebt, dass sie den übrigen sechs Milliarden den gleichen Lebensstil nicht verweigert – zumal sie von dem Wohlstandsgefälle in erheblichem Maß profitiert. Als Ausweg aus dem Dilemma empfehlen nun immer mehr Ökonomen, Philosophen und Soziologen das Maßhalten, die Reduzierung des Konsums auf ein notwendiges Minimum.

Voll den Zeitgeist trafen der Ökonom Robert Skidelsky und sein Sohn Edward, Philosophie-Professor an der Universität Exeter, mit ihrem gemeinsam verfassten Titel ›Wie viel ist genug?‹.

Die beiden Gelehrten von der britischen Insel halten den materiellen Overkill für schlichtweg bekloppt: »Geld zu verdienen kann kein Selbstzweck sein, zumindest nicht für jemand, der bei vollem Verstand ist.« Wer die Jagd nach Reichtum zum Lebenszweck mache, verhalte sich wie jemand, dessen Ziel beim Essen das Dickwerden sei. Sie empfehlen Mäßigung, wie das die großen Denker der Menschheit, von Aristoteles bis Thomas von Aquin, schon immer gefordert haben. Zumindest Vater Robert, der über John Maynard Keynes, den wohl berühmtesten Ökonomen des 20. Jahrhunderts, eine dreibändige Biografie schrieb, hat gut lachen: Er lebt in Wohlstand auf dem Landsitz Tilton, der einst Keynes gehörte.

Nicht alle der Verzicht-Ideologen predigen Wasser und trinken Wein. Zu den radikalsten Kritikern der auf Wachstum gepolten Wirtschaftsordnung zählt der Oldenburger Volkswirtschaftsprofessor Niko Paech, der mit seinem Buch ›Befreiung vom Überfluss‹ einen Bestseller landete. Um zu demonstrieren, wie er sich eine »Postwachstumsökonomie« vorstellt, gründete er in Oldenburg ein »Repaircafé«, in das die Besucher defekte Geräte, vom Handy bis zum Fahrrad, mitbringen können. Unter der Anleitung ehrenamtlicher Helfer lernen sie, die Teile wieder gebrauchstüchtig zu machen. Kaputt-Cafés gibt es mittlerweile überall in der Republik, von Hamburg im Norden bis München und Stuttgart im Süden. Paech möchte die Wegwerfgesellschaft zur Wiederverwertungsgesellschaft umfunktionieren und die Produktion neuer Güter zurückschrauben auf ein Volumen, das dem tatsächlichen Bedarf der Menschen entspricht. Zu ihrer Herstellung reichen seiner Meinung nach 20 Arbeitsstunden pro Woche aus.

Die freie Zeit sollten die Menschen dazu nutzen, Obst und Gemüse anzubauen, Pullover zu stricken, Möbel zu tischlern und sich mit dem Sinn und Zweck ihrer Existenz zu beschäftigen. Anders als Skidelsky lebt Paech den vom Überfluss befreiten Stil vor; er trägt seit Jahr und Tag dieselben Jacken und setzt in seiner Freizeit alte Fahrräder instand. Jede Form von Wirtschaftswachstum, auch ein ökologisch verträgliches, hält er für schädlich, da es unweigerlich auf einen Verbrauch an natürlichen Ressourcen hinausläuft.

Mit Moral haben die Prediger des Weniger-ist-mehr insofern

zu tun, als sie sich Sorgen um die Gesundheit des Planeten und die Lebenschancen künftiger Generationen machen. Auch wenn ihre Vorschläge mitunter radikal ausfallen, stehen sie für den Überdruss am Überfluss, der sich in den Wohlstandsgesellschaften des Westens deutlich spürbar breitmacht. Er zeigt sich nicht nur an wenigen Container-Tauchern, sondern viel nachdrücklicher an der vom Handel so bitter beklagten »Konsumzurückhaltung« der Bevölkerung.

OHNE WACHSTUM KEIN FORTSCHRITT? Wenn die Wirtschaft immer mehr Geld für Marketing und Werbung ausgeben muss, um ihre Absatzzahlen auch nur konstant zu halten, dann spricht das für gesättigte Märkte und ebensolche Verbraucher. Sie finden Geiz geil und halten, trotz niedriger Zinsen, das Geld zusammen. Das ist zwar noch kein moralischer Wert, doch der Verzicht auf die Jagd nach Mehr könnte Kräfte freisetzen, die der Reflexion über den Sinn des Lebens zugutekommen – und damit letztlich doch der Moral dienen. Im Katholizismus zählt die Völlerei zu den sieben Todsünden, und es scheint, als hätten dies nicht alle Konsumenten der Gegenwart vergessen. Ein Instinkt fürs gesunde Normalmaß bildet offenbar die beste Barriere gegenüber der allgegenwärtigen Verführungs-Industrie.

Naturgemäß schmeckt die Verzichtbewegung den Anbietern so wenig wie den neoliberalen Wirtschaftstheoretikern. Eine stagnierende oder gar rezessive Wirtschaft mögen sie sich nicht vorstellen, denn für sie ist Wachstum gleichbedeutend mit Fortschritt. Ohne Expansion gäbe es nach ihrer Theorie weder die moderne Technik noch den Wohlstand der Massen. Der schöpferische Drang des Menschen, mit neuen Produkten und Verfahren das Leben angenehmer und ertragreicher zu gestalten, zerschellte an der Verweigerungshaltung der Konsumenten. Die Verteilungskämpfe gewännen an Schärfe, wenn das Warenangebot ausdünnte, die Löhne schrumpften, die Preise in den Keller fielen. Niemand würde mehr investieren, niemand etwas Neues erfinden, niemand sich anstrengen. Ein Horror eben.

Insgeheim aber haben die Absatz-Strategen in den Konzernzentralen die Schmalhans-ist-Küchenmeister-Philosophie der Verweigerer längst antizipiert. Apple brachte bereits eine abgespeckte Billigversion seines iPhones auf den Markt, Daimler nahm mit dem Smart ein Minimal-Auto ins Programm, und auch VW lässt ein für die Entwicklungsländer gedachtes Einfachst-Vehikel entwickeln. Die Angst der Produzenten und Händler vor Verweigerern wie Niko Paech mag übertrieben erscheinen, doch dass der Konsumismus an seine Grenzen stößt, ist unübersehbar.

Share Economy: Teilen ist billiger als kaufen

Erst tauchten sie vereinzelt in Städten wie Berlin und München auf, dann begannen sie sich auch woanders zu vermehren – kleine Autos mit Aufschriften wie DriveNow oder Car2go. Es waren die Vorboten einer Welle, die mittlerweile über den ganzen Globus schwappt und die unterschiedlichsten Branchen durcheinanderwirbelt.

Die kleinen Stadtflitzer sind nämlich nicht das Eigentum ihrer Fahrer, sie werden nur benützt und dann irgendwo auf der Straße abgestellt. Der Fahrer zahlt lediglich die gefahrenen Kilometer. Abgerechnet wird übers Handy, und dort erfährt der Nutzer auch, wo sich das nächste Mietfahrzeug gerade befindet. Die Hersteller, in diesem Fall BMW/Mini und Daimler/Smart, sehen die Teilzeit-Ökonomie zwar mit gemischten Gefühlen, doch sie handeln nach der Devise, wenn sich das schon nicht verhindern lässt, dann wollen wir daran verdienen. Bis Juni 2014 registrierte DriveNow-Vermieter Sixt bereits 300 000 Kunden in fünf Städten, mit stark steigender Tendenz.

Benützen statt besitzen, das ist ein Trend, unter dem Hoteliers ebenso leiden wie Taxibetriebe, Handwerkerläden oder Bekleidungshäuser. Gemietete Smokings oder Brautkleider gab es zwar auch früher schon, doch erst das mobile Internet machte aus der Mieterei ein globales Business. Per Fingerdruck auf den Touchscreen wird alles gemietet, was man nicht dauernd braucht – die Skier wie das Mountainbike, die Übernachtungsmöglichkeit wie die Mitfahrgelegenheit – und eben auch das Auto.

Die Mieterei nimmt den Dingen den Statuswert und reduziert sie auf ihre Nützlichkeit. Zwangsläufig führt sie zur Entmythologisierung der Warenwelt – und zu geringeren Absatzzahlen. Gereizt reagieren deshalb Produzenten, Händler und Dienstleister auf die Apps, die ihr Geschäftsmodell zerstören. Die Idee hinter all den Tausch- und Miet-Plattformen, die man aus dem Internet aufs Handy herunterlädt, ist simpel: Wenn ein anderer hat, was ich gerade brauche, kann ich mir den Kauf sparen.

Wer in München vom Bahnhof zum Flughafen will, hat die Wahl zwischen Bus, S-Bahn, Taxi und der Fahrt im eigenen oder gemieteten Auto. Hin- und Rückfahrt kosten mit öffentlichen Verkehrsmitteln um die 35 Euro, die Parkgebühr für 24 Stunden beträgt 29 Euro, im Taxi werden etwa 120 Euro fällig. Ein BMW Mini von DriveNow kostet 31 Cent die Minute, macht bei einer Fahrzeit von 45 Minuten 14 Euro für die Hinfahrt. Über Carpooling.de, Mitfahrgelegenheit.de oder eine der anderen Carsharing-Plattformen aber kommt man, je nach Verkehrszeit, mit 10 bis 20 Euro ans Ziel, ohne sich auf den Verkehr konzentrieren zu müssen. Gefahren wird man von Privatleuten, die ohnehin gerade unterwegs sind, in deren eigenen Autos. Das ist bequemer als mit Bus oder Bahn – allerdings nur, wenn Fahrer und Wagen in Ordnung sind.

Da die Vernetzung der vielen eine Sache der Programmierung ist, wundert es nicht, dass die ersten Apps hierfür in den USA entwickelt und in Old Europe mit Begeisterung kopiert wurden – obwohl der Tauschhandel bereits unseren Vorfahren aus dem Neandertal durchaus geläufig war. Bevor das Geld erfunden wurde, existierte keine andere Wirtschaftsform als die Share Economy; der Bauer gab dem Schmied Getreide und erhielt dafür eine Sense, die er sich mit seinem Nachbarn teilte. Als es ein paar tausend Jahre später zu Pannen im Geldsystem kam, durch Inflation, Deflation oder Bank-Pleiten, bildeten sich an vielen Orten Tauschringe. Zur Ideologie erhoben wurde die Tauschwirtschaft von dem 1980 verstorbenen Sozialwissenschaftler Erich Fromm, der bei den 68er-Studenten Kultstatus erlangte, weil er in seinem Buch ›Haben oder Sein‹ den Eigentumsbegriff in Frage stellte.

Erst das Internet aber machte die gemeinsame Nutzung der verschiedensten Güter praktikabel – und das wichtigste dieser Güter war Wissen. Alles, was an Informationen ins Netz gestellt wurde, war fortan Gemeinschaftsgut der Menschheit. Von jedem Punkt der Erde aus konnte jeder am Wissen der anderen teilhaben. Es war der Harvard-Ökonom Martin Weitzmann, der bereits 1984 den Begriff *Share Economy* prägte, doch es dauerte noch eine Weile, bis mit eBay im September 1995 der erste digitale Flohmarkt der Welt entstand und die Verwertung gekaufter Dinge erleichterte.

Zum Milliardengeschäft aber mauserte sich das Teilen mit den Smartphones und den dafür programmierten Applikationen, kurz Apps genannt. Den Anfang machte der Bostoner Student Casey Fenton mit Couchsurfing.org. Auf die Idee war er gekommen, als er 2003 nach Island fliegen wollte und eine preisgünstige Übernachtungsmöglichkeit suchte. Er schrieb eine E-Mail an die Uni in Reykjavik, und von deren 1500 Studenten boten ihm 50 an, er könne bei ihnen umsonst wohnen. Auf dem Rückflug entwickelte er das Konzept für ein Netzwerk, über das private Übernachtungsquartiere vermittelt werden. Heute hat die Couchsurfing-Community über 7 Millionen Mitglieder in aller Welt und ungezählte Nachahmer.

Kommerziell am erfolgreichsten ist AirBnB (Abkürzung für: Airbedandbreakfast = Luftmatratze mit Frühstück), eine 2008 in San Francisco gegründete mobile Internet-Plattform, über die schon mehr als 10 Millionen Übernachtungen gebucht wurden. Für wenige Dollar stellen hier Privatleute einzelne Betten, Zimmer oder ganze Wohnungen zur Verfügung. Die Gäste müssen sich einloggen, Fotos und ihre persönlichen Daten eingeben. Von den Vermietern kassiert AirBnB eine Provision zwischen 6 und 12 Prozent des Übernachtungspreises.

Der Ansturm auf die Privatquartiere brachte sowohl das Beherbergungsgewerbe als auch die Finanzämter auf die Barrikaden, denn ihnen entgingen Umsätze und Steuern. Die Stadtverwaltung von New York verbot die private Untervermietung für weniger als 30 Tage, wenn der Hauptmieter nicht anwesend ist; Bayerns Metropole sieht darin eine »Zweckentfremdung von Wohnraum« und belegt die illegale Vermietung mit Geldstrafen bis zu 50000 Euro. Das hält die Münchner, vor allem zur Wies'n-Zeit, bislang nicht davon ab, zahlende Gäste in die Wohnung zu lassen.

Ähnlich rabiat reagierte das Beförderungsgewerbe auf die Plattform *Uber*, über die Handy-Besitzer jederzeit private Chauffeure engagieren können. In verschiedenen europäischen Metropolen blockierten am 11. Juni 2014 Pulks von Taxlern die Hauptverkehrsstraßen, weil sie sich gegenüber der privaten Konkurrenz benachteiligt fühlen. »Das trägt Züge von organisierter

Kriminalität«, schäumte ein Hamburger Verbandsfunktionär. Prompt schickte die Verkehrsbehörde der Hansestadt dem in über 70 Städten in 42 Ländern vertretenen kalifornischen Internetunternehmen eine »Untersagungsverfügung« ins Haus. Uber und seine deutschen Ableger wie WunderCar.de verlangen von den Fahrern zwar ein Führungszeugnis und Auskunft über den Punktestand in Flensburg, doch sie müssen bisher keine Erlaubnis zur Personenbeförderung und auch keine spezielle Versicherung vorweisen. Da sie geringere Kosten als etwa die Taxibetriebe haben, können sie deren Tarife locker unterbieten. Ob sie ihre zusätzlichen Einnahmen korrekt versteuern, lässt sich schwer kontrollieren, etwa wenn der Fahrgast dem Fahrer ein »freiwilliges Trinkgeld« in die Hand drückt. Schonung der Ressourcen ist schön, doch der Spaß hört auf, wenn sie etablierten Branchen ans Geld geht!

DIE GETAUSCHTE BOHRMASCHINE Uneins sind sich die Gelehrten über die gesellschaftlichen Folgen des privat organisierten Tauschhandels. Während die Schöngeister des Feuilletons eine neue »Vertrauenskultur« entstehen sehen, glauben die Demoskopen des National Opinion Research Center nicht daran. Hatten in der netzlosen Zeit um 1972 noch 46 Prozent der US-Amerikaner auf die Frage, ob man anderen Menschen generell vertrauen könne, mit Ja geantwortet, so waren es 2012 nur noch 32 Prozent. Das Internet, so vermuten Soziologen, mache persönliche Vertrauensverhältnisse im Tauschgeschäft überflüssig, weil Bewertungsportale ein zuverlässiges Bild des Partners lieferten. Aus Eigeninteresse achten auch die Betreiber vieler Tauschportale auf die korrekte Abwicklung der Geschäfte. Klar ist nur, dass die Tauscherei einmal erworbener Güter zu Lasten der Anbieter geht. Werden die Dinge besser genutzt, können weniger davon verkauft werden.

Getauscht wird heutzutage so ziemlich alles. Bei Zilok.com findet der Heimwerker einen Nachbarn, der eine Bohrmaschine oder eine Flex besitzt, und über Eatfeastly.com den Hobbykoch, der die Geburtstagsgäste verköstigt. Wer für ein paar Stunden dringend ein Haustier braucht, klickt sich bei Dogshare.com ein, und wer die Kinder beschäftigen will, leiht sich über Pley.com ein Sortiment Legosteine. Über Lendingclub.com organisiert man den Privatkredit, den einem die Bank verweigert, und bei Littleborroweddress.com beschafft sich die Braut kurz vor dem Altar noch das passende Kleid. Whyownit.de nennt sich ein deutscher Ableger der US-Tauschbörsen, und über nextbike.de oder fahrradverleih.de kann man sich einen Drahtesel mieten.

Die Benutzer der Tauschbörsen wollen weniger die Welt verbessern, als vielmehr Geld sparen. Dennoch tragen sie zur Schonung der natürlichen Ressourcen bei. Eine Heimwerker-Bohrmaschine, das haben die Statistiker herausgefunden, wird durchschnittlich nur etwa 13 Minuten lang betrieben, ihre technisch mögliche Nutzungsdauer aber beträgt wenigstens 100 Stunden. Geht sie über eine Tauschbörse von Hand zu Hand, erspart dies den Bau zahlreicher weiterer Maschinen und den Verbrauch von Kupfer, Eisen, Aluminium und Energie.

Was den Herstellern Kopfzerbrechen bereitet, erfreut die Eigentümer der Tauschbörsen. Die Online-Plattform AirBnB wurde Mitte 2014 bereits auf einen Wert von 10 Milliarden Dollar taxiert, während die Hotelkette Hyatt, der tausende Betten gehören, auf gerade mal 8,3 Milliarden kam. Tauschen und Teilen wird das Konsumverhalten verändern, vermutet Harald Heinrichs, Professor am Institut für Nachhaltigkeitssteuerung an der Leuphana Universität Lüneburg. Zusammen mit seinem Mitarbeiter Heiko Grunenberg ließ er von TNS Infratest 1000 zufällig ausgewählte Konsumenten befragen. Ergebnis: Bereits mehr als die Hälfte (55 Prozent) hat Erfahrungen mit alternativen Konsumformen gesammelt; besonders ausgeprägt ist der Trend bei jungen, gut ausgebildeten Leuten mit höherem Einkommen. Außer auf Qualität und Preis achten bereits mehr als 80 Prozent von ihnen auf Nachhaltigkeit und soziale Aspekte der in Anspruch genommenen Waren und Dienstleistungen.

Am höchsten ist nach Erhebungen der Marktforscher von Nielsen Media Research die Akzeptanz des Sharing in asiatischen Metropolen, am geringsten erstaunlicherweise in Nordamerika – obwohl dort die meisten Tauschbörsen programmiert werden. Seoul, die 10-Millionen-Hauptstadt Südkoreas, hat sich ganz offiziell das Ziel gesetzt, eine *Sharing-City* zu werden. Unter der Diktatur des Moraletats zerbrechen die in Jahrzehnten entstanden Strukturen des Warenverkehrs.

Der amerikanische Bestseller-Autor Jeremy Rifkin sieht bereits das Ende des Kapitalismus heraufziehen. In seinem letzten Werk ›The zero marginal cost society‹ beschreibt er eine Welt, in der die Dinge nichts mehr kosten, weil sie nicht mehr gekauft, sondern miteinander geteilt und getauscht werden. Nicht mehr Produktion und Konsum bestimmen in der Tauschgesellschaft das Leben, sondern die Dienste, welche die Menschen einander erweisen. Eine schöne, wenngleich ferne Utopie.

Statussymbole: Was man für Geld nicht kaufen kann
Die Einspar- wie die Mietwelle deuten auf eine Veränderung im Wertesystem hin. Seit Ende des Zweiten Weltkriegs definierten die Menschen in Europa wie den USA ihren gesellschaftlichen Status mit dem Erwerb bestimmter Güter. An erster Stelle stand das eigene Haus oder die Wohnung, deren Einrichtungen gerne vorgezeigt wurden. Dann kam das Auto, das fein abgestuft Gehalts- und Vermögensklassen abbildete. Freizeitaktivitäten, vom Taubenzüchten bis zur Mitgliedschaft im exklusiven Golfklub, rundeten das Bild ab, das sich die Bürger von ihresgleichen machten. Das Bild beginnt jedoch zu verblassen wie eine mit der alten Agfa-Clack geschossene Schwarz-Weiß-Aufnahme.

Meinungsumfragen und Studien von Verhaltenswissenschaftlern dokumentieren den Wertewandel. Das Protzen mit materiellen Statussymbolen nimmt umso mehr ab, je gebildeter und wohlhabender die befragte Klientel ist. Zwar ist der Drang, sich mit einem Rolls-Royce, einer Yacht oder einem Privatjet zu schmücken, keineswegs versiegt, doch er zeigt sich heutzutage eher bei neureichen Russen, ölschweren Arabern und protzenden Chinesen als bei der europäischen oder amerikanischen Geldaristokratie. Die Codices der besseren Kreise gebieten zurückhaltendes Auftreten, und wer dagegen verstößt, gehört einfach nicht dazu. Wie manche Vertreter des rheinischen Gebrauchtwagen-Adels, etliche Hedgefonds-Manager und Trash-Berühmtheiten wie Dieter Bohlen oder Harald Glööckler.

Zwar werden Kulturkritiker nicht müde, die Dominanz der Ökonomie über alle zwischenmenschlichen Interaktionen zu beklagen, dabei übersehen sie allerdings die schleichende Entwertung materieller Güter im Bewusstsein der jüngeren Generation. Bestes Beispiel dafür ist das Automobil. 30 Prozent der Haushalte in deutschen Großstädten besitzen im Jahr 2014 kein Auto mehr, 10 Jahre zuvor hatten in der gleichen Zielgruppe nur 22 Prozent verzichtet.

Vieles musste zusammenkommen, damit bei den Deutschen der Glanz ihres liebsten Fetischs verblasste: steigende Anschaffungs- und Betriebskosten, zunehmende Staus auf den Straßen, besser ausgebaute öffentliche Nahverkehrssysteme, erhöhtes Bewusstsein für den Klimaschutz, und, last but not least, der Siegeszug des Fahrrads. Bereits 2009 fand das Umfrageinstitut Prognos heraus, dass jede zweite von 3500 befragten Personen Strecken bis zu 4 Kilometern lieber mit dem Fahrrad als mit dem Auto zurücklegt. »Das Rad ist der Gewinner im Verkehrsmix«, urteilte Umfrageleiterin Helma Dirks. Mancher Kampfradler fühlt sich als Sieger im Moral-Mix, auch wenn er auf seinem 30-gängigen Carbon-Esel der gleichen Marketingmasche ins Netz ging wie der SUV-Prolet.

Taugt der Benz nur noch bedingt zum Vorankommen, so ist er auch zum Repräsentieren immer weniger geeignet. Zwar bezeichnen noch 48 Prozent der Deutschen das Auto als ihr liebstes Statussymbol, doch der Lack blättert. Michael Mandat von der Nürnberger Unternehmensberatung Progenium ließ 1000 Autobesitzer interviewen und zog daraus die Erkenntnis: »Mit einem Auto, selbst wenn es teuer ist, lässt sich heute wesentlich weniger Staat machen als früher.«

Den abnehmenden Statuswert des fahrbaren Untersatzes bestätigt der Bremer Hirnforscher und Marketingberater Peter Kruse: »Das innere Freiheitsgefühl bekommt man heute, wenn man sich weltweit vernetzt oder im Internet etwas bewegt, und dieses Gefühl hat man früher mit dem Auto erlebt.« Zwar versucht die Autoindustrie mit immensen Investitionen in klimafreundlichere Antriebssysteme den verlorenen Bezug zur Gefühlswelt der jungen Generation wiederherzustellen, doch Marketingexperten wie Peter Kruse sind skeptisch: »Wer glaubt, dass er den gleichen Ingenieurs- und Technikkult mit Elektroautos wie vorher mit Benzinern machen kann, wird Schiffbruch erleiden.«

Er dürfte recht behalten, wenn stimmt, was die Berliner Agentur Different bei einer Online-Umfrage unter 2000 Personen und in 30 Interviews mit Wissenschaftlern und Vorständen 2013 herausgefunden hat. Demnach stehen nicht mehr materielle Güter im Fokus der Aufmerksamkeit. Als Grund vermutet Dirk Jehmlich, Leiter der Studie, dass es von allen Dingen, die Begehrlichkeit wecken, bereits zu viel gibt: »Ein Smartphone ist schon deswegen kein Statussymbol mehr, weil jeder eines hat.« Auch viele Follower bei Facebook imponieren nicht mehr so richtig. Nur noch 16 Prozent der Befragten halten eine große Freundesschar in sozialen Netzwerken für wichtig.

WAS MAN NICHT KAUFEN KANN Neun der zehn am meisten begehrten Sachen sind heutzutage immaterieller Natur. Ganz oben auf der Liste steht etwas, das eigentlich jeder haben sollte: Zeit für die eigenen Bedürfnisse. Seit jedermann per Handy jederzeit und überall erreichbar ist, wächst die Sehnsucht nach Ruhe. Frei von Belästigungen und Zumutungen zu sein, wird für immer mehr Menschen ein erstrebenswertes Gut. Wer es sich leisten kann, verzichtet aufs Smartphone, und immer mehr Topmanager kokettieren mit ihrer Unerreichbarkeit: »Rufen Sie mein Büro an, ich habe kein Handy.« Die Auszeit vom Handy sei ein drei Mal so starkes Statussymbol wie der Besitz eines solchen, behaupten die Autoren der Different-Studie.

Es ist ein differenziertes Bild, das die Studie zeichnet. Den nächstbesten Wert nach der frei verfügbaren Zeit erzielte der »unbefristete Arbeitsvertrag«, gefolgt von »Kinder haben« und »eine Ehe führen«, Werten also, die man nicht kaufen, sehr wohl aber erreichen kann. Nur ein einziges unter den Top Ten der begehrten Dinge hat einen Preis: Das eigene Haus oder die Eigentumswohnung kam mit 80 Prozent Zustimmung auf den vierten Platz. Die Idylle vom deutschen Spießerdasein aber trügt. Überraschenderweise möchte die Mehrzahl der Befragten nämlich keineswegs zur Geld- oder Leistungselite gezählt werden. Den höheren Statuswert hat die Wissens- und Bildungselite. Die vielbeschworene Transformation der Industrie- in die Wissensgesellschaft scheint in der Bevölkerung also bereits angekommen zu sein.

Unterstellt, die Antworten auf die Fragen in der Different-Studie sind ehrlich und geben die wahre Bewertungslage wieder, dann spricht das für eine wachsende Skepsis gegenüber der Ökonomisierung des Lebens. Wenn das, was Menschen am meisten schätzen, nicht käuflich ist, dann ist der Markt an seine Grenzen gestoßen. Dies allein ist zwar noch kein Argument für die Macht der Moral; die Aufwertung immaterieller Güter begünstigt aber das Denken in moralischen Kategorien, wie das auch der Harvard-Professor Michael J. Sandel fordert.

In seinem 2012 erschienenen Bestseller ›What Money Can't Buy‹ kritisiert der »derzeit wohl populärste Professor der Welt« (›Die Zeit‹) das in den USA noch viel ausgeprägtere Marktdenken, das sich zum Beispiel darin äußert, dass Schulen ihre Schüler für Anwesenheit oder gute Noten mit Incentives belohnen oder dass New Yorker Musikfreunde Arbeitslose fürs Anstehen an der Kasse der Metropolitan Opera anheuern: »Es geht darum, Rolle und Reichweite der Märkte in unserem sozialen Handeln, in unseren zwischenmenschlichen Beziehungen und in unserem Alltagsleben zu überdenken.« Ein gekaufter Freund, warnt Sandel, ist nicht dasselbe wie ein echter. Die Moral macht den Unterschied.

Fit statt Fett: Keine toten Tiere essen

Umgeschrieben hat die Moralisierung auch unsere Speisekarte. Wenn wir essen, wollen wir nicht einfach nur satt werden, sondern dabei auch noch Gutes tun. Sorgfältig wählen wir, was unserem Körper nützt und der Welt nicht schadet. Selbstverständlich kaufen wir Bio, in der Erwartung, dass die Erzeugung unserer Lebensmittel ökologisch einwandfrei erfolgte. Weil wir weder der Natur noch der Tierwelt schaden wollen, üben wir Verzicht. Unaufhörlich wächst die Zahl der Menschen, die sich den Verzehr von Fleisch und anderen tierischen Produkten versagen. Zuletzt zählte der VEBU (Vegetarischer Bund Deutschland) 7 Millionen Anhänger, das entspricht 8,5 Prozent der gesamten Bevölkerung. Zeitweilig verschmähen, behauptet der Verband, gar bis zu 40 Prozent der Deutschen fleischliche Genüsse.

Die meisten von ihnen, rund 60 Prozent, entsagen nicht, weil sie Ekel empfinden oder weil es ihnen nicht mundet, sondern weil sie Mitleid mit den hormongefütterten Tieren in den Legebatterien und Mastbetrieben haben. Rund 98 Prozent des in Deutschland verzehrten Fleisches stammt aus industrieller Produktion, und die schlägt empfindsamen Gemütern immer öfter auf den Magen. Die Moral verdirbt den Appetit. Eine andere Gruppe der Fleischverweigerer sorgt sich ums Klima, seit es sich herumgesprochen hat, dass die Viehzucht eine verheerende Ökobilanz hat. Die Produktion von 1 kg Rindfleisch erfordert rund 16 000 Liter Wasser, 16 kg Getreide und entlässt 36 kg Kohlendioxyd in die Atmosphäre. Das sei nicht hinnehmbar, urteilen umweltbewusste Vegetarier, denn unser Braten bekomme den aufs Getreide angewiesenen Menschen in der Dritten Welt nicht.

Angeschoben hatte die Veggie-Welle der amerikanische Romanschriftsteller Jonathan Safran Foer mit seinem 2009 erschienenen Sachbuch ›Tiere essen‹, in dem er schildert, wie er vom Fleischfresser zum Vegetarier wurde und wie die industrielle Fleischproduktion funktioniert. Allein in Deutschland verkaufte sich der Titel über 200 000-mal, und auch der Veggie-Schinken ›Anständig essen‹ der Hamburger Autorin Karen Duve wurde ein Bestseller. Seit Jahren stagniert der jährliche Fleischverbrauch, der noch 1990 bei 100 kg pro Kopf der Bevölkerung gelegen hatte, bei derzeit 60 kg. Zum Vergleich: Die Nordamerikaner verzehren 122 kg Fleisch im Jahr.

Jung, weiblich, gebildet und in der Großstadt zu Hause – so sehen Vegetarier aus. Während etwa 13 Prozent der deutschen Frauen vorwiegend Salat und Gemüse verdrücken, lassen nur 3 Prozent der Männer das Schnitzel liegen. Dennoch hat sich binnen 20 Jahren die Zahl der Vegetarier verzehnfacht. Kein Wunder, dass in den Szenevierteln der größeren Städte, vom Prenzlauer Berg in Berlin bis zum Glockenbachviertel in München, Veggie-Restaurants und Rohkostläden die traditionellen Bier-und-Braten-Kneipen verdrängen. Bereits am 11. Januar 2010 öffnete mit »Veggie Nr. 1« an der Berliner FU die erste fleischlose Mensa ihre Kochtöpfe, und Dortmund veranstaltet seit 2006 den »Vegan Street Day«, ein Straßenfest ganz ohne Fleisch, zu dem tausende Besucher kommen. Tage ohne tierische Nahrung gibt es mittlerweile auch in Bremen und Stuttgart. 30 000 Bundesbürger strömten im Januar 2014 vors Kanzleramt in Berlin, um unter dem Motto »Wir haben es satt« für eine ökologische Landwirtschaft zu demonstrieren. So erscheint es nur konsequent, wenn in den Lebensmittelgeschäften der Avocado-Paprika-Gurken-

Aufstrich die Leberwurst verdrängt und die Gemüsestände sich ausbreiten, während die Fleischtheken schrumpfen.

»Der Trend ins Vegetarische ist unaufhaltsam. Vielleicht isst in 100 Jahren kein Mensch mehr Fleisch«, prophezeit Helmut Maucher. Der Mann muss es wissen, er war mal Chef des Nestlé-Konzerns, der mit fleischloser Nahrung Milliardenprofite einfährt. Die Begeisterung der Deutschen für proteinarme Kost verdrehte eines Tages auch der Parteispitze der Grünen den Kopf. Mit dem ins Wahlprogramm aufgenommenen Vorschlag, an öffentlichen Schulen und in Kantinen einen fleischlosen Tag einzuführen, manövrierten sich Renate Künast und Jürgen Trittin allerdings ins politische Abseits, denn sie unterschätzten, welche Bedeutung die Hoheit über Messer und Gabel bei den Bürgern hat.

Was und wie wir essen, ist Teil unserer Identität, und die wollen wir uns auf keinen Fall von Politikern vorschreiben lassen. Die fleischlose Welle, getragen von jungen, gebildeten Frauen, stieß denn auch bald auf den Widerstand der überwiegend männlichen Grillfreunde, und so entwickelten sich parallel höchst unterschiedliche Esskulturen. Während Spitzenköche wie der Brite Jamie Oliver, der Hamburger Tim Mälzer oder der Franke Alexander Hermann sich abmühten, dem Tofu-Feta-Béchamelsoßen-Einerlei der vegetarischen Küche neue kulinarische Reize abzugewinnen, erwachte gleichzeitig die Lust am Fleisch.

In gehobenen Verbraucherkreisen kaufte man beim Metzger nun nicht mehr beliebige Teile von beliebigen Tieren, sondern verlangte nach den besten Stücken von Charolais-, Angus- oder Wagyu-Rindern, vom schwäbisch-hällischen Landschwein oder vom Husumer Salzlamm, wenn möglich trocken abgehangen, dry aged eben. Der Kult ums Kalb bewog den Zeitschriftenverlag Gruner + Jahr, das Magazin ›Beef‹ auf den Markt zu werfen, das nur ein Thema kennt: Wie bekommt man einen saftigen Bissen in den Schlund? Bei so viel Lust am Gebratenen mochten die TV-Sender nicht beiseitestehen und veranstalteten Grillshows, Burgertests und Promidinners ohne Ende. Trotzig verwies die Fleischfraktion auf den ökologischen Schaden, den die für die Tofugewinnung notwendigen Sojabohnen-Farmen in Brasilien anrichten, weil dafür über 1 Million Hektar Regenwald abgeholzt wurden. Der Grillherd widerstand der Moral.

Derweil wuchs, wie in jeder Glaubensgemeinschaft, bei den Tierfreunden ein harter Kern von Fundamentalisten heran, denen das, was die Mehrheit der Vegetarier unter fleischloser Kost versteht, als nicht konsequent genug erscheint. Veganer verzichten nicht nur auf Fleisch und Fisch, sondern auf alle Produkte, die von Tieren gewonnen werden, also auch auf Milch, Käse, Eier, Honig etc. Sie tragen weder Lederschuhe noch Kleidungsstücke aus Wolle oder Tierhäuten, halten Pelze und Seidentücher für Verbrechen an der Fauna und den Reitsport für Tierquälerei. Selbst Medikamente, zu deren Herstellung Tierversuche erforderlich waren, lehnen sie ab. Schon gibt es mit Veganz eine Supermarktkette, die ausschließlich vegane Nahrungsmittel anbietet und mit Attila Hildmann einen veganen Kochbuchautor, dessen Rezepte sich über 300 000-mal verkauften. 2014 setzte der Handel mit veganen Produkten bereits 700 Millionen Euro um.

Ob harter Kern oder weiche Auslegung – die Zahl der Menschen, die sich aus vorwiegend moralischen Gründen anders als die anderen ernähren, wächst unaufhörlich. In Deutschland sollen sich jede Woche etwa 4000 Personen, in Großbritannien sogar 5000 für den Umstieg auf vegetarische Kost entscheiden, vermutet der VEBU. Die Abstinenzler sind zur Massenbewegung geworden und damit zum erneuten Beweis für die Macht der Moral.

Voluntourismus: Die Welt entdecken und Gutes tun

Dass junge Leute nach Schule, Abitur oder Studium ausschwärmen, um zu entdecken, was die Welt zu bieten hat, ist kein neues Phänomen. Im Zuge der Moralisierung aber machen sich immer mehr von ihnen auf die Reise, um die Not und das Elend der anderen zu bekämpfen.

Freiwillig und für wenig Geld arbeiten sie in Krankenhäusern, Tierheimen, Forschungsstationen, Kindertagesstätten. Manche kommen im Auftrag des Bundesfreiwilligendienstes (Bufdie), andere organisieren ihren Wohltätigkeits-Trip über Online-Plattformen wie kulturweit.de, weltwärts.de, auslandszeit.de., rausvonzuhaus.de oder sie reisen mit privaten Anbietern wie STA Travel oder Travel Works. Der sogenannte Voluntourismus – eine Wortschöpfung aus Volunteers (freiwillige Helfer) und Tourismus – verzeichnet jährliche Zuwachsraten im zweistelligen Bereich.

Etwa 85 000 junge Deutsche waren 2014 unterwegs, Gutes zu tun. Davon kamen rund 35 000 vom Bundesfreiwilligendienst, der nach dem Wegfall der Wehrpflicht und des Zivildienstes am 1. Juli 2011 gegründet wurde, um das gesellschaftliche Engagement der Jugend zu fördern und um die Beschäftigten in den Wehrersatzämtern auszulasten. Jeder, der eine Schule abgeschlossen hat, kann sich hier melden und beraten lassen; er bekommt eine kurze Einweisung, Berufskleidung und ein monatliches Taschengeld von maximal 357 Euro. Der Hilfstrip dauert, je nach Wunsch, zwischen 6 und 18 Monaten. Einsatzgebiete sind Schulen, Krankenhäuser, Altenheime, Tierasyle, aber auch Sportstätten, Theater, die Denkmalpflege sowie der Umwelt- und Katastrophenschutz.

Zwar bietet der Bufdie auch Auslandseinsätze an, doch die meisten, die es in die Fremde zieht, organisieren ihren Hilfsdienst selber oder sie lassen sich von humanitären Organisationen vermitteln. Die Münchnerin Charlotte R., 18, zum Beispiel wurde 2014 von der Aktion Sühnezeichen nach Tel Aviv entsandt, wo sie in einem Altenheim ein Jahr lang Überlebende des Holocaust pflegte. Die ein Jahr ältere Hannah A. aus dem Münchner Umland verbrachte ihr Freiwilliges Soziales Jahr in der Shoah-Gedenkstätte in Paris, und die aus Hamburg stammende Anne B., 27, ließ sich vom Internationalen Freiwilligendienst nach Namibia vermitteln, wo sie ihren späteren Mann kennenlernte.

Wie der Arbeitskreis »Lernen und Helfen in Übersee e. V.« des Deutschen Entwicklungsdienstes berichtet, sind 2013 annähernd 10 000 Freiwillige in Projekte und Workcamps im Ausland vermittelt worden, Tendenz stark steigend. In zwei Jahren hat sich die Zahl der Helfer verdoppelt, meldet Christian Rhode von der Initiative-Auslandszeit in Rheda. 173 verschiedene Organisationen kümmern sich um Einsatz und Betreuung der hilfswilligen Deutschen, und für private Flugvermittler wie STA Travel ist die Beförderung der vom Helfersyndrom befallenen Idealisten ein nettes Geschäft. Von den erklecklichen Summen, die so ein Helfer-Urlaub kostet, kommt in der Regel nur ein winziger Bruchteil bei den Bedürftigen in der Dritten Welt an.

Die Motive der Jugendlichen sind vielschichtig. Manche wollen ihren Abenteurergeist mit einem guten Gewissen koppeln, andere ihren Lebenslauf tunen, weil sie wissen, welchen Wert Personalchefs auf derlei Aktivitäten legen. Gesellschaftliches Engagement steht hoch im Kurs und kann, wenn viele Kandidaten sich um wenige Jobs bewerben, den Ausschlag geben. In Kreisen karrierebewusster BWL-Studenten spricht man vom CV-Building, also der Optimierung des Curriculum Vitae. In der Mehrzahl aber dürften die freiwilligen Helfer einfach ihren Neigungen folgen; sie wollen sich nützlich machen und landen meist in sozialen oder ökologischen Projekten. Bei den jungen Frauen ist Tierschutz der Bestseller; sie pflegen Zebrababys, retten Schildkröten oder engagieren sich für die von Wilderern bedrohten Elefanten in den Nationalparks Afrikas.

BEGEISTERUNG STATT SACHVERSTAND Zum Leidwesen der professionellen Entwicklungshelfer passt das Angebot selten mit den Anforderungen zusammen. Sie benötigten gut ausgebildete Handwerker und bekommen meist unerfahrene Schüler und Studenten. Doch wer in Deutschland einen handwerklichen Beruf ausübt, hat selten Interesse an einer schlecht bezahlten Arbeit in einem Entwicklungsland. Auch wenn sich die jugendlichen Helfer geschickt anstellen, ist die Zeit ihres Aufenthalts in der Regel viel zu kurz, um all die Fertigkeiten und Kenntnisse zu erwerben, die für eine nützliche Tätigkeit erforderlich sind. »Sie sind voller Tatendrang«, bestätigt Daniela Heblig von »weltwärts«, einem vom Bundesministerium für wirtschaftliche Zusammenarbeit und Entwicklung gegründeten Freiwilligendienst, »aber ihre Möglichkeiten, die Welt zu verbessern, sind begrenzt.«

Noch handelt es sich bei den Hilfswilligen um eine Minderheit, noch sind die ausschließlich am eigenen Fortkommen interessierten Jugendlichen in der Überzahl, wie aus der im Juli 2014 veröffentlichten Studie »Wissenschaft weltoffen« hervorgeht. Die vom Bundesbildungsministerium und dem Auswärtigen Amt geförderte Untersuchung ergab, dass fast 70 Prozent der deutschen Studenten kein Interesse an einem Auslandsaufenthalt haben, weil sie dies für vergeudete Zeit halten. Mitunter schreckt sie auch die Tatsache ab, dass nicht alle der im Ausland erworbenen Kenntnisse von ihren deutschen Universitäten anerkannt werden. Dennoch wächst die Zahl der an Hilfsprojekten interessierten Studenten mit hohem Tempo, und dies ist ein

Zeichen, dass die Moralisierung der Gesellschaft bei der Jugend angekommen ist.

Vielleicht hat der neu erwachte Altruismus auch mit den Erkenntnissen zu tun, die der amerikanische Psychologe Adam Grant gewonnen hat. Der 1982 geborene Professor für Management an der berühmten Wharton Business School der University of Pennsylvania behauptet, dass im Zeitalter der sozialen Netzwerke bedingungsloses Geben der beste Erfolgsgarant sei. Grund: Gute Taten sprechen sich schneller als je zuvor herum und verschaffen ihrem Urheber Sympathie und Bedeutung. ›Give and Take – A Revolutionary Approach to Success‹ heißt der Titel seines Wirtschaftsbestsellers, und Grants eigene Karriere scheint seine Thesen zu bestätigen. Bereits mit 32 Jahren war er Professor auf Lebenszeit, und heute zählt er zu den prominentesten Hochschullehrern Amerikas. Obwohl er mit Arbeit gut eingedeckt ist, lehnt er kaum einen Wunsch der vielen Studenten ab, die ihn um Rat fragen, einen Job oder auch nur einen Kontakt vermittelt bekommen wollen.

Grant hat seine Thesen gut belegt, mit vergleichenden Untersuchungen über die Verkaufserfolge von Handelsvertretern zum Beispiel. Diejenigen Außendienstler, die ihren Kunden zuhörten, ihre Probleme ernst nahmen und Lösungen dafür vorschlugen, erzielten höhere Umsätze als die »Nehmer«, die nur an möglichst profitablen Abschlüssen interessiert waren. Zuwendung und Hilfsbereitschaft sind in einer sozialdarwinistischen Gesellschaft kostbare Güter, predigt Grant und zieht daraus den Schluss, dass ihre »Produzenten« größeres Ansehen genießen als die normalen Egoisten. Der wirtschaftliche Erfolg stellt sich quasi von selbst ein, vorausgesetzt, sie verschwenden ihre Empathie nicht an Narzissten. Diese Typen, meint der Professor, hätten es nur darauf abgesehen, andere auszunutzen.

Die jugendlichen Voluntouris handeln deshalb, ohne die Thesen des US-Professors zu kennen, durchaus vernünftig. Ihr scheinbar bedingungsloser Einsatz für andere Menschen, Tiere oder das Ökosystem dürfte sich eines Tages bezahlt machen. In Zeiten der Moral hilft das Helfen weiter.

Alle diese Entwicklungen kennzeichnen freilich nur einen kleinen Teil der Veränderungen, die von der Moralisierung in unser aller Leben gebracht wurden. Sie stürzt uns in Gewissenskonflikte, die früher nicht existierten oder schlicht ignoriert werden konnten. Die Zuwanderung der Armutsflüchtlinge aus Osteuropa, Afrika und dem Nahen Osten zum Beispiel bringt das Wertesystem der Europäer ins Wanken, weil sie entscheiden müssen zwischen Humanität und wirtschaftlichen Interessen.

DIE GRENZEN DER BARMHERZIGKEIT Die Bilder der in überfüllten Booten ums Überleben kämpfenden Flüchtlinge berühren die TV-Zuschauer mehr als die Einsicht in die Notwendigkeit einer konsequenten Grenzkontrolle. Erst wenn die Asylsuchenden in Duisburg, Rostock oder Görlitz auftauchen, stoßen sie auf den Widerstand der auf öffentliche Gelder angewiesenen Einheimischen wie der notorisch klammen Stadtverwaltungen. Selbst eine reiche Stadt wie Hamburg fühlt sich überfordert, wenn tausende Flüchtlinge aus Osteuropa eine feste Bleibe fordern. »Uns fehlen dieses Jahr 4000 Plätze«, klagte Sozialsenator Detlef Scheele im Juni 2014. Ein solcher Platz kostet die Stadt rund 20000 Euro. Noch 1998 verstieg sich Otto Schily, Innenminister der rot-grünen Bundesregierung, zu dem Satz: »Die Belastungsgrenze der Bundesrepublik durch Zuwanderung ist überschritten«, während es heute kein maßgeblicher Politiker mehr riskiert, die menschlichen Tragödien im Mittelmeer und an den anderen Außengrenzen der EU zu thematisieren. 2013 stellten 127023 Flüchtlinge einen Asylantrag, ein Jahr später waren es bereits über 200000.

Die schmutzige Arbeit überlassen die Europäer einer Organisation namens Frontex. Von einem unscheinbaren Hochhaus in der polnischen Hauptstadt Warschau aus managt eine 300 Köpfe zählende Truppe seit 2004 den Verteidigungsring aus Grenzschützern, Schiffen, Flugzeugen, Drohnen und hochmodernem Überwachungsgerät, mit dessen Hilfe die EU-Bürger sich die unwillkommenen Zaungäste vom Leib halten möchten. Zollbeamte fangen die Eindringlinge ab, stecken sie in Auffanglager – das größte wurde auf der italienischen Mittelmeerinsel Lampedusa eingerichtet – und schicken sie in die Länder zurück, von denen aus sie Europa angesteuert haben.

Aus Angst, die Neuankömmlinge wollten die Futtertröge der Sozialsysteme leeren, Wähler anbetteln und ihre Arbeitskraft zu

Dumpinglöhnen anbieten, haben die Regierungen der EU-Staaten restriktive Zuwanderungsgesetze erlassen. Zwar soll nach der Europäischen Menschenrechtskonvention den vor Bürgerkriegen und Diktatoren geflohenen Menschen Asyl gewährt werden, in der Praxis aber sind die bürokratischen Hürden, die die Flüchtlinge zu überwinden haben, bis sie legal in einem EU-Land leben dürfen, erhöht worden.

Schon heute hat Deutschland mit einem Ausländeranteil von 9 Prozent genug Probleme. Bereits der Anspruch muslimischer Bevölkerungsteile auf freie Religionsausübung stiftet Verwirrung im christlichen Abendland; die Radikalisierung junger, meist beschäftigungsloser Männer schafft soziale Konflikte, ihre mangelnde Bereitschaft sich zu integrieren, ruft rechtsradikale Gewalttäter auf den Plan. In Gegenden mit hohem Ausländeranteil nimmt die Kriminalität überdurchschnittlich zu, die Renten- und Krankenkassen klagen über ausufernde Belastungen, das Zusammenleben mit den Deutschen klappt selten gut. Dabei gebietet die Moral Toleranz, Hilfsbereitschaft und Nächstenliebe.

Sie wird auf eine harte Probe gestellt werden. Nach Berechnungen italienischer Menschenrechtsorganisationen sind seit Beginn des Frontex-Einsatzes 6500 Flüchtlinge allein im Mittelmeer ertrunken, Dunkelziffer unbekannt. Trotz der gut gesicherten Grenzen machen sich aus den Armuts- und Kriegsgebieten der Welt immer mehr Menschen auf den entbehrungsreichen Weg nach Europa. Allein in den ersten fünf Monaten des Jahres 2014 kamen 40000 in Booten nach Italien, eine ähnlich große Zahl versuchte es über die Ägäis nach Griechenland oder auf dem Landweg in die Türkei und von dort auf den Balkan, und Tausende rüttelten an den hohen Zäunen der spanischen Exklaven Ceuta und Mellila auf afrikanischem Boden. Auch wenn viele von ihnen in ihre Heimatländer zurückgeschickt werden – die Festung Europa bekommt Risse.

Der Konflikt zwischen Abschottung und Barmherzigkeit schafft überall auf dem Kontinent politische Probleme. Während die Regierungen sich gern um klare Entscheidungen drücken, erhalten rechtsradikale Parteien Zulauf. Ob in Holland, Frankreich, Italien oder Großbritannien – die Angst vor Überfremdung nimmt zu, das Mitgefühl scheint auf dem Rückzug begriffen zu sein. Nur in Deutschland blieb die ausländerfeindliche NPD ohne politischen Einfluss; mit der Forderung nach gelockerten Einwanderungsbestimmungen dominiert die Fraktion aus Grünen und Linken den politischen Diskurs. Aus Rücksicht auf ihre Wähler aber dürfte auch sie keinen eindeutigen Sieg der Moral wollen. Sowohl die Pegida-Bewegung als auch der Zulauf zur AfD machen sichtbar, was die staatstragenden Parteien gerne verschweigen: Die Begeisterung der Deutschen über die Zuwanderer hält sich in Grenzen. 3500 »rassistische Übergriffe« registrierten die Behörden 2013, und nach einer Forsa-Umfrage von 2014 meinte mehr als ein Drittel der Befragten, dass Muslimen die Einreise nach Deutschland verwehrt werden sollte. Richtige Entscheidungen in dieser Frage zu treffen gleicht der Quadratur des Kreises. Denn der Ansturm auf Europa wird erst dann nachlassen, wenn der Nahe Osten befriedet ist und Afrika so etwas wie ein Wirtschaftswunder erlebt. In sehr ferner Zukunft also.

DAS DILEMMA DER WAFFENTECHNIK Die von der Moral entfachten Probleme ziehen sich durch eine Reihe von Themen, die ähnlich viel Sprengstoff enthalten wie die Flüchtlingsfrage. Der Konflikt um Deutschlands Rüstungsexporte spaltet die Nation: hier die Pazifisten, die es unerträglich finden, dass Potentaten am Persischen Golf oder in Südamerika mit deutschen Waffen Gegner niedermetzeln, dort die Aktionäre, Manager und Gewerkschaften, die um ihre Firmen und Arbeitsplätze bangen. Da die Bundeswehr verkleinert wurde und immer weniger Kriegsgerät bestellt, sehen sich die Produzenten gezwungen, für ihre Flugzeuge, Panzer, Geschütze und Gewehre Kunden im Ausland zu suchen. Das gelang ihnen so gut, dass sie 2013 Waffen für 5,8 Milliarden Euro ausführen konnten. Deutschland war damit drittgrößter Rüstungsexporteur der Welt – ein Reizthema für die Friedfertigen im Lande.

Nach Protesten der »Aktion Aufschrei« vor dem Berliner Reichstag, die 95 000 Unterschriften gegen den Waffenhandel gesammelt hatte, und Vorstößen einzelner Abgeordneter von SPD, der Linken und der Grünen versprach SPD-Wirtschaftsminister Sigmar Gabriel erschrocken, er werde die Ausfuhrgenehmigungen beschränken. Prompt drohten die Betriebsratsvorsitzenden von 20 Rüstungsschmieden, die Branche sei »nicht überlebensfähig«, wenn der Minister seine Ankündigung wahr mache. Bayerns Ministerpräsident Horst Seehofer sekundierte: »Ich sehe die Gefahr, dass deutsche Rüstungsunternehmen vom Markt verschwinden oder ins Ausland abwandern.« Wieder einmal stellte sich die Moralfrage: Ist es vertretbar, tödliche Waffen an zweifelhafte Abnehmer zu liefern, wenn dadurch Arbeitsplätze in Deutschland gesichert werden? Die Argumente für und gegen den Waffenexport sind hinreichend durchdekliniert worden, der Konflikt scheint unauflösbar.

Einerseits will das Kriegswaffenkontrollgesetz verhindern, dass deutsche Firmen Waffen dorthin liefern, wo Menschenrechtsverletzungen zu befürchten sind oder militärische Auseinandersetzungen drohen, andererseits steht das für Ausfuhrgenehmigungen zuständige Wirtschaftsministerium in der Pflicht, für das Wohlergehen der Unternehmen zu sorgen. Waffen bringen keine Menschen um, sagen die Waffenproduzenten, nur Menschen bringen Menschen um. Wer Waffen haben will, kann sie sich überall auf der Welt besorgen, und wenn wir sie nicht liefern wollen, freuen sich unsere Konkurrenten in Frankreich, Großbritannien oder den USA über den Auftrag. Falsch, sagen die Pazifisten, jede Art von Waffe ist eine tödliche Gefahr für Menschen. Deutschland sollte nach dem fürchterlichen Morden in zwei Weltkriegen aufhören, Waffen herzustellen und zu verkaufen.

Dabei übersehen sie den Zusammenhang von Waffen- und ziviler Technik. Ohne die seit Urzeiten betriebene Entwicklung von Tötungswerkzeugen jeder Art wäre der Menschheit manche sinnvolle Errungenschaft entgangen. Die klügsten Köpfe in der Geschichte, vom Griechen Archimedes bis zum Italiener Leonardo da Vinci, beschäftigten sich mit Rüstungsprojekten, und vieles, was uns heute das Leben angenehm macht, hat seinen Ursprung in der Wehrtechnik: das Flugzeug wie das Internet, der Computer wie der GPS-Navigator. Schon deshalb kann es sich eine von technischen Produkten lebende Industrienation wie Deutschland kaum leisten, auf militärische Forschung zu verzichten. Wo aber geforscht, investiert und produziert wird, muss auch verkauft werden, sonst droht die Pleite. Und wenn die Bundeswehr als einziger inländischer Kunde immer weniger bestellt, bleibt als Ausweg nur der Export. Die Fälle, in denen Waffenfabrikanten die Ausfuhrvorschriften mit List umgehen, müssen vor Gericht geklärt werden; ansonsten bleibt in diesem Konflikt die Moral meist zweiter Sieger.

Weniger martialisch, aber genauso unversöhnlich geht es an Deutschlands Schulen zu, wo seit Jahren darüber gestritten wird, ob und wie lange behinderte mit gesunden Kindern zusammen lernen dürfen. Viele Eltern wehren sich gegen die sogenannte Inklusion mit dem Argument, der Lernerfolg ihrer Sprösslinge falle geringer aus, wenn die Lehrkräfte Rücksicht auf behinderte Klassenkameraden nehmen müssen. In Zeiten der Moralisierung aber haben sie schlechte Karten. Nicht die optimale Förderung der Begabten steht im Mittelpunkt der deutschen Schulpolitik, sondern die Umsetzung der UN-Behindertenrechtskonvention aus dem Jahr 2008, in der es in Artikel 24 heißt, die Vertragsstaaten hätten dafür Sorge zu tragen, dass Menschen mit Behinderung nicht vom allgemeinen Bildungssystem ausgeschlossen werden.

INKLUSION IST TEUER 2014 gab es in Deutschland etwa 500 000 Schüler, die eine besondere Förderung benötigten, um die vorgegebenen Lernziele zu erreichen. Davon besuchten etwa 380 000 Förderschulen, die früher Sonderschulen hießen. Um den Rest von 120 000 Schülern dreht sich nun der Streit. Sie leiden überwiegend an Lernbehinderungen, an Beeinträchtigungen in der geistigen und sozialen Entwicklung sowie an Sprachstörungen. Ein geringer Teil von kaum mehr als 10 Prozent weist körperliche Beeinträchtigungen auf. Um diesen Schülern die gleichen Bedingungen wie den nichtbehinderten zu verschaffen, müssen die Schulen investieren: in Rampen und Aufzüge für Rollstuhlfahrer, in speziell ausgebildete Lehrkräfte, in Hör- und Sehhilfen. Die Kosten für eine vollständige und bundesweite Umsetzung der UN-Konvention taxieren Fachleute auf 660 Millionen Euro. Da die Bildung Ländersache ist, fällt die Bereitschaft zur Inklusion von Bundesland zu Bundesland unterschiedlich aus.

Die größten Chancen auf gemeinsamen Unterricht haben Förderschüler nach einer Studie der Bertelsmann-Stiftung im Stadtstaat Bremen, wo nahezu zwei Drittel von ihnen in reguläre Klassen gehen, die geringsten in Niedersachsen, das nur knapp 15 Prozent zulässt. Natürlich sagt das Länderranking nichts über den Bildungserfolg der Schüler mit Handicap aus, doch es liefert jenen Eltern Argumente, die vor Gericht ziehen, um für ihren Nachwuchs das Recht auf Teilnahme am Regelunterricht einzuklagen. Seit die Wissenschaftler vom Institut zur Qualitätsentwicklung im Bildungswesen (IQB) herausgefunden haben, dass behinderte Kinder in regulären Klassen besser und schneller lernen als in Förderschulen, nimmt die Zahl dieser Klagen zu. Ob die nichtbehinderten Schüler durch diesen Unterricht in ihrem Lerneifer gebremst werden, wurde bisher nicht geklärt. Ziemlich beste Freunde eben. Die Lobby der Behinderten sei inzwischen so stark, dass sich Lehrer entschuldigen müssen, wenn sie Schüler mit Lernschwierigkeiten ablehnen, klagte der Präsident des Deutschen Lehrerverbandes, Josef Kraus.

Wenn es ein behinderter Mensch geschafft hat, nach Schule und Ausbildung einen gut bezahlten Job zu ergattern, trifft ihn die Logik des Sozialstaats mit voller Wucht. Er wird dann nämlich nicht nur vom Finanzamt zur Kasse gebeten, sondern muss auch noch die Kosten für die unentbehrliche Hilfe, die er wegen seiner Behinderung benötigt, von seinem Gehalt bezahlen. Vater Staat lässt ihm nicht mehr als das Existenzminimum. Für die Finanzierung der Assistenz wird, wie bei Beziehern von Sozialhilfe, sowohl das eigene Vermögen wie auch der Verdienst eines eventuellen Lebenspartners in Anspruch genommen. Finanziell unabhängig kann bei solchen Bedingungen ein Behinderter kaum werden. Inklusion ist zwar ein erklärtes Ziel der Sozialpolitik, doch beim Geld hört manchmal auch die Moral auf.

Im Gegenzug zwingt die Moralisierung die Gesunden, Klugen, Starken, Reichen und Mächtigen, sich zu bescheiden. Die Gesellschaft der Mittelmäßigen verlangt nach Demutsgesten derjenigen, die sie im Vorteil wähnt, und barmt um die Schwachen, denen sie sich überlegen fühlt. Die Motivfrage ist wissenschaftlich kaum erforscht; der an gesellschaftlichen Entwicklungen interessierte Laie ist auf Mutmaßungen angewiesen.

Der mediale Lärm, den die Lobbyistenverbände der sozial Schwachen verursachen, stört die Seelenruhe der bequemen Mehrheit. Sie ist schnell bereit, den Forderungen nach Inklusion, nach barrierefreien Gebäuden, nach höheren Hartz-IV- und

BAföG-Sätzen nachzukommen, sofern es den Einzelnen nichts kostet. Kommunen, Länder und der Bund streiten ums Geld für die Moral. Die These, dass es sich hier weniger um den Ausdruck tiefempfundenen Mitgefühls als vielmehr um den Wunsch nach sozialem Frieden handelt, hat einiges für sich. Dabei zeigt sich ein deutliches Nord-Süd-Gefälle. Im protestantisch geprägten Norden scheint der soziale Gedanke stärker verbreitet zu sein als im katholischen und wirtschaftlich erfolgreicheren Süden.

Unnachgiebig treibt die Ethik des Kollektivs dem Bürger seine Laster aus. Er soll nicht rauchen, alkoholische Getränke meiden, seine Steuern bezahlen und, vor allem, der Mehrheit nicht zur Last fallen. Es ist eine eigensüchtige Moral, die sich hinterm Vorwand der Gesundheitsfürsorge, der Gerechtigkeit oder der Gleichheit versteckt. Vorbei ist es mit der Toleranz gegenüber den Gewohnheiten und Bedürfnissen des Einzelnen, Zug um Zug wird sein Freiheitsraum eingeschränkt, sein Verhalten der sozialen Kontrolle unterworfen. Doch die angeblich zum Schutz der Allgemeinheit erlassenen Restriktionen dienen dem Staat nicht selten zu höchst eigennützigen Zwecken.

STAATLICHE DOPPELMORAL Verbote allerorten schränken die vom Grundgesetz (Artikel 1, Absatz 2) garantierte Handlungsfreiheit des deutschen Bürgers ein. Der Staat verweigert ihm das Rauchen in öffentlichen Gebäuden, in Gaststätten und am Arbeitsplatz, lässt aber den Verkauf von Tabakwaren, an dem er durch entsprechende Steuern kräftig verdient, uneingeschränkt zu. Autofahrer sollen künftig, wenn es nach den Grünen geht, dem Alkohol vollständig entsagen, doch der Finanzminister will auf die 3,3 Milliarden Euro, die ihm die Bier-, Wein- und Branntweinsteuer in die Kasse bringt, keineswegs verzichten. Der Staat gibt vor, den Bürger vor der Spielsucht schützen zu wollen, betreibt aber selber Spielbanken, Lotterien und organisiert Sportwetten. Eifersüchtig wacht er über sein Monopol und erklärt die private Konkurrenz für illegal, obwohl der Europäische Gerichtshof längst zu deren Gunsten entschieden hat.

Die Regulierungswut der Politiker kennt keine Grenzen. Schon denken sie über eine Helmpflicht für Ski- und Radfahrer nach, wollen Übergewichtige zur Einhaltung einer Body-Mass-Norm zwingen, Diabetikern eine gesündere Lebensweise verordnen und Steuersündern den Führerschein wegnehmen. Nicht einmal über seinen Tod soll der Bürger selbst entscheiden dürfen. Wer ihm dabei hilft, dem Leben ein Ende zu setzen, kann mit Gefängnis bis zu fünf Jahren bestraft werden. Zwar soll 2015 ein neues Gesetz die Sterbehilfe regeln, doch bis dahin sind des Lebens überdrüssige Deutsche auf Helfer in der Schweiz oder in den Niederlanden angewiesen. 2010 hat das Schweizer Bundesgericht das Recht auf Selbsttötung als Grundrecht des Menschen anerkannt. So weit sind die von der christlichen Glaubenslehre geprägten Deutschen noch nicht.

Dafür haben sie keine Skrupel, im Namen der Sicherheit eben diese Grundrechte immer weiter einzuschränken und den staatlichen Überwachungsorganen, vom Bundeskriminalamt (BKA) bis zum Bundesamt für Verfassungsschutz (BfV) weitreichende Befugnisse einzuräumen. Seit den Anschlägen aufs World Trade Center in New York am 11.9.2001 wurden zahlreiche Gesetze verschärft, neue erlassen und mit dem GTAZ (Gemeinsames Terror-Abwehrzentrum) in Berlin-Treptow eine beinahe allmächtige Superbehörde geschaffen.

Die Bundesschnüffler dürfen Handys überwachen, in Computer eindringen, Wohnungen verwanzen und Rasterfahndungen einleiten. Der im Juli 2009 neu gefasste Paragraf 89a StGB stellt in Absatz 1 bereits den Unterricht in Sprengstoffkunde unter Strafe. Sämtliche Telefon- und Internetverbindungen in Deutschland werden sechs Monate lang gespeichert, obwohl das Bundesverfassungsgericht diese Praxis schon 2010 für verfassungswidrig erklärt hat. Die von den Amerikanern übernommene Sicherheitsparanoia stellt das Staatsgefüge auf den Kopf. Behördenmacht geht vor Bürgerrecht.

ANGST VOR DEM PRANGER So verliert allmählich auch das Internet seine Unschuld. Der Spielplatz der Narzissten wird eingezäunt, überwacht und strengen Regeln unterworfen. Noch dürfen sich die Chatter und Blogger hinter Pseudonymen verstecken, doch es ist wohl nur noch eine Frage der Zeit, bis das getarnte Meinungsgeschnatter der Vergangenheit angehört. Die Moral verlangt, mit offenem Visier zu kämpfen.

Seit Edward Snowdens Enthüllungen über die Überwachungspraktiken des US-Geheimdienstes NSA weiß jedes Kind, dass Big

Brother alles hört, sieht und auswertet, was im Netz geschieht. Man ahnt, dass die unsichtbaren Kontrolleure auf Knopfdruck von jedem User ein Persönlichkeits- und Bewegungsprofil anfertigen können, dass sie in ihren riesigen Serverfarmen alle Spuren, die man je in der Welt des Digitalen hinterließ, gespeichert haben und bei Bedarf gegen einen verwenden können. Telefon-Mitschnitte, wie sie dem ewigen Briten-Prinzen Charles (»Ich möchte dein Tampon sein«) oder Frankreichs Expräsidenten Nicolas Sarkozy (Affäre Bettencourt) zum Verhängnis wurden, muten da noch wie harmlose Relikte aus fernen Zeiten an.

Die Privatsphäre ist eine Idee aus der Vergangenheit. Was in den eigenen vier Wänden geschieht, geht heute jeden was an. Das Öffentliche wird privat, das Private öffentlich. Selbst wenn der Rechner oder das Smartphone ausgeschaltet sind, überwachen sie ihre Besitzer. Aus der Ferne können Mikros und Kameras aktiviert, die gespeicherten Daten ausgelesen werden. Was die Dienste erfahren, bleibt selten geheim. Der soziale Druck auf jeden Einzelnen, sich regelkonform zu verhalten, nimmt unaufhaltsam zu.

Aus Angst vor dem öffentlichen Pranger werden die Bürger sich freiwillig unterwerfen. Eltern werden ihre Kinder anhalten, bei Facebook nicht zu viel von sich preiszugeben, keine diskriminierenden Fotos zu posten und sich angreifbarer Meinungsäußerungen über Freunde oder Lehrer zu enthalten. Jeder, der in der Politik, im Betrieb oder in seiner Freizeit eine öffentliche Funktion ausübt, muss mit verschärfter Beobachtung rechnen. Er soll nicht dick sein, nicht kränkeln, seine Steuern zahlen, Kredite pünktlich bedienen, nicht fremdgehen, nicht schwarzfahren, keinen Ladendiebstahl begehen, keine Tiere quälen, keine Punkte in Flensburg sammeln, sich rassistischer Äußerungen enthalten, niemanden diskriminieren, sich nicht korrumpieren lassen, keine Drogen konsumieren und ein intaktes Familienleben zelebrieren. Die Moral verlangt den Über-Spießer.

Die Beobachtungen aus der deutschen Zivilgesellschaft zeigen konfuse und oft widersprüchliche Moralvorstellungen, aber auch die unerhörte Bedeutung, die die Moral inzwischen gewonnen hat. »Unter dem Aspekt der Moral ändert sich die Sicht auf die Welt«, erkannte der Publizist Michael Winter in der ›Süddeutschen Zeitung‹, »das Handeln von Bankern ist nicht mehr richtig oder falsch, sondern gut oder böse. Energieunternehmen sind nicht mehr modern oder veraltet, sondern dienen dem Guten oder Bösen.« Die Moralisierung erschwert den sachlichen Diskurs, an ihrem Absolutheitsanspruch scheitern der Kompromiss wie das angenehme Lotterleben.

Kapitel VII
Die grüne Illusion

Nirgendwo beeinflusste die Moral das Denken und die Lebensgewohnheiten der Menschen mehr als bei ihrem Verhältnis zur Umwelt. Noch vor ein, zwei Generationen machte sich kaum jemand Gedanken über die Luft, die wir atmen, und den Boden, auf dem wir leben. Naturschutz meinte das Verbot, die Silberdistel oder das Edelweiß am Wegesrand zu pflücken; Ökologie war ein Begriff für Altsprachler, und von Nachhaltigkeit redete allenfalls der Förster. Inzwischen weiß jedes Kind um die Gefährdung des Lebensraums, und die aktive Mitwirkung am Schutz desselben ist ein kategorischer Imperativ, dem sich kaum jemand zu entziehen vermag. In manchen Kreisen der Bevölkerung hat das »grüne Bewusstsein« die Qualität einer Religion angenommen, über deren Glaubenssätze keine Diskussion mehr zugelassen ist.

Natürlich kann man darüber streiten, ob es sich bei der Sensibilisierung der Menschheit für ihre Lebensbedingungen überhaupt um ein moralisches Phänomen handelt. Schließlich gibt es genug rationale Gründe für den sorgsamen Umgang mit den natürlichen Ressourcen. Man könnte also von einem vernunftgesteuerten Lernprozess sprechen, der uns veranlasst, Verbrennungsmaschinen auszumustern, Kernkraftwerke abzuschalten, Häuser in Styropor zu verpacken, Plastik- durch Papiertüten zu ersetzen und geleerte Joghurtbecher zwecks Mülltrennung auszuwaschen. Die Angst vor dem Erstickungs-, Vergiftungs- oder Strahlentod ist eine Realität, die keine Moral braucht, um erhebliche Anstrengungen der Menschheit zu rechtfertigen. Dennoch spricht einiges dafür, dass die Vernunft bei diesen Einschätzungen über- und die Moral unterschätzt wird.

Das fängt schon damit an, dass die wissenschaftlichen Erkenntnisse, auf denen Umwelt- und Klimapolitik basieren, keineswegs unumstritten sind, und setzt sich fort mit dem Verdacht, dass aus fraglichen Untersuchungen möglicherweise auch noch die falschen Schlüsse gezogen wurden. Wenn aber trotz berechtigter Zweifel an der Richtigkeit politischer Entscheidungen wie der Energiewende keine Alternative mehr zugelassen wird und der Umweltschutz zu einer Massenbewegung heranwuchs, die beinahe hysterische Züge zeigt, dann spielen bei diesem psychodynamischen Prozess moralische Überzeugungen eine wesentliche Rolle.

Ähnlich wie bei der Auseinandersetzung um das Für und Wider der Atomkraft ist bei der öffentlichen Diskussion um den Klimawandel kaum einer der Akteure in der Lage, einen stringenten Beweis für die Richtigkeit seiner Theorie zu erbringen. Da eine rationale Begründung nicht möglich ist, weil die Komplexität des Geschehens die Klimaforscher mitsamt ihren Superrechnern überfordert, begeben sich die Akteure in einen Glaubensstreit, der, wie bei den Theologen, mit Emotionen und Überzeugungen ausgetragen wird. Die Moral gebietet, den Verdacht, dass die menschlichen Aktivitäten Ursache einer möglicherweise existenzbedrohenden Klimaveränderung sind, auch dann ernst zu nehmen, wenn er sich nicht hundertprozentig beweisen lässt. Das Risiko, durch Unterlassung eine irreversible Gefährdung der Menschheit heraufzubeschwören, ist einfach zu groß. Die Moral, und nicht das Wissen, treibt die Regierungen von einem Klimagipfel zum nächsten.

Wie fragwürdig manche der ehernen Überzeugungen sind, mit denen umweltbewusste Bürger Plastiktüten verschmähen und auf Autos mit Hybrid-Antrieb umsteigen, beschreibt Friedrich Schmidt-Bleek in seinem 2014 erschienenen Buch ›Grüne Lügen‹. Der Autor ist nicht irgendwer: Schmidt-Bleek, Jahrgang 1932, Spitzname »Bio«, gilt als einer der Pioniere des Umweltschutzes. In den 70er Jahren entwickelte der promovierte Kernphysiker und Chemie-Professor den Umweltforschungsplan und war maßgeblich am Chemikaliengesetz beteiligt. Zusammen mit Ulrich von Weizsäcker leitete er in den 90er Jahren das renommierte Wuppertal Institut für Klima, Umwelt, Energie. Sein Urteil über die deutsche Umweltpolitik ist schlichtweg vernichtend: für die Natur sei sie schädlicher, als wenn es sie nicht gäbe.

Schmidt-Bleek bemängelt die Konzentration aller Bemühungen auf die Verringerung der CO_2-Emissionen. Das sei entschieden zu kurz gegriffen. Richtig verstandener Umweltschutz müsse bei der Schonung der natürlichen Ressourcen ansetzen, also der für die Herstellung der meisten Industrieprodukte nötigen Rohstoffe wie Sand (Silizium), Kalk, Kupfer, Eisen, Rohöl etc. Die grüne Umweltpolitik aber bewirke das genaue Gegenteil, denn viele technische Entwicklungen, die auf CO_2-Reduzierung setzten, führten zum Raubbau an den Ressourcen der Erde.

Der Umstieg von Plastik- auf Papiertüten beispielsweise sei ökologischer Unfug, weil die Papierproduktion Unmengen Wasser verschlinge, während sich Plastiktüten sehr effizient aus wenig Mineralöl herstellen und auch wieder recyceln lassen. Für einen Irrweg hält der Professor auch das Hybrid-Auto, da zwei Antriebssysteme nahezu die doppelte Menge an Kupfer, Aluminium und anderen Metallen benötigten gegenüber einem Fahrzeug mit nur einem Motor. Die Fixierung auf einen geringeren Verbrauch sei falsch, denn der Kraftstoff habe nur einen Anteil von 15 bis 20 Prozent am gesamten Material-Input eines Fahrzeugs. Selbst das rein elektrisch betriebene Auto hat nach Schmidt-Bleek eine negative Öko-Bilanz, da das für den Antrieb benötigte Kupfer bereits die Hälfte der eingesparten Treibstoffmenge neutralisiert.

DER ÖKOLOGISCHE RUCKSACK Mit wissenschaftlicher Gründlichkeit hat »Bio« den Ressourcenverbrauch ermittelt, der bei der Gewinnung von Rohstoffen wie bei der Herstellung von Konsumgütern entsteht. Jedes Produkt, vom Baumwollhemd bis zum Smartphone, trage unsichtbar einen »ökologischen Rucksack« mit sich herum, und das Gewicht dieses Ranzens gibt an, wie sehr die Erde bei seiner Herstellung geschädigt wurde. Für ein nur 150 Gramm schweres Smartphone zum Beispiel werden bei der Herstellung Materialien verwendet, die 70 Kilo Natur verschlingen.

Der Professor geht noch einen Schritt weiter. Er will nicht nur wissen, wie viel Rohmaterialien in einem Produkt oder einer Dienstleistung stecken, sondern welchen Verbrauch an Ressourcen sie von ihrer Entstehung bis zur Entsorgung verursachen und welchen Nutzen sie dafür bieten. Das Ergebnis wird in MIPS (Material-Input pro Nutzen + Service) berechnet und kennzeichnet den »materiellen Fußabdruck« von Produkten und Dienstleistungen.

Nach Schmidt-Bleeks Berechnungen verbraucht jeder Deutsche durchschnittlich 70 Tonnen Natur im Jahr, erträglich aber wären höchstens 10 Prozent davon. Eine vernünftige Umweltpolitik müsse deshalb darauf abzielen, den Ressourcenverbrauch pro Kopf der Bevölkerung auf etwa 6–8 Tonnen zu beschränken. Möglich sei dies durch eine Änderung im Steuerrecht, indem Arbeit geringer, der Verbrauch an Ressourcen aber wesentlich höher besteuert würde. Die Menschen würden dann weniger neue Dinge kaufen, sie länger nutzen und öfters reparieren (siehe Kapitel VI, *Downshifting* und *Share Economy*) als heute. So trügen sie zur Schonung der Ressourcen bei.

Einen anderen Ansatz verfolgt der aus Schwäbisch Gmünd stammende Chemiker und Verfahrenstechniker Michael Braungart. Zusammen mit dem amerikanischen Architekten und Industriedesigner William McDonough verfasste er das 2002 erschienene Kultbuch ›Cradle to Cradle‹ (Von der Wiege zur Wiege), in dem er ein revolutionäres Produktionssystem beschreibt. Das unter dem Titel ›Einfach intelligent produzieren‹ auf Deutsch erschienene Werk basiert auf der Idee, bei der Herstellung industrieller Güter auf jede Art von Schadstoffen zu verzichten und die benötigten Materialien so zusammenzufügen, dass sie sich vollständig recyceln lassen. Das C2C-Konzept würde, in Reinkultur umgesetzt, den Planeten nicht nur von Giftstoffen und Müllbergen befreien, sondern seine natürlichen Ressourcen für Jahrtausende konservieren.

So utopisch sich der Plan der beiden Nachhaltigkeitsapostel zunächst anhörte – inzwischen findet er selbst unter gestandenen Industriemanagern immer mehr Anhänger. Zu den Kunden des von Braungart geleiteten Beratungsinstituts EPEA in Hamburg zählen der Chemiekonzern Beiersdorf, der Otto-Versand oder der Wäschehersteller Triumph. BMW hörte bei der Entwicklung des Elektroautos I3 auf Braungarts Rat, und der dänische Logistikriese Maersk McKinney Möller ließ 2013 das bis dato größte Containerschiff der Welt nach den C2C-Prinzipien erbauen. Wird der 400 Meter lange Gigant der Meere eines Tages ausgemustert, wissen die Abwracker ganz genau, wo welche Materialien verbaut sind und wie sie voneinander getrennt werden können. Die Moral ist auf dem Weg, die verarbeitende Industrie zu begrünen.

Von derlei revolutionären Umweltideen will die Bundesregierung bisher nichts wissen, denn sie hat sich auf ein Ziel eingeschossen, von dem sie meint, dass es am deutlichsten Moral und Verantwortung ausdrückt: Frau Merkel möchte das Klima retten. Da der deutsche Anteil an den globalen CO_2-Emissionen gerade mal bei zwei Prozent liegt, scheint es vermessen anzunehmen, die hierzulande so vehement propagierten Klimaziele würden irgendetwas an der weiteren Entwicklung der auf der Erde herrschenden Temperaturen ändern. Dennoch gehört Deutschland zu den Vorreitern der internationalen Klimapolitik, und das hat zweifellos eine moralische Qualität.

Man möchte in diesem Land Verantwortung zeigen, nicht nur für sich selber, sondern auch für die vom Anstieg der Weltmeere bedrohten Inselstaaten im Pazifik, für die überflutungsgefährdeten Niederlande, die schrumpfenden Gletscher in den Alpen wie auf Grönland, kurz: für die ganze Welt. Aus Prinzip ist der fleißige Deutsche gegen den Schlendrian, das Sich-treiben-Lassen, das Verpassen wichtiger Termine. Also hakt er gewissenhaft die »Roadmap« ab, die ihm die Lordsiegelbewahrer des Weltklimas diktieren, er vergleicht den Ist- mit dem Sollzustand und grämt sich, wenn am Stichtag ein Fehlbetrag in Kohlendioxyd-Tonnen zu Buche steht.

DIE GEMENGELAGE NICHT VERSTANDEN Gelassen nimmt die Industrienation Deutschland in Kauf, dass Produktionsstätten, die viel Energie benötigen und entsprechend große Mengen Treibhausgas in die Luft pusten, sukzessive in andere Gegenden verlagert werden – mitsamt den gut bezahlten Arbeitsplätzen. BASF, BMW, Daimler, VW und ThyssenKrupp errichteten ihre neuen Werke nicht in Deutschland, sondern in den USA, in Brasilien, Mexiko und China. Unnachgiebig zwingt die Regierung Industrie und Handel auf den grünen Pfad – und weiß die Mehrheit der Bevölkerung an ihrer Seite. Nach jüngsten Umfragen sind 67 Prozent der Deutschen mit Energiewende und Klimapolitik der Bundesregierung einverstanden. Die Frage, ob der eingeschlagene Kurs überhaupt zum anivisierten Ziel führen kann, wird erst gar nicht mehr gestellt.

Mit der Gewissheit von Propheten verkünden die Erforscher des Weltklimas seit Jahrzehnten die These, dass

1. die Temperatur auf der Erde schneller ansteigt als in früheren Zeiten;

2. die Ursache dafür in dem erhöhten Ausstoß an Kohlendioxyd liegt;
3. der Anstieg durch eine Verringerung des CO_2-Ausstoßes gestoppt oder wenigstens gedrosselt werden kann.

Tatsache ist jedoch, dass die in den 90er Jahren mit Hilfe von Supercomputern erstellten Klimamodelle ständig korrigiert werden müssen, weil sich die Temperaturen auf der Erde in der Realität anders entwickeln als prognostiziert. Zwar war das vergangene Jahrzehnt das wärmste seit rund 400 Jahren, der Temperaturanstieg ist also eine Realität. Doch seit 1998 stagniert die global gemessene Durchschnittstemperatur auf hohem Niveau.

Sie nimmt nicht weiter zu, obwohl in dieser Periode der weltweite Ausstoß an Treibhausgasen um 50 Prozent, von jährlich 24 auf 36 Milliarden Tonnen, angewachsen ist. Jetzt rätseln die Koryphäen, weshalb es dennoch nicht wärmer wird, und bis heute konnten sie sich nicht auf eine zufriedenstellende Erklärung einigen. Zwar gibt es verschiedene Hypothesen, sie reichen von der Verlagerung der Erwärmung auf die Ozeane bis hin zur Austrocknung der Stratosphäre, doch richtig plausibel erscheint keine von ihnen. Kleinlaut gestehen einzelne Wissenschaftler, dass sie die komplizierte Gemengelage der Faktoren, die das Klima auf der Erde beeinflussen, noch nicht hinreichend genau verstanden haben.

Unverdrossen aber proklamiert der Weltklimarat IPCC (Intergovernmental Panel of Climate Chance) einen Temperaturanstieg um weitere 4–5 Grad Celsius bis zum Ende des Jahrhunderts, wenn die CO_2-Emissionen ungebremst zunehmen. Bei der Anhebung des Meeresspiegels sind sich die Koryphäen nicht so ganz einig, ihre Prognosen schwanken zwischen 30 und 100 Zentimetern – ein Schreckensszenario, das die Regierungen alarmiert. Eine solche Erwärmung würde die Lebensbedingungen aller Menschen tangieren, für viele hätte sie katastrophale Auswirkungen. Würde der Meeresspiegel durch die schmelzenden Eiskappen am Nord- und Südpol um einen Meter ansteigen, geriete ein großer Teil der Niederlande unter Wasser. Aus Angst, eines Tages für den Untergang der Menschheit verantwortlich gemacht zu werden, kamen die Staatenlenker in Ost und West, Nord und Süd überein, der Erwärmung der Erde den

Kampf anzusagen und gemeinsam Anstrengungen zur Reduzierung der schädlichen Emissionen zu unternehmen. Doch als es beim Klimagipfel im japanischen Kyoto um die Formulierung präziser Ziele ging, war es mit der Einigkeit schnell vorbei. Obwohl die Entwicklungsländer durch Brandrodungen, Landwirtschaft und zunehmende Motorisierung erheblich zur Luftverschmutzung beitragen, machten sie allein die Industrieländer für die Klimakatastrophe verantwortlich und erreichten, dass sie keinerlei Verpflichtungen eingehen müssen. Überdies weigerten sich die größten Luftverpester, allen voran die USA und die Volksrepublik China, dem Kyoto-Protokoll beizutreten. Zusammen mit Japan und Kanada, die inzwischen ebenfalls den Club der Klimaretter verlassen haben, pusten sie rund 44 Prozent der globalen Emissionen an Treibhausgasen (neben Kohlendioxyd zählen dazu Methan, Stickstoffoxyd und mehrere Kohlenwasserstoffe) in die Atmosphäre. Ihr Beitrag zu deren Verringerung aber ist mehr als bescheiden.

DEUTSCHLAND GIBT DEN MUSTERKNABEN Lediglich 37 Staaten tragen derzeit die Last, den Temperaturanstieg zu bremsen, und in diesem stark geschrumpften Umfeld gibt Berlin den Musterknaben. Zwischen 2008 und 2012 reduzierte Deutschland seine Emissionen um 26 Prozent, obwohl es nur Einsparungen von 21 Prozent zugesagt hatte. Bis 2020 sollen es 40 Prozent sein. Naturschützern ist das nicht genug; mit immer neuen Forderungen treiben sie die Regierungskoalition vor sich her. Die Moral braucht keine Argumente, sie wirkt aus sich selbst heraus. Seltsam nur, dass sie in Deutschland populärer ist als anderswo.

Wie wankend der Boden der Tatsachen beim Klima ist, beweisen die zahlreichen Querelen der an diesem Thema arbeitenden Wissenschaftler. Einer von ihnen geht mit seiner Zunft harsch ins Gericht. Hans von Storch, Leiter des Instituts für Küstenforschung am Helmholtz-Zentrum in Geesthacht, bezweifelt zwar nicht den Temperaturanstieg, doch er stellt die Unabhängigkeit der mit dem Klima beschäftigten Kollegen in Frage. Zusammen mit dem Sozialwissenschaftler Werner Krauß beschreibt er in seinem Buch ›Die Klimafalle‹ die Kumpanei von Politik und Wissenschaft. »Die Klimaforschung wurde von der Politik gekidnappt, damit die ihre Entscheidungen als von der Wissenschaft vorgegeben verkaufen kann«, behaupten die Autoren, und sie stehen mit ihrer Meinung nicht allein.

Bevor der Weltklimarat IPCC seinen fünften »Sachstandsbericht« im April 2014 verabschiedete, stritten sich die Sachverständigen um die Frage, wie sie der Öffentlichkeit ihre blamablen Temperaturprognosen verkaufen sollten. Während die Vertreter der Umweltverbände und die Abgesandten des Potsdam-Instituts für Klimafolgenforschung (PIK) dafür plädierten, die 15-jährige Pause im Temperaturanstieg erst gar nicht groß zu thematisieren, bestand Jochem Marotzke, Direktor des Max-Planck-Instituts für Meteorologie in Hamburg, darauf, die Unsicherheiten über die möglichen Ursachen offen einzugestehen. Anders als von manchen Autoren dargestellt, verschweigt der dreiteilige IPCC-Bericht – allein der erste Teil ist über 1000 Seiten stark – denn auch keineswegs die Zweifel an der CO_2-Theorie, doch in der wesentlich kürzeren Zusammenfassung für politische Entscheidungsträger läuft wieder alles auf die Reduzierung der Treibhausgase hinaus.

Es erscheint müßig, auf die Fachsimpeleien der Experten einzugehen, solange nicht geklärt ist, ob und in welchem Ausmaß die von Menschen erzeugten Emissionen für die erhöhten Temperaturen verantwortlich sind. Ernstzunehmende Wissenschaftler wie der dänische Physiker Henrik Svensmark vertreten schon seit Jahren die These, dass die Klimaveränderung eine Folge der abkühlenden Sonne und nicht der von Menschen emittierten Gase sei. Dankbar übernahmen die deutschen Autoren Fritz Vahrenholdt und Sebastian Lüning Svensmarks Erkenntnisse für ihr Buch ›Die kalte Sonne‹, in dem sie der bevorstehenden Klimakatastrophe eine Absage erteilen. Mit ihren spitz formulierten Thesen begeisterten sie zwar den Boulevard, blieben der Fachwelt jedoch eindeutige Beweise schuldig. Umweltschützer sehen in Vahrenholdt und Lüning ohnehin nur Lobbyisten der Energiebranche, denn beide arbeiteten für den Strom- und Gaslieferanten RWE.

Die Auseinandersetzungen ums Klima tragen Züge eines Glaubenskampfes, in dem Fakten eher stören. Offenbar reicht das Wissen der Menschheit auch im 21. Jahrhundert für eine rational begründete Umweltpolitik nicht aus. Die Entscheidungsträger halten sich deshalb an die Moral. Sie legen sich nicht für eine zweifelhafte Theorie ins Zeug, sondern für das Gute. Sie bekämpfen nicht andere Meinungen, sondern das Böse. Die Attitüde des Weltenretters steht jedem Präsidenten, jeder Kanzlerin gut: Die tut was, die kämpft gegen den Schmutz, die Katastrophe, den Teufel. Haben die USA es gerne mit Feinden zu tun, die man identifizieren, überwachen und per Drohnen auslöschen kann, so begnügen sich die Deutschen mit dem imaginären Weltenbrand, den es per Emissionsschutzgesetz zu bekämpfen gilt.

DIE PRIVILEGIEN DER KLIMAFORSCHER Die Klimaforscher indes, von denen früher kaum jemand Notiz nahm, erfuhren durch ihre Alarmbotschaften eine erstaunliche Aufwertung. Sie bekamen mehr Geld, Planstellen, Computer, Schiffe, Flugzeuge, Wetterballons und – noch wichtiger – Einladungen zu den wirklich Wichtigen. Ob US-Präsident Barack Obama, Britanniens Premier David Cameron oder Frankreichs Regent François Hollande – keiner der Staatenlenker mag auf den Rat der Meteorologen verzichten. Sogar in Peking hat der Kampf gegen Smog und CO_2 inzwischen hohe Priorität. Prof. Dr. Dr. h. c. Schellnhuber, Direktor des 1992 gegründeten PIK, residiert in einem palastähnlichen Bau, beschäftigt über 300 Mitarbeiter und hat jederzeit Zugang zur Kanzlerin. Auf seine Empfehlungen hin werden Klimaziele definiert, in Gesetze gegossen und der Wirtschaft zur gefälligen Ausführung verordnet. Auf solche Privilegien möchte man ungern verzichten.

»Die Wissenschaft«, warnen Hans von Storch und Werner Krauß, »lieferte das Rohmaterial für eine große Story, die das Schreckensszenario des Kalten Krieges abgelöst hat.« Wer diese für beide Seiten – Politik und Forschung – einträgliche Geschichte von der bevorstehenden Katastrophe und ihrer Abwendung stört, wird »mit kollektiven Verachtungsritualen« bestraft. Die Klimaforscher seien der Versuchung erlegen, Politik mitzugestalten, und hätten ihre Erkenntnisse einseitig den Interessen der Mächtigen angepasst. Die Autoren der ›Klimafalle‹ plädieren für eine offene Streitkultur und die Vielfalt der Meinungen – doch dies passt den Politikern eher nicht in den Kram. Für ihre Entscheidungen brauchen sie eindeutige Aussagen, welche die Wissenschaft gefälligst zu besorgen hat.

Vom Zweifel befreit gibt sich das Umweltbundesamt in Dessau. Die 1500 Köpfe zählende Behörde veröffentlichte 2013 eine 122 Seiten starke Broschüre mit dem an Galileo Galilei erinnernden Titel ›Und sie erwärmt sich doch‹, in der sie nicht nur den von Menschen erzeugten Temperaturanstieg als unstrittige Tatsache darstellt, sondern gleich auch noch die Namen jener Ketzer mitliefert, die sich dem wahren Glauben verweigern. Als Klimaskeptiker eingestuft wurden namhafte Publizisten wie Dirk Maxeiner, Michael Miersch und Günter Ederer, aber auch US-Politiker wie der Fraktionsvorsitzende der Republikaner im Repräsentantenhaus, John Boehner, sowie zahlreiche Wissenschaftler im In- und Ausland. Dass eine Bundesbehörde die Namen von Personen veröffentlicht, die nicht ihre Ansichten teilen, bewog den Publizisten Henryk M. Broder zum Vergleich mit Joseph Goebbels' Reichskulturkammer und den ›Spiegel‹-Kolumnisten Jan Fleischhauer zu der Satire ›Todesstrafe für Klimaleugner‹. Wo der Glaube herrscht, hat das Gehirn Urlaub.

Vielleicht verschwindet die Klimakatastrophe ja eines Tages so folgenlos wie das Ozonloch und das Waldsterben vom Radarschirm der Öffentlichkeit. Die beiden Klassiker aus der jüngeren Öko-Geschichte zeigen exemplarisch, welche Wucht Umwelt-Themen bekommen können und wie wenig verlässlich die Diagnose ihrer Ursachen ist. Ohne die kollektiven Angstzustände, die sie auslösten, wären die Grünen nie an die Macht gekommen und Joschka Fischer würde eventuell noch Taxi fahren. Sogar der Zusammenbruch der DDR hätte wahrscheinlich etwas später stattgefunden.

Erinnern wir uns: Alles begann 1979 mit einem Bericht des Forstwissenschaftlers Bernhard Ulrich, der im Solling, einem Teil des Weserberglands, bei Schadstoffmessungen an Bäumen hohe Konzentrationen an Schwefeldioxyd und Stickoxyden festgestellt hatte. Ulrich prophezeite, dass in den nächsten Jahren mit einem großflächigen Absterben der Wälder in Deutschland zu rechnen sei. Wenig später bestätigte Ulrichs Kollege Peter Schütt den Befund. Schnell wurde der Tod der Wälder zum Thema der Massenmedien, und als der ›Spiegel‹ im November 1981 eine Titelgeschichte veröffentlichte (»Saurer Regen über Deutschland: Der Wald stirbt«), da ging die Furcht um im Land. Zuhauf marschierte das Volk in den Forst, um mit eigenen Augen zu besichtigen, was der saure Regen angerichtet hatte. Jedes verdorrte Blatt, jeder kahle Ast galt fortan als unwiderlegbarer Beweis für Ulrichs These von der Entwaldung Germaniens. Dabei stammten fast alle der in den Printmedien wie im TV gezeigten Waldschaden-Bilder von wenigen Flecken im Harz und im Erzgebirge. Hunderte Zeitungs- und Zeitschriftenartikel transportierten die Angst um den Wald über die bundesdeutschen Grenzen hinaus. In der DDR, der Schweiz, in Österreich und schließlich auch in Frankreich eroberte das Thema die Titelseiten. Beeindruckt nahmen die Franzosen den Germanismus »Le Waldsterben« als Lehnwort in ihre Muttersprache auf, und überall in Europa machten sich Wissenschaftler auf die Suche nach den Ursachen der Verwüstung des Mythos Wald. Allein Deutschland gab für die Waldschadens- und Waldökosystemforschung nahezu eine Milliarde D-Mark aus.

WIE DAS OZONLOCH VERSCHWAND Dank der Sorge um den Tann gewann die im Januar 1980 in Karlsruhe gegründete Partei der Grünen so rasch an Zulauf, dass sie bereits drei Jahre später mit 28 Abgeordneten in den Bundestag einziehen durfte: Ihr parlamentarischer Geschäftsführer hieß Joschka Fischer. Auch in der DDR entstand eine Öko-Bewegung, die rasch zur treibenden Kraft des Bündnis 90 (bestehend aus der Grünen Liga, dem Neuen Forum, der Initiative Frieden und Menschenrechte sowie der Aktion Demokratie jetzt) aufstieg und nach der Wende mit den westdeutschen Grünen fusionierte. Ohne deren beharrliche Proteste hätte es möglicherweise etwas länger gedauert, bis der SED-Staat kapitulierte.

Wegen des von Anfang an bestehenden Verdachts, dass Schwefel für den sauren Regen wie für die Schädigungen der Bäume verantwortlich sei, wurde das aus dem Jahr 1971 stammende Bundes-Immissionsschutzgesetz verschärft. Kraftwerke und andere Dreckschleudern mussten teure Rauchgasentschwefelungsanlagen in ihre Kamine einbauen, und nach der Wiedervereinigung wurden die filterlosen Braunkohlekraftwerke in Ostdeutschland abgeschaltet. Der Gesamtausstoß an Schwefeldioxyd nahm binnen weniger Jahre von 7,5 auf 0,5 Millionen Tonnen ab. Ob dies tatsächlich den Tod des Baumtods herbeiführte, ist bis heute umstritten. Jedenfalls stellte sich bald heraus, dass viele der vermeintlichen Waldsterbesymptome Fehldeutungen und die gesamten Forstschäden weit geringer waren als vermutet. Ausgerechnet die grüne Bundeslandwirtschaftsministerin Renate Künast verkündete 2003 offiziell das Ende des Waldsterbens. Der dunkle Tann war geheilt, die Macht der Moral aufs Neue bewiesen.

Wie der Tod der Fichte hatte auch das Ozonloch eine lange Vorgeschichte und eine kurze Karriere. Die Bedrohung der Menschheit begann ganz harmlos mit einem Artikel zweier Chemiker in der Wissenschaftszeitschrift ›Nature‹. Der Amerikaner Frank Sherwood Rowland und der Mexikaner Mario Molina wiesen 1974 nach, dass Fluorchlorkohlenwasserstoffe (FCKW) eine Gefahr für die Ozonschicht der Erde darstellen. Die Nachricht alarmierte zunächst nur die Fachwelt, die wusste, dass Ozonmoleküle in der Atmosphäre einen Filter bilden, der die Erde vor starker UV-Strahlung aus dem All schützt – und dass Klimaanlagen, Kühlschränke, Spraydosen und Schaumstoffe FCKW enthalten.

Brisanz gewann die Entdeckung der beiden 1995 mit dem Nobelpreis ausgezeichneten Wissenschaftler, als beunruhigende Meldungen aus der kältesten Region der Erde eintrafen. Der britische Meteorologe Jo Farman berichtete im Mai 1985, ebenfalls in ›Nature‹, über seine Langzeitmessungen des Ozongehalts über der Antarktis. Die Daten stammten von Wetterballonen mit angehängten Messinstrumenten, die Farman und seine Kollegen von der Forschungsstation Halley Bay aufsteigen ließen, und sie bewiesen einen dramatischen Verfall der Ozonwerte. Bald kursierten Satellitenaufnahmen, die den ungeschützten Südpol zeigten. Das Ozonloch war geboren.

Die Gefahr war konkreter, die Folgen unmittelbarer als das Waldsterben, und sie sensibilisierte die Menschen für die nachfolgende Klimakatastrophe. »Die Angst vor Hautkrebs, Augenleiden und Missernten geht um«, erschreckte die ›Frankfurter Allgemeine‹ ihre Leser, und bang fragte der ›Spiegel‹: »Wird Skilaufen bei Sonnenschein gefährlich? Ist mit den Badefreuden an Nord- und Ostsee demnächst Schluss?« Das Magazin berichtete von erblindeten Schafen in Patagonien, gebrandmarkten Badegästen in Australien und zitierte eine britische Greenpeace-Aktivistin: Wenn das Phänomen des Ozonschwunds sich weiter ausbreite, könnte das »den letzten Akt bedeuten für das Leben auf diesem Planeten«.

Dass der letzte Akt nochmal vertagt werden konnte, ist weder der Hut-und-Mützen-Branche geschuldet und auch nicht der Kosmetikindustrie, die Sonnencremes mit Lichtschutzfaktor 50 auf den Markt warf, sondern dem Montreal-Protokoll von 1989. In der kanadischen Metropole wurde ein Abkommen ausgehandelt, in dem sich zunächst 46, später nahezu alle übrigen Staaten verpflichteten, ihren Ausstoß an FCKW schrittweise zurückzufahren. Da sich der Ozonkiller relativ leicht durch andere Stoffe ersetzen ließ, gelangte bald kaum noch Fluorchlorkohlenwasserstoff in die Atmosphäre, und das Loch in der Ozonschicht verschwand, wie es gekommen war. Die Klimaforscher feierten ihren Erfolg und bereiteten den nächsten Coup vor.

EIN FÖRSTER ERFAND DIE NACHHALTIGKEIT Weshalb gerade die Deutschen sich solche Sorgen um Luft und Wasser, Wald und Wiesen machen – das hat auch einen historischen Hintergrund. Anders als die meisten anderen Völker neigten die Germanen frühzeitig zur Idealisierung der Natur. Sie nahmen sie weniger als eine Sphäre wahr, in der alle Lebewesen mit größter Erbitterung um ihren Lebensraum kämpfen, sondern als eine Art Arkadien. Goethe-Gedichte wie der ›Waldspaziergang‹ oder die romantischen Landschaftsbilder von Claude Lorrain und Philipp Hackert prägten die deutsche Vorstellung von Natur mehr als Charles Darwins Buch ›Über die Entstehung der Arten‹. Wald und Wiesen erschienen ihnen als Orte der Erholung, des Rückzugs vom tristen Alltag. Abseits der Städte und Dörfer suchten sie jene Harmonie, die ihnen das Leben meist verweigerte.

Die Kulturheroen der Deutschen ließen sich im 18. und 19. Jahrhundert von der Sehnsucht nach unberührter Natur inspirieren. Goethe erforschte, Schiller bewunderte, Alexander von Humboldt katalogisierte und Caspar David Friedrich malte sie so schön wie kaum ein anderer seiner Zeitgenossen. Aber es war der Preußenkönig Friedrich Wilhelm III., der den Umweltschutz als Erster praktizierte. Anno 1829 spendierte er 10000 Taler für den Ankauf des Gebietes um den Drachenfels im Siebengebirge. Der Herrscher über die preußische Rheinprovinz wollte verhindern, dass der markante Berg weiter geplündert wurde. Die mit der Fertigstellung des Kölner Doms beschäftigten Steinhauer brachen solche Mengen Trachyt aus der Erhebung, dass sie zusammenzufallen drohte. Weil man ihm den Hügel samt seiner charakteristischen Burgruine trotz des guten Preises nicht verkaufen wollte, verfügte Friedrich Wilhelm schließlich die Enteignung, und so blieb der Drachenfels der Nachwelt erhalten.

Heute ist das Enteignen zwar nicht mehr so einfach, dafür hat der Naturschutz die Bedeutung einer Volksbewegung angenommen. Mit den Grünen brachte er eine eigene Partei hervor und mit dem BUND Naturschutz verfügt er über eine fast 500 000 Mitglieder zählende Fangemeinde, die zu den stärksten Lobbyorganisationen des Landes zählt. Wenn es nicht anders geht, greift der BUND auch gerne auf die Methode des alten Preußenkönigs zurück: Um unliebsame Baumaßnahmen zu verhindern, kauft oder pachtet er die entsprechenden Grundstücke. Allein in Bayern verfügen die Naturschützer über 2650 Hektar Land.

Die im BUND organisierten Hardliner bilden die Speerspitze eines Volkes, das sich in seinem Lebensraum gemütlich eingerichtet hat und ihn auf alle Ewigkeit bewahren möchte. Seit es keine äußeren Feinde mehr fürchten muss und der beiden Weltkriege in Ruhe und Frieden gedenken kann, hat es den Kampf gegen die Beeinträchtigung der Lebensqualität zu seiner Hauptaufgabe gemacht. Alles möchte, bitte schön, so bleiben, wie es ist, auf keinen Fall aber schlechter werden.

Die Generation der Ängstlichen fürchtet sich vor allem. Vor dem Schuldenberg, vor schlechten Berufsaussichten, vor dem Älterwerden und magerer Rente. Deshalb lieben die Deutschen kaum ein Wort so sehr wie die *Nachhaltigkeit*. Nachhaltig soll alles sein: die Familie und der Arbeitsplatz, der Strom, der aus der Dose kommt, das Müsli und der Kaffee zum Frühstück, das Ei wie das Huhn, das Hemd wie der Anzug, das Benzin wie das Auto. Doch was ist damit eigentlich gemeint?

Der Erste, der den Begriff verwendete, war ein sächsischer Forstbeamter. Vor gut 300 Jahren verfasste der Leiter des Oberbergamtes Freiberg im Erzgebirge, Hans Carl von Carlowitz, ein grundlegendes Lehrbuch zur Forstwissenschaft. Auf Seite 105 des Werkes mit dem lateinischen Titel ›Sylvicultura oeconomica‹ fordert der Oberberghauptmann die »nachhaltende« Nutzung des für die Erzgewinnung notwendigen Brennstoffs Holz. In den Wäldern sollte stets nur so viel Holz geschlagen werden, wie durch Aufforstung wieder nachwächst.

Ein Prinzip, das den rund 10000 Teilnehmern der bis dato größten Umweltschutz-Konferenz der Welt, die 1992 in Rio de Janeiro stattfand, so sehr imponierte, dass sie das Recht auf *sustainable development*, also auf nachhaltige Entwicklung, in den Katalog ihrer 27 Grundsätze aufnahmen. Die Karriere der Nachhaltigkeit war nun nicht mehr aufzuhalten, doch klarer wurde der Begriff dadurch nicht.

EINE SELTSAME ALLIANZ Als die Idee aufkam, fossile Brennstoffe durch organische zu ersetzen, da wurde dies als Sieg der Nachhaltigkeit gefeiert. In großem Stil erzeugte man in den USA wie in Europa aus Mais, Weizen oder Raps Biosprit. Weil die EU verlangte, dass 10 Prozent des gesamten Kraftstoffbedarfs aus erneuerbaren Quellen zu gewinnen seien, wurde der Saft an den Tankstellen unter der Formel E10 vermarktet. Die technischen Probleme (Schädigung der Dichtungen an den Motoren) ließen sich schnell lösen, doch dann zeigten sich gravierendere Folgen: Die Monokulturen der für die Ethanol-Gewinnung angelegten Pflanzungen verödeten die Böden, und das in den Tank geschüttete Getreide fehlte zur Herstellung von Nahrungsmitteln.

Nun kam es zu einer seltsamen Allianz: Die Chefs der großen Nahrungsmittelkonzerne verbündeten sich mit Umweltschützern und Entwicklungshelfern. In einem Brandbrief, adressiert an die Energieminister der EU-Staaten, verlangten Peter Brabeck-Lethmathe (Nestlé) und Paul Pollmann (Unilever), das EU-Ziel von 10 auf 5 Prozent zu halbieren, andernfalls drohten Engpässe bei der Nahrungsversorgung: Ein Prozent mehr Agrosprit würde »Nahrung für 34 Millionen Menschen umlenken«. Oxfam, ein Verbund von Entwicklungshilfeorganisationen, sekundierte: »Angesichts einer Milliarde Hungernden ist das Festhalten an der Förderung von Agrosprit unverantwortlich.« Die Begeisterung für den nachhaltigen Sprit verpuffte in einer Sackgasse.

Der Begeisterung für den schwammigen Begriff hat das freilich nicht geschadet. Nachhaltigkeit wurde »zum Leitmotiv der ökologischen Modernisierung der Welt«, so der von der UNO herausgegebene Brundtland-Bericht, benannt nach einer ehemaligen norwegischen Ministerpräsidentin. Auch der Deutsche Bundestag nahm sich des Themas an und setzte am 1. Dezember 2010 eine Enquetekommission ein, die über »Wachstum, Wohlstand, Lebensqualität – Wege zu *nachhaltigem* Wirtschaften und gesellschaftlichem Fortschritt in der sozialen Marktwirtschaft« nachdenken sollte. Der ebenfalls von der UNO organisierte »Weltgipfel für *nachhaltige* Entwicklung« verabschiedete in der südafrikanischen Hauptstadt Johannesburg 2002 einen 65-seitigen Fahrplan, in dem verschiedene »Millenniumsziele« festgelegt wurden, die von den beteiligten Staaten bis 2020 erreicht werden sollten.

Nachhaltig hatte nun nicht mehr nur der Umgang mit der Natur zu sein, sondern die Wirtschaft, ja die ganze Gesellschaft sollte ökologisch, ökonomisch und sozial nachhaltig werden. Wie dieses Drei-Säulen-Modell allerdings in die Praxis umgesetzt werden kann, darüber gibt es so viele unterschiedliche Vorstellungen, dass bereits ein neuer Wissenschaftszweig ins Leben gerufen wurde: die Nachhaltigkeitsforschung.

Parallel dazu entstand in Deutschland so etwas wie eine Nachhaltigkeitsbürokratie. Seit April 2001 gibt es den von der Bundesregierung eingesetzten Rat für Nachhaltigkeit, der mit vielerlei Aktivitäten dafür sorgen soll, dass die Umwelt geschont und das soziale Zusammenleben gedeihlicher gestaltet wird. Das aus 15 Köpfen bestehende Gremium veranstaltet Aktionstage, Wettbewerbe, Fotoausstellungen, betreibt Verbraucheraufklärung und lässt die Nachhaltigkeitspolitik der Kanzlerin von einer international besetzten Jury begutachten. Umwelt-Akademien beschäftigen sich mehr oder weniger wissenschaftlich mit dem Thema; Bundes- und Landesministerien sorgen mit immer neuen Verordnungen, Normen und Genehmigungsverfahren dafür, dass die Nachhaltigkeit weder billig noch einfach zu haben ist.

So leicht die Forderung, auf Nachhaltigkeit zu achten, an Unternehmen oder Konsumenten zu richten war, so schwer tun sich die Räte bis heute mit konkreten Handlungsempfehlungen. Dient es der sozialen Nachhaltigkeit, wenn ein Automobilzulieferer wie Bosch Arbeitsteilzeitmodelle einführt oder wenn der VW-Konzern im Rahmen seines Programms »Wanderjahre« Hochschulabsolventen die Möglichkeit einräumt, ein Jahr im Ausland zu arbeiten? Die Firmen jedenfalls behaupten dies in ihren CSR-Berichten. Handelt der Kaffeekunde, der seine Bohnen in einem Dritte-Welt-Laden ersteht, nachhaltiger als einer, der bei Dallmayr oder Nespresso kauft? Er hilft vielleicht einem äthiopischen Bauern, aber wie der seine koffeinhaltigen Sträucher anbaut, weiß er natürlich nicht.

In der Summe ihrer Bedeutungen meint die Nachhaltigkeit: Die heute lebenden Menschen sollten die Erde ihren Kindern in einem besseren Zustand hinterlassen, als sie sie bei ihrer Geburt vorgefunden haben. Sie definiert also eine Art planetarisches Reinheitsgebot oder auch einen globalen Moralkodex, dem sich die Wirtschaft ebenso zu unterwerfen hat wie die Verbraucher. Weil die Gesetze zur Reinerhaltung der Luft, des Bodens und der Gewässer in Deutschland besonders rigide ausfielen, mussten die Unternehmen hier früher und heftiger darauf reagieren als anderswo. Nach anfänglicher Gegenwehr begriffen sie schnell, dass aus der grünen Umweltpolitik ein weltweiter Trend werden könnte, und sie begannen, die technischen und wirtschaftlichen Möglichkeiten dieser Entwicklung auszuloten. Die Moral wurde zum Businessmodell.

FIRMEN WASCHEN SICH GRÜN Deutsche Unternehmen sind heute auf vielen Gebieten der Umweltschutztechnologien führend. Sie bauen die effizientesten Solar- und Windkraftanlagen, die sparsamsten Benzin- und Dieselmotoren, die wirksamsten Abgasreinigungssysteme. 2013 erwirtschafteten sie mit Umweltschutz-Produkten einen Umsatz von annähernd 100 Milliarden Euro und weitere 40 Milliarden mit einer hoch entwickelten Abfall- und Recycling-Technik. Ihre Produkte sind in aller Welt gefragt, ihr Know-how und ihre Patente Angriffsziele ausländischer Cyberspione. Doch nicht alles, was in ihren Werbeschriften als »nachhaltig« oder »grün« verkauft wird, verdient diese Bezeichnung. »Greenwashing« heißt der Etikettenschwindel im Businessslang. Umweltschützer mokierten sich über die kinder- und umweltfreundliche Werbefigur des »Energieriesen«, mit dem der Stromversorger RWE von der Tatsache ablenken wollte, dass nur ein winziger Teil seiner Produktion aus erneuerbaren Quellen stammt. Ebenso brandmarkten sie die Umwelt-Kampagne des britischen Ölmultis BP, dessen Bohrplattform Deepwater Horizon 2010 im Golf von Mexiko in Brand geriet und die bis dato größte Umweltkatastrophe verursachte.

Fragwürdig ist auch das Nachhaltigkeitsverständnis mancher Naturschutzverbände. Obwohl es in Mitteleuropa kaum einen Quadratmeter Boden gibt, der im Laufe der Zeit nicht von Menschen bearbeitet, verändert, kultiviert wurde, lehnen sie jeden weiteren Eingriff in die Natur kategorisch ab. Selbst die Deiche an den Küsten oder die Einfassungen der Gebirgsbäche in den Alpen sind in ihren Augen frevelhaft, wenngleich wahrhaft nachhaltig. Sturmfluten, Überschwemmungen oder tödliche Schneelawinen gehen ihrer Meinung nach stets auf den Leichtsinn oder die Geldgier der Menschen zurück, vor denen die unschuldige Natur bewahrt werden muss. Deswegen sind sie auch dagegen, dass die Ringelgänse, die den norddeutschen Bauern die bestellten Äcker kahl fressen, zum Abschuss freigegeben werden, dass hessische Winzer ihre Weinberge mit Dauerbeschallung vor Staren schützen und die Fischer vom Chiemsee aus Sorge um ihre Fischbestände Jagd auf Kormorane machen dürfen. Naturseligkeit geht vor Überlebensrecht.

Dass es den Deutschen ein inneres Bedürfnis ist, nachhaltig gut zu sein, beweist die Mühe, die sie sich beim Einkaufen machen. Billig soll natürlich alles sein, was ins Haus kommt, darüber hinaus achten die Verbraucher immer stärker auf ökologische Korrektheit. So bezogen sie im ersten Halbjahr 2014 bereits 28,5 Prozent ihrer elektrischen Energie aus Öko-Strom, Tendenz steigend, und auch der Anteil der *fair gehandelten* Produkte legt zu. 2013 gaben die deutschen Konsumenten immerhin 784 Millionen Euro für Kaffee, Kakao, Schokolade, Bananen oder Blumen aus, bei denen die Erzeuger in der Dritten Welt einen von internationalen Organisationen als fair eingestuften Preis erzielten.

Schwieriger ist das Gutsein beim Einkauf technischer Produkte. Wer weiß schon, unter welchen Bedingungen ein iPhone oder iPad hergestellt wird? Wer kann überprüfen, ob Samsung ökologischer wirtschaftet als Apple? Weil die Prozessketten bei der Produktion komplexer Geräte lang sind und der Einkauf der benötigten Einzelteile global organisiert wird, ist eine strikte Kontrolle, etwa der Arbeitsbedingungen bei den zahlreichen Zulieferern und ihren Unterlieferanten, kaum möglich. Undurchsichtig ist die Lage auch bei Textilien, die größtenteils von Billiglöhnern in Südostasien zusammengenäht und ohne Rücksicht auf die Befindlichkeiten zartbesaiteter Europäer mit zweifelhaften Chemikalien aller Art ausgerüstet werden.

So entstand eine vielschichtige Dienstleistungsbranche, die es sich zur Aufgabe macht, umweltbewusste Konsumenten mit Informationen zu versorgen. Die Zeitschrift ›Ökotest‹, erstmals im April 1985 erschienen, bemüht sich unermüdlich, Giftstoffe im Kinderspielzeug wie in der Kleidung, im Auto wie im Turnschuh ausfindig zu machen und die Kundschaft vor ihrer Anschaffung zu warnen. Dem Pionierblatt ist im Internet eine vielstimmige Konkurrenz erwachsen, die nicht nur nach Schadstoffen fahndet, sondern auch Verletzungen der Menschenrechte, geringe Sozialstandards oder bei Lebensmitteln eine ungenügende Kennzeichnung der Inhaltsstoffe anprangert. NGOs wie Greenpeace oder Foodwatch mischen mit und versuchen mit spektakulären Aktionen oder alarmistischen Botschaften auf sich aufmerksam zu machen.

WO »BIO« DRAUFSTEHT ... Weil das Thema bei vielen Verbrauchern eine so große Bedeutung hat, statten die Anbieter ihre Waren inzwischen mit allerlei Labels aus, die garantieren sollen, dass die Nachhaltigkeitsgebote bei der Herstellung berücksichtigt wurden. Kaum ein Kunde aber kann überprüfen, ob das Bio- oder Öko-Siegel zu Recht auf dem Produkt prangt und was so ein Siegel über die Art der Herstellung aussagt. Nicht überall, wo Bio draufsteht, ist Bio drin. Geschätzte 99 Prozent der insgesamt über 1000 Öko-Labels sind nämlich Erfindungen der Hersteller, zur objektiven Information also ungeeignet. Das Verwirrspiel mit den Gütesiegeln erschwert den moralisch einwandfreien Konsum.

Das Dickicht aus richtigen und falschen Informationen versucht der 1985 gegründete Bundesverband kritischer Verbraucherinnen und Verbraucher zu lichten. Er wurde inzwischen in Verbraucher-Initiative e. V. umbenannt und gibt das Bewertungsportal label-online.de heraus. Hier erfährt der Kunde, was der Blaue Engel auf der Spülmaschine bedeutet, wer hinter dem Global Organic Textile Standard (GOTS) steckt und nach welchen Kriterien das Zertifikat CSR Tourism Certified vergeben wird. Das Portal wurde gefördert mit Mitteln des Bundesumweltministeriums und des Bundesministeriums für Arbeit und Soziales.

Hilfreich kann auch der Nachhaltige-Warenkorb.de sein, den der Rat für Nachhaltige Entwicklung unter der Überschrift »einfach besser einkaufen« ins Netz stellte. Es ist ein grafisch aufwendig gestalteter Ratgeber für den täglichen Einkauf von Lebensmitteln, Klamotten, Kosmetika und Spielsachen bis hin zu langfristigen Anschaffungen wie Auto, Waschmaschine oder Geschirrspüler. Man bekommt Tipps zum Wasser- und Stromverbrauch, zur Wirksamkeit von Sonnencremes wie zur gesunden Ernährung. Die Bandbreite reicht bis zu den sozialen und ökologischen Auswirkungen des Herstellungsprozesses eines T-Shirts oder des CO_2-Ausstoßes eines Pkw. Die Texte sind gut recherchiert, die Informationen glaubwürdig.

Daneben gibt es diverse private Websites, die den Verbraucher beim Einhalten der Nachhaltigkeitsgebote unterstützen wollen. Utopia.de nennt sich das »führende Portal und die größte community rund um nachhaltige Entwicklung«. Hier findet der moralische Konsument Bestenlisten mit empfehlenswerten Adressen, von der Bank bis zum E-Bike, sowie Einkaufstipps, Gewinnspiele und Unternehmensprofile. Weil das Unternehmen auf Werbeeinnahmen angewiesen ist, haben Puristen in der grünen Szene Vorbehalte gegen die Empfehlungen von Utopia.

Wer die Website Wegreen.de benutzt, um zur Nachhaltigkeit zu gelangen, stößt auf eine Ampel, die gute (grün), mittelmäßige (gelb) oder schlechte (rot) Produkte kennzeichnet. Die Wertungen basieren allerdings nicht auf eigenen Tests, sondern auf Angaben der Hersteller und der verwendeten Labels, aber auch auf neutralen Urteilen von Forschungsinstituten und Verbraucherschutzorganisationen. Das Ampelsystem ist einfach und klar, es sollte deshalb auch bei der Kennzeichnung von Lebensmitteln zur Pflicht gemacht werden. Die Herstellerlobby hat dies verhindert, weil sie Einbußen bei kalorienreichen Produkten befürchtete.

Längst kommt die Moral auch mobil daher. Die App Baarco.com, aufs Smartphone geladen, scannt die Barcodes beliebiger Artikel und liefert gleich Preisvergleiche, Testberichte samt der

Nachhaltigkeitsampel von Wegreen.de dazu. Man erfährt, dass ein bestimmtes Müsli zu süß und zu kalorienhaltig ist, dass eine Hautcreme in Mogelpackungen angeboten wird oder dass die CO_2-Bilanz von Haferflocken akzeptabel ist. Ähnlich funktioniert die App Codecheck.info, die bei Hygiene- und Kosmetikprodukten vor wenig empfehlenswerten Inhaltsstoffen warnt, aber auch Sportartikel, Schreibwaren oder Tabakerzeugnisse auf Nachhaltigkeit überprüft.

Einen anderen Weg schlägt die kostenlose App Ecotastic ein. Sie will den User mit Belohnungen zu einem umweltschonenden Lebensstil anregen. Wer mit dem Smartphone seinen Kräutergarten oder den zwecks Mülltrennung ausgewaschenen Joghurtbecher fotografiert und die Bilder ins Netz stellt, erhält von der Ecotastic-Community Belohnungspunkte. Hat er genügend Punkte gesammelt, kann er diese in Gutscheine tauschen und bekommt dafür beim Online-Einkauf nachhaltiger Produkte einen Rabatt oder auch einen Gratiskaffee. Mitte August 2014 zählte die community rund 2000 Mitglieder.

VORSICHT BEI BEWERTUNGPORTALEN Weiter verbreitet ist die an der Fachhochschule Potsdam entwickelte App Ecochallenge, die allerdings nur im Apple Store angeboten wird. Hier gibt es keine Gutscheine, dafür jede Menge Informationen für ein nachhaltiges Leben. Über 100 000 User rühmten sich in den sozialen Netzwerken ihrer Erfolge beim Wassersparen oder dem Verzicht aufs Autofahren. Sie gewannen so an Ansehen und verbesserten ihren sozialen Status.

Grundsätzlich ist bei den Bewertungsportalen im Netz Vorsicht geboten, denn auch hier haben sich die Marketing-Leute der Industrie eingenistet, und nicht immer ist sofort ersichtlich, was dem moralischen Leben und was den Herstellern dient. »Das Geschäft mit dem Gewissen«, urteilte ›Der Spiegel‹, »ähnelt verblüffend jenen Ablassbriefen, an denen die katholische Kirche schon im Mittelalter gut verdiente.« Die Moral der Verbraucher ist eine Macht, die die Anbieter fürchten wie Luzifer den Erzengel Gabriel.

Als nach dem Einsturz des Fabrikgebäudes Rana Plaza in Savar, unweit von Bangladeschs Hauptstadt Dhaka, das Demoskopie-Institut Forsa im Auftrag des ›Stern‹ deutsche Verbraucher befragte, antworteten 66 Prozent, sie würden nicht mehr bei Firmen kaufen, die ihre Produkte unter menschenunwürdigen Bedingungen herstellen lassen. Erschrocken unterzeichneten Textilkonzerne wie C&A, H&M, KIK, Adler, Mango oder Benetton ein Gebäudesicherheits- und Brandschutzabkommen mit dem Namen »Accord«, für das Nichtregierungsorganisationen zuvor erfolglos geworben hatten. Außerdem gründeten sie einen Hilfsfonds für die Hinterbliebenen der bei dem Unglück gestorbenen 1134 Näherinnen.

Doch die Profis aus der Wirtschaft wissen natürlich um die Launenhaftigkeit ihrer Kunden. Sind heute kurze Röcke angesagt, greifen sie morgen zu Hosenanzügen und übermorgen nach Hot Pants. Schnell wechselt auch die Stimmung und schwindet das Mitgefühl. Verschwinden die Nachrichten über eingestürzte Gebäude und das traurige Los der asiatischen Lohnsklaven aus den Medien, zählen wieder Preis, Schnitt und Farbe der angebotenen Ware. Kaum jemand fragt dann noch nach den Arbeitsbedingungen der Näherinnen in Bangladesch.

Nicht wenige der Firmen, die das Accord-Abkommen unterzeichneten, spielen deshalb auf Zeit. Von den zugesagten 29 Millionen US-Dollar ihres Hilfsfonds waren ein Jahr nach dem Unglück erst sieben Millionen einbezahlt, und an den miserablen sozialen Standards hat sich kaum etwas geändert. Nach wie vor zahlen die Subunternehmer in Indien oder Pakistan ihren Arbeiterinnen Hungerlöhne, lassen sie 60 Stunden die Woche schuften und beschäftigen weiter Kinder unter 16 Jahren. Moral und Menschlichkeit gelangen nicht von allein in die Welt, manchmal müssen sie erzwungen werden.

Wenn etwa die Modekette H&M ihre Kollektion »Conscious« mit dem Slogan »Für mehr Nachhaltigkeit in der Mode« bewirbt, dann sagt das nichts über die Arbeitsverhältnisse aus, unter denen die verwendete Bio-Baumwolle hergestellt wird. Die in Wuppertal beheimatete Kampagne für Saubere Kleidung (CCC = Clean Clothes Campaign) wies die Modemacher denn auch auf den »krassen Gegensatz zur Arbeitsrealität in Asiens Textilfabriken« hin.

Weil die Modefirmen oft gar nicht so genau wissen wollen, von welchem Subunternehmen in welcher Fabrik ihre Waren gestrickt oder genäht werden, können sie sich hinter der Unschuldsvermutung verstecken. Verbraucherschutzorganisationen wie Transfair oder Fair Wear Foundation fordern deshalb seit langem, die gesamte Wertschöpfungskette in der Textilbranche transparent zu machen. Freiwillig sind die Firmen dazu wohl kaum bereit, darum plant Bundesentwicklungshilfeminister Gerd Müller ein neues Gütesiegel. Es soll an solche Unternehmen vergeben werden, die sich zur Kontrolle ihrer Sublieferanten bis hin zu den Herstellern der Grundmaterialien verpflichten.

Wenn die Anbieter sich den moralischen Forderungen ihrer Kunden entziehen, bleibt denen im Ernstfall nur eines übrig: der Verzicht. Der zeigt jedoch nur Wirkung, wenn viele Kunden einen Anbieter mit Missachtung strafen. Man spricht dann von einem Boykott, benannt nach dem britischen Grundstücksverwalter Charles Cunningham Boycott. Im Auftrag britischer Landlords sollte er um 1880 in Irland Pächter für deren Ländereien finden, doch die weigerten sich wegen miserabler Arbeitsbedingungen und ließen die Felder so lange verkommen, bis die Lords einlenkten.

WANN EIN BOYKOTT FUNKTIONIERT Der erfolgreichste Konsumentenboykott der jüngeren Zeit traf Royal Dutch Shell. Als der britisch-holländische Ölmulti 1995 die in Brand geratene Ölplattform Brent Spar in der Nordsee versenken wollte, riefen Umweltschützer, Rundfunksender und sogar FDP-Chef Guido Westerwelle Deutschlands Autofahrer zum Boykott der 1700 Shell-Tankstellen auf, und die folgten in seltener Einmütigkeit – obwohl sich bald herausstellte, dass Shell auf dem richtigen Weg war. Greenpeace hatte behauptet, an Bord befänden sich noch 5500 Tonnen giftigen Mineralöls, tatsächlich waren es weniger als 100 Tonnen. Die Versenkung hätte die geringstmöglichen Umweltschäden verursacht, doch unter dem Eindruck des Boykotts ließ Shell die Plattform an Land ziehen und dort zerlegen. Den Zorn der Konsumenten bezahlte der Multi mit Umsatzeinbußen bis zu 50 Prozent, während Konkurrent Esso, der zur Hälfte an der Brent Spar beteiligt war, unbehelligt blieb.

Einen Höhepunkt erlebte der Konsumentenboykott Mitte der 80er Jahre, als Tierschützer und Dritte-Welt-Aktivisten Front gegen Mode-, Nahrungsmittel- und Kosmetikkonzerne machten. Mit ihren Aufrufen zum Verzicht vertrieben sie die Schildkröte aus den Suppendosen von Lacroix und die Froschschenkel vom Teller der Gourmets. Geächtet wurden Pelzmäntel, Kroko-Handtaschen und Gürtel aus Schlangenleder, aber auch Lippenstifte und Lidschatten, für deren Herstellung angeblich tausende Versuchstiere ihr Leben lassen mussten. Am aggressivsten gebärdete sich der deutsche Ableger der US-Tierschutzorganisation Peta. Die Tierschützer machten Front gegen Geflügelfarmen und Hundezüchter und brachten sogar die von der Münchner ›Abendzeitung‹ gesponserte Show »Stars in der Manege« zu Fall, indem sie dem veranstaltenden Circus Krone Mängel bei der Haltung von Elefanten und Pferden nachwiesen.

Den härtesten Fight hatte der Schweizer Nahrungsmittel-Multi Nestlé durchzustehen. Dritte-Welt-Aktivisten veröffentlichten 1974 eine Broschüre mit dem Titel: »Nestlé tötet Babys«. Tatsächlich starben zahlreiche Neugeborene in Entwicklungsländern, weil deren Mütter das Milchpulver mit verunreinigtem, nicht abgekochtem Wasser verflüssigt hatten. Rund einhundert Aktionsgruppen aus 50 Ländern organisierten eine »Babymilch«-Kampagne und riefen zum Boykott sämtlicher Nestlé-Produkte wie Nescafé, Bärenmarke, Maggi oder Iglo auf. Im Gegenzug verklagte der Konzern die »Arbeitsgruppe Dritte Welt Bern« wegen übler Nachrede.

Zwar wurden die Mitglieder der Gruppe zu je 300 Franken Geldbuße verurteilt, doch musste sich Nestlé vom Richter Jürg Sollberger sagen lassen, seine Methoden beim Verkauf von Babynahrung in der Dritten Welt seien »unethisch und unmoralisch«. Der Streit zog sich über 9 Jahre hin. Erst als mit dem Deutschen Helmut Maucher ein neuer Chef das Kommando bei Nestlé übernommen hatte, lenkte der Konzern ein und unterzeichnete 1983 ein Abkommen mit der Boykott-Organisation. Nestlé verpflichtete sich, nicht mehr aggressiv für Milchpulver zu werben, und die Umweltschützer bekamen Geld für Aufklärungsaktionen. Soziologen sehen in dem Fall Nestlé ein Modell für die Macht ziviler Aktionsgruppen.

Der Konsumentenboykott funktioniert freilich nur, wenn die Ursache ein großes Empörungspotential hat, der Gegner jedermann bekannt ist und der Verzicht sofort realisiert werden kann. Das war bei den beiden letzten größeren Boykottaktionen in

Deutschland nicht der Fall, deshalb endeten sie weitgehend erfolglos. Weil die schwedische Firma Electrolux 2006 das Nürnberger Werk ihrer deutschen Tochter AEG dichtmachte und die Produktion von Waschmaschinen ins polnische Olawa verlegte, rief die IG Metall aus Solidarität mit den 1750 arbeitslosen Kollegen zum Boykott aller Electrolux-Produkte auf. Da es sich hierbei um langlebige Elektrogeräte handelte, die nicht jeden Tag neu erstanden werden, verpuffte der Appell ohne Wirkung.

Ebenfalls erfolglos verlief eine ähnliche Aktion zwei Jahre später in Bochum, als der finnische Handy-Hersteller Nokia das örtliche Werk schloss und 2300 Leute auf die Straße setzte. Dem Boykottaufruf der nordrhein-westfälischen SPD-Spitze folgten zwar einige Politiker und auch jene Bochumer Theaterbesucher, die ihre Nokia-Handys in den bereitgestellten Mülleimer warfen. Doch die Masse der Telefonbesitzer konnte (und wollte) sich das nicht leisten. Moral muss praktikabel sein, wenn sie funktionieren soll.

MONSANTO GIBT AUF Das Verhältnis der Verbraucher zu den Anbietern ist gekennzeichnet durch Ambivalenz und selektive Wahrnehmung. Zwar schätzen sie zuverlässige Versorgung, günstige Preise und gleich bleibende Qualität, doch gleichzeitig sind sie misstrauisch und jederzeit bereit, Herstellern wie Einzelhändlern Betrugsabsichten und unethisches Verhalten zu unterstellen. Sie informieren sich gerne im Fachhandel über Preise und technische Details, kaufen aber im Internet, weil es dort ein paar Euro billiger ist. Marken- und Händlertreue verliert umso mehr an Bedeutung, je jünger die Kundschaft ist.

Weil kaum ein Kunde tieferen Einblick in die Herstellungsprozesse und Distributionsketten hat, ist er bei der Einschätzung von Produktqualitäten und Preiskalkulationen auf Vermutungen, Tests und Vergleiche angewiesen. Das macht ihn anfällig für Gerüchte, Fehlinformationen und das, was Psychologen *Affektheuristik* nennen. Gemeint sind Werturteile, die auf Gefühlen basieren. Jemand, der bestimmten Techniken skeptisch gegenübersteht, weil er sie für gesundheitsschädlich hält, wird lange zögern, ein mit dieser Technik ausgestattetes Gerät zu kaufen, auch wenn dessen Nutzen unbestritten ist. Viele ältere Landsleute verweigerten sich dem Mobiltelefon, weil sie Gehirn- und

Gehörschäden durch einen (nicht wahrnehmbaren) Elektrosmog befürchteten.

Ähnlich gefühlsbeladen wird die Diskussion um genmanipulierte Pflanzen geführt. Ziel dieser Forschungsrichtung ist es, erwünschte Eigenschaften zu verbessern, unerwünschte zu eliminieren. Die Flavr-Savr-Tomate zum Beispiel, die 1994 als erstes genverändertes Nahrungsprodukt in den USA auf den Markt kam, sollte länger haltbar bleiben als unveränderte Tomaten. Weil sie dieses Versprechen nur unzureichend erfüllte, wurde die Produktion später eingestellt.

Obwohl weltweit bereits 77 Prozent aller Soja-, 49 Prozent der Baumwoll- und 26 Prozent der Maispflanzen genverändert angebaut werden, gibt es in der EU und speziell in Deutschland eine tiefe Abneigung gegen die grüne Gentechnik. Nach einer Umfrage vom Dezember 2013 lehnen 88 Prozent der deutschen Verbraucher genmanipulierte Lebensmittel ab. Das hat wohl weniger mit Moral als vielmehr mit einer diffusen Angst vor Gesundheitsschäden und einer konservativen Vorstellung vom Wert der unversehrten Natur zu tun. Ähnlich wie bei der Debatte um die befürchtete Klimakatastrophe vereinigen sich hier romantische, ökologische und sozialpolitische Vorstellungen zu einer Abwehrfront, an der selbst die kapitalkräftigsten Konzerne scheiterten. Monsanto, der weltgrößte Saatguthersteller, gab den Kampf um die Zulassung genveränderter Pflanzen in Europa 2013 auf, weil es, so Deutschland-Chefin Ursula Lüttmer-Ouazane, »keinen Sinn macht, sich gegen den Widerstand der Menschen vor Ort durchzusetzen«.

Monsantos Bestseller Mon810 ist ein sogenannter BT-Mais. Die Sorte heißt so, weil das eingeschleuste Gen aus der Bakterienart Bacillus thuringiensis stammt. Dieser Mais stellt selbst ein Gift her, das schädliche Insekten vernichtet; die Felder müssen also nicht mehr gespritzt werden. Reinhard Dennerlein aus dem fränkischen Kitzingen, der als einer der ersten Landwirte in Deutschland den genveränderten Mais anbaute, ist voll des Lobes: »Mon810 hat riesige Vorteile gegenüber konventionellem Mais.« Dennoch verbot Landwirtschaftsministerin Ilse Aigner 2009 den Anbau, nachdem Greenpeace und andere Aktivistengruppen mit Zerstörung der Maisfelder gedroht hatten.

Am Widerstand der Umweltschützer scheiterte auch die BASF mit ihrer genmanipulierten Kartoffelsorte Amflora. Zwar bekam der Ludwigshafener Konzern nach jahrelangem Kampf die Genehmigung zum Anbau des ausschließlich zur Erzeugung von Speisestärke gedachten Nachtschattengewächses auf einem 15 Hektar großen Gelände bei Zeptow (Mecklenburg-Vorpommern). In der Nacht vom 7. auf den 8. Juli 2010 aber verwüsteten Umweltschützer einen Teil der Felder, und im Herbst ließ der zuständige Landesminister die Ernte beschlagnahmen. Nach einer Klage Ungarns erklärte die EU im Dezember 2013 ihre Zulassung für nichtig, die Gen-Kartoffel gehört der Geschichte an.

Jüngstes Streitobjekt ist wieder mal der Mais, diesmal die doppelt resistente Sorte 1507, und erstaunlicherweise stimmte der Ministerrat der EU dem Zulassungsantrag der US-Firma Pioneer Dupont im Februar 2014 zu. Das heißt freilich noch nicht, dass der transgene Mais auch in Deutschland angebaut werden darf, denn die Genehmigung der in dieser Frage gespaltenen Regierungskoalition steht noch aus.

Während die Kanzlerin kaum Vorbehalte hat, will eine seltsame Koalition aus christsozialen, sozialdemokratischen und linken Abgeordneten die Gentechnik um jeden Preis verhindern. Affektheuristik auch hier: Natur ist gut, Menschenwerk verwerflich. Wenn der liebe Gott solche Pflanzen gewollt hätte, wären sie gleich so gewachsen. Oder: Denen (den Konzernen) geht es doch nur um ihren Profit, die Schäden an Pflanzen, Mensch und Tier sind ihnen egal. Letzten Endes landet die Diskussion also doch wieder bei der Moral. Einspruch zwecklos.

Dahinter stehen ein paar ernste Probleme: die Kapitulation vor der Komplexität der Welt, die Käuflichkeit der Wissenschaft, die Sensationshascherei der Medien und die Macht selbsternannter Aktivisten. Der Reihe nach:

1. *Komplexität:* Weil nur noch Spezialisten einzelne Details der komplizierten Zusammenhänge in Wissenschaft, Technik und Wirtschaft einigermaßen zutreffend beurteilen können, sind Politiker, Journalisten, Verbraucher und Investoren auf deren Rat angewiesen. Die Experten aber sind selten objektiv, denn sie haben eigene Interessen. Wer die nicht durchschaut, steht schnell auf der falschen Seite oder er urteilt nach seinem

»Bauchgefühl« – und das wird bestimmt vom eigenen Wertesystem, also von der Moral.

2. *Wissenschaft:* Der Konkurrenzkampf unter den Forschern ist größer denn je, die Karriere jedes Einzelnen von seinen publizierten Arbeiten abhängig. Dies und der Einfluss externer Geldgeber führt zu einer Vielzahl redundanter, nicht selten auch verfälschter Ergebnisse.

Beispiel A: Im September 2012 veröffentlichte die Fachzeitschrift ›Food and Chemical Toxicology‹ die Ergebnisse einer Studie des französischen Wissenschaftlers Gilles-Eric Séralini, aus der hervorging, dass Ratten, die man mit Genmais der Sorte NK603 des Monsanto-Konzerns gefüttert hatte, früher und schneller starben als eine Vergleichsgruppe von Tieren, der herkömmliche Nahrung zugeführt wurde. Hurra, ein neuer Beweis für die Schädlichkeit der Gentechnik war gefunden. Bald stellte sich heraus, dass die Studie von vornherein so angelegt war, dass das gewünschte Ergebnis erreicht wurde. Die mit Genmais gefütterten Ratten neigten im Alter ohnehin zur Krebserkrankung; es wurden sehr alte Tiere ausgewählt. Die Vergleichsgruppe hingegen bestand aus sehr wenigen, jungen und kräftigen Tieren, die abwechslungsreiche Kost bekamen. Nach eingehender Prüfung erklärte die Europäische Behörde für Lebensmittelsicherheit (EFSA): aufgrund »schwerwiegender Mängel im Hinblick auf Design und Methodik« erfülle die Studie »nicht die anerkannten wissenschaftlichen Standards«. Im November 2013 zog die Fachzeitschrift die Studie zurück, doch kaum jemand nahm Notiz davon.

Beispiel B: Im Juni 2013 veröffentlichte der Bund für Umwelt und Naturschutz (BUND) die aufsehenerregende Nachricht, dass bei 90 Prozent der europäischen Bevölkerung Rückstände des Pflanzengifts Glyphosat im Urin gefunden worden seien. Das Resultat basierte auf Stichproben bei 182 Probanden aus 18 europäischen Ländern im Alter zwischen 18 und 65 Jahren und suggerierte höchste Gefahr durch Pflanzenschutzmittel. Presse und Fernsehen verbreiteten die Tatarenmeldung. Tatsächlich lagen die gemessenen Werte weit unter jeglicher Gefährdungsgrenze. Das Wirtschaftsforschungsinstitut RWI kürte die BUND-Studie zur »Unstatistik des Monats« und vermerkte, mit modernen

Messmethoden finde man »überall alles«. Das Bundesinstitut für Risikobewertung nahm sich die Studie ebenfalls vor und gab Entwarnung: Die festgestellten Werte stellten »weder eine gesundheitlich bedenkliche Belastung noch einen Grund zur Besorgnis« dar. Deren Text aber wurde kaum gelesen.

3. *Medien:* Nichts ist Journalisten mehr zuwider als ein komplexer Sachverhalt, denn sie wissen, wie schnell die Zuschauer/Leser umschalten bzw. weiterblättern. Also wird zugespitzt und personalisiert, bis die gewünschte Story »steht«. Beim Kampf um Aufmerksamkeit zählt nicht Genauigkeit, sondern Provokation. Eine differenzierte Betrachtung der Tatsachen stört, also wird darauf verzichtet. Der Wahrheit fühlt man sich weniger verpflichtet als dem Arbeitgeber, der Auflage und Quote. Das gilt gleichermaßen für Gedrucktes wie fürs TV.
4. *Aktionsgruppen:* Wie leicht selbsternannte Weltenretter mächtige Konzerne in die Knie zwingen können, wurde an den Beispielen von Shell, Nestlé und Monsanto bereits dargestellt. Wie sehr sie auch demokratisch gewählten Regierungen die Marschroute vorgeben, ist Thema des nächsten Kapitels.

Zu Zeiten, als die Menschen der Natur mehr oder weniger schutzlos ausgeliefert waren, setzten sie ihre Erfindungsgabe ein, um an Kleidung, Behausung und Werkzeuge zu gelangen. Sie trachteten danach, die Bedingungen, die ihnen die Natur bot, zu ihren Gunsten zu verbessern. Heute benützen sie ihre Kreativität, um die Umwelt in den Zustand zurückzuversetzen, in dem sie sie einst vorgefunden haben. Aus Angst, die Natur bestrafe sie für ihre Autos, Kraftwerke und Plastiktüten mit einer Klimakatastrophe, lassen sie sich den Fortschritt in Wissenschaft und Technik von der Moral diktieren. Doch ist der Verzicht auf Nuklear- und Stammzellenforschung, Gen-, Bio- und Waffentechnik wirklich ein Fortschritt?

Der Umweltschutz soll damit keineswegs diffamiert werden. Sofern er nicht sektiererisch und verabsolutierend daherkommt, trägt er zu einem entspannteren Verhältnis zwischen Mensch und Natur bei. Jenseits der Nistplätze, Ameisenstraßen und Rauchgasentschwefelungsanlagen wirkt er als belebendes Element in der verkrusteten Parteienlandschaft und als eine Art Katalysator in der Wirtschaft. Er brachte neue Produkte und Geschäftsfelder hervor, zwang die Ingenieure, ihre Maschinen und Motoren auf Effizienz zu trimmen und sorgte so für den Erhalt vieler Arbeitsplätze. Die Idee von der Nachhaltigkeit ersetzte alte Ideale und überbrückte den zementierten Gegensatz von Kapital und Arbeit. An der nachhaltigen Entwicklung des Gemeinwesens haben alle ein Interesse, Gewerkschaften wie Unternehmer, Sozialhilfeempfänger wie Besserverdiener. Die von der Moral diktierte Sicherung der Zukunft ist der Kitt, der die Gesellschaft heute zusammenhält.

Inzwischen ist die große Transformation abgeschlossen, Wirtschaft und Gesellschaft sind auf den ökologisch korrekten Pfad eingeschwenkt, sie werden ihn kaum mehr verlassen. Die Apparate und Organisationen, die ihn vorantrieben, haben ihre Aufgabe erfüllt und suchen verzweifelt nach neuen Rollen. Die Grünen fanden sie an unvermuteter Stelle. Die einstigen Revoluzzer verwandelten sich in erzkonservative Bewahrer, und niemand verkörpert den Typus besser als Winfried Kretschmann, der grüne Landesvater Baden-Württembergs. Nicht mehr Veränderung ist das Ziel der ergrauten Partei, sondern die Verhinderung derselben. Selbst ein neuer Bahnhof ist schon des Guten zu viel.

Es ist die Erstarrung, das Festhalten am Erreichten und die Blockade des Neuen, das die Öko-Bewegung heute kennzeichnet. Sie wird zum Bremser in einer Welt, die sich immer schneller dreht. Die Wissenschaft ist dabei, unser Verständnis von Mensch und Natur grundlegend zu verändern. Die Erkenntnisse und Möglichkeiten der Gentechnik berühren unser Verhältnis zur Religion, zu den letzten Dingen, und das Internet stellt fortwährend neue Fragen zu Recht und Ordnung. Letztlich geht es auch dabei um die Moral: Ist es ethisch vertretbar, die genetische Struktur des Menschen zu verändern, wenn dadurch eine Erbkrankheit eliminiert werden kann? Wie kann man das Recht auf freie Information im Netz vereinbaren mit dem Recht an den eigenen Daten? Von der Öko-Fraktion, die mit moralischen Argumenten einst die Gesellschaft aufmischte, sind da keine Antworten zu erwarten.

Kapitel VIII
Wir sind die Guten

Niemand hat sie gewählt, niemand hat sie beauftragt. Dennoch treiben sie die Regierungen mächtiger Staaten vor sich her. NGOs wie Amnesty International, Greenpeace, Oxfam, Ärzte ohne Grenzen, Foodwatch oder Human Rights Watch geben die Themen vor, an denen sich Kanzler und Minister abarbeiten dürfen. Sie bilden die Speerspitze der Moralisierung, nehmen Einfluss auf die Weltpolitik und beschneiden den Gestaltungsraum der Unternehmen. Mal kämpfen sie mit Schlauchbooten gegen Walfänger, mal veröffentlichen sie die Geheimkonten eines Despoten, mal zwingen sie Konzerne zu sündteuren Investitionen in den Klimaschutz – alles im Namen einer ungeschriebenen, aber umso wirksameren Moral.

Die NGOs und die Moralisierung, das sind zwei Seiten einer Medaille. Die eine hat ohne die andere keinen Wert. Ohne die NGOs würde die Moral in der Politik nicht die Rolle spielen, die sie heute hat, und ohne die Moralisierung der Bevölkerung könnten die NGOs nicht in die Rolle der Weltenretter schlüpfen. Die Treiber der Moralisierung sind jedoch auch Getriebene, weil sie immer neue Themen und Aktionen finden müssen, um ihr Publikum bei Spenderlaune zu halten. Ein bisschen Showbusiness ist im Geschäft mit der Moral immer dabei.

Es ist ein bunter Haufen aus sehr verschiedenen Organisationen, die alle nur das eine wollen: für das Gute kämpfen. Schon in der Gattungsbezeichnung Nichtregierungsorganisation steckt eine Anmaßung. Die Abgrenzung hebt die NGOs auf Regierungsniveau, auch wenn die meisten weit davon entfernt sind. Selbst sehen sie sich als Vertreter der Zivilgesellschaft, zwar ohne förmliches Mandat, aber auf Augenhöhe mit den Mächtigen der Welt. Ihre Arme reichen weiter als die der meisten Regierungen, ihre Stimmen werden gehört auf den Gipfelkonferenzen der Weltgemeinschaft. NGOs brachten die Moral nicht in die Welt, aber sie sorgten dafür, dass sie zu einem gewichtigen Faktor in der Weltpolitik wurde.

Die Bundeszentrale für politische Bildung zählte schon 2007 weltweit 7628 NGOs, 40 Prozent mehr als zu Beginn der 90er Jahre. Bei der ECOSOC, einer Unterorganisation der UNO, waren immerhin 3195 dieser Vereinigungen registriert. Aber nur wenige der selbsternannten Weltenretter-Vereine haben sowohl Einfluss auf die Agenda der Regierungschefs als auch auf die Gefühlswelt der Menschen. Der Aktivisten-Adel setzt sich für die Armen, Schwachen und Verfolgten ein, ist aber selber reich, mächtig und verfolgt andere. Er nimmt es mit Diktatoren, Konzernen und Milliardären auf, scheitert aber immer wieder an den eigenen Unzulänglichkeiten.

So wie Greenpeace International. Der lauteste aller Gutmenschen-Klubs musste im Sommer 2014 kleinlaut einräumen, bei Fehlspekulationen mit Devisen 3,8 Millionen Euro verloren zu haben. In der Bilanz fürs Jahr 2013 fehlten sogar 6,8 Millionen. Der Skandal warf ein Schlaglicht auf das Finanzgebaren dieser als gemeinnützig eingestuften (und damit steuerbefreiten) Organisation, die über ein Jahresbudget von rund 300 Millionen Euro verfügt, 2500 Mitarbeiter in 40 Ländern beschäftigt und von rund 3 Millionen Fördermitgliedern auf der ganzen Welt unterstützt wird. Offensichtlich versagte die Kontrolle der in Amsterdam residierenden Dachorganisation, deren Struktur gerade von ihrem Vorsitzenden, dem Südafrikaner Kumi Naidoo, grundlegend reformiert wurde.

Statt wie früher zentralistisch, soll Greenpeace nach dem Willen Naidoos jetzt dezentral aufgestellt werden, so dass die Büros in den Entwicklungsländern mehr Gewicht bekommen. Dies geht auch zu Lasten der Hamburger Sektion, die bisher das meiste Geld an die Zentrale in Amsterdam überwies. Nach dem Skandal sorgt sich Deutschland-Chefin Brigitte Behrens, verantwortlich für 220 Angestellte und 4800 ehrenamtliche Helfer, um den Status der Steuerbefreiung wie um ihren Ruf bei den rund 600 000 Fördermitgliedern, die 2013 über 53 Millionen Euro in den Spendentopf warfen. Nicht wenige von ihnen halten, seit bekannt wurde, dass Greenpeace wie eine Zockerbank mit Dollars, Euros und Yen spekulierte, die Taschen zu. Über 700 Fördermitglieder gaben ihre Ausweise zurück. Der Ruf der edlen Öko-Ritter hat schwer gelitten.

Längst ist aus dem ursprünglichen Idealistenverein ein multinationaler Konzern geworden, der ständig nach neuen Geschäftsfeldern Ausschau hält und sich von Zeit zu Zeit neu erfindet. Und wie in einem kapitalistischen Unternehmen sorgt auch hier das Gebaren der Chefs für Ärger. Als bekannt wurde, dass Pascal Husting, die Nummer zwei der Organisation, die 350 Kilometer zwischen seinem Wohnort Luxemburg und der Zentrale in Amsterdam regelmäßig mit dem Flugzeug zurücklegte, zweifelten viele Mitglieder am Verstand ihrer Häuptlinge. Trommelten sie doch seit Jahren für die Reduzierung des CO_2-Ausstoßes und die Einschränkung des Luftverkehrs. Eilig entschuldigte sich der ertappte Klimasünder und versprach, künftig mit der Bahn zu reisen.

ERFOLGREICHE FEHLSCHLÄGE Am Businessmodell der grünen Friedensapostel hat sich allerdings wenig geändert, seit im September 1971 drei amerikanische Umweltaktivisten im kanadischen Vancouver einen Fischkutter charterten, um die von der US-Regierung vor der Küste Alaskas geplanten Tests einer Wasserstoffbombe zu verhindern. Bei einem Benefizkonzert hatten sich der Anwalt Irving Stowe, der ehemalige Tiefseetaucher der US-Marine Jim Bohlen und der Jurist Paul Cote kennengelernt. Die drei befürchteten, dass durch die nuklearen Explosionen im Fels des San-Andreas-Grabens ein Seebeben verheerenden Ausmaßes ausgelöst würde. Ihrem ersten Schutzverein gaben sie deshalb den Namen: *Don't Make a Wave* – macht keine Welle. Ihr Schiff mit Namen »Phyllis Cormack« tauften sie um in *Greenpeace* – grüner Friede – und nahmen Kurs auf die Aleuten-Insel Amchitka.

Schon die erste Greenpeace-Aktion endete vermeintlich mit einem Fehlschlag. Weit vor dem Testgelände fing die US-Küstenwache den Kutter ab und zwang ihn, in den Hafen zurückzukehren. Dennoch durften sich die drei Aktivisten freuen, denn in allen größeren Städten Kanadas protestierte die Bevölkerung gegen die Bombe, so dass die US Atomic Energy Commission auf den zweiten Test verzichtete.

Das Muster wiederholt sich bis heute immer wieder. Den direkten Aktionen der grünen Cowboys ist selten Erfolg beschieden, doch dank des medialen Wirbels, den sie auslösen, erreichen sie am Ende häufig doch ihr Ziel. So war es auch, als 30 Greenpeace-Aktivisten im Spätsommer 2013 mit der »Arctic Sunrise« ins Nordpolarmeer aufbrachen, um auf die Gefahren der Ölförderung im Eismeer aufmerksam zu machen. In der Nähe der dem Gazprom-Konzern gehörenden Bohrinsel Pirazlomnaya beendete die russische Marine das Abenteuer. Das Schiff wurde beschlagnahmt, die Besatzung verhaftet und ins Gefängnis nach Murmansk eingeliefert. Der Vorfall beschäftigte die Diplomatie zwischen Washington und Moskau, und die Welt nahm Anteil am Schicksal der Inhaftierten. Überraschenderweise gaben die Russen Schiff und Mannschaft ein Jahr später wieder frei, und Greenpeace verbuchte die Aktion als PR-Erfolg.

Spektakuläre Manöver mit Schiffen sind das Markenzeichen der Organisation, deren Logo ein Regenbogen schmückt. Von Anfang an suchte sie den Beistand der Medien, und die fanden Gefallen an den unkonventionellen Regenbogenkriegern. Endlich mal jemand, der nicht klug daherredete, sondern *Action* lieferte. Bewegte und bewegende Bilder vom Abschlachten der Robbenbabys in Kanada, vom Kampf gegen japanische Walfänger oder, noch spannender, gegen französische Kriegsschiffe – das verstanden die Leser und TV-Zuschauer in aller Welt. Da brauchte man nicht viel zu erklären, jedes Kind konnte erkennen, wer die Guten und die Bösen waren.

Als die Grande Nation Anfang der 70er Jahre auf dem Mururoa-Atoll im Südpazifik Atombombentests plante, kam ihr der Kandier David McTaggart in die Quere. Nach der Pleite seiner Baufirma war er nach Neuseeland ausgewandert und auf der Suche nach einer neuen Aufgabe. Er fand sie bei Greenpeace. Seine mit vier Leuten besetzte Segelyacht »Vega« steuerte er mitten hinein ins Sperrgebiet und wurde prompt von einem französischen Kreuzer gerammt. Die Bilder gingen um die Welt und machten McTaggart schlagartig berühmt. Mit wenigen Tagen Verspätung wurde die französische A-Bombe dennoch gezündet. Ein Jahr später startete die Force de Frappe einen erneuten Versuch, und wieder war McTaggart vor Ort. Diesmal enterten die Franzosen seine Yacht und verprügelten ihn samt seiner Besatzung. Die Greenpeace-Aktivistin Anne-Marie Horne schoss Bilder vom Handgemenge, und die Welt hatte neue Helden.

Zu der Zeit war Greenpeace noch keine richtige Organisation, sondern ein loses Netzwerk von etwa 15 verschiedenen Gruppierungen. Erst Jahre später, im Oktober 1979, gründeten McTaggart, Robert Hunter und Patrick Moore die Dachorganisation Greenpeace International und verlegten den Sitz der Gesellschaft von Kanada nach Europa. Von Deutschland kam das meiste Geld, hier fanden sich die treuesten Anhänger; aus steuer- und gesellschaftsrechtlichen Gründen fiel die Wahl des Firmensitzes aber auf Amsterdam.

MEDIALE WIRKUNG LÄSST NACH Die Gesellschaftsstruktur änderte sich, doch an ihren Methoden hielten die Naturschützer fest. 1978 kauften sie einen 40 Meter langen Fisch-Trawler, dem sie den Namen Rainbow Warrior (Regenbogen-Krieger) gaben. Mit ihm blockierten sie isländische Walfänger und Robbenschlächter vor den Orkney-Inseln, außerdem machten sie Jagd auf Schiffe, die im Auftrag von Chemiekonzernen in der Nordsee Dünnsäure und andere Giftstoffe verklappen wollten. Zu großer Fahrt lief der Protest-Dampfer ein paar Jahre später aus, als Frankreich wieder mal neue A-Bomben-Tests im Südpazifik ankündigte. Im Hafen von Auckland in Neuseeland wartete der Rainbow Warrior auf seinen Einsatz, als Kampfschwimmer des französischen Auslandsgeheimdienstes DGSE nachts zwei Sprengladungen am Rumpf des Trawlers befestigten. Die Detonationen versenkten nicht nur den Rainbow Warrior, sondern kosteten den portugiesischen Fotografen Fernando Pereira das Leben. Greenpeace beherrschte die Schlagzeilen, und Frankreich stand am Pranger der Weltpresse.

Die Präsenz in den Medien machte Greenpeace zur bekanntesten aller NGOs, bescherte ihr weltweite Sympathien und reichlich Spendengelder. Doch sie entwickelte sich auch zum Fluch für die Organisation, die mehr sein wollte als ein Haufen Abenteurer in schnellen Schlauchbooten. Während die Öko-Bewegung in Europa wie in Amerika Fahrt aufnahm, sich ausdifferenzierte und die verschiedensten Themenfelder besetzte, erwartete man von den Regenbogenkriegern nichts als spannende Bilder. Je mehr Sozialwissenschaftler, Ökologen, Juristen und Lehrer sich den NGOs zuwandten, desto deutlicher geriet Greenpeace ins Hintertreffen. Die Akademiker rümpften die Nase über die

Abenteurer der Meere und fragten spitz, welche zentrale Bedeutung Wale und Thunfische für das Ökosystem des Planeten hätten.

Manch altgedientem Ökokrieger ging das Genörgel der Eggheads auf die Nerven. Der Kanadier Paul Watson, Mitgliedsnummer 007, geriet mit der Organisation über Kreuz, als er 1977 bei einer Aktion gegen die Robbenjagd die erbeuteten Felle und Knüppel der Jäger ins Wasser warf. Der Verstoß gegen das Gebot der Gewaltlosigkeit brachte ihm Stress mit den Genossen. Noch im gleichen Jahr verließ er Greenpeace und gründete seinen eigenen Verein, den er »Sea Shepherd Conservation Society« nannte. Mit waghalsigen Manövern gegen die Wal- und Haifischjäger erzielte er eine Medienwirkung, die nicht selten die seiner alten Muttercompany übertraf.

Auch wenn sich Greenpeace längst weiterentwickelt hat, ressourcenschonende Kühlschränke und benzinsparende Autos entwerfen ließ und die Gentechnik als neues Kampfgebiet entdeckte, indem es das Patent des Biberacher Neurobiologen Oliver Brüstle auf die Gewinnung embryonaler Stammzellen vom Europäischen Gerichtshof für nichtig erklären ließ, so bleibt es in der Wahrnehmung der Öffentlichkeit doch ein Klub der Öko-Rambos. Allerdings einer, der an Glaubwürdigkeit und Moral jede Regierung übertrifft.

Wegen ihrer Aktionen gelten die Leute vom Regenbogen als mutig, integer und vertrauenswürdig. Die mediale Wirkung ihrer immer gleichen Heldentaten aber lässt spürbar nach. Offenbar fehlt es der Organisation an neuen, zündenden Ideen. Um den Strom an Spendengeldern nicht abreißen zu lassen, bedient sie sich mittlerweile klassischer Werbemethoden. Ihre Prospekte und Kinospots genießen unter Fachleuten Kultstatus, doch sie unterscheiden sich kaum noch von denen kapitalistischer Konzerne.

Wenn es eine NGO an weltweitem Ansehen mit Greenpeace aufnehmen kann, dann ist es Amnesty International (AI). Die 1961 von dem Londoner Anwalt Peter Benenson gegründete Organisation gilt als Mutter aller Gutmenschen-Klubs. Sie kommt weniger laut daher als die 10 Jahre jüngere Schwester Greenpeace und verfolgt auch andere Ziele, doch an Effizienz ist sie unübertroffen. Lange bevor der Umweltschutz zum globalen Thema wurde, machte AI mit seinem Kampf um Menschenrechte vor, wie mächtig der zivile Ungehorsam werden kann.

AI UND DIE VERGESSENEN GEFANGENEN Den Anstoß zur AI-Gründung lieferte ein Bericht in der Londoner ›Times‹ über zwei portugiesische Studenten, die in einem Lissabonner Caféhaus auf ihre Freiheit angestoßen hatten, daraufhin verhaftet und vom diktatorischen Regime Antonio Oliveira Salazars zu sieben Jahren Gefängnis verurteilt wurden. Anwalt Benenson schrieb dazu einen Artikel für die Zeitschrift ›Observer‹, in dem er auf das Schicksal vieler zu Unrecht Verurteilter aufmerksam machte. Titel: »The forgotten Prisoners« – die vergessenen Gefangenen. Er rief seine Leser auf, Briefe an ihre jeweiligen Regierungen zu schreiben und die Freilassung der Häftlinge zu fordern. Die Aktion nannte er *Appeal for Amnesty.*

Um seinem Anliegen dauerhaft Geltung zu verschaffen, suchte Benenson Verbündete und fand sie in dem Anwaltskollegen Eric Baker und dem irischen Politiker Sean McBride, einem späteren Friedensnobelpreisträger. Zu dritt riefen sie Amnesty International ins Leben. Die irische Künstlerin Diana Redhouse entwarf das Logo: eine mit Stacheldraht umwickelte Kerze. Ging es anfangs nur um die inhaftierten und gefolterten Opfer in den Gefängnissen autoritärer Regimes, so entwickelte sich AI bald zu einer multinationalen Organisation, die überall als Ankläger auftrat, wo Menschenrechte verletzt wurden. Heute unterhält AI 80 Büros, beschäftigt 500 hauptamtliche Mitarbeiter und verfügt über einen Etat von 220 Millionen Euro, der von 3 Millionen Förderern in 150 Ländern finanziert wird.

Wenige Wochen nach dem Startschuss in London taten sich in Köln drei Journalisten zusammen, die von Benensons Vorhaben fasziniert waren. Der WDR-Auslandskorrespondent Gerd Ruge, die Autorin Carola Stern und der WDR-Redakteur Felix Rexhausen gründeten Ende Juni 1961 die deutsche Sektion, die bald eine der stärksten im weltweiten AI-Verbund werden sollte. Etwa 120 000 Menschen unterstützen die inzwischen nach Berlin umgezogene Niederlassung und spenden jährlich über 15 Millionen Euro. Davon bezahlt das von einem ehrenamtlichen Vorstand geleitete Büro 60 Mitarbeiter, trägt die Kosten für Recherchen und

Werbung und überweist den Rest – etwa 5 Millionen Euro – an die Londoner Zentrale.

Wo Greenpeace mit Schlauchbooten heranbraust, recherchiert AI erst mal die Fakten, ehe man sich an die Öffentlichkeit wendet. Bei gewalttätigen Machthabern in aller Welt gefürchtet sind die »urgent actions« der Organisation, in denen sie detailliert das Unrecht schildert, dem einzelne Menschen oder ganze Gruppen ausgeliefert sind. AI benennt die Verursacher und ruft dazu auf, gegen die Menschrechtsverletzungen zu protestieren. In etwa 30 Prozent der Fälle, sagt Amnesty, haben die Aktionen Erfolg. So gelang es den Menschenrechtlern, die Chinesin Li Yan, die 2010 ihren prügelnden Ehemann getötet hatte, vor der Hinrichtung zu bewahren. In Bahrain sollte Miriam Yehya Ibrahim öffentlich ausgepeitscht und hingerichtet werden, weil sie einen Christen geheiratet hatte. Auf Druck der Organisation wurde sie freigelassen.

Bedeutsamer als solche Einzelaktionen ist der Einfluss, den AI auf politischer Bühne ausübt. Wer sich wundert, warum in Deutschland plötzlich so heftig über Waffenexporte debattiert wird, sollte sich nur mal die Kampagnen-Seite von AI anschauen. »Waffen unter Kontrolle« heißt dort ein Schwerpunkt-Thema, und nicht zufällig sind Abgeordnete wie Journalisten von AI-Experten gründlich informiert worden, ehe sie die öffentliche Debatte anzettelten. Leise, aber sehr effizient bringt die Organisation Themen auf die Tagesordnung, über die Regierung und Lobbyisten gerne den Mantel des Schweigens ausgebreitet hätten.

Ohne Amnesty und die verwandten Brüder und Schwestern von »Human Rights Watch« hätte es vermutlich die Menschenrechtskonferenz der UNO in Wien von 1993 nicht gegeben und auch kein UN-Hochkommissariat für Menschenrechte. Die Waterboarding-Experten der CIA müssten sich nicht rechtfertigen und die Folterknechte in chinesischen Staatsgefängnissen hätten ein ruhigeres Leben.

Auch Waffenschmiede wie Walther, Heckler & Koch und SIG Sauer bekamen die Macht der Menschenfreunde zu spüren, als diese die Schleichwege aufdeckten, auf denen Scharfschützengewehre und Pistolen made in Germany illegal in die Hände kolumbianischer Todesschwadronen und mexikanischer Drogenbanden gelangt waren. Aktivisten des internationalen Kinderhilfswerks »Terre des hommes« fanden heraus, dass aus Deutschland nicht nur Waffen, sondern ganze Waffenfabriken nach Mittel- und Südamerika geliefert wurden.

Zum Start der Kampagne gegen Folter legte AI 2014 einen Bericht vor, in dem Menschenrechtsverletzungen schwerster Art in 141 Ländern dokumentiert werden. »Schläge, Tritte, Aufhängen an Händen oder Füßen, Elektroschocks, Isolation, vorgetäuschte Exekutionen, Schlafentzug, Vergewaltigung, Bedrohung durch Hunde – dieser Albtraum ist Realität für unzählige Gefangene weltweit. Damit dürfen wir uns nicht abfinden«, prangerte Selmin Caliskan, Generalsekretärin der deutschen Sektion, diese Verbrechen im Staatsauftrag an. Sie nahm selbst gegenüber der Supermacht kein Blatt vor den Mund: »Oft geschehen Misshandlungen auch im Namen der nationalen Sicherheit. Hier war die Rechtfertigung von Folter durch die USA im Krieg gegen den Terror ein negatives Vorbild für die Weltgemeinschaft.« Am schlimmsten ist nach den Amnesty-Recherchen jedoch die Situation in den Gefängnissen von Mexiko, Marokko, Nigeria, Usbekistan und den Philippinen, wo das Gesetz wenig, das Recht des Stärkeren viel zählt.

Die Organisation will erreichen, dass Anwälten und Ärzten Zugang zu den Gefangenen gewährt wird, dass die Haftanstalten unangemeldet kontrolliert und die mutmaßlichen Folterer vor Gericht gestellt werden. Was sich nach Wunschdenken anhört, sorgt bei den Justizbehörden in den betroffenen Ländern jedoch für Aufregung. Denn mit solchen Aktionen hat Amnesty schon allzu oft Erfolg gehabt.

GOLIATHS IM MACHTGEFÜGE Wenn Staatschefs und Generäle, an deren Händen Blut klebt, vor dem Internationalen Strafgerichtshof in Den Haag zittern, dann hat das auch mit Amnesty International zu tun. Das Tribunal wäre ohne die hartnäckige Lobbyarbeit von NGOs wie Amnesty International und Human Rights Watch kaum zustande gekommen. Im Juni 1998 in Rom von 120 Staaten beschlossen, nahm das Gericht vier Jahre später in Holland die Arbeit auf. Der erste prominente politische Häftling hieß Slobodan Milošević. Serbiens ehemaliger Staatschef starb im Gefängnis, bevor das Urteil über ihn gefällt werden konnte. Viele, die im Balkankrieg Gräueltaten verübten, standen danach in Den Haag vor Gericht, zuletzt der berüchtigte General Ratko Mladic, dem die Verantwortung für das Massaker von Srebrenica angelastet wird.

Verbrechen gegen die Menschlichkeit, seit den Tagen des Hunnenkönigs Attila ein ständiges Übel der Geschichte, landen in Zeiten der Moralisierung zwar nicht immer, aber immer öfter vor dem Strafgericht. Hat ein Gewaltherrscher erst mal seine Macht verloren, ist er für den Rest seiner Tage nicht mehr sicher. Charles Taylor, der einstige Geheimdienstchef und spätere Präsident Liberias, wurde 2012 in Den Haag zu 50 Jahren Gefängnis verurteilt, nachdem er 2006 an der Grenze zwischen Nigeria und Kamerun verhaftet worden war. Das Gericht hielt ihn des Völkermords und zahlreicher anderer Delikte für schuldig. Ein Triumph der Menschlichkeit über die Gewalt, wie er von Amnesty immer wieder gefordert und erkämpft wurde.

Wie groß der Einfluss von AI und den sympathisierenden Organisationen inzwischen geworden ist, zeigt sich oft an unerwarteter Stelle. Etwa, wenn die Bundeskanzlerin in Peking vor die Mikrofone tritt oder wenn sie mit Russlands Herrscher Wladimir Putin telefoniert. Gespannt wie Jagdhunde lauern die Journalisten auf den einen Satz: »… und natürlich haben wir auch über das Thema der Menschenrechte gesprochen …« Selbst wenn der Besuch in erster Linie den wirtschaftlichen Interessen Deutschlands dient, vergisst Angela Merkel nie, die Moral ins Spiel zu bringen. Das eine wird ganz selbstverständlich von ihr erwartet, das andere aber verschafft ihr, dank Amnesty und seinen Anhängern, Respekt in der Welt.

Der hohe Stellenwert, der moralischen Prinzipien im Politbetrieb wie im Wirtschaftsgeschehen mittlerweile eingeräumt wird, ist zweifellos als Erfolg der NGOs zu werten. Gleich, ob sie sich um misshandelte Gefangene, um die Steuervermeidungsschliche internationaler Konzerne oder um die vom Abschlachten bedrohten Dickhäuter in den afrikanischen Nationalparks kümmern – ihr Engagement macht die privaten Weltverbesserer zum Sauerteig der Völkergemeinschaft. Einst als Davide gegen die Goliaths dieser Welt angetreten, sind einige der international vernetzten Edel-NGOs inzwischen selber zu Goliaths im Machtgefüge der Staaten geworden.

Kaum eine demokratisch gewählte Regierung kann es sich noch leisten, die großen Themen der NGOs zu missachten. Umweltschutz, Reduzierung des CO_2-Ausstoßes, Gleichstellung von Mann und Frau, Folterverbot, Anerkennung gleichgeschlechtlicher Partnerschaften, Bekämpfung der Steuerflucht, Schutz bedrohter Tierarten, Achtung der Menschenrechte – der Forderungskatalog der Moralisten beherrscht die Agenda der Weltpolitik. Den Durchbruch schafften sie 1993 auf der Menschenrechtsweltkonferenz der UNO in Wien, wo 1400 NGOs mit 4000 Delegierten am Tisch der Mächtigen Platz nahmen. Ihre Anliegen bildeten den Kern der Wiener Erklärung, die bis heute als das ethische Gewissen der Mitgliedsstaaten gilt. Fachleute wie Dirk Messner, Direktor der Deutschen Gesellschaft für Entwicklungspolitik, sprechen bereits von einer *NGOisierung der Weltpolitik.*

DER BEIFALL DER MEDIEN Weil sie in den Augen der Bevölkerung grundsätzlich als die Guten gelten, konnten die allseits bekannten NGOs einen Vertrauensvorschuss aufbauen, den bisher noch kein Konzern und keine Regierung zu erschüttern vermochte. Während Journalisten Politikern und Managern prinzipiell jede Gemeinheit zutrauen, sind die Weltverbesserer sakrosankt. Sogar die Fehlspekulation bei Greenpeace wurde in der Presse milde abgehandelt, die Legitimation der Organisation nie in Frage gestellt. Die stillschweigende Kumpanei zwischen den Medien und den NGOs ist kaum verwunderlich, denn beide Seiten ziehen Vorteile daraus. Die Medien bedienen sich der Recherchen, Bilder und Informationen, die ihnen vom Netzwerk der NGOs geliefert werden, und sie revanchieren sich mit wohlwollender Berichterstattung. Die NGOs wiederum beziehen ihre Macht und Legitimation aus medialer Präsenz. Der Beifall der moralisierten Gesellschaft ist die Basis ihres Wirkens.

Hilfreich ist auch der gemeinsame biografische Hintergrund. In den Führungsgremien der NGOs sitzen häufig Leute, die an den gleichen Unis Sozialwissenschaften studiert haben wie die Redakteure der TV- und Printmagazine; sie alle sind Kinder der 68er Generation, mit ähnlichen Zielen und Idealen. Wo die Medienmenschen mit Kamera, Mikrofon und Laptop nach Schwachstellen in der Gesellschaft fahnden, greifen die NGOs mit Aktionen und Appellen ins Geschehen ein. Die Partnerschaft brachte einiges zustande:

Landminen
Die berüchtigten Landminen, die tausende Zivilisten töteten oder verstümmelten, dürfen seit der Ottawa-Konvention von 1997 nicht mehr produziert und eingesetzt werden. 159 Staaten haben den von NGOs initiierten und in der kanadischen Bundeshauptstadt ausgehandelten Vertrag unterzeichnet.

Regenwald
Die Welt sorgt sich um die tropischen Regenwälder, seit NGOs wie WWF (World Wide Fund for Nature) Anfang der 70er Jahre auf den Schwund dieser fürs Erdklima bedeutsamen Grünflächen aufmerksam machten. Inzwischen haben Brasilien, Indonesien und andere Länder Schutzgebiete ausgewiesen, in denen weder gerodet noch gejagt werden darf. Die Aufforstung bereits vernichteter Bestände geht allerdings sehr langsam voran. Dafür haben die Industriestaaten den Bezug tropischer Hölzer stark eingeschränkt und auch das Palmöl geächtet, für dessen Anbau wertvolle Baumbestände geopfert wurden. Trotz zahlreicher illegaler Brandrodungen beginnt der Regenwald, sich zu erholen, und die vielen Spendenaktionen von Organisationen wie »Rettet den Regenwald e. V.« scheinen sich auszuzahlen.

Artenschutz
Einen bedeutenden Erfolg konnten die dem Naturschutz verpflichteten NGOs mit dem Washingtoner Artenschutz-Abkommen verbuchen, das bis heute von 179 Staaten ratifiziert wurde. Es stellt rund 8000 Tier- und 40 000 Pflanzenarten unter den Schutz des Gesetzes und verbietet insbesondere den Handel mit Elfenbein, Fellen und Hörnern. Obwohl Wildererbanden den Bestand an afrikanischen Elefanten und Nashörnern weiter dezimieren, gilt das Abkommen als wichtigster Beitrag zum Erhalt der *Biodiversity* (Artenvielfalt).

Gleichstellung
Auch die rechtliche Gleichstellung von Mann und Frau, heute in 189 Staaten anerkannt, wäre ohne die jahrzehntelange Lobbyarbeit der NGOs kaum durchzusetzen gewesen. Selbst Deutschland benötigt offenbar noch eine von der Regierung bestellte Gleichstellungbeauftragte und jährliche Gleichstellungsberichte, damit die Selbstverständlichkeit Realität wird. Dass Gewalt gegen Frauen eine Verletzung der Menschenrechte darstellt und genauso geahndet werden muss, hat sich in Zeiten der Zwangsverheiratung und der -prostitution offenbar noch nicht überall herumgesprochen.

Steuerflucht
Die Jagd auf die Geldverstecke der Reichen ist eigentlich Aufgabe der Steuerbehörden, doch inzwischen beteiligen sich diverse NGOs daran. Das in London beheimatete »tax justice network« veröffentlichte 2012 eine Studie, aus der hervorging, dass den Heimatländern durch die Steuerflucht von Privatpersonen und Unternehmen jährlich rund 280 Milliarden US-Dollar entgehen und dass über Briefkastenfirmen, Stiftungen und Trusts in Steueroasen Vermögenswerte von bis zu 31 Billionen US-Dollar versteckt werden. Durch das dem Internationalen Verband investigativer Journalisten (ICIJ) zugespielte Datenmaterial mit dem schönen Namen Offshoreleaks konnten zahlreiche Eigentümer von Geheimkonten identifiziert werden, darunter der frühere Präsident der Ukraine, Victor Janukowitsch samt seinem Sohn Olexandr.

Finanztransaktionssteuer
Die Finanztransaktionssteuer, nach ihrem Erfinder, dem US-Ökonomen James Tobin auch Tobin Tax genannt, tauchte wie das Ungeheuer von Loch Ness immer wieder auf der Agenda der Finanzpolitiker auf, um genauso schnell wieder in der Versenkung zu verschwinden. Grund: Eine Umsatzsteuer auf Wertpapiere kann leicht umgangen werden. Der Finanzminister, der sie als Erster einführt, muss also mit Umsatzeinbußen an seinen Finanzplätzen und dem Widerstand seiner Banker rechnen. Der Hartnäckigkeit von NGOs wie Attac ist es zu verdanken, dass

sich die EU-Kommission wie die Bundesregierung grundsätzlich für die Einführung einer solchen Steuer ausgesprochen haben. Sie wird wohl kommen, doch wie sie ausgestaltet werden soll, ist noch offen.

Flüchtlinge
Die von dem deutschen Journalisten und Theologen Rupert Neudeck gegründete Organisation Cap Anamur/Deutsche Not-Ärzte e.V. rettete während des Vietnamkrieges tausende geflüchtete Boatpeople vor dem Ertrinken. Heute sind die Helfer dieser NGO in 50 Ländern aktiv. In Afghanistan bilden sie Hebammen und Krankenschwestern aus, im Kongo, Provinz Südkivu, bauten sie ein Krankenhaus. Einen schweren Image-Schaden verursachte Neudecks Nachfolger Elias Bierdel, als er die »Cap Anamur« im Juli 2004 mit 37 afrikanischen Flüchtlingen an Bord in den sizilianischen Hafen von Porto Empedocle einfahren ließ, obwohl er keine Genehmigung der italienischen Behörden hatte. Die Carabinieri beschlagnahmten das Schiff, verhafteten den Kapitän und klagten Bierdel wegen Beihilfe zur illegalen Einreise an. Der spätere Freispruch änderte nichts am medialen Super-GAU, denn Bierdels Kritiker warfen ihm vor, er habe den Vorfall inszeniert, um die Aufmerksamkeit auf sich zu lenken. Dem Vorsitzenden des Cap-Anamur-Vereins blieb nur noch der Rücktritt.

Nahrungsmittel
Käse, der kein Käse ist, Garnelen, die aus Fischresten bestehen, und Orangensaft, dem Gelatine beigemischt wurde – das ist ein gefundenes Fressen für Thilo Bode. Der Gründer von Foodwatch hat es sich zur Aufgabe gemacht, die Schwindeleien der Nahrungsmittelindustrie wie den »ganz legalen Wahnsinn« der Massentierhaltung zu bekämpfen. Das macht der ehemalige Greenpeace-Geschäftsführer (bis 2001) so effizient, dass er sich nicht nur den Zorn der betroffenen Firmen und des Bauernverbandes zuzog, sondern auch den der jeweiligen Verbraucherministerinnen. Ilse Aigner (CSU) hält seine »Kampagnen, die ein Klima der Verunsicherung erzeugen, für bedenklich«. Bode hingegen hält Politiker, die der Industrie die Täuschung ihrer Kunden erlauben, für bedenklich.

Jedes Jahr verleiht Foodwatch den Goldenen Windbeutel für die dreisteste Werbelüge. 2013 wurde der Softdrink »Capri-Sonne« mit dem Negativpreis ausgezeichnet, weil er nach Meinung der Foodwatch-Jury zu viel Zucker enthält und deshalb ein Dickmacher erster Güte sei. Auf der Website abgespeist.de prangert Foodwatch »Imitat-Produkte, falsche Slogans und Verbrauchertäuschung« an. Nach Rinderwahnsinn, Gammelfleischskandal und Pferdelasagne haben die Konsumenten ein offenes Ohr für die notorischen Nörgler. Als Fauxpas wertet es Thilo Bode, dass er bei der Foodwatch-Gründung eine Spende über 250 000 Euro vom Schokoladehersteller Alfred Ritter annahm – was ihm später prompt den Vorwurf der Bestechlichkeit eintrug.

Korruption
Der weltweite Kampf gegen die Korruption, der Konzerne wie Siemens, Daimler und MAN Milliarden Euro kostete, hätte ohne die 1995 gegründete Organisation Transparency International (TI) kaum stattgefunden. Peter Eigen, ehemaliger Weltbank-Direktor für Ostafrika, sah vor Ort, welchen Schaden korrupte Politiker, Beamte und Manager anrichteten. Als er von seinem Arbeitgeber angehalten wurde, sich nicht in die inneren Angelegenheiten der Staaten einzumischen, warf er frustriert das Handtuch und gründete mit 10 Gleichgesinnten die Organisation, die heute einen Ruf wie Donnerhall hat und über einen Etat von mehr als 20 Millionen Euro verfügt. Größter Geldgeber ist die EU, gefolgt von privaten Spendern wie der Bill & Melinda Gates Foundation. Mit seiner intensiven Lobbyarbeit in Europa wie in den USA bereitete Transparency den Boden für die wissenschaftliche Aufarbeitung der Korruption und deren gesellschaftliche Ächtung.

TI arbeitet mit Forschungsstätten, Unternehmen und Regierungen zusammen, macht Vorschläge zur systematischen Korruptionsbekämpfung und veröffentlicht regelmäßig Indizes zum Thema. Am bekanntesten wurde das Globale Korruptionsbarometer, das den Grad der Bestechlichkeit in zuletzt 177 Staaten angibt. 2013 rangierte Dänemark mit der geringsten Anfälligkeit für Schmiergeld an der Spitze, Somalia mit der höchsten am Ende. Deutschland belegte Rang 12. Sowohl die Dachorganisation als auch die deutsche Sektion haben ihren Sitz in Berlin, allerdings an verschiedenen Adressen. Vorsitzende der deutschen Sektion ist Edda Müller, einst oberste Verbraucherschützerin der Nation.

Protestaktionen gegen alles

Einen anderen Weg schlägt die derzeit rührigste NGO ein. Übers Internet organisiert Campact.de Proteste gegen alles, was gerade die Gemüter bewegt. Ob Stuttgart 21, Asyl für Edward Snowden, Steuerflucht oder das deutsch-amerikanische Freihandelsabkommen – schnell sind die Aufwiegler aus Verden an der Aller mit einer Online-Petition zur Stelle. Gegen das Freihandelsabkommen TTIP brachten sie in Windeseile 485 000 Stimmen zusammen, die sie mit ähnlichen Aktionen anderer Organisationen zu einem Block von 715 000 Unterschriften bündelten und im Mai 2014 vor der Wahl zum Europaparlament den Spitzenkandidaten überreichten.

Das Netz macht das Engagement ja so einfach: Man gibt Name, Wohnort und E-Mail-Adresse ein und ist schon Teil einer Online-Petition. Wer mitmacht, liefert Campact oder einer der anderen Plattformen dieser Art wie Change.org oder Avaaz.org ganz nebenbei eine weitere Adresse für künftige Aktionen. Allein Campact hat rund 1,5 Millionen Identitäten gespeichert, die per E-Mail oder über die sozialen Netzwerke jederzeit erreichbar sind. »So viele hat sonst keiner«, behauptet sein Initiator Christoph Bautz, der sich die Geschäftsführung des in Berlin registrierten Vereins mit seinen Kollegen Günter Metzges und Felix Kolb teilt. Alle drei sind Politikwissenschaftler mit Erfahrung im Protestgeschäft. Bautz hatte zuvor die deutsche Sektion von Attac mit aufgebaut.

Ihr Schuss gegen angebliche Fracking-Geheimpläne der Bundesregierung ging allerdings nach hinten los. Im Sommer 2014 alarmierte Campact seine Fangemeinde mit der Nachricht, Wirtschaftsminister Sigmar Gabriel wolle im Windschatten der Fußball-WM heimlich ein Gesetz verabschieden lassen, das *Fracking* (eine in Deutschland umstrittene Methode zur Gewinnung von Erdgas) mit nur minimalen Einschränkungen erlauben würde. Dagegen müsse man unbedingt vorgehen, meinten die Protestler und forderten ihre Getreuen zur Unterzeichnung einer entsprechenden Petition auf. Im Nu gingen 300 000 Stimmen ein gegen ein Gesetz, das es gar nicht gab. »Die Bestimmungen für das Fracking werden nicht neu geregelt«, bestätigte die CDU-Fraktion im Anschluss.

SCHWEIGEN ÜBER DIE FINANZEN So eindrucksvoll die Erfolge sind, die sich die NGOs auf die Fahnen schreiben, so ungern werden sie auf ihre Fehler und Versäumnisse hingewiesen. Auch Gutmenschen sind eben nur Menschen. Schwachpunkt der meisten Organisationen ist der Umgang mit ihren Finanzen. Auch wenn die EU-Kommission gemäß einer Studie des in Brüssel ansässigen Instituts New Direction pro Jahr über 7 Milliarden Euro für die guten Zwecke der NGOs ausgibt, brauchen die Idealisten zum Überleben reichlich Spenden. Da die Zahl der Menschen, die für gute Zwecke freiwillig Geld hergeben, begrenzt ist, es aber immer mehr NGOs gibt, nimmt der Konkurrenzkampf an Härte zu, die Fairness bleibt auf der Strecke. Nicht alle sind bereit, offen darzulegen, wofür sie das Geld ausgeben, denn fast immer geht zu viel für den eigenen Betrieb drauf. Transparenz fordern sie gern von anderen, in die Bücher aber wollen sie sich – Transparency International macht da eine Ausnahme – nicht so bereitwillig schauen lassen.

Am Anfang einer NGO steht immer der Idealismus. Begeistert von ihrer Idee, machen sich ein paar Leute daran, für mehr Moral in der Welt zu sorgen. Natürlich wollen sie damit auch ein wenig berühmt und wichtig werden. Sie opfern ihre Zeit und Energie für eine gute Sache und denken erst mal wenig an die Kosten. Finden sie genug Anhänger, brauchen sie für die Organisation Büros, Angestellte, Computer, Werbematerial. All das kostet Geld und meistens mehr, als sie sich das gedacht hatten. Sie versuchen, öffentliche Fördermittel abzugreifen, und beginnen mit dem *Fundraising*, dem Einwerben von Spenden. Die Spender aber wollen, dass von ihrem Geld möglichst viel für den Zweck ausgegeben wird, für den sie sich engagieren. Verwaltungs- und Werbekosten gehören nicht dazu, deshalb soll über deren Höhe, wenn es nach den NGOs geht, nicht geredet werden.

So gibt es kaum brauchbares Datenmaterial über Finanzierung und Kostenaufteilung bei den NGOs. Als 2013 die Stiftung Warentest 44 Organisationen aus den Bereichen Tier-, Umwelt- und Klimaschutz um Auskunft bat, verweigerten 17 die Antwort. Am Ende ihrer Untersuchung hielten die Tester lediglich 6 der 44 angeschriebenen NGOs für transparent und wirtschaftlich solide, nämlich: Atmosfair, BUND, Deutscher Tierschutzbund, Greenpeace, Provieh und WWF Deutschland. In Übereinstimmung mit dem Deutschen Zentralinstitut für soziale Fragen (DIZ), das ein Gütesiegel für Spendenorganisationen vergibt, halten die Tester eine Kostenquote von höchstens 35 Prozent für tolerierbar. Das bedeutet, dass von jedem gespendeten Euro mindestens 65 Cent für den gedachten Zweck ausgegeben werden müssen. Lediglich 20 der 44 getesteten Organisationen erfüllten diese Vorgabe.

»Beim Tier- und Artenschutz ist die Gefahr sehr groß, dass die Spenden missbraucht werden«, warnte DIZ-Chef Burkhard Wilke. Als unwirtschaftlich deklarierten die Tester zum Beispiel die Heinz Sielmann Stiftung, Peta Deutschland, Pro Artenvielfalt, Tiere in Not, Vier Pfoten und das Vogelschutz-Komitee. Grund: Entweder erschien den Testern deren Finanzwesen als undurchsichtig oder sie hielten die Kosten für zu hoch. Die Organisation Vier Pfoten gab nach ihren Recherchen nicht einmal die Hälfte der Spenden für Kampagnen und Projekte aus, die dem Tierschutz dienen.

Wie unangenehm die guten Menschen vom Stiftungswesen werden können, wenn es um ihren Geldbeutel geht, erfuhr der Rosenheimer Journalist Stefan Loipfinger am eigenen Leib. Nachdem der gelernte Bankkaufmann mit seinem Nachrichtendienst Fondstelegramm erst den Anbietern dubioser Kapitalanlagen das Geschäft erschwert hatte, gründete er 2008 das Recherche-Portal Charity Watch mit der Absicht, den etwa 6 Milliarden Euro großen Spendenmarkt in Deutschland zu durchleuchten. Mit den Erfahrungen aus der Fondsszene forderte der mit dem Helmut-Schmidt-Preis ausgezeichnete Journalist bei den Sammler-Organisationen die Kennzahlen für Herkunft und Verwendung der eingeworbenen Gelder an – und stieß auf hartnäckigen Widerstand. Der Deutsche Fundraising-Verband gab die Losung aus, Charity Watch verfüge über keinerlei Legitimation, von Non-Profit-Organisationen die Herausgabe interner Unterlagen zu verlangen.

Hartnäckig recherchierte Loipfinger dennoch bei rund 250 Hilfsorganisationen und kam zahlreichen Ungereimtheiten auf die Spur, über die er in seinem Buch ›Die Spendenmafia‹ berichtete. Dafür wurde er nicht nur mit so vielen Gerichtsverfahren überzogen, dass er finanziell ausblutete: »Es gab Drohungen gegen meine Familie, Mitstreiter und mich selbst, die gingen so weit, dass die private Lebensqualität darunter gelitten hat«, beklagte er sich in der ›Wirtschaftswoche‹. Prozessgegner waren u.a. die Organisationen Europäische Tiere und Natur, die Peter-Ustinov-Stiftung und die Katarina-Witt-Stiftung. Rund 50 Rechtsstreitigkeiten hatte er allein 2011 zu bewältigen, die auf der Gegenseite meist mit Spendengeldern finanziert wurden. Zermürbt stellte er Charity Watch im Februar 2012 ein.

Die Research-Abteilung der Deutschen Bank, die einen tieferen Einblick in das Geschäftsgebaren der Wohltätigkeitsvereine haben dürfte, stört sich in einer 2014 veröffentlichten Studie vor allem an der Abhängigkeit der größeren NGOs von den Zuschüssen öffentlicher Stellen: »Der Großteil des Budgets ... wird durch externe Gelder, z.B. von Regierungsstellen, gedeckt, so dass sich die Organisationen mit dem Vorwurf der finanziellen und damit verbundenen ideologischen Abhängigkeit von ihren Gebern auseinandersetzen müssen ...« Als Beispiele zitieren die Banker die Organisation Oxfam, die 25 Prozent ihres Budgets von der britischen Regierung erhält, und Médecins sans Frontières (Ärzte ohne Grenzen), bei denen sogar 46 Prozent von staatlichen Stellen stammen. Angesichts des öffentlichen Geldsegens wundert es kaum, dass Oxfam für seine TV-Spots gefragte Schauspieler wie Heike Makatsch, Jan Josef Liefers und Mark Waschke engagieren konnte.

VERUNTREUUNG VON STEUERGELDERN Weshalb Organisationen, die angetreten waren, den demokratisch gewählten Institutionen in den Ländern der Europäischen Union den Kampf anzusagen, inzwischen mit Steuergeldern in Milliardenhöhe gefördert werden, ist eines der großen EU-Rätsel. Will sich die Kommission damit das Wohlwollen ihrer Kritiker erkaufen, dann handelt es sich um Korruption auf höchster Ebene und um Verschwendung von Steuergeldern. Unterstützt die EU die NGOs jedoch, weil sie mit deren Anliegen sympathisiert, dann muss sie sich fragen lassen, weshalb sie den Umweg über private Organisationen wählt und jene Ziele nicht mit den ihr zur Verfügung stehenden Instrumenten direkt ansteuert. Die NGOs wiederum verlieren ihre Glaubwürdigkeit, wenn sie sich von staatlichen Fördergeldern abhängig machen, und stehen gegenüber ihren privaten Spendern unter Rechtfertigungsdruck.

Unzufrieden mit der mangelnden Transparenz der Gutmenschen-Klubs ist man keineswegs nur in Deutschland. Als der in den USA weithin bekannte Menschenrechtler Dan Pallotta im März 2013 auf einer TED-Konferenz (Technology, Entertainment, Design) in Kalifornien bekannte, dass von den 570 Millionen Dollar, die er für den Kampf gegen Aids und Krebs eingesammelt hatte, über 40 Prozent für Verwaltung, Werbung und Marketing ausgegeben wurden, da löste er bei seinen Geldgebern einen Aufschrei aus. Pallotta musste seine beiden Organisationen auflösen und den Spendenrest zurückzahlen. Dabei wollte er eigentlich nur klarmachen, dass Gutsein teuer ist und das Mantra der zu hohen Verwaltungskosten die NGOs belaste.

Es ist wohl kein Zufall, dass die kaufmännische Seite der NGOs immer wieder Anlass zur Kritik gibt, denn das Führungspersonal dieser Organisationen besteht in der Regel weniger aus Zahlenmenschen. Während sich Betriebs- und Finanzwirte nur selten in die Führungszirkel solcher Gruppierungen verirren, wimmelt es hier von Politologen, Soziologen und Pädagogen. Eine Ausnahme bilden die auf den Umweltschutz spezialisierten Organisationen, die vermehrt nach Ingenieuren Ausschau halten.

Für Absolventen geisteswissenschaftlicher Studiengänge hat eine Karriere auf dem Moral-Ticket durchaus ihre Reize, da ihre Kenntnisse in der Marktwirtschaft eher weniger gefragt sind. Die Kombination einer mäßig bezahlten, aber relativ sicheren Stelle mit hohem ethischem Anspruch macht die Beschäftigung bei einer NGO attraktiv. So ist hier ein kleiner, aber feiner Arbeitsmarkt entstanden, der bisher kaum vermessen wurde. Der Wissenschaftsladen Bonn e. V. machte sich die Mühe und zählte die Stellenausschreibungen von NGOs in Deutschland. Demnach boten die Organisationen zwischen 2006 und 2011 rund 22600 Jobs an, Tendenz stark steigend. Die Münsteraner Politikwissenschaftlerin Christiane Frantz weist in ihrer 2005 erschienenen Habilitationsschrift (›Karriere in NGOs‹) allerdings darauf hin, dass Bewerber Abschläge gegenüber den Gehältern in der freien Wirtschaft hinnehmen müssen.

In krassem Gegensatz zum medialen Wirbel, den die NGOs erzeugen, steht ihre wirtschaftliche Bedeutung. Nach Umsätzen und Beschäftigten gemessen, bilden sie eine Quantité négligeable in der deutschen Gesellschaft. Präzise Zahlen sind allerdings kaum zu ermitteln, da schon die Abgrenzung zu anderen Non-Profit-Organisationen wie Caritas, Rotes Kreuz oder privaten Stiftungen Kopfzerbrechen bereitet. Schätzungen gehen davon aus, dass in den deutschen NGOs weniger als 100 000 Vollzeitbeschäftigte arbeiten. Zum Vergleich: Im sogenannten Dritten Sektor der Volkswirtschaft, der etwa 105 000 nichtprofitorientierte Organisationen umfasst, sind es nach einer Studie des Stifterverbandes für die Deutsche Wissenschaft und der Bertelsmann Stiftung 2,3 Millionen. Die meisten davon sind im Gesundheitswesen tätig.

Die ideelle Kritik an den NGOs entzündet sich an der Macht, die sie sich angeeignet haben, ohne demokratisch legitimiert zu sein, sowie an der Vermischung von Eigeninteresse und Gemeinwohl. Offensichtlich wissen die Aktivisten besser als die Funktionäre von Kirchen und Parteien, wie groß das Bedürfnis nach Moral in der Bevölkerung ist. Bewusst grenzen sie sich ab vom Meinungsstreit der politischen Parteien, indem sie sich zu kompromisslosen Kämpfern gegen das Böse in Gestalt ignoranter Regierungen und profitorientierter Unternehmen stilisieren. Sie müssen sich nicht um den Ausgleich der Interessen bemühen, sondern können lauthals fordern, was viele Bürger sich wünschen.

SKANDALE, DIE KEINE SIND Kein vernünftig denkender Mensch wird den Raubbau an der Natur und die soziale Not unter den Armen dieser Welt gutheißen, viele sind deshalb anfällig für die Parolen der selbsternannten Weltenretter. Was sie verlangen, soll möglichst schnell und ohne Abstriche umgesetzt werden. Mit dem Anspruch auf Absolutheit erreichen sie zwar selten ihr Ziel, bedienen aber den Gefühlshaushalt ihrer Klientel ähnlich wirkungsvoll wie manche Filmproduktion aus Hollywood, in der von vornherein feststeht, wer die Guten und die Bösen sind.

»Journalisten übersehen häufig, dass NGOs Eigeninteressen vertreten, weil sie mit deren Zielen sympathisieren«, kritisiert der Medienwissenschaftler Hans Mathias Kepplinger von der Uni Mainz die oft einseitige Berichterstattung in den Medien und wundert sich, weshalb die Botschaften der Aktivisten nicht ebenso kritisch hinterfragt werden wie die Verlautbarungen von Unternehmen. Wie alle Organisationen sind auch die NGOs in erster Linie an ihrem eigenen Überleben interessiert. Und da sie nun mal, Magazinen in Print und TV durchaus ähnlich, vom Aufdecken und Bekämpfen von Missständen leben, müssen sie genug dieser Übel ausfindig machen. Ihr Geschäft ist die Skandalisierung.

Im täglichen Kampf um Aufmerksamkeit kann es dann schon mal vorkommen, dass der eine oder andere Gutmenschen-Klub Skandale entdeckt, die keine sind. Nach dem Reaktorunglück vom März 2011 im japanischen Fukushima alarmierte Greenpeace die deutschen Verbraucherzentralen wegen angeblich zu hoher Strahlenbelastungen bei Thunfischen. Mit Bezug auf nicht näher definierte Messungen schwadronierten die Aktivisten von lebensgefährlich hohen Dosen an Strontium, Cäsium und anderen radioaktiven Isotopen, die sich bei den Konsumenten in den Knochen ablagerten und zu Tumoren und Leukämie führen könnten.

Bald stellte sich jedoch heraus, dass die Sorge völlig unbegründet war. Der von Wissenschaftlern der Stanford University gemessene Cäsium-Wert an Blauflossen-Thunfischen, die vor der kalifornischen Küste gefangen wurden, stellte nach Einschätzung des Thünen Instituts für Fischereiökologie in Hamburg keinerlei Gefahren für Sushi-Liebhaber dar. Das Institut für Meeresbiologie an der Hawaii Pacific University widerlegte wenig später die Theorie von der erhöhten Cäsium-Belastung mit Messergebnissen, die sogar auf einen gesunkenen Wert des radioaktiven Isotops in den Fischkörpern hinwiesen.

Dass es sich hier nicht um einen bedauerlichen Einzelfall handelte, der mit der Betroffenheit nach der Katastrophe erklärt werden könnte, beweisen eine Reihe weiterer NGO-Kampagnen, die den Verdacht auf bewusste Desinformation der Öffentlichkeit nicht ausräumen können. Verbissen kämpft Greenpeace mit anderen Organisationen wie Friends of Earth seit Jahren gegen jede Art gentechnisch veränderter Nahrungsmittel, mit besonderem Nachdruck gegen den Goldenen Reis. Das ist eine Hülsenfrucht, die seit 1992 von dem deutsch-schweizerischen Forscherteam Ingo Potrykus und Peter Beyer mit dem Ziel entwickelt wurde, sie so mit Enzymen anzureichern, dass sie das Provitamin A (Betacarotin) herstellen kann.

Weil in herkömmlichem Reis kein Vitamin A enthalten ist, leiden in Ländern, in denen diese Pflanze das Hauptnahrungsmittel darstellt, vor allem Kinder an allerlei Mangelerscheinungen. Fehlt das Vitamin, steigt die Anfälligkeit für Infektionen und Krankheiten wie Masern, im schlimmsten Fall droht die Erblindung. Dies dürfte auch den Greenpeace-Aktivisten nicht verborgen geblieben sein. Dennoch verhindern sie bis heute den Anbau der vom Carotin gelbgefärbten Hülsenfrucht, die bereits 2002 auf den Philippinen zugelassen werden sollte. Der politische Druck der Anti-Gen-Lobby veranlasste das Internationale Reisforschungsinstitut, den Termin für die Zulassung immer weiter hinauszuschieben. Derzeit ist das Jahr 2016 im Gespräch.

Die Macht und die Sturheit der Organisation erzürnte einen ihrer Mitbegründer schon in den 80er Jahren so, dass er eine Gegenkampagne startete. Der Kanadier Patrick Moore, neun Jahre lang Präsident der Greenpeace Foundation, trennte sich 1986 von der Organisation im Streit, weil er ihr vorwarf, sie werde von »Extremisten und wissenschaftlichen Analphabeten« beherrscht. Moore, der sich für die Nutzung der Aquakultur und der Geothermie einsetzt, hält seine einstigen Gesinnungsgenossen für fortschrittsfeindlich und sozialistisch. Im Fall des Goldenen Reises bezichtigt er sie, am Tod von Millionen Kindern in Indien, Bangladesch und den Philippinen schuld zu sein.

PRINZIPIENSTREIT UM GOLDENEN REIS Anfang 2014 machte sich der studierte Ökologe auf den Weg nach Europa, um für seine Kampagne »Allow Golden Rice Now« zu werben. »Es sind moralische Abgründe, die viele Unterstützer und Aktivisten in der Organisation intellektuell offenbar nicht erfassen«, wettert er gegen die Blockadepolitik seiner Exkollegen. Von den 300 Millionen Euro Spendengeldern, die Greenpeace jährlich kassiere, fließe ein beträchtlicher Teil »in die Desinformationskampagne, die so viel Leid verursacht«.

Namhafte Agrarwissenschaftler bestätigen den Befund. Justus Wesseler, Professor für Agrar- und Ernährungswissenschaft am Center of Life and Food Services der TU München in Weihenstephan, untersuchte zusammen mit dem kalifornischen Agronomen David Zilbermann die volkswirtschaftlichen Schäden, die durch das Genreis-Verbot in Indien verursacht wurden. Demnach summieren sich die Krankheitskosten auf rund 200 Millionen Dollar jährlich und auf 1,4 Millionen Lebensjahre in der Zeit zwischen 2002 und 2012. Der australische Bioethiker Peter Singer erklärte, der Goldene Reis habe das Potential, eine halbe Million Menschen vor dem Erblinden zu retten. Greenpeace jedoch hält die veränderten Reiskörner für eine Art Trojanisches Pferd der Biotech-Konzerne, mit dessen Hilfe sie die Landwirtschaft erobern wollen.

Wenn es um ihre ideologischen Positionen geht, kennt die Organisation kein Pardon. Weil sie sich nun mal gegen jede Form der Gentechnik positioniert hat, will sie auch im Fall des Goldenen Reises nicht nachgeben. Rechthabenwollen gehört, wie bei allen Ideologen, zu ihrer DNA. Dies gilt auch für den Kampf gegen die AKWs. 2009 spielten Greenpeace-Aktivisten verschiedenen Medien ein internes Papier zu, das belegen sollte, wie perfide die Atom-Lobby den Wahlkampf beeinflussen wollte. Bei dem 109 Seiten starken Epos mit dem Titel ›Kommunikationskonzept Kernenergie‹ handelte es sich jedoch lediglich um einen Vorschlag der Berliner PR-Agentur PRGS für den Kunden e.on, der so weder bestellt noch umgesetzt wurde. Dass zu einem PR-Konzept die Beeinflussung von Journalisten und Abgeordneten gehört, dürften die Greenpeace-Lobbyisten nur allzu gut wissen, doch wenn der Gegner das Gleiche macht, handelt es sich um ein verwerfliches Komplott.

Das Gut-und-Böse-Schema kennzeichnet die PR-Arbeit vieler NGOs. Die Tierschutz-Organisation Peta e.V. aus Stuttgart, ein Ableger der gleichnamigen US-Mutter (People for the Ethical Treatment of Animals) schreckt auch nicht vor Geschmacklosigkeiten zurück, wenn es gilt, ihrem Anliegen Geltung zu verschaffen. »Holocaust auf Ihrem Teller« hieß die Schlagzeile auf einem Plakat, das Fotos der Leichen von KZ-Häftlingen geschlachteten Schweinen gegenüberstellte. Paul Spiegel, damals Präsident des Zentralrats der Juden in Deutschland, sah die Würde seiner im Konzentrationslager ermordeten Angehörigen verletzt und ließ das Plakat per Gericht verbieten. Peta klagte durch sämtliche Instanzen dagegen, bis der Europäische Gerichtshof entschied: Das Verbot war rechtens. Auf ihrer Website aber stellt sich die Organisation als Sieger dar und bezieht sich auf das Urteil eines österreichischen Gerichts, das durch den Spruch des EuGH obsolet geworden war.

Auch Thilo Bodes Foodwatch-Organisation schießt manchmal übers Ziel hinaus. »Foodwatch-Produktcheck entlarvt legale Täuschung mit Gesundheitswerbung bei Danone, Unilever und Co.«, alarmierte der Pressedienst der »Essensretter« im Dezember 2013 die deutschen Medien, und manche Zeitung übernahm die Geschichte ungeprüft. Doch was war mit der Tatarenmeldung eigentlich gesagt? Im Grunde nur, dass die gesundheitsfördernden Hinweise auf den Verpackungen von Danone, Unilever und Co. den Richtlinien entsprachen, die die EU-Kommission 2012 mit der Health-Claims-Verordnung verabschiedet hatte. Sollten diese Hinweise tatsächlich falsch oder irreführend sein, hätte allenfalls die EU eine Rüge verdient, nicht aber die Firmen, die sich an ihre Vorschriften halten.

DER IDEALIST WAR EIN LOBBYIST In den Medien aber sind nach solchen Verlautbarungen stets die Unternehmen die Bösen, da die Journalisten gar nicht auf die Idee kommen, eine Botschaft von Foodwatch in Frage zu stellen. Wenn hingegen Andreas Hensel, der Präsident des Bundesinstituts für Risikobewertung, verkündet, dass Lebensmittel in Deutschland noch nie so sicher gewesen seien wie heute, dann interessiert das in den Redaktionen nicht mal einen Volontär.

Während NGOs wie Lobbycontrol das Treiben der Industrie-Lobbyisten mit Argusaugen verfolgen und sich als Kämpfer für eine transparente Politik feiern lassen (Slogan: »Aktiv für Transparenz und Demokratie«), sind sie gegenüber Kampagnen von ihnen nahestehenden Organisationen auffallend blind. Der SPD-Politiker Hermann Scheer gilt als einer der Wegbereiter der

Energiewende und Vater des Erneuerbaren-Energie-Gesetzes (EEG). Unermüdlich attackierte der im Oktober 2010 verstorbene, als hessischer Umwelt- und Finanzminister vorgesehene Träger des Alternativen Nobelpreises die AKW-Betreiber und trommelte effizient wie kein Zweiter für Wind-, Solar- und Bio-Energie. Kaum verwunderlich, dass ihn die Ökoszene zum Darling erkor.

Was wie der Herkuleskampf eines Idealisten aussah, war in Wahrheit handfeste Interessenpolitik. Scheer als Präsident und seine Frau als Geschäftsführerin standen an der Spitze von Eurosolar, einem Lobbyverein, in dem auch Biogas-, Solar- und Windkraftanlagen-Betreiber vertreten sind, die mit Hilfe von Scheers Kampagne Milliarden verdienten. Weder in der Partei noch in Kreisen der NGOs erregte der Lobbyismus des SPD-Bundesvorstands Anstoß.

»Wir kontrollieren nur Vorgänge, bei denen ein Machtgefälle zu beobachten ist«, verteidigte eine Sprecherin von Lobbycontrol das Wegschauen ihres Vereins. Machtgefälle? Doch wohl eher ein Sympathiegefälle. »Dass der Lobbyismus der NGOs im Gegensatz zum Lobbyismus von Unternehmen mit Heiligenschein daherkommt und auch so wahrgenommen wird, hat mit Ressentiment zu tun – der antikapitalistische Effekt funktioniert immer«, vermutet der Bremer Publizist Jan-Philipp Hein.

Ein Heiligenschein umgibt auch den WWF. Der 1961 in der Schweiz gegründete Honoratioren-Klub mit dem Panda-Bären in seinem Wappen gilt als weltweit bedeutendste Naturschutz-Organisation. Er beschäftigt über 4000 Mitarbeiter in 100 Ländern und verfügt über ein Budget von rund 400 Millionen Euro. Ehrenpräsident ist Prinz Philip, Duke of Edinburgh und Gemahl von Queen Elizabeth II.; Sohn Charles, Herzog von Wales, präsidiert der britischen Sektion.

Die deutsche Sektion wird geleitet von dem früheren Industriemanager Eberhard Brandes; sie gab 2013 insgesamt 64,2 Millionen Euro für Projekte in aller Welt aus, davon flossen 3,2 Millionen nach Brasilien, angeblich zum Schutz des Regenwalds im Amazonas-Becken. Unklar ist, ob die vielen Spender und Förderer – 2013 waren es 455 000 – so genau wissen, wofür ihr Geld tatsächlich verwendet wird. Der namhafte brasilianische Biologe

Fabio Olmos jedenfalls ist nicht davon überzeugt, dass der WWF im Amazonas-Dschungel viel Gutes anrichtet.

Im Deutschland-Radio schilderte er seine Erfahrungen: »Das vergesse ich nie. Mitten im Regenwald des Amazonas-Teilstaats Rondonia stoße ich auf ein Sägewerk. Daran das Schild: Erbaut durch den WWF.« Ein Sägewerk zum Schutz des Regenwalds? Der langjährige Umweltschutz-Berater der UNO wunderte sich: »Jeder Fachmann weiß doch, dass eine nachhaltige Bewirtschaftung von Urwald nicht möglich ist. Das geht gar nicht, das ist unwissenschaftlich. Auf diese Weise zerstört man den Wald. Doch der WWF und andere NGOs fördern solche Projekte.«

Es war nicht das erste Mal, dass sich der WWF Kritik aus dem Lager der Naturschützer zuzog. 2011 sendete der WDR zum 50. Jubiläum des Verbands eine Dokumentation mit dem Titel ›Der Pakt mit dem Panda‹. Nach ausgiebigen Recherchereisen, von Argentinien bis Borneo, beschuldigte der Autor Winfried Huismann den Honoratioren-Klub, er helfe dabei, den Regenwald zu zerstören, anstatt ihn zu schützen. Tatsächlich bescheinigte der WWF den von Konzernen wie Monsanto (gentechnisch veränderte Sojapflanzen) und Wilmar (Palmöl-Pflanzungen) geschaffenen Monokulturen, sie seien »nachhaltig«, obwohl dafür viele Hektar Wald vernichtet wurden. »Schon heute ist die Soja-Wüste in Südamerika doppelt so groß wie die Fläche Deutschlands«, heißt es in dem Film, und weiter: »Der Panda hat sich mit der Gentechnik verbündet, nur merken soll es keiner.«

Das Wirken der NGOs hinterlässt einen zwiespältigen Eindruck. Einerseits bringen sie Bewegung ins politische Geschäft, indem sie die Regierungen unter Handlungsdruck setzen. Sie konfrontieren die in Wahlperioden und Sachzwängen denkenden Akteure mit der Utopie einer besseren Welt. Weil sie sich nicht alle 4 Jahre einer Wahl stellen müssen, können sie langfristige Ziele wie den Klimawandel anpeilen, und weil sie sich nicht im täglichen Kleinkrieg mit der Opposition abnützen, liefern sie ab und an frische Denkanstöße. Hoch anzurechnen ist ihnen, dass sie das moralische und soziale Kapital, das in den Gesellschaften steckt, zu mobilisieren vermochten.

ATTAC FÄLLT NICHTS MEHR EIN Ihr Gegenentwurf zu Egozentrik und Profitmaximierung des Wirtschaftsgeschehens schießt allerdings oft übers Ziel hinaus. Die Radikalität, mit der sie den Umweltschutz vertreten, schädigt das Sozialgefüge, weil sie Arbeitsplätze kostet. Sie blenden die komplizierten Wechselwirkungen des ökonomischen und ökologischen Geschehens aus und verfolgen einseitig ihre ideologisch vorgegebenen Ziele. Damit leiden sie unter derselben Kurzsichtigkeit, die sie Regierungen und Unternehmen vorwerfen.

Weil sie ihre Wirkung über die Präsenz in den Medien erzielen, neigen sie zur Skandalisierung politischer und wirtschaftlicher Vorgänge. Anstatt die meist komplizierten Sachverhalte verständlich zu machen und geduldig Kompromisse zwischen den divergierenden Interessen zu suchen, sind sie auf Krawall gebürstet. Die medienwirksame Inszenierung des Skandals scheint ihnen wichtiger zu sein als eine zufriedenstellende Lösung des Problems.

So wenig die NGOs nach außen legitimiert sind, so gering ist bei vielen die innere Demokratie entwickelt. Ihre Ziele und Aktionen legen die Führungsmannschaften in kleinen Zirkeln fest, die Masse der Mitglieder und Förderer wird nicht gefragt. Weil sie den Erfolg ihrer Arbeit häufig am Spendenaufkommen messen, sind Konflikte zwischen Spendern und Anhängern programmiert. Wenn der größte Teil des Budgets von wenigen Großspendern stammt, haben NGOs wie der WWF gegenüber ihren Millionen Anhängern Legitimationsprobleme. In wessen Namen sprechen und handeln solche Organisationen – in dem von Millionen Unterstützern oder in dem einiger weniger Geldgeber? Schon gibt es eine wachsende Zahl von NGOs, die nur über wenige Anhänger, aber über viel Geld verfügen. Sie unterscheiden sich nur noch im Namen von den Lobby-Büros der Wirtschaft.

Während die NGOs, von außen gesehen, äußerst erfolgreich agieren, grummelt es intern in den Kreisen ihrer Mitglieder und Unterstützer. Die Spendenaufkommen stagnieren, die kritischen Kommentare nehmen zu. Das bedeutet aber nicht, dass die moralischen Ansprüche sinken, im Gegenteil: Die Moral ist weiter auf dem Vormarsch, doch die Organisationen vermögen das Empörungspotential der Idealisten nicht auszuschöpfen. Offensichtlich werden sie den hohen Erwartungen ihrer Förderer immer weniger gerecht.

Ein Beispiel dafür liefert Attac. Dem 1998 in Frankreich gegründeten Netzwerk der Globalisierungskritiker gehen die Ideen aus. »Attac ist fast gesichtslos geworden«, klagt der Berliner Sozialwissenschaftler Peter Grottian, ein Urgestein der Protestbewegung, die in Deutschland etwa 25000 Mitglieder hat und über einen Etat von 1,5 Millionen Euro verfügt. Einst waren die Attacis angetreten, die »neoliberale Globalisierung« zu bekämpfen und die Finanzmärkte einer demokratischen Kontrolle zu unterwerfen. Dafür ließen sie sich auf den G8-Gipfeln in Genua (2001) und im Ostseebad Heiligendamm (2007) von Polizisten verprügeln und mit Wasserwerfern traktieren.

Ihr Lieblingsprojekt war die Einführung einer Finanztransaktionssteuer (*Attac* steht für: association pour la taxation des transactions financières et pour l'action citoyenne), die inzwischen sowohl von der französischen wie der deutschen Regierung und sogar der EU-Kommission befürwortet wird. Die Luft ist also raus, das Thema abgehakt. Obwohl die weltweit über 100000 Anhänger mit der Entwicklung des Finanzsystems weiter unzufrieden sind, finden die Attac-Macher kein zündendes Kampagnen-Thema mehr, nachdem ihnen Konkurrenten wie Campact beim Angriff auf das deutsch-amerikanische Freihandelsabkommen TTIP zuvorgekommen sind. Anderen NGOs geht es nicht besser: den Empörungspegel des Publikums konstant hochzuhalten, wird immer anstrengender.

Weil der Markt der Moral ähnlich gesättigt ist wie der Markt der Konsumgüter, gehen die NGOs den gleichen Weg wie die Industrie. Sie verlagern ihre Aktivitäten nach Süden. Hatten sie sich bisher auf die Industrienationen konzentriert, so werden die international aufgestellten Organisationen jetzt verstärkt in den Entwicklungsländern tätig. Die Umorganisation bei Greenpeace durch Kumi Naidoo ist dafür nur ein Indiz. Schwerpunkte ihrer Arbeit in der Dritten Welt sind die Bekämpfung der Korruption, der Armut und des Raubbaus an der Natur.

Eine Studie des im Juli 2014 verstorbenen Hamburger Politikwissenschaftlers Gero Erdmann warnt jedoch vor übertriebenen Erwartungen: »Mit den wachsenden Finanzzuwendungen an die NGOs im Süden scheinen auch dort die gleichen Probleme aufzutauchen, die aus der Entwicklungszusammenarbeit mit staatlichen Stellen vertraut waren: Ineffizienz und Korruption. NGOs im Süden, vor allem in Afrika, konnten den gestiegenen Leistungsansprüchen vieler Geber nur bedingt gerecht werden.«

Die Guten kranken also an den gleichen menschlichen Schwächen wie die Bösen. Vielleicht fördert dies eines Tages das gegenseitige Verständnis.

Kapitel IX
Überforderte Tugendwächter

Ausgerechnet jene Institutionen, die für die Produktion, den Vertrieb und die Kontrolle der Moral geschaffen wurden, haben heute einige Probleme mit ihr. Dies ist weniger verwunderlich als menschlich. Ihre Verfehlungen verweisen auf die Tatsache, dass Moral zwar ein kategorischer, aber eben nur ein Imperativ ist. Ein utopisches Projekt war es von Anfang an. Moral gebar die Idee der Erbsünde, des Paradieses, des Fegefeuers und der Hölle. Der Mensch ist eben, wie er ist, und als Gattung braucht er die Moral, mal mehr, mal weniger, zum Überleben. Also schuf er Institutionen, die ihm dabei helfen sollen, ein besserer zu werden.

Die jüngste dieser Institutionen kommt in vielfältiger Form, deshalb nur im Plural vor. Die Medien sind nicht wegen des Bedürfnisses nach Klatsch und Tratsch erfunden worden, sondern für die Moral. Noch nicht als App auf dem Smartphone, sondern in Stein gemeißelt, empfing Moses die Zehn Gebote als mediale Botschaft von seinem erzürnten Gott. Göttergleich wähnen sich bis heute manche Medienmenschen.

Die Vorläufer der Tageszeitung hießen Flugschriften, und sie kannten nur ein Thema: die Reformation der Kirche. Auf den ersten, mit beweglichen Gutenberg-Lettern abgesetzten Blättern wechselten vor 500 Jahren Nachrichten über Verfehlungen kirchlicher Würdenträger sich ab mit Botschaften der Erneuerer, von Martin Luther bis Thomas Müntzer und Philipp Melanchthon. Der Moral sind die Gazetten bis heute verpflichtet, wenn es manchmal auch nicht danach aussieht. Sie sehen sich als vierte Gewalt, als Kontrolleure der Mächtigen und Anwälte der kleinen Leute, auf Augenhöhe mit den Staatsmächten eins bis drei.

Die Medien selbst sind weder moralisch noch unmoralisch, aber sie funktionieren, wie Justiz und Kirche, mit Hilfe der Moral. Ihre Macht beruht auf dem Plebiszit, der Mobilisierung von Meinungen, Instinkten und Ängsten eines ebenso gelangweilten wie neugierigen Publikums. Sie verstärken Trends und Stimmungen, auch wenn sie nur Informationen verbreiten. Seit die Menschen ihr soziales Umfeld verlassen haben, vom Land in die Städte gezogen sind und in Ein- oder Zweipersonenhaushalten leben, ersetzen die Medien Familie und Nachbarschaft. Das macht sie wichtig und gefährlich.

Medien sind kommerzielle Produkte; sie kosten Geld und sollen Gewinne machen. Selbst die mit Zwangsgebühren gut versorgten öffentlich-rechtlichen Sendeanstalten achten auf die Quote, damit sie ihnen zusätzliche Werbegelder bescheren möge. Auch wenn manche Konsumenten dies glauben mögen, als moralische Instanz taugen die Medien nichts, denn ihr Schaffen dient der Selbsterhaltung. Das von Journalisten gern in Anspruch genommene »Mandat der Öffentlichkeit« ist in Wahrheit ein Mandat der Medienbesitzer zum Geldverdienen. Es gibt keinen Anspruch auf Wahrheit. Die Macher der Medien, auch Intendanten und Chefredakteure, sind Angestellte, nichts weiter. Wenn sie die Erwartungen ihrer Arbeitgeber enttäuschen, werden sie gefeuert. Niemand ist ihnen gegenüber zur Auskunft verpflichtet. Doch wer sich ihren Karriere-Interessen verweigert, kann leicht zum Opfer einer Treibjagd werden.

Indem die Medien sich mit den Konsumenten gemein machen, sprechen sie mit Volkes Stimme, aber im eigenen Interesse. Sie fühlen sich legitimiert, den Moralvorstellungen der Masse Genüge zu tun, wenn sie Lug und Trug in Politik, Wirtschaft, Sport und Kultur aufdecken und anprangern. Das »gesunde Volksempfinden«, das nicht selten an allerlei Gebrechen krankt, ist der Kompass, an dem sie sich orientieren, die Meinung der Mehrheit stets die ihre. Darin der aktuellen Kanzlerin nicht unähnlich.

Weil die Welt so kompliziert geworden ist, dass sie auch von Journalisten nicht mehr verstanden wird, brechen sie sperrige Themen gern auf ihren moralischen Gehalt herunter. Moral, das versteht jeder, das Für und Wider der Gentechnik, der Erderwärmung oder der Ukraine-Politik eher weniger. Anstatt das Wissen der Zeit zu vermitteln, beschränken sich selbst Qualitätszeitungen und solche, die gern dafür gehalten werden, auf die Vermittlung von Werturteilen über das, was man nicht kapiert hat. Lösungen gesellschaftlicher Probleme interessieren die Medien denn auch entschieden weniger als deren Skandalisierung.

Zur Bedienung der moralischen Ansprüche ihres Publikums

gebrauchen die Medien die substanziellen Begriffe *Moral* oder *Ethik* eher selten. Die Promille-Fahrt der Bischöfin, die gekupferte Doktorarbeit der Ministerin, die teuren Vorträge des Kanzlerkandidaten – sie entfalten durch bloße Beschreibung ihre Wirkung. Der Kölner Medienwissenschaftler Hektor Haarkötter fand heraus, dass in 200 000 Texten auf sueddeutsche.de der Moralbegriff genau 5552-mal und in 800 000 Texten bei Bild.de ganze 2152-mal vorkam.

Erstaunlicherweise strapazierten nicht die Klatschreporter den Begriff am meisten, sondern die Kollegen aus dem Sportressort. Kaum ein Bundesliga-Wochenende, wunderte sich Haarkötter, an dem nicht die hohe Moral des einen, die gänzlich fehlende des anderen Kickers oder gar die »typisch deutschen Tugenden« einer Mannschaft hervorgehoben wurden, was wohl heißen soll, dass deren Qualitäten in gekonnter, weil vom Schiedsrichter tolerierter Körperverletzung zu suchen sind.

In den bunten Blättern des Boulevards hingegen kommt die Moral vorzugsweise in Gestalt von *Busenblitzern* oder *Nipplegates* daher. Die verbale Aufregung über die retuschierten Fotos ist natürlich gespielt, im stillen Einverständnis mit dem Voyeurismus der Leser. »Der Begriff Moral wird missbraucht, um künstlich Problemfelder zu konstruieren und auf diese Weise überhaupt erst einen Anlass zur Berichterstattung zu erzeugen«, diagnostiziert der Medienwissenschaftler den Hang zur Entblößung weiblicher Geschlechtsmerkmale bei gleichzeitiger verbaler Distanzierung. Der Spagat zwischen der kleinbürgerlichen Sexualmoral ihrer Leser und freizügigen Bildern möglichst bekannter Darstellerinnen sorgt für Auflage und Profit.

Eine pauschale Medienschelte ist so billig und wohlfeil wie manche Kommentare der Medien zur Zeitgeschichte. Doch eine Branche, die vorgibt, ihr Geschäft im Namen der Moral zu betreiben, sollte wenigstens bereit sein, jene Verhaltensmuster zur Kenntnis zu nehmen, die ihr selbst den größten Schaden zufügen:

Bestechlichkeit

Es geht hier nicht um die von Autoherstellern bestellten Tests oder die von Veranstaltern gesponserten Reiseberichte, sondern um die systematische Unterwanderung der Medien durch kommerzielle Auftraggeber. Während die Zeitungs- und Zeitschriftenverlage infolge des Anzeigen- und Leserschwunds Sparmaßnahmen verkünden und Personal entlassen, rüstet die PR(Public-Relations-)Branche massiv auf.

Siemens, Daimler oder Deutsche Bank beschäftigen in ihren Kommunikationsabteilungen und TV-Studios bereits mehr Redakteure als die meisten Zeitschriftenredaktionen. In den 148 großen PR-Agenturen des Landes arbeiten über 5000 Leute an Filmen, Bildern und Texten, von denen ein Großteil das Publikum über die gewohnten Medien erreicht. Sie erzielten nach Informationen des PR-Journals 2013 eine Umsatzsteigerung von 5,6 Prozent und steckten nahezu eine halbe Milliarde Euro an Honoraren ein. Der ganze Aufwand dieser Branche dient nicht dazu, objektiv zu informieren, sondern die Konsumenten zum Geldausgeben zu bewegen. Viele scheinbar neutrale Medien sind zu Vehikeln der Werbewirtschaft verkommen.

Die in Artikel 5 des Grundgesetzes garantierte Pressefreiheit mutiert zur Freiheit der Presse, Geschäfte aller Art zu machen. Großverlage wie Burda oder Springer sind zu Gemischtwarenläden herangewachsen, die schon mehr als die Hälfte ihres Geschäfts mit branchenfremden Diensten bestreiten. Sie betreiben Partnervermittlung (ElitePartner), verkaufen Gebrauchtwagen (AutoScout24) oder Hundefutter (Zooplus), vermieten und vertreiben Immobilien (Immonet).

Unterdessen bemächtigen sich Unternehmen aus anderen Branchen wie die Telekom oder der Gesamtverband der Versicherungswirtschaft (GDV) des Mediengeschäfts. In der Berliner Wilhelmstraße bauten die Versicherer einen »Newsdesk« mit einer 26-köpfigen Redaktionsmannschaft auf, die auf allen Kanälen das hohe Lied von Allianz & Co. singen soll: über Printprodukte, TV, Twitter, Facebook und YouTube. Und manchem Verlag oder Sender werden die bezahlten Wahrheiten gar nicht unwillkommen sein, schonen sie doch den eigenen Redaktionsetat.

Unterm Deckmantel der zum Schutz der freien Presse erlassenen Pressegesetze nehmen die Zeitungs- und Zeitschriftenverlage Privilegien für sich in Anspruch, die sie als rein kommerzielle Anbieter von Firmen-, Kunden- und Mitarbeiterzeitschriften oder gar völlig branchenfremder Produkte keineswegs verdienen.

Die Goodies reichen von einem ermäßigten Mehrwertsteuersatz bis hin zum Zeugnisverweigerungsrecht der Journalisten. Nahezu alle gewichtigen Medienfabriken unterhalten kopfstarke Corporate-Publishing-Abteilungen, die im Auftrag fremder Firmen Kunden- oder Mitarbeiterzeitschriften erstellen, und immer häufiger beanspruchen diese Auftraggeber, in den Hauptmedien der Verlage Beachtung zu finden.

Zwar ist nichts dagegen einzuwenden, wenn ein Unternehmen versucht, seine Interessen publik zu machen. Doch dies sollte in den Medien als bezahlte Werbung kenntlich sein. Weil die Werber und ihre Auftraggeber wissen, wie gering die Akzeptanz ihrer Spots und Anzeigen beim Publikum ist, verstecken sie sich gern hinter der Reputation redaktionell gestalteter Inhalte. Die Urheber sprechen von »Public Relations« oder von »Kommunikation«, tatsächlich handelt es sich um eingeschlichene Werbung. »Das kommunizieren wir nach draußen«, befiehlt der Marketingchef eines Unternehmens, wenn er ein Verkaufsargument gefunden hat, und die Lohnschreiber seiner Agentur hacken einen neuen Artikel in den Computer, der so aussehen soll, als sei er auf dem Mist einer Redaktion gewachsen.

Fragt sich, weshalb die Redakteure die frohen Botschaften über den Nutzen irgendwelcher Produkte und Dienstleistungen in ihr Blatt heben. Manche tun es aus Bequemlichkeit, manche angewidert, aber oft bleibt ihnen gar nichts anderes übrig. Wenn ein guter Anzeigenkunde den Auftrag über zigtausend Euro von einem redaktionellen Beitrag abhängig macht, wird der Druck auf den einzelnen Redakteur so groß, dass er nur die Wahl hat, zu kuschen oder zu kündigen.

Aus wirtschaftlichen Gründen werden die Hürden, die Redaktion und Werbung voneinander trennen sollen, immer weiter abgebaut. Unter Kreativität verstehen Verlags- und Programmdirektoren frische Ideen zur Täuschung ihrer Kunden. Nur wenige Millimeter nach rechts mit der Maus, und schon ist der Besucher von faz.net oder Handelsblatt.de auf Spalten gelandet, die ihm Bilder und Texte kommerzieller Anbieter offerieren. Oder er lässt sich seine Zeit von hymnischen Berichten über Nonsens-Veranstaltungen stehlen, mit denen die Verlage um Anzeigenkunden buhlen. Dazu zählt die Wahl der besten Autos ebenso wie die Kür der »Best Brands« oder ein angeblicher Elite-Report über die immergleichen »besten« Vermögensverwalter. Hier erwarten ihn keine Nachrichten und keine objektiven Werturteile, sondern billiger Reklameschmarrn.

Acht Wochen lang untersuchten die Profis der PR-Agentur Stefan Schanz den Wirtschaftsteil der ›Stuttgarter Zeitung‹. In 45 Ausgaben zählten sie 1100 Beiträge, davon waren nur 412 von der Redaktion initiiert, beim Rest von 724 Berichten handelte es sich um fremdgesteuerte PR. Bei anderen Blättern dürfte es ähnlich aussehen; zwei Drittel des redaktionellen Inhalts dienen kommerziellen Zwecken, die als Werbung gekennzeichneten Seiten nicht eingerechnet.

Der aufklärende Journalismus, der nach Nazi-Diktatur und Weltkrieg angetreten war, den Mächtigen auf die Finger zu schauen, ist ein auslaufendes Geschäftsmodell. Auch wenn sich einzelne Medien, etwa der NDR und die ›Süddeutsche Zeitung‹, noch erstklassige Recherche-Teams leisten, so ist es wohl nur eine Frage der Zeit, bis auch die letzten Bastionen des investigativen Journalismus dem Rotstift der Kaufleute zum Opfer fallen. Dafür wächst die Neigung vieler Journalisten, ihren Lesern und Zuschauern längst bekannte Tatsachen mit scharf gewürzter Moralsauce zu servieren.

EINE MILLION FÜR WETTEN, DASS ...? Schon in den Journalistenschulen und Medien-Akademien lernen die angehenden Volksaufklärer heutzutage weniger das Recherchieren als vielmehr die Kunst der Selbstvermarktung. Der gut bezahlte Job in einer Presseabteilung oder PR-Agentur hat für viele der künftigen Medienmacher einen größeren Reiz als das Malochen bei einer Tageszeitung. Das Ansehen der Journalisten ist denn auch, kaum verwunderlich, auf einen Tiefpunkt gesunken. Lediglich 37 Prozent der Bevölkerung halten, einer Umfrage der Gesellschaft für Konsumforschung (GfK) von 2014 zufolge, die Medienmenschen für vertrauenswürdig. Schlechter schneiden nur noch Politiker, Versicherungsvertreter und Werber ab.

Journalisten sind, das sagt die Wahrscheinlichkeitsrechnung, keinesfalls anfälliger für Korruption als Beamte, Manager oder Schornsteinfeger. Aber auch nicht weniger. Wenn sie von ihren Verlagen oder Sendern so knapp gehalten werden, dass sie ihre

Arbeit nicht ordentlich erledigen können, werden sie eben empfänglich für die Gefälligkeiten von Unternehmen, über die sie berichten sollen.

Beim Stahlkonzern ThyssenKrupp sorgte der für die Kommunikation zuständige Vorstand Jürgen Claassen jahrelang für eine gute Presse, indem er die Wirtschaftsredakteure von Zeitungen wie der ›FAZ‹, der ›Süddeutschen‹, des ›Tagesspiegel‹ oder der ›Rheinischen Post‹ zu teuren Reisen in die entlegenen Provinzen des Unternehmens einlud. Im März 2011 ging es nach Südafrika, übernachtet wurde in der feinen Singita Lebombo Lodge, im Juli des folgenden Jahrs nach China. Selbstverständlich flog man First, vor Ort stand auch schon mal ein Helikopter bereit, und übernachtet wurde nicht in einer Touristenabsteige, sondern fünfsternig.

Dass die Kollegen bei so viel Großzügigkeit den gravierenden Managementfehlern des Vorstands nicht allzu viel Aufmerksamkeit widmeten, verstand sich von selbst. Der Vorstand um den »Eisernen Ekki« Ekkehard Schulz und seinen Aufseher Gerhard Cromme hatte es fertiggebracht, mit zwei Stahlwerk-Projekten in Brasilien und den USA 12 Milliarden Euro zu versenken und so den ganzen Konzern an den Rand der Pleite zu manövrieren.

Jürgen Claassen wurde zwar entlassen, nachdem ein Insider ausgepackt hatte, doch seine Methoden erfreuen sich in vergleichbaren Unternehmen, von BASF bis VW, nach wie vor einiger Beliebtheit. Auto-Premieren finden deshalb nicht in Wolfsburg, Stuttgart oder München statt, sondern in entlegenen Gegenden, wo die Herren und Damen Tester ungeniert aufs Gaspedal treten dürfen, nachdem die örtliche Polizei vom Gastgeber mit großzügigen Spenden gnädig gestimmt worden war. Zu Pressekonferenzen lädt man gerne in Hotels ein, deren Tarife selten zur Gehaltsklasse von Journalisten passen, und verdiente Maulwürfe verwöhnt man schon mal mit einem Ticket zum Formel-1-Rennen oder der Einladung zur Kieler Woche.

Zur Entschuldigung der Kollegen sei angemerkt, dass ihnen die Skrupellosigkeit ihrer Arbeitgeber nicht verborgen geblieben ist. Wenn die Verleger bei der Frage: bezahlte PR oder redaktioneller Beitrag? Fünfe gerade sein lassen – weshalb sollten sie sich als deren Angestellte päpstlicher als der Papst verhalten? Bekanntlich stinkt der Fisch vom Kopf her.

Entscheidend ist weniger das aufgeweichte Gewissen einzelner Akteure als vielmehr die Verlagerung der Gewichte innerhalb des medialen Geschehens. Produzierten die Redaktionen früher den größten Teil ihrer Inhalte selbst, so geben sie sich aus Kostengründen inzwischen mit der Rolle passiver Verteiler zufrieden. Nur noch wenige Zeitungen und Zeitschriften leisten sich den Luxus eigener Reporter und Korrespondenten. Von allen Seiten prasseln Nachrichten, Kommentare, Berichte auf den Newsdesk herein. Die Inhalte werden fertig von fremden Zulieferern übernommen. Agenturen, Pressebüros, Kommunikationsabteilungen liefern den Stoff, der die Gehirne der Konsumenten vernebelt.

Manchmal auch den hochbezahlter TV-Moderatoren. Publikumsliebling Thomas Gottschalk war sich nicht zu fein, den von seinem Bruder Christoph, einem PR-Agenten, vertretenen Firmen Zugang zur quotenstärksten ZDF-Sendung ›Wetten, dass …?‹ zu verschaffen. So rollten Autos von Audi oder Daimler als Wettpreise aufs Podium, und ein verloster Carport trug ein Solardach der Firma Solarworld. Deren Chef Frank Asbeck gab später unumwunden zu, für die Million Euro, die er bezahlt hatte, einen guten Gegenwert erhalten zu haben.

CONTENT IST MEISTENS QUATSCH Wie leicht man sich mit Geld in die redaktionellen Inhalte der Medien einschleichen kann, beweist immer mal wieder der Salzburger Milliardär Dietrich Mateschitz. Weltweite Aufmerksamkeit erregte er im Oktober 2012, als er seinen Landsmann Felix Baumgartner aus 39 Kilometer Höhe auf die Erde segeln ließ. TV-Sender und Zeitungen auf der ganzen Welt berichteten über den »Stratosphärensprung«, der in Wahrheit ein PR-Coup zugunsten der zuckrigen Red-Bull-Limonade war. »Die reden fast nie über ihre Dosen«, bestätigte anerkennend der PR-Profi Lukas Kircher, »sondern immer über Sport« – und die Journalisten fallen darauf herein.

In der Rubrik »Sport« wird auch der Formel-1-Zirkus abgehandelt, an dem Mateschitz über sein Red-Bull-Team beteiligt ist. Sportlich sind hier jedoch nur die Summen, die die Akteure des Spektakels abgreifen, der Rest ist bedeutungslos. Niemand verkörpert den Zynismus dieser Geldmaschine besser als der Österreicher Niki Lauda, der es einst als zu blöde empfand, ständig im Kreis herumzufahren, und der heute als Kommentator mit sinnentleerten Sätzen immer noch Millionen scheffelt.

Weil wir in einer Wettbewerbsgesellschaft leben, lieben die Leute den Vergleich. Wie viele andere Moden wurden auch die Rankings aus den USA importiert. Die reichsten Deutschen, die beste Uni, die beliebtesten Autos gehören seit Jahren zum Redaktionsrepertoire, und manche Zeitschrift treibt einigen Aufwand für Umfragen und Recherchen, die zu den Vergleichslisten führen sollen. Entspricht das Ergebnis jedoch nicht den Erwartungen der Redakteure oder kollidiert es gar mit den Geschäftsbeziehungen des Verlags zu geschätzten Anzeigenkunden, steigt die Versuchung, ein wenig nachzuhelfen. Dumm nur, wenn die Manipulation auffliegt, dann kann selbst ein Millionenclub wie der ADAC in Schwierigkeiten geraten.

Vollends verschwunden ist der kleine Unterschied zwischen objektiver Information und bezahlter Werbung in den Tiefen des Internets. Online wird nur noch *content* produziert, gleich, ob es sich um den geistreichen Essay eines Kulturwissenschaftlers oder um die platte Werbung für ein Warzenspray handelt. Weil die User für die Inhalte im Netz nicht bezahlen wollen, finanzieren die Medienunternehmen ihre Online-Auftritte eben über Werbung. Und die ist umso einträglicher, je weniger sie sich vom redaktionellen Teil unterscheidet.

Das Wirtschaftsmagazin ›Forbes‹, bekannt für seine Reichen-Rankings, betreibt auf seiner Website die Rubrik »BrandVoice«. Sie ist genauso aufgemacht wie die anderen Rubriken des Magazins, enthält aber ausschließlich PR-Texte. Die Auftraggeber bezahlen allein für die Veröffentlichung unter dem ›Forbes‹-Label monatlich bis zu 75 000 Dollar. Da die Texte im gleichen Duktus wie der redaktionelle Teil verfasst sind, kann sie der Leser schon mal für bare (Falsch-)Münze nehmen.

Auch die ›Washington Post‹, neuerdings im Besitz des Amazon-Gründers Jeff Bezos, kennt keine Hemmungen gegenüber bezahltem *content*. Die einst durch die Enthüllung des Watergate-Skandals zur Legende gewordene Hauptstadt-Zeitung bietet Unternehmen die Möglichkeit, zu den redaktionellen Artikeln in Form von »Sponsored Views« Stellung zu beziehen. So können unangenehme Berichte sogleich schöngefärbt werden. Klar, dass dieser Service Geld in die Kasse bringt.

Den Vogel schießt die ›Huffington-Post‹ ab, deren deutsche Version vom Burda-Verlag herausgegeben wird. Die aus den USA importierte Online-Gazette zahlt ihren Gastautoren keine Honorare, kassiert aber für die in der Rubrik »Sponsored Post« veröffentlichten PR-Artikel gutes Geld. So steht neben der Meldung »Russlands Intellektuelle auf der Flucht« ein bezahlter Bericht zum Thema »Wie Edeka und WWF Bananen nachhaltiger machen möchten«. Alles Banane oder was?

Beinahe harmlos muten die Maschen der Schleichwerber gegenüber einigen neuen Formaten an, die sich in den sozialen Netzwerken eingenistet haben. »Klickdiebe« nennt das Branchenblatt ›Journalist‹ Websites wie Buzzfeed, heftig.co oder Viralnova. Deren Macher machen sich erst gar nicht mehr die Mühe, journalistische Inhalte zu generieren. Stattdessen durchforsten sie das Netz nach kuriosen, empörenden oder sonst wie auffälligen Bildern, stellen diese auf ihre Seite und versehen sie mit einfältigen Texten. »Das haut mich richtig um«, steht unter dem Bild eines tätowierten Seniors.

IM NETZ REGIERT DIE KLICK-RATE Bei den Facebook-Kids scheint so was anzukommen, denn binnen weniger Monate avancierte das von zwei Potsdamer Jungunternehmern organisierte Portal heftig.co zur meistbesuchten Web-Adresse Deutschlands. Mit 750000 Likes erzielte es im Juni 2014 so viel Aufmerksamkeit wie Spiegel Online.de und Bild.de zusammen. Da die Klick-Rate die einzig harte Währung im Netz ist, werden die heftig-Macher mit Werbung heftig eingedeckt. Mit Mist klotzig Geld zu verdienen, das hat was.

Mit Moral hat das allerdings wenig zu tun. Doch die Klickokratie ist dabei, die Herrschaft über die Online-Medien anzutreten. Zu verlockend erscheint das Geschäftsmodell der Klickdiebe, als dass ihm Verlage und Sender lange widerstehen werden. Es ist zu befürchten, dass der content-Klau im Netz Schule und die Redaktionen überflüssig macht, und das ist dann schon ein Fall für die Moral. Wenn nur noch die Zahl der Klicks über den kommerziellen Erfolg eines Medienunternehmens entscheidet und qualitative Parameter als hinderlich empfunden werden, steht der flächendeckenden Verblödung des surfenden Volkes nichts mehr im Weg.

Die Journalisten jedenfalls müssen sich damit abfinden, dass ihnen die Deutungshoheit über die Welt abhandengekommen ist. Seit es Twitter, YouTube und Facebook gibt, machen ihnen Millionen Amateure den Job streitig. Sie sind früher am Ball, überall vertreten und wissen bestens Bescheid. Um zu retten, was nicht mehr zu retten ist, ernannte ›Bild‹ seine zwei Millionen Leser flugs zu »Leser-Reportern« und druckt hin und wieder einen ihrer Beiträge ab. Ob die von jeder Moral und Relevanz befreiten Medien der Massen allerdings noch irgendetwas zur Aufklärung beitragen können, das steht auf einem anderen Blatt.

Heuchelei

Anne Will hält sich für eine taffe Journalistin. Mit hartnäckigen, mitunter impertinenten Fragen bringt sie Gäste ihrer vom WDR ausgestrahlten Talkshow nicht selten in Verlegenheit. Hingebungsvoll widmet sich die frühere Tagesthemen-Moderatorin sozialen Fragen, und stets gilt ihre Sympathie den sogenannten kleinen Leuten. Mal darf eine Friseuse aus Brandenburg erzählen, weshalb sie dringend den Mindestlohn von 8.50 Euro zum Überleben braucht, mal beklagt, nach der Pleite des Drogeriemarkt-Konzerns, eine der armen Schleckerfrauen ihr Los, mal erhält »Undercover-Journalist« Günter Wallraff Gelegenheit, über die Arbeitsbedingungen bei Amazon zu räsonieren.

Auf der Anklagebank sitzen stets die Unternehmer bzw. deren Vertreter aus den Wirtschaftsverbänden. Es ist das alte Rollenspiel des Klassenkampfs, das da in immer neuen Varianten aufgeführt wird, nach dem Motto »die da oben und wir da unten«. Bemerkenswerterweise wird nie die Rolle der Gewerkschaften thematisiert, die mit ihren Lohnforderungen und Undercover-Aktionen wie zum Beispiel dem Einschleusen von Gewerkschaftlern als Mitarbeiter zur Schlecker-Pleite wie zur Insolvenz manch anderen Unternehmens beigetragen haben.

Nichts wäre dagegen einzuwenden, wenn das Engagement für die »kleinen Leute« einigermaßen echt wirkte; wenn die Sendung dazu diente, ihnen zu neuen Jobs zu verhelfen oder ihr Los zu verbessern. Doch das Rollenspiel von Will, Plasberg, Illner

& Co. ist durchsichtig. Den Protagonisten, die selbst über satte sechsstellige Einkommen verfügen, geht es erkennbar nicht um die Aufdeckung sozialer Missstände, sondern ums Spektakel, um die Quote. Heuchelei im Namen der Moral.

Die Verlagerung des politischen Diskurses vom Parlament in die Talkshow begünstigt den Einfluss externer Organisationen. Oft sind die gewählten Volksvertreter nur Staffage für den Schlagabtausch zwischen Gewerkschaftern, Wirtschafts-Lobbyisten und Repräsentanten anderer Interessengruppen. Die Moderatoren haben ihren Spaß daran, die Gäste gegeneinander aufzuhetzen. Nur wenn die Fetzen fliegen, bleiben die Zuschauer am Schirm; die Feinheiten, etwa der Steuer- oder Sozialgesetze, interessieren sowieso keinen. Moral hat hier die Funktion, das Empörungspotential zu heben; also den Schatz, der die Quote garantiert.

Weil mit der Vielfalt der Medien der Kampf um die Aufmerksamkeit des Publikums an Härte zugenommen hat, zählt bei der Themenauswahl allein die Attraktion. Nicht die Klärung der Sachverhalte ist das Ziel einer solchen Sendung, sondern die hohe Einschaltquote. So kann es passieren, dass in einer Woche sämtliche Talkrunden der öffentlich-rechtlichen Anstalten das gleiche Thema behandeln und dass gefragte Gäste von einer Sendung zur anderen hetzen müssen. Das mag kontraproduktiv erscheinen, erspart den Verantwortlichen aber die Frage: »Weshalb haben Sie das Thema der Woche verschlafen?«

Gab es früher einstündige Sendungen, in denen ein bestens vorbereiteter Interviewer einen Studiogast nach allen Regeln der Kunst verhörte, so dass der Zuschauer am Ende tiefere Einblicke in ein ihm zuvor fremdes Metier bekam, quasseln heute fünf, sechs Protagonisten wild durcheinander. Jeder giert, häufig im Auftrag einer Partei, Gewerkschaft oder eines sonstigen Verbandes, nach möglichst langer Redezeit, und keiner lässt den anderen ausreden. Geschwätz erzeugt vielleicht Lautstärke, aber keine Klarheit.

Herdentrieb

Der interessierte Zeitgenosse, der morgens zwei Tageszeitungen durchblättert, sich anschließend auf dem iPad die Websites von

›Spiegel Online‹ oder ›Handelsblatt‹ ansieht und unterwegs die aktuellen Nachrichten hört, wird schnell vom Frust gepackt, weil er stets die gleichen Geschichten serviert bekommt. Die Vielzahl der Medien macht ihre Einheitskost nicht abwechslungsreicher.

Redakteure leben in ständiger Furcht, ein wichtiges Ereignis übersehen zu haben, deshalb halten sie sich an den Mainstream der Nachrichten. Das, was die Agenturen morgens auf den Bildschirm bringen, bestimmt ihren Tagesablauf. Hier ein wenig Hintergrundmaterial besorgt, dort einen Kommentar bestellt, vielleicht noch eine Reportage zum Thema in Auftrag gegeben, das war es dann auch. Wenn alle das Gleiche bringen, kann der Einzelne nichts falsch machen.

Eigene Ideen sind so wenig gefragt wie Meinungen, die von der Linie des Blattes/Senders abweichen. Im »roten« WDR wäre ein freundliches Unternehmerporträt ebenso ein Kündigungsgrund wie eine wohlwollende Reportage über die gewerkschaftsnahe Hans-Böckler-Stiftung im »schwarzen« Bayerischen Rundfunk. Herdentrieb und Parteilinie verhindern nicht nur bei den unter Parteieinfluss stehenden Anstalten eine neutrale Berichterstattung.

Weil es sich kein Journalist mit den jeweils dominierenden Mächten verderben und seine Karriere gefährden möchte, blasen alle ins gleiche Horn. Die USA und Israel sind immer die Guten, die Palästinenser, Araber, Syrer, Iraker, Iraner und Afghanen grundsätzlich verdächtig. Sollte ein Redakteur etwa bei ›Focus‹ oder der ›Welt‹ es wagen, die israelische Siedlungspolitik im Westjordanland zu kritisieren, darf er seine Sachen packen.

Die Aussöhnung mit den Juden hat Vorrang, gleich, welcher Verbrechen sich die israelische Regierung schuldig macht. Wer gegen das Bombardement der Palästinenser in Gaza auf die Straße geht, ist in den Augen von Charlotte Knobloch ein Antisemit. Und was die Präsidentin der Israelitischen Kultusgemeinde München und Oberbayern und ehemalige Vorsitzende des Zentralrates der Juden in Deutschland erklärt, wird von deutschen Leitmedien, inklusive ›Süddeutscher Zeitung‹ und ›Welt‹, selten bezweifelt.

Das Freund-Feind-Denken der Medienmacher verhindert auch, dass die deutschen TV-Zuschauer und Zeitungsleser mehr über die Hintergründe des Islamismus erfahren. Die Rede ist stets nur von Salafisten, Shabab-Milizen, Boko-Haram-Terroristen oder den IS-Terrormilizen. Woher die Attraktivität dieser Gruppierungen rührt, wer sie finanziert und was ihre Ziele sind, bleibt ein Geheimnis. Mancher Auslandsberichterstatter tut sich schon schwer, die Konflikte zwischen Sunniten, Schiiten, Aleviten, Wahhabiten etc. richtig zu deuten. Für die deutschen Medien ist der Islam, obwohl Millionen Menschen dieses Glaubens im Land leben, ein unbekannter Planet.

Dafür wissen sie über Russland bestens Bescheid. Das als Energielieferant und Kunde unserer Industrie einst hochgeschätzte Riesenreich haben sie kurzerhand zum Feind der Demokratie erklärt. Anlass war die missglückte Außenpolitik des Herrn im Weißen Haus. Immer wenn die USA einem potentiellen Gegner weder militärisch noch politisch beikommen, versuchen sie es mit einem Wirtschaftsboykott. So machten sie es mit dem Iran, so machen sie es mit Russland.

Weil der russische Präsident Wladimir Putin sich erdreistet, die geostrategische Einkreisung durch die NATO nicht widerspruchslos hinzunehmen, und weil er sich weigert, seine Bodenschätze amerikanischen oder britischen Mineralölkonzernen auszuliefern, wurde er in Washington auf die Liste der Widerspenstigen gesetzt. Das mag das Privileg einer Supermacht sein. Rätselhaft ist nur, weshalb die Europäer das Machtspiel des US-Präsidenten klaglos hinnehmen und ihre eigenen Interessen bis zur Selbstaufgabe verleugnen.

EINSEITIGE BERICHTE AUS DER UKRAINE Im Fall des nach 10-jähriger Haft freigelassenen Michail Chodorkowski sangen die westlichen Medien, wie von den USA gewünscht, unisono das Lied vom armen Oligarchen, der es gewagt hatte, sich mit dem allmächtigen Kreml-Herrscher anzulegen. Kaum einem Journalisten war die Frage, weshalb der Chef des Yukos-Konzerns ins Straflager verbannt wurde, eine nähere Betrachtung wert. Dann hätte er sich nämlich mit der Tatsache auseinandersetzen müssen, dass der vom Westen hofierte Milliardär auf höchst zweifelhafte Weise an sein Vermögen gelangt war und dass er das damals wertvollste Unternehmen Russlands an die US-Konzerne Exxon und Mobil Oil verhökern wollte, ehe er verhaftet wurde.

Ähnlich einseitig wurde aus der Ukraine berichtet. Die Freischärler, die den Maidan in Kiew monatelang besetzt hielten, waren die Freiheitshelden, der demokratisch gewählte Staatschef Viktor Janukowitsch, der im Januar 2014 vertrieben wurde, ein korrupter Kleptokrat. Erst als sich herausstellte, dass die Maidan-Demonstranten keineswegs die ganze Ukraine, sondern allenfalls ihren westlichen Teil repräsentierten, ja, dass einige von ihnen möglicherweise von Agenten westlicher Geheimdienste aufgestachelt, bezahlt und instruiert wurden, begannen die Kollegen Auslandskorrespondenten, sich ein wenig genauer in diesem fremden Land umzusehen.

Von ihrer vorgefassten Meinung aber wollte kaum eine der westlichen Zeitungen und Sendeanstalten abrücken: In Kiew sitzen die guten, im Osten der Ukraine die bösen Russen. Als aus dem Krieg der Worte einer mit Waffen wurde, geriet die Wahrheit vollends aus dem Blick. Nach dem – wahrscheinlich versehentlichen – Abschuss der mit 298 Passagieren besetzten Linienmaschine MH17 der Malaysian Airlines und der russischen Annexion der Halbinsel Krim gab es kein Halten mehr. Kreml-Herrscher Wladimir Putin musste bestraft werden, notfalls auf unsere Kosten.

Als ob der Kalte Krieg neu begonnen hätte, waren die in Jahrzehnten aufgebauten Wirtschaftsbeziehungen zwischen Deutschland und Russland plötzlich nichts mehr wert. Wer an die 60 Milliarden Euro erinnerte, die deutsche Firmen im Handel mit Russland jährlich erlösten, galt als kleingeistige Krämerseele. Wer das unendliche Leid ansprach, das deutsche Truppen im Zweiten Weltkrieg über Russland gebracht hatten, war ein Ewiggestriger. Wer auf die Abhängigkeit Deutschlands von russischen Gaslieferungen aufmerksam machte, hatte nichts verstanden.

Mit Ausnahme des 2014 verstorbenen Welterklärers Peter Scholl-Latour unterwarf sich der Schwarm der Russland-Experten freiwillig dem Diktat der Supermacht. Ein Fall für den Psychologen oder die Frucht langjähriger Lobbyarbeit? Keine Frage, die Demokratie der Amerikaner ist der Demokratur des Kreml vorzuziehen. Ebenso legitim ist es, die Vorzüge der westlichen Allianz unterm Schirm der USA höher einzustufen als das Geschäft mit Moskau.

Dennoch bleibt es ein Rätsel, weshalb Deutschland 70 Jahre nach Kriegsende sich nicht traut, die eigenen Interessen in den Mittelpunkt seiner Außen- und Sicherheitspolitik zu stellen, und weshalb Journalisten sich vor den Karren amerikanischer Machtpolitik spannen lassen. Mittlerweile ist dies sogar dem Programmbeirat der ARD aufgefallen. Das aus neun Personen des öffentlichen Lebens bestehende Gremium rügte auf seiner Sitzung im Juni 2014 die Berichterstattung im Ersten Deutschen Fernsehen über den Ukraine-Konflikt in 10 Punkten. Mit wenigen Ausnahmen hielt es die Berichte für »fragmentarisch, tendenziös, einseitig, mangelhaft«. Ob der Rüffel den Blickwinkel der Reporter ändert, wird sich zeigen. Die russische Grenze ist von Berlin nur 600 Kilometer entfernt, die amerikanische indes 7000 Kilometer, und die Ukraine hat Deutschland, im Gegensatz zu Russland, wenig zu bieten. Wenn schon die Regierung in Berlin es nicht wagt, gegen den Stachel des großen Bruders zu löcken, dann könnten wenigstens die Medien Mut beweisen. Doch das ist eine Eigenschaft, die beim Karrieremachen in dieser Branche eher hinderlich erscheint. Es gibt kein richtiges Leben im falschen, erkannte einst Theodor W. Adorno, so wenig wie es eine richtige Moral in der falschen gibt.

DIE KUNGELEI DER ALPHA-JOURNALISTEN Kennzeichen der Demokratie ist eine freie, unzensierte Presse. Und kaum ein Land leistet sich eine größere Zahl von Zeitungen, Zeitschriften, Rundfunk- und Fernsehsendern als Deutschland. Doch die Vielzahl der Medien, an jedem Kiosk zu bestaunen, täuscht über die Eintönigkeit in Sachen politischer Willensbildung hinweg. So, wie die Kanzlerin ihre Entscheidungen gern als »alternativlos« verkauft, vertreten die meinungsbildenden Blätter zumeist die offizielle Lesart. Die Unterschiede, etwa zwischen der »linken« ›SZ‹ und der »rechten« ›FAZ‹ sind marginal, allenfalls die ›taz‹ leistet sich gelegentlich einen Ausrutscher. Selbst der ›Spiegel‹, einst das Sturmgeschütz der Demokratie, rumpelt seit geraumer Zeit brav mit der Kompanie dahin.

Der Leipziger Medienwissenschaftler Uwe Krüger hat versucht, den Ursachen des Konformismus auf die Spur zu kommen. Sein Verdacht: Eine unselige Kungelei zwischen den Alpha-Journalisten und den Eliten in Politik und Wirtschaft sorgt für die freiwillige Gleichschaltung der meinungsbildenden Medien. Krüger untersuchte die Verbindungen von 219 Chefredakteuren, Intendanten, Ressortleitern zu Organisationen, in denen auch führende Politiker, Manager oder Lobbyisten verkehren. Bei fast jedem Dritten gab es Übereinstimmungen.

In der Außenpolitik, vermutet der promovierte Mitarbeiter des Instituts für Kommunikations- und Medienwissenschaft der Universität Leipzig, gibt ein Netzwerk der Redakteure von vier Zeitungen (›Frankfurter Allgemeine Zeitung‹, ›Süddeutsche Zeitung‹, ›Die Welt‹, ›Die Zeit‹) die Richtung vor. Die handverlesenen Politik-Journalisten stehen für die Stärkung der NATO, für enge Beziehungen der Bundesrepublik mit den USA und sind gegen eine neutrale Außenpolitik Deutschlands. Zu den Zirkeln, in denen sie verkehren, zählen folgende Institutionen: die Deutsche Gesellschaft für Auswärtige Politik, die Deutsch-Atlantische Gesellschaft e. V., die American Academy, das Aspen-Institut, die Atlantik-Brücke, das American Institute for Contemporary German Studies und die Münchner Sicherheitskonferenz.

Als die Kabarettisten Max Uthoff und Claus von Wagner in der ZDF-Satiresendung ›Aus der Anstalt‹ das Thema aufgriffen, handelten sie sich eine Einstweilige Unterlassungserklärung der ›Zeit‹-Journalisten Josef Joffe und Jochen Bittner ein. Das ändert freilich nichts an der Tatsache: Die einseitige Ausrichtung der Medien wirkt im Zeitalter der Globalisierung überholt, zumindest schadet sie den Interessen der deutschen Wirtschaft. Für eine freie Gesellschaft ist sie eine Zumutung, und moralisch ist sie schon gar nicht.

Journalisten, insbesondere aus den Ressorts Politik, Wirtschaft und Sport, neigen nun mal dazu, sich bei den Lieferanten ihrer Informationen anzubiedern. Je näher sie den Protagonisten kommen, desto mehr Insiderwissen fällt für sie ab, desto wichtiger kommen sie sich selber vor. Darunter leidet logischerweise die Neutralität. »Guter Journalismus heißt Distanz halten«, postulierte der 1995 verstorbene Tagesthemen-Moderator Hanns Joachim Friedrichs, ein Doyen der Zunft, und ergänzte sein Credo: »Sich nicht gemein machen mit einer Sache, auch nicht mit einer guten, nicht in öffentliche Betroffenheit versinken, im Umgang mit Katastrophen cool bleiben, ohne kalt zu sein.«

Die Moral des guten Journalismus scheint in Vergessenheit geraten zu sein. So, wie sich Leitartikler in Lobbyorganisationen der NATO tummeln, schließen sich am Naturschutz interessierte Kollegen dem BUND oder Greenpeace an, Medienfrauen treten der Organisation Pro Quote bei, und Technikfreaks halten Kontakt zum Chaos Computer Club. Die so gewonnene Sachkunde mag ihnen wichtiger erscheinen als die Neutralität, zu der sie sich verpflichtet haben. Kaum verwunderlich, dass die Konsumenten misstrauisch werden. Nach einer Umfrage des britischen Meinungsforschungsunternehmens Yougov von 2014 sind 47 Prozent der Deutschen der Ansicht, dass die Medien einseitig informieren, und 40 Prozent glauben nicht an eine unabhängige Berichterstattung.

Aus neutralen Beobachtern werden schnell Aktivisten, die für eine Sache oder einen Standpunkt eintreten. So wie Glenn Greenwald, der Mann, dem der NSA-Enthüller Edward Snowden sein Datenmaterial anvertraut hat. Er hat der Menschheit zwar einen Dienst erwiesen, doch ein Journalist ist er nicht geworden. Aus gutem Grund verbietet die ›New York Times‹ ihren Redakteuren die Mitgliedschaft in Parteien, Vereinen und NGOs.

Die Anbiederung bei den Akteuren und die Ausrichtung an den Leithammeln der Branche bringt die Journalisten um ihre Glaubwürdigkeit. Heute braucht es keine Reichsschrifttumskammer, um die Herde in die gleiche Richtung zu steuern. Freiwillig machen alle mit, wenn es gilt, einen Minister aus dem Amt zu jagen, eine Abgeordnete der Schummelei zu überführen oder einen Fußball-Präsidenten vom Thron zu stürzen. Aus Angst, den Anschluss zu verpassen, hält man sich nicht lange mit eigenen Recherchen oder gar einer abweichenden Meinung auf. Zweifel sind nicht erlaubt, wo es um Geschwindigkeit geht. Das gilt selbst für Themen wie die Energiewende oder den Klimawandel, obwohl es hier auf den einen oder anderen Tag nicht angekommen wäre.

Wann immer ein neuer Held zu bewundern, eine Katastrophe zu beklagen oder eine unentdeckte Revolution auszurufen ist, da will, da muss man dabei sein, auch wenn sich das Großereignis schneller verflüchtigt, als die ›Bildzeitung‹ eine Gegendarstellung zu drucken bereit ist. Blindlings jagte die Meute dem Rinderwahn und der EHEC-Bakterie hinterher, der Pferdefleischlasagne und dem Gammelfleisch, dem Wulff und dem Edathy, immer aufgeregt, selten überlegt. An gewichtigere Themen, etwa die Innovationsschwäche der deutschen Konzerne, oder die sozialen Ursachen des nicht abreißenden Flüchtlingsstroms, wagten sich allenfalls Außenseiter. Hier versagt nicht nur das Handwerk, sondern auch die Moral der Medienmacher.

Alarmismus

Entweder lernen sie das in den Journalistenschulen oder es entspricht ihrem Lebensgefühl: Die Generation der heute 30- bis 50-jährigen Medienmenschen sieht überall Gespenster. Gerät im fernen Asien der Erreger H5N1 unters Mikroskop der Gesundheitsbehörden, dann rafft im alten Europa eine imaginäre Vogelgrippe-Pandemie bereits ganze Völkerschaften dahin. Rumpelt das Auto, wie nach jedem Winter, über Schlaglöcher hinweg, ruft der ›Spiegel‹ gleich den »Bröckelstaat« aus.

Ist der Sommer heiß, der Winter kalt, müssen wir uns »auf extreme Wetterverhältnisse einstellen«. Bleibt es sommers wie winters mild, gilt dies als »Zeichen des bevorstehenden Klimawandels«. Schmelzen die Gletscher in Grönland, fordern sie an der Küste, die Deiche zu erhöhen. Schmelzen sie nicht, steht uns eine neue Eiszeit bevor. Dass die endzeitliche Katastrophe unausweichlich ist, davon scheinen sie in den Redaktionen felsenfest überzeugt zu sein. Nur das Datum lassen sie vorsichtshalber offen.

Entweder sie betreiben wissentlich Panikmache, nach dem alten Journalistenmotto: »Bad news are good news« – oder ihnen entgeht schlicht, dass hinter den Nachrichten, aus denen sie ihre Untergangsszenarien stricken, häufig handfeste wirtschaftliche Interessen stehen. Nehmen wir die Vogelgrippe: Kaum verwunderlich, dass der Schweizer Pharmakonzern Roche nicht unglücklich über die Panikberichte war, verfügte er doch mit Tamiflu über das wirksamste Gegenmittel. Seinem Umsatz hat es nicht geschadet, dass die vom Medienalarm aufgeschreckten Gesundheitsbehörden in vielen Ländern tonnenschwere Vorräte anlegten.

Oder der Bröckelstaat: Wem nützen wohl die Gruselgeschichten über bröselnde Brücken, morsche Autobahnen und innerstädtische Schlaglochpisten am meisten? Rein zufällig schlossen sich, kurz bevor die Horrorberichte über den Zusammenbruch unserer Infrastruktur in den Zeitungen erschienen, zwei der größten europäischen Zementkonzerne zusammen. Der aus dem Schweizer Unternehmen Holcim und dem französischen Marktführer Lafarge gebildete Betonkoloss lechzt nach Aufträgen, um die Kosten der Fusion abzufedern. Auch der deutsche Marktführer HeidelbergCement hat Großes vor; er will seine britische Tochter Hanson an die Börse bringen. Da passt es gut, wenn das zerbröselnde Deutschland Zement braucht.

Es mag ja sein, dass 6000 Brücken saniert und ungezählte Schlaglochpisten ausgebessert werden müssen, doch Brücken und Autobahnen pflegen nicht über Nacht zu zerfallen. Erosion und Materialermüdung sind Prozesse, die sich über Jahrzehnte hinziehen, nur ist das den Medien bisher nicht aufgefallen. Erst wenn sie mit der Nase darauf gestoßen werden, rufen sie den Notstand aus. Doch es sind nicht nur die Lobbyisten der Wirtschaft, die den Alarmknopf drücken. Die Generation Gerechtigkeit wittert überall Skandalöses. Melden die Agenturen, dass die Zahl der Millionäre zugenommen hat, dann ist das kein Anlass zur Freude über die Prosperität der Wirtschaft, sondern der Beweis für die wachsende Kluft zwischen Arm und Reich. Senken Aldi und Lidl die Preise, sehen sie das nicht als Vorteil für die Kunden, sondern warnen vor »brutalen Preiskämpfen«. Wird der Euro gegenüber dem Dollar billiger, freuen sie sich nicht über die besseren Exportchancen der Industrie, sondern jammern, dass »der Urlaub jetzt teurer wird«. Feiert Exkanzler Gerhard Schröder den 70. Geburtstag mit seinem Duzfreund Wladimir Putin, sehen sie darin kein Signal der Entspannung, sondern wittern Verrat an der Boykott-Politik Washingtons.

DAS HERZ DER AUFGEREGTEN SCHLÄGT LINKS Was nicht ins sozialdemokratische Selbstverständnis passt, wird als »Rechtspopulismus« geschmäht. Von Linkspopulismus ist nie die Rede. Wenn die AfD mit zweistelligen Ergebnissen in ostdeutsche Landtage einmarschiert, dann geht in den Zeitungen gleich die Furcht vor einem neuen Nazideutschland um. Die linksgewirkten Kollegen versuchen lächerlich zu machen, was ihnen fremd vorkommt. Schon gilt Parteigründer Bernd Lucke als Zerstörer der Demokratie, dabei will der Volkswirtschaftsprofessor doch bloß den Euro loswerden.

Die Linkslastigkeit der Medien entstand nicht zufällig. Sie hängt mit der Prägung und dem Wertesystem der Journalisten zusammen. Nach einer Studie der FU Berlin, die kurz vor der Bundestagswahl 2013 veröffentlicht wurde, sympathisieren von 1000 befragten Politikjournalisten rund 27 Prozent mit den Grünen, 15,5 Prozent mit der SPD und 4,2 Prozent mit der Linkspartei. Nur 9 Prozent hatten etwas für die Union übrig und lediglich 7,4 Prozent hielten der FDP die Stange. 36 Prozent gaben an, keine Partei zu bevorzugen. Bei den im Berufsverband Freischreiber organisierten freien Journalisten dominierte die SPD vor den Grünen.

Zu einem ähnlichen Befund kam der Mainzer Medienwissenschaftler Hans Mathias Kepplinger, den die Frage interessierte, ob Journalisten die politische Überzeugung ihrer Leser und Zuschauer teilen. 53 Prozent der befragten Medienmenschen gaben an, sie seien anderer Meinung. 46 Prozent sahen sich mit ihrer Grundhaltung links von der Mehrheit, nur 7 Prozent gaben an, weiter rechts zu stehen.

Von einer »unmöglichen Tugend« sprechen Medienwissenschaftler, wenn sie die Forderung nach unabhängigen Journalisten meinen. Abgesehen von der Erkenntnis der Philosophen, dass Menschen grundsätzlich zur Objektivität unfähig sind, unterliegen die Angehörigen dieser Zunft besonderen Abhängigkeiten. Sind sie angestellt, haben sie den Wünschen und Weisungen ihrer Vorgesetzten zu gehorchen; arbeiten sie freiberuflich, beschneidet der Markt ihre Unabhängigkeit. Ihre Arbeitgeber, die Medienunternehmen, wollen in erster Linie Geld verdienen. Unabhängigkeit ist für sie allenfalls ein Verkaufsargument, aber kein ernsthaftes Anliegen.

Während die öffentlich-rechtlichen Anstalten und von Stiftungen kontrollierte Medienunternehmen wenigstens nach außen so wirken wollen, als seien sie unabhängige Vermittler des Zeitgeschehens, machen Privatsender und Verleger selten ein Hehl aus ihrer Absicht, Gewinne zu erzielen. Alle zusammen ahnen zumindest, dass es um ihre Glaubwürdigkeit nicht zum Besten steht. So wirkt es erheiternd, wenn ›Der Spiegel‹ demonstrativ mit dem Slogan wirbt: »Der Wahrheit verpflichtet, sonst niemandem« – und gleichzeitig Machtkämpfe zwischen Verlag und Redaktion ausgetragen werden, in denen die Wahrheitsfindung auf der Strecke bleibt.

GADGETS KOMMEN GRATIS INS HAUS Die alte Tante ›FAZ‹ – und neuerdings auch die flottere ›SZ‹ – fühlten sich immerhin bemüßigt, ihre Leser kleingedruckt darauf hinzuweisen, dass »ein Teil der in ›Technik und Motor‹ besprochenen Produkte der Redaktion von den Unternehmen zu Testzwecken zur Verfügung gestellt oder auf Reisen, zu denen Journalisten eingeladen wurden, präsentiert wurden«. Nett gesagt. Autos, Kameras, Handys und all die anderen Gadgets, die im redaktionellen Teil besprochen werden, kommen also gratis ins Haus. Was das für die Beurteilung dieser Geräte bedeutet, erfährt der Leser aber nicht.

Die *Compliance*-Welle, die die Machtverhältnisse in Deutschlands Konzernen durcheinanderwirbelte, hinterließ auch in einigen Medienhäusern ihre Spuren. Der Hamburger Großverlag Gruner + Jahr AG (G+J) verabschiedete, wie manche Branchenkollegen auch, einen Verhaltenskodex und installierte ein Compliance-Gremium, an das sich Mitarbeiter wenden können, wenn ihnen bei der Arbeit moralische Zweifel kommen.

Die Ansprechpartner aber stammen aus der Rechts-, Personal- und Finanzabteilung. In ihren Augen dürfte das Wohl des Unternehmens Vorrang vor den Skrupeln eines Mitarbeiters haben. Mit dem in den 70er Jahren verfassten Redaktionsstatut des ›Stern‹, einem Bollwerk der inneren Pressefreiheit, hat das Verlagskonstrukt wenig zu tun; es ist ein Gag zur Imagepflege, nichts weiter. Wenig überraschend, dass G+J immer wieder durch zweifelhafte Kooperationsgeschäfte mit Anzeigenkunden auffällt, so mit einem Sonderheft der Zeitschrift ›essen & trinken‹, das vom Volkswagen-Konzern gesponsert worden war.

Von wenigen Ausnahmen abgesehen, geht es den Zeitungs- und Zeitschriftenverlagen wirtschaftlich nicht besonders gut. Gehälter werden gekürzt, Dienstwagen eingespart, Leute entlassen, Objekte eingestellt oder verkauft. Den Luxus einer unabhängigen Redaktion mag man sich da immer seltener leisten. Dies wäre zu verkraften, würden die Verlage den Lesern gegenüber mit offenen Karten spielen. Nicht wenige scheuen das Risiko und versuchen, bezahlten Werbemüll im Gewand des Qualitätsjournalismus zu verhökern. Da geht die Pressefreiheit zu weit.

Ihre missliche Lage haben sich die Verlage selbst zuzuschreiben, da sie ihre Inhalte im Netz verschenken. Sie fanden bisher kein Konzept für kostenpflichtige Angebote und ließen zu, dass fremde Konzerne wie Google und andere mit ihrem geistigen Eigentum Geld verdienen. Wenn sie nun auch noch damit anfangen, die gesammelten Daten ihrer Leser zu verkaufen, verspielen sie ihren letzten Kredit.

Die Medien in Deutschland sind, alles in allem, nicht schlechter als in anderen Ländern. Ihrem Anspruch, neutral und umfassend über das Weltgeschehen zu berichten, werden sie aber immer weniger gerecht. Sie erfassen einzelne Ereignisse isoliert, berichten punktuell statt systematisch und informieren zu wenig über Hintergründe und Strukturen. Das Fernsehen verirrt sich, im Rennen um die Quote, in die Seichtgebiete; und die Zeitungen lassen sich von der PR-Industrie vereinnahmen. Schnell sind Journalisten mit moralischen Urteilen über andere zur Stelle, um ihre eigene Moral steht es jedoch nicht besser. Moral ist eben ein utopisches Projekt; ihre hässliche Schwester, die Heuchelei, gedeiht dafür ganz prächtig.

Justiz: Stotternde Moralmaschine

Die Medien und die Justiz verbindet eine Art gefährlicher Liebschaft. Beide brauchen einander, aber manchmal schlagen sie sich mehr, als dass sie sich küssen. Mal sind sie Komplizen, mal gehen sie aufeinander los. Je heftiger die Medien die Moralisierung vorantreiben, desto mehr Arbeit kommt auf die Justiz zu. Gleichzeitig wächst im Justizapparat die Neigung, sich des Beistands der Medien zu versichern, noch ehe eine Anklage gezimmert ist. Und manchmal pfeift selbst ein Richter auf die Moral.

Obwohl Juristen dies vehement bestreiten, wird auch die Dritte Gewalt, wie Nummer eins und zwei, vom Zeitgeist geleitet. In den Nachkriegsjahren war das Land auf die »furchtbaren Juristen« der Nazizeit angewiesen. Sie brachen massenhaft das Gesetz, wenn es galt, die alten Kameraden von SS, Gestapo oder Wehrmacht zu schützen. Kriegsverbrecher blieben auf freiem Fuß, während politisch unerwünschte Mitglieder der KP, die in

Hitlers Konzentrationslagern misshandelt worden waren, aus nichtigen Gründen verurteilt wurden.

Juristen glauben, sofern sie nicht zu Zynikern geworden sind, an die ewige Wahrheit des Rechts. Sie wissen, dass sie nicht Gerechtigkeit schaffen, sondern nur Recht sprechen können. Aber was heute Recht ist, kann morgen, wenn es dem Gesetzgeber gefällt, Unrecht sein. Egal, die Gerichte sollen die Einhaltung der vom Parlament beschlossenen Regeln des Zusammenlebens der Menschen gewährleisten. Sie können freien Bürgern die Freiheit und auch ihren Besitz wegnehmen, aber Justitia kann auch mal ein Auge zudrücken. Und da fängt die Malaise an.

International hat die deutsche Justiz inzwischen wieder einen guten Ruf. Sie gilt als unabhängig, unvoreingenommen und unbestechlich, fachlich auf der Höhe der Zeit. Doch wie jedes von Menschen geschaffene System krankt auch das des Rechts an allerlei Unzulänglichkeiten. Die Ursachen liegen zum einen in der Überforderung durch eine pluralistische, von Ängsten, Neid und Missgunst geplagte Gesellschaft, zum anderen in einigen systembedingten Konstruktionsfehlern.

Im dreistufigen System der Justiz (Polizei, Staatsanwalt, Richter) spielen die Staatsanwälte die wichtigste und umstrittenste Rolle. Sie sind die eigentlichen Herren jedes Strafverfahrens. Staatsanwälte entscheiden, ob ein Verfahren eingestellt, ein Strafbefehl beantragt oder Anklage erhoben wird – mit gravierend unterschiedlichen Folgen für den Verdächtigen. Sie gebieten über eine Armee von Kriminalpolizisten, Steuer- und Zollfahndern mitsamt dem in den Landeskriminalämtern versammelten technischen Equipment.

Gleichzeitig sind sie auch an Weisungen gebundene Beamte. Ihre Karriere hängt davon ab, ob sie den Anforderungen ihrer Vorgesetzten genügen, und dabei kann es schon mal zu Konflikten mit der Moral kommen. Wie in kommerziellen Unternehmen gehört mittlerweile auch in den Amtsstuben das Streben nach Effizienz zum Alltag. Die Fälle werden nach Dauer, Schwierigkeitsgrad und öffentlicher Wirkung sortiert. Durch die Hände eines Staatsanwalts gehen häufig mehr als 100 Akten pro Monat. Was hohen Ermittlungsaufwand fordert, bleibt schon mal liegen.

Nicht nur die Karrierestrategie der Beamten hat Einfluss auf die Strafverfolgung; kritischer ist die Einwirkung von außen. Staatsanwälte sind dem Justizminister des jeweiligen Bundeslandes unterstellt, und der darf nicht nur allgemeine Anweisungen geben (»Wir müssen uns mehr um die rumänischen Menschenhändler kümmern …«), sondern auch in den Einzelfall eingreifen. Ist der Verdächtige ein Bekannter oder gar Parteifreund des Ministers, gilt Alarmstufe 1.

Im Fall Christian Wulff führen die Spuren vom ermittelnden Staatsanwalt Clemens Eimterbäumer zum »General« Frank Lüttig und weiter zum Minister Bernd Busemann. Von dem war bekannt, dass ihn mit dem ehemaligen Bundespräsidenten eine innige Feindschaft verband. Er soll, so wird kolportiert, dem Generalstaatsanwalt empfohlen haben, den Fall »chausseemäßig« zu behandeln, was im Klartext heißt: keine Extrawurst für Wulff. Man kann sich vorstellen, wie eine solche Anweisung auf einen an vorauseilenden Gehorsam gewöhnten Beamten wirkt. Die Ermittlungsakten umfassten mehr als 100 000 Blatt, dabei ging es um ein paar läppische Euro.

Landet ein prominenter Name auf dem Schreibtisch, steigt die Betriebstemperatur. Ein solcher Fall eröffnet zwar die Chance auf schnellen Aufstieg, doch der Absturz ist nicht weit entfernt. Nichts fürchtet der strebsame Beamte mehr als den Verdacht, er gebe dem Promi einen Bonus, denn er weiß: Das Volk kennt keine Gnade mit »denen da oben«. Je wichtiger der Klient, desto intensiver wird ermittelt. Gleichzeitig fürchtet er die Einmischung seiner Vorgesetzten. Würden die den Fall still beerdigen, käme er um sein Erfolgserlebnis.

RUF RUINIERT, KARRIERE AM ENDE Wenn Medien und Justiz sich die Bälle zuspielen, haben auch kampferprobte Erfolgsmenschen keine Chance. Christopher Jahns war ein Überflieger wie aus dem Management-Lehrbuch. Nach dem BWL-Studium in Marburg wurde der in Bremen geborene Diplom-Kaufmann Manager bei der Metallgesellschaft, dann Unternehmensberater und mit 34 Jahren Professor an der renommierten European Business School (EBS) in Oestrich-Winkel. Drei Jahre später ernannte ihn die Kaderschmiede für Führungskräfte zum Geschäftsführer und Präsidenten. Jahns' Aufstieg weckte den Neid mancher Kollegen, und so bekam der ›Spiegel‹ Ende 2010 anonym Material zugesandt, das den Verdacht begründete, der tüchtige Jahns mache unerlaubte Geschäfte zu Lasten der Hochschule.

Es ging um mehrere Aufträge im Wert von 180 000 Euro, die die EBS der Schweizer Unternehmensberatung Brain-Net erteilt hatte. An dieser Firma hielt Jahns privat diverse Geschäftsanteile, das war der Skandal. Der anonyme Absender behauptete, Brain-Net habe für das Geld keine Leistungen erbracht, der Präsident sei ein Betrüger. Nachdem das Magazin die Geschichte unter dem Titel »Schöner Schein« in Heft 4/2011 veröffentlicht hatte, wurde die Staatsanwaltschaft in Wiesbaden aktiv. Überzeugt, einen dicken Fisch an der Angel zu haben, fackelten die Strafverfolger nicht lange. Am 4. April 2011 wurde Jahns verhaftet, sein Büro und seine Privatwohnung durchsucht, Freunde, Kollegen und Geschäftspartner befragt. Zeitweilig kümmerten sich 10 LKA-Beamte um den Fall.

Dabei blieb es nicht. In einer eilends einberufenen Pressekonferenz behauptete ein Sprecher der Staatsanwaltschaft, es habe sich um »Scheinrechnungen« gehandelt und es gebe Hinweise, dass weitere Gelder veruntreut worden seien. Obwohl Jahns erstklassige Anwälte und auch einen Kommunikationsberater beschäftigte, konnte er die Vorverurteilung durch Medien und Justiz nicht verhindern. Im April 2012 verklagte er das Land Hessen wegen der dubiosen Öffentlichkeitsarbeit der Strafermittler auf Schadensersatz.

Sein Ruf war ruiniert, seine akademische Laufbahn am Ende, und auch seine Gesundheit nahm Schaden. Anderthalb Jahre dauerte der Prozess, weil er immer wieder wegen der Verhandlungsunfähigkeit des Angeklagten unterbrochen werden musste. Am Ende stellte sich heraus, dass Brain-Net die bestellten Leistungen tatsächlich erbracht und auch nach den üblichen Sätzen abgerechnet hat. Im Oktober 2014 wurde das Verfahren eingestellt, offiziell wegen der angegriffenen Gesundheit des Angeklagten. Die Staatsanwaltschaft Wiesbaden will nicht lockerlassen und, sobald sich der Gesundheitszustand Jahns gebessert hat, erneut Anklage erheben.

Die Komplizenschaft zwischen Justiz und Medien kennt viele Spielarten. Nur Insider aus den Justiz- und Steuerbehörden konnten wissen, dass gegen den ehemaligen Post-Chef Klaus Zumwinkel, den FC-Bayern-Präsidenten Uli Hoeneß oder gegen den SPD-Abgeordneten Sebastian Edathy ermittelt wurde, bevor die ersten Berichte darüber in den Zeitungen erschienen. Es waren gezielte Denunziationen, mit deren Hilfe die Justiz sich Rückendeckung in der Öffentlichkeit zu verschaffen versuchte. Volker Kauder, Chef der Unionsfraktion im Bundestag, empörte sich: »Das Vertrauen in den Rechtsstaat wird durch Staatsanwälte gefährdet, wenn Ermittlungsakten an die Öffentlichkeit gelangen.« Der Politiker hatte selbst schon einschlägige Erfahrungen mit behördlichen Indiskretins gemacht. Nachdem er den Verlust seiner Kreditkartendaten der Berliner Polizei gemeldet hatte, rief ihn ein Journalist an und wollte Einzelheiten wissen.

Steht die Causa erst mal in der Zeitung, bleibt auch ein Minister in der Deckung. Den Strafverfolger kennt jetzt zwar jeder Leser, dafür steigt intern der Druck. Nun gibt es kein Zurück mehr, die Sache muss mit einem Urteil enden. Zwar soll ein Staatsanwalt, so steht es in der Dienstordnung, nicht nur alles belastende Material zusammentragen, sondern auch das entlastende und beides zusammen rechtlich würdigen. Aber das kann nicht funktionieren. Weil er den Erfolg braucht, wird er einseitig ermitteln und alles, was gegen eine Schuld des Opfers spricht, in Zweifel ziehen.

So war es im Fall des Wetterpropheten Jörg Kachelmann. Staatsanwalt Lars-Torben Oltrogge versuchte mit allen Mitteln, den bundesweit bekannten TV-Moderator der Vergewaltigung seiner Exfreundin zu überführen, obwohl er faktisch keine Beweise dafür hatte. Wegen Fluchtgefahr ließ er Kachelmann am Frankfurter Flughafen verhaften und 132 Tage lang in U-Haft schmoren, in der Hoffnung, der prominente Häftling werde gestehen. Kachelmann hielt durch, doch sein Ruf und seine berufliche Existenz waren ruiniert.

Der Fall taugt sowohl als Warnung für übereifrige Staatsanwälte als auch als Beleg für ein funktionierendes Rechtssystem. Denn die Fünfte Große Strafkammer des Landgerichts Mannheim unter dem Vorsitzenden Richter Michael Seidling ließ sich von der Anklage, die eine Gefängnisstrafe von 4 Jahren und 3 Monaten gefordert hatte, nicht beeindrucken. Nach 44 Verhandlungstagen und Anhörung von 10 Sachverständigen sprach sie den Angeklagten aus Mangel an Beweisen frei.

Vergewaltigungsprozesse sind fast immer Indizienprozesse; es gibt keine Zeugen, Aussage steht gegen Aussage. Die Vehemenz, mit der heutzutage gegen die mutmaßlichen Täter ermittelt wird, hat auch zu tun mit der Angst der Staatsanwälte vor der Frauen-Lobby. Lieber mal etwas härter rangehen, als sich dem Furor von Alice Schwarzer und ihren Gesinnungsgenossinnen auszusetzen, lautet die Devise. Ein Klassiker für den Beobachter der Zeitläufte: Vor 100 Jahren lief es genau andersherum.

Wie tragisch solch ein der gegenwärtigen Moral geschuldeter Prozess ausgehen kann, zeigt der Fall des Biologie- und Sportlehrers Horst Arnold. Die Kollegin Heidi K. hatte ihn beschuldigt, er habe sie am 28. August 2001 im Biologie-Vorbereitungsraum der Georg-August-Zinn-Schule im hessischen Reichelsheim angegriffen, ihr den Mund zugehalten und sie anal vergewaltigt.

Obwohl es keine Beweise gab und die einzige Zeugin sich bei verschiedenen Vernehmungen in Widersprüche verwickelte, glaubten die ermittelnden Beamten der Frau, und auch das Landgericht Darmstadt unter Vorsitz des Richters Christoph Trapp hielt Arnold für schuldig. Der Lehrer wurde am 24. Juni 2002 zu fünf Jahren Gefängnis verurteilt und wegen »seines Hangs, alkoholische Getränke zu sich zu nehmen«, erst mal in die psychiatrische Klinik Hadamar eingeliefert. Weil er kein Geständnis ablegte, sondern seine Unschuld beteuerte, musste er seine Strafe bis zum letzten Tag absitzen.

DAS »OPFER« WAR EINE LÜGNERIN Dem Anwalt Hartmut Lierow ist es zu verdanken, dass der Fall aufgeklärt werden konnte. Er fand heraus, dass das angebliche Opfer eine notorische Lügnerin war, die sich die Verletzungen am After, die die Vergewaltigung belegen sollten, selbst beigebracht hatte. Doch es dauerte weitere fünf Jahre, bis das Wiederaufnahmeverfahren eröffnet wurde. Das Landgericht Kassel sprach Horst Arnold am 5. Juli 2011 »wegen erwiesener Unschuld« frei. In seiner Urteilsbegründung ließ der Vorsitzende Richter Jürgen Dreyer kein gutes Haar an den Darmstädter Kollegen: »Es kommt nicht darauf an, was ein Richter glaubt, sondern wie man mit dem Recht umgeht.«

Der Lehrer, der fünf Jahre lang unschuldig eingesperrt war und weitere fünf Jahre vergeblich um seine Rehabilitierung gekämpft hatte, starb ein Jahr später in seiner saarländischen Heimatgemeinde Völklingen auf offener Straße an einem Herzinfarkt. Er war aus dem Dienst entlassen worden und hatte bis zu seinem Tod keinerlei Entschädigung erhalten.

Kaum ein Land geht mit seinen Justizopfern so schäbig um wie Deutschland, nach dem Motto: Wenn sich unsere unfehlbare Justiz mal irrt, dann ist das Opfer selbst schuld. Pro Hafttag werden unschuldig Verurteilte mit 25 Euro abgespeist. Horst Arnold standen 45 650,– Euro zu, doch die Behörden verweigerten die Auszahlung. Heidi K., die vergeblich Einspruch gegen das Kasseler Urteil eingelegt hatte, wurde am 13. September 2013 von der 15. Strafkammer des Landgerichts Darmstadt wegen Freiheitsberaubung und Falschaussage zu fünfeinhalb Jahren Gefängnis verurteilt, aber da war Horst Arnold bereits tot.

Bundesweites Aufsehen erregte der Fall des Straßenbahnfahrers Ralf Witte, der 2001 von der damals 15-jährigen Jennifer W. der Vergewaltigung beschuldigt wurde. Obwohl es keinerlei Beweise gab und das vermeintliche Opfer bei einer gerichtsmedizinischen Untersuchung sich als intakte Jungfrau herausstellte, verurteilte das Landgericht Hannover den bis dahin unbescholtenen Familienvater zu 12 Jahren und 8 Monaten Gefängnis. Fünf Jahre davon musste Witte absitzen, ehe es ihm mit Hilfe seines Anwaltes Johann Schwenn gelang, ein Wiederaufnahmeverfahren in Gang zu bringen. Am 8. September 2010 sprach ihn das Landgericht Lüneburg frei.

SCHÄBIGER UMGANG MIT JUSTIZOPFERN Wittes Verteidigung gelang der Nachweis, dass die Staatsanwaltschaft Hannover wesentliche, den Angeklagten entlastende Informationen zurückgehalten hatte. Drei Monate nach dem Urteilsspruch nämlich erzählte Jennifer W. dem Staatsanwalt eine weitere unglaubwürdige Räubergeschichte: Seit ihrem achten Lebensjahr sei sie Opfer eines Mädchenhändlerrings gewesen und auch von ihrem Vater vergewaltigt und dabei gefilmt worden. Sie habe mit ansehen müssen, wie Babys gegen eine Wand geworfen und getötet worden seien. Obwohl die Ermittlungen keinerlei Realitätsgehalt ergaben und die Glaubwürdigkeit der Zeugin erschütterten, hielten es die Strafverfolger nicht für nötig, ihre Erkenntnisse dem Bundesgerichtshof mitzuteilen, der über den Revisionsantrag Wittes zu befinden hatte. So bestätigte der BGH das Hannoveraner Urteil, und Witte blieb in Haft. Anwalt Schwenn verklagte die Berichterstatterin der Hannoveraner Strafkammer wegen falscher uneidlicher Aussage und die Staatsanwälte wegen Rechtsbeugung. Beide Verfahren wurden eingestellt. Ralf Witte verlor seinen Job und leidet bis heute unter Angstzuständen. Die Justiz zog ihm von der Entschädigung für die fünf Jahre Haft noch 6000 Euro ab für die Gefängniskost, die er erhalten hatte.

Fehlurteile sind in den Augen von Richtern und Staatsanwälten immer »bedauerliche Einzelfälle«, aber leider, irren ist menschlich, unausweichlich. Etwas öfter kommt im juristischen Alltag ein anderes, nicht weniger verwerfliches Phänomen vor: das falsche Schuldeingeständnis. Und das sagt einiges darüber aus, wie die Moralmaschine funktioniert.

Staatsanwälte sind, wie fast jeder Mensch, auf Erfolge aus. In ihrer Branche ist damit weniger ein fetter Bonus gemeint, sondern: ein Urteil. Erst mit dem Schuldspruch kann eine Akte geschlossen werden, und um ihn zu erreichen, ist ihnen (fast) jedes Mittel recht. Weniger als fünf Prozent der Fälle, die vor Gericht landen, schätzt Christoph Frank vom Deutschen Richterbund, enden mit einem Freispruch.

Weigert sich ein Verdächtiger, eine Tat zuzugeben, die er nicht begangen hat, schaltet der Rechtsstaat auf Attacke. Auf den Kieler Gelegenheitsarbeiter Wolfgang Schwertz, der im Verdacht stand, eine junge Frau aus Büdelsdorf ermordet und vergraben zu haben, setzten Staatsanwälte einen verdeckten Ermittler vom LKA Schleswig-Holstein an. Der Beamte suchte die Freundschaft mit dem scheuen Einzelgänger, trank mit ihm Bier und Schnaps und insistierte so lange, bis der eines Tages zugab: »Ich hab sie umgebracht.« Es war ein falsches Geständnis, wie die Rechtspsychologen Renate Volbert und Günter Köhnken 2006 herausfanden. Die Leiche der jungen Frau wurde bis heute nicht gefunden.

Wie es einem ergehen kann, wenn die Justiz kurzen Prozess machen will, erfuhr der Berliner Polizeikommissar Jens Rohde am eigenen Leib. Zusammen mit einem Kollegen fuhr er Streife in Köpenick und nahm zwei vermeintlichen Schwarzhändlern ein paar Stangen Zigaretten ab. Zwei andere Polizisten hatten den Vorfall bemerkt und forschten nach dem Verbleib der Rauchwaren, doch die waren im Asservatenlager nicht angekommen. Wer sie genommen hat, ist bis heute nicht geklärt. Rohde und sein Kollege wurden, da sie ihre Dienstwaffen dabeihatten, wegen schweren Raubs angeklagt.

Zur Anklageschrift nahmen die beiden Polizisten keine Stellung, da ihnen ihr Anwalt erklärt hatte, das mache er in der Verhandlung. Kurz nach Eröffnung des Prozesses unterbrach der Richter. Die Angeklagten und die Zuschauer mussten den Saal verlassen, zurück blieben die Verteidiger, der Staatsanwalt und das Gericht. Als sie wieder hereingelassen wurden, machte Rohdes Anwalt den Polizisten klar, dass sie keine Chance hätten. Alles, was sie zu ihrer Verteidigung vorbringen könnten, würde als Schutzbehauptung gewertet. Sie müssten mit einer Strafe von vier Jahren und der Verhaftung noch im Gerichtssaal rechnen, sofern sie weiter auf ihrer Unschuld beharrten.

Geschockt von solchen Aussichten, gestanden die beiden Polizisten eine Straftat, die sie nicht begangen hatten. Dafür durften sie das Gericht als freie Männer verlassen. Zu Hause kam der Zorn hoch, und die beiden verurteilten Polizisten widerriefen ihr Geständnis. Der Bundesgerichtshof wies ihre Revisionsanträge ab. Jens Rohde will sich damit nicht abfinden und kämpft um ein Wiederaufnahmeverfahren.

Das erzwungene Geständnis spielt vor allem dort eine Rolle, wo es ums Eingemachte geht: bei Steuer- und Wirtschaftsdelikten. Wer hartnäckigen Widerstand leistet, landet schnell in U-Haft, und die ist für einen Unternehmer, Manager oder Showstar ungleich härter als für einen knasterfahrenen »Intensivtäter«. Der Delinquent aus besseren Kreisen kann sich zwar teurere Anwälte leisten und seine Vergehen auch geschickter verschleiern als ein Ladendieb; steckt er jedoch erst mal im Loch, ist er für den Staatsanwalt eine leichte Beute. Er will raus, um jeden Preis, und unterschreibt dafür auch schon mal ein falsches Geständnis.

Es ist ein ungleicher Kampf, denn die Staatsanwälte verfügen über die besseren Waffen. Ungeniert und von Richtern kaum gebremst, lassen sie Telefone und Computer überwachen, Briefe öffnen, Häuser und Wohnungen durchsuchen, Bekannte und Geschäftspartner observieren, und zwar in einem Umfang, der selbst in ihren Kreisen nicht mehr kritiklos hingenommen wird.

Allein in Berlin wurden 2013 1,8 Millionen Telefonate von 2980 Anschlüssen abgehört, 200 000 mehr als noch im Jahr zuvor. Rudolf Mellinghoff, Präsident des Bundesfinanzhofs und ehemaliger Richter am Bundesverfassungsgericht, hält insbesondere die Zahl verfassungswidriger Hausdurchsuchungen für bedenklich: »Da wird ohne handfesten Verdacht und nur auf Grund vager Anhaltspunkte und Vermutungen einfach mal die Wohnung durchsucht.«

Die verschärfte Gangart der Justiz ist nicht etwa einer besorgniserregenden Zunahme der Straftaten zuzuschreiben, sondern eher dem gesellschaftlichen Klimawandel. Wachsende Ängste vor dem sozialen Abstieg, Neid und Wut auf die Bessergestellten sowie eine tiefe Sehnsucht nach mehr Gerechtigkeit in weiten Teilen der Bevölkerung lieferten den Hardlinern in der Politik wie in der Justiz genug Gründe, die Zügel des Rechtsstaats anzuziehen. Abzulesen ist dies an Forderungen nach schärferen Gesetzen gegen die Zuwanderung wie gegen die Steuerflucht, an den erweiterten Befugnissen der Strafermittler und der materiellen Aufrüstung von Zoll und Polizei.

Die Medien spielen das Spiel mit und ängstigen ihre Zuschauer mit Mord & Totschlag in den wöchentlichen Serienkrimis, mit Horrorberichten von den Kriegsschauplätzen dieser Welt und Doku-Sendungen über Menschenhandel, Zwangsprostitution und Drogenkriminalität. So wurde der Boden bereitet für die Beerdigung des Liberalismus und der Freizügigkeit in Deutschland wie in den USA.

LEHREN AUS DEM FALL GURLITT Vordergründig geht es um die Abwehr des Terrorismus, die Bekämpfung gewaltbereiter Islamisten und die Zerschlagung krimineller Organisationen. Zum »Beifang«, wie es in der Sprache der Ermittler heißt, all dieser Maßnahmen aber gehört die Einschränkung der Bürgerrechte, und möglicherweise ist der »Beifang« das eigentliche Ziel. Der Staat will die Kontrolle über seine nur noch scheinbar freien Bürger, über ihr Vermögen und ihre informellen Verbindungen.

Schön war das zu beobachten am Fall des Kunstsammlers Cornelius Gurlitt. Da wird im September 2010 ein älterer Herr im Zug von Zürich nach München kontrolliert, und die Zöllner entdecken bei ihm Bargeld in Höhe von 9000 Euro. Der Betrag liegt unterhalb der Meldegrenze, also ist ihm nichts vorzuwerfen. Der Schnüffelstaat aber wittert ein Schwarzgeldkonto in der Schweiz und lässt am Wohnort des Verdächtigen nachforschen. Als sich herausstellt, dass der unbescholtene Bürger Gurlitt weder über ein Bankkonto noch eine Sozialversicherungsnummer verfügt, ist das für den Augsburger Oberstaatsanwalt Reinhard Nemetz Grund genug, einen Durchsuchungsbeschluss von Gurlitts Wohnung am Münchner Artur-Kutscher-Platz zu erwirken.

Weil auf das Klingeln niemand reagiert, nimmt sich der Staat das Recht heraus, einfach mal die Wohnungstür aufzubrechen. In Gurlitts Wohnung finden die überraschten Beamten jede Menge Bilder. Anstatt abzuwarten, bis der Kontakt zum Wohnungsinhaber hergestellt werden kann, nehmen sie sämtliche Kunstwerke einfach mit, obwohl auch einem Staatsanwalt klar gewesen sein müsste, dass es sich hier um unschätzbare Werte handelt. Hätte der Augsburger Oberstaatsanwalt nur mal den Namen Gurlitt gegoogelt, wäre ihm bestimmt aufgefallen, dass sein Opfer der Sohn des einst bedeutenden Kunsthändlers Hildebrand Gurlitt ist, die Herkunft der Bilder also kein Geheimnis darstellt.

Später rechtfertigte der eifrige Nemetz sein Vorgehen damit, dass er »Raubkunst« sichergestellt hätte, obwohl das zum Zeitpunkt des Eindringens in die Wohnung ja noch gar nicht bekannt sein konnte. Jedenfalls behandelte die Augsburger Justiz den Zufallsfund als »hochpolitische Geheimsache«, bis im November 2013 ein Reporter des Magazins ›Focus‹ einen Tipp bekam. Jetzt war die Mär vom »Schwabinger Milliardenschatz« in der Welt, und die Spekulationen schossen ins Kraut.

Obwohl sich bald herausstellte, dass am rechtmäßigen Eigentum Gurlitts kaum Zweifel bestanden, rückte der Augsburger Oberstaatsanwalt die Bilder nicht heraus, bis sein schwer krankes, vom öffentlichen Wirbel gezeichnetes Opfer am 6. Mai 2014 in einem Münchner Krankenhaus starb. Cornelius Gurlitt hatte eingewilligt, die Bestände von einer international besetzten Kommission begutachten zu lassen. Er war auch bereit, Gemälde, die sein Vater jüdischen Vorbesitzern unter ihrem tatsächlichen Wert abgekauft hatte, an die Erben zurückzugeben. Den Rest vermachte er, aus Enttäuschung über das Vorgehen der deutschen Justiz, dem Kunstmuseum Bern. Statt am – nicht vorhandenen – Schwarzgeldkonto Gurlitts dürfen sich die Schweizer jetzt an einer der bedeutendsten Sammlungen der klassischen Moderne erfreuen.

Dass es der Justiz nicht immer um die Wahrheitsfindung geht, ist erfahrenen Strafverteidigern längst klar. »Das Fiskal-Interesse ist die Triebfeder staatsanwaltlichen Handelns«, vermutet der Hamburger Gerd Strate, einer der Stars der Zunft. Er verteidigte den Nürnberger Ferrari-Reparateur Gustl Mollath, der von voreingenommenen Staatsanwälten, Sachverständigen und Richtern zu Unrecht für sieben Jahre in der geschlossenen Psychiatrie weggesperrt wurde, weil er seine Exfrau misshandelt haben soll.

Alle Argumente, die Mollath zu seiner Entlastung vorbrachte, wie die Hinweise auf komplizierte und umfangreiche Geldwäscheoperationen in der HypoVereinsbank, dem früheren Arbeitspatz seiner Ex, wurden vom Gericht als Hirngespinste eines geistig verwirrten Angeklagten gewertet. Auch als die Bank nach internen Untersuchungen die Richtigkeit der Vorwürfe nicht mehr bezweifelte, blieb das Gericht bei seiner vorgefassten Meinung. Nur den beharrlichen Recherchen zweier Reporter der ›Süddeutschen Zeitung‹ ist es zu verdanken, dass Mollath aus der Psychiatrie entlassen wurde und einen neuen Prozess bekam, in dem er freigesprochen wurde. Richter, Staatsanwälte und Sachverständige, die sich schwer geirrt hatten, blieben unbehelligt und hielten es nicht einmal für nötig, sich bei Mollath zu entschuldigen.

OMINÖSER FREISPRUCH FÜR »BERNIE« »Staatsanwälte treten auf wie Großwildjäger«, beobachtete der Bochumer Strafrechtsprofessor Klaus Bernsmann, und sie geben ungern auf, bevor sie das Opfer erlegt haben. Sie rechnen sich der Dritten Gewalt zu, also der Justiz. Tatsächlich gehören sie aber zur Exekutive, der Zweiten Gewalt im Staate, und das bestimmt ihr Denken und Handeln. Schon die Berufsbezeichnung weist darauf hin: Staatsanwälte vertreten den Staat, nicht das Recht. Ihre Hilfstruppen, die Kripo-, Zoll- und Steuerbeamten, unterstehen denn auch nicht dem Justiz-, sondern dem Innenminister, und der ist in erster Linie an der inneren Sicherheit, aber kaum an der Wahrheitsfindung interessiert.

Für die ist allein das Gericht zuständig. In Deutschland werden die Urteile, auch wenn es sich um Große Strafkammern handelt, nicht von einem Dutzend Geschworener in einer Jury gefällt, sondern fast immer von Berufsrichtern. Selbst bei Mord und Totschlag besteht das Gericht aus drei Berufsrichtern und zwei Schöffen. Richter haben einen Traumberuf. Sie werden gut bezahlt, sind auf Lebenszeit bestellt und vollkommen unabhängig. Aber sie sind nicht unfehlbar und auch nicht frei von menschlichen Schwächen.

Je komplizierter ein Verfahren sich entwickelt, je hartnäckiger der Widerstand gewitzter Verteidiger wird, desto eher ist ein ansonsten unbestechlicher Hüter des Rechts geneigt, sich auf ein Geschäft einzulassen. Zwar wird dann die Wahrheit nicht gefunden, aber dem Gerechtigkeitsbedürfnis des Publikums wie des Staates Genüge getan. Der Deal ist der Fußabdruck des Zeitgeistes in der Justiz. Mit Geld lässt sich auch die Moral kaufen, das ist die Botschaft, die ein solches Unrechtsgeschäft Tag für Tag verkündet, und doch ist sie nicht ganz richtig.

Denn die Fälle, die mit einem Deal statt einem Urteil beendet werden, sind häufig von der herrschenden Moral vorgegeben. Das mit einem 900-Millionen-Vergleich beendete Verfahren zwischen der Deutschen Bank und den Erben des gestürzten Medienzaren Leo Kirch war so ein Fall. Nie hätte es ein Staatsanwalt vor 50 Jahren gewagt, wegen einer spitzen Formulierung im Interview eines Bankvorstands die Zentrale des mächtigsten deutschen Geldhauses durchsuchen zu lassen. 1967 zum Beispiel brachte der damalige Chef der Deutschen Bank, Hermann Josef Abs, den Krupp-Konzern mit folgendem Zitat in größte Schwierigkeiten: »Es ist das vornehmste Recht des Bankiers, Kredite zu kündigen, wenn der Fälligkeitstermin abgelaufen ist.« Kein Staatsanwalt sah sich veranlasst einzuschreiten. Und noch weniger hätte ein Staatsanwalt den Bankvorstand wegen des Verdachts auf eidesstattliche Falschaussage vor Gericht gebracht. Der Zeitgeist verlangt Genugtuung für die Machenschaften »der da oben«, und Banker haben heutzutage nun mal schlechte Karten.

Auch der bisher spektakulärste Deal, den ein deutscher Richter je absegnete, gehört in diese Kategorie. Für satte 100 Millionen Dollar durfte sich der britische Formel-1-Impresario Bernie Ecclestone von dem Vorwurf freikaufen, er habe Gerhard Gribkowsky, den ehemaligen Vorstand der Bayerischen Landesbank, mit 44 Millionen Dollar bestochen. Der Vorsitzende Richter Peter Noll vom Landgericht München I, der Gribkowsky für achteinhalb Jahre in den Knast schickte, hätte auch Ecclestone hinter Gitter bringen können. Die Höchststrafe für Bestechung in einem »besonders schweren Fall« beträgt 10 Jahre.

Der Richter zog es vor, das Verfahren nach Paragraf 153a der Strafprozessordnung zu beenden. Das ist möglich, wenn a) kein öffentliches Interesse an einer Verurteilung des Angeklagten vorliegt und b) die Beweislage so unsicher ist, dass eine Verurteilung fraglich erscheint. Im Fall Ecclestone war dem Gericht die Kohle in der Hand lieber als die Taube der Gerechtigkeit auf dem Dach. Der Staat kassierte 100 Millionen, und der Angeklagte behielt eine weiße Weste. »Das hat ein Geschmäckle«, befand die frühere Bundesjustizministerin Sabine Leutheusser-Schnarrenberger. Sie hätte auch sagen können: Das stinkt zum Himmel. Der Bestochene schmort für achteinhalb Jahre im Gefängnis; während der Bestecher das Gericht als freier Mann verlässt. Die Logik der Justiz ist mitunter schwer vermittelbar.

JEDES 4. URTEIL IST FALSCH Damit sein Geschäftspartner ohne Vorstrafe blieb und so weiterhin den Formel-1-Zirkus dirigieren konnte, wählte Richter Noll mit dem Paragrafen 153a eine Variante der üblichen Dealerei. Der Normalfall stützt sich auf den Paragrafen 257c der Strafprozessordnung und der setzt ein Geständnis des Angeklagten voraus, nach dem Motto: Erleichterst du mir mein Geschäft, schenke ich dir einen Teil der fälligen Strafe. Nicht weniger als 126 174 Verfahren wurden nach dieser Methode in deutschen Gerichtssälen zwischen 2003 und 2013 abgeschlossen, sehr zum Missfallen vieler Rechtsgelehrter.

Die eigentliche Aufgabe der Justiz, nämlich die Wahrheit herauszufinden, bleibt aus Gründen der Prozessökonomie allzu häufig auf der Strecke. Dies ist auch dem Bundesgerichtshof aufgefallen; deshalb gab er im August 2009 neue Spielregeln für den Kuhhandel heraus. So soll der Angeklagte keinesfalls unter

Druck gesetzt und sein Geständnis genauestens überprüft werden. Die meisten Richter scheinen den Vorgaben aus Karlsruhe jedoch kaum Beachtung zu schenken.

2013 ließ der Düsseldorfer Strafrechtsprofessor Karsten Altenhain 330 Richter, Staats- und Rechtsanwälte nach ihren Erfahrungen mit dem Paragrafen 257c befragen und stellte fest, dass jeder zweite Deal gegen die Strafprozessordnung verstößt. Die Rechtsanwälte berichteten von Falschgeständnissen ihrer Mandanten – ähnlich wie im Fall des Berliner Polizisten Jens Rohde –, und bei den Richtern gaben immerhin 28 Prozent zu, dass sie Geständnisse allenfalls oberflächlich überprüften. Bei den Deals vor Gericht geht es also nicht mal mehr am Rand um die Gerechtigkeit, sondern um Arbeitserleichterungen fürs Justizpersonal.

Bei so viel Sinn der deutschen Richter fürs Praktische wundert man sich auch nicht mehr über ihre Urteile. Vor Gericht und auf hoher See ist der Mensch in Gottes Hand, lautet eine alte Volksweisheit, und auch von den Fachleuten kommt wenig Tröstliches. »Jedes vierte Urteil ist ein Fehlurteil«, schätzt Ralf Eschelbach. Der Mann muss es wissen; er ist Strafrichter am Bundesgerichtshof in Karlsruhe und damit beschäftigt, falsche Urteile zu erkennen und zu berichtigen.

Ein Grund für die vielen Fehler ist die Neigung der Richter, die Verantwortung auf Sachverständige abzuwälzen. Gibt die Beweislage keinen klaren Urteilsgrund her, wird ein psychologisches Gutachten über den Angeklagten eingeholt. Damit ist der Willkür Tür und Tor geöffnet. Für diesen Beruf gibt es keine spezielle Qualifikation. Jeder, der sich Psychologe nennen darf, kann als Gutachter eingesetzt werden. Manche sind gut, viele eher nicht. Einige Richter haben eine Vorliebe für Gutachter, die ihre vorgefasste Meinung bestätigen, andere kommen bei ihnen nicht zum Zug.

Die Psychologie-Professoren Christel Salewski und Stefan Stürmer von der Fernuniversität Hagen untersuchten 116 familienpsychologische Gutachten aus den Jahren 2010 und 2011 und entdeckten skandalöse Zustände. Rund die Hälfte der Gutachten war methodisch falsch angelegt, und nur ein Drittel stammte von rechtspsychologisch geschulten Experten. Viele Gutachter schreiben ihre Expertise, ohne den Angeklagten überhaupt gesehen und mit ihm gesprochen zu haben. Mehrere solcher Ferndiagnostiker hatten dafür gesorgt, dass Gustl Mollath in der Psychiatrie landete.

Die Justiz ist Profiteur und Exekutor der Moralisierung. Doch ihr eigenes System steckt noch in der Vor-Moralisierungszeit fest. Den Ansprüchen, die sie an andere stellt, wird sie selbst nur unzureichend gerecht. Die Rolle der Staatsanwälte müsste neu definiert und der Dealerei ein Ende bereitet werden. Vor allem aber sollte sich die Dritte Gewalt mit den Folgen ihres Eingreifens auseinandersetzen. Zu Unrecht eingesperrte Menschen verdienen eine angemessene Entschädigung, zu Unrecht durchsuchte Firmen öffentliche Rehabilitierung.

Nach dem »Global Trust Report 2013« der Gesellschaft für Konsumforschung (GfK) erreichten Polizei und Justiz mit 81 bzw. 65 Prozent die höchsten Vertrauensquoten aller deutschen Institutionen. Justitia ist die letzte Instanz der Nation, bei der sich die von Kirchen, Parteien und Konzernen enttäuschten Bürger noch so etwas wie Gerechtigkeit erhoffen. Ein wenig mehr Moral könnte ihr nicht schaden.

Kirche: Von allen guten Geistern verlassen

Eigentlich müssten die Kirchen die großen Gewinner der Moralisierung sein. Sie wären wie geschaffen für eine Renaissance des Guten, Wahren, Schönen. Ideale Auffangbecken für die Sehnsucht des vom Kapitalismus enttäuschten Volkes, wahre Horte moralischer Werte und Tugenden. Tatsächlich aber ist ihre Lage in Deutschland so trostlos wie selten zuvor. Und niemand anderes ist schuld daran als sie selbst.

Scharenweise verlassen die Gläubigen die Sancta Ecclesia. Seit 1990 verloren die beiden christlichen Konfessionen über vier Millionen Anhänger. 179 000 Austritte waren es 2013 bei den Katholiken, 138 000 bei den Evangelischen, und ein Ende des Exodus ist nicht abzusehen. Beschleunigt hat die Austrittswelle eine winzige Änderung im Steuerrecht, und das sagt mehr über die schwindende Attraktivität der Kirchen als jeder noch so bissige Kommentar. Da die Banken vom Fiskus verpflichtet wurden, ab 2015 zu den 25 Prozent Kapitalertragsteuern auch den Kirchensteueranteil einzubehalten, den die Steuerpflichtigen bisher selbst zu entrichten hatten, war für viele Christen das Maß voll. Ihre Kirche ist ihnen die paar Euro nicht wert.

Es ist nicht nur das Geld, das die Deutschen an ihrer Kirche verzweifeln lässt. Sie hat ihnen einfach nichts mehr zu sagen. Das Weltbild, das die Pfarrer und Priester zu vermitteln versuchen, hat kaum mehr etwas mit der Wirklichkeit zu tun, welche die vom Job gestressten und von der Informationsflut überwältigten Bürger täglich erleben. Selbst wenn ein Gottesmann mal nicht mit dem Jenseits droht, sondern die real existierenden Ungerechtigkeiten anspricht, verhallt seine Predigt zumeist vor leeren Bänken. Die heutigen Besucher der Gotteshäuser sind mehr an sakraler Kunst und Architektur interessiert.

Wie sehr Volk und Klerus sich auseinandergelebt haben, bewies eindrucksvoll das Echo auf den Fragebogen, den Papst Franziskus im Oktober 2013 an 4700 Bischöfe in aller Welt versenden ließ. Der Heilige Vater wollte wissen, wie es die Katholiken mit der Sexualmoral halten, und die Antworten aus Deutschland dürften ihm nicht gefallen haben. Nie zuvor lagen die Vorstellungen von Volk und Vatikan so weit auseinander. Was die Kirche zu schwerer Sünde erklärt, schert die Leute im 21. Jahrhundert nicht die Bohne: Verbot des Geschlechtsverkehrs vor der Ehe, Verbot von Pille und Kondom, Verbot der Wiederverheiratung Geschiedener, Verbot der Heirat gleichgeschlechtlicher Paare, Verbot von Homosexualität und Masturbation.

Noch bevor die Antworten in Rom eintrudelten, recherchierte der ›Spiegel‹ das Stimmungsbild in den 27 deutschen Diözesen. Ergebnis: Selbst im konservativen Bayern gaben 86 Prozent der befragten Kirchenmitglieder an, sie würden beim Geschlechtsverkehr Verhütungsmittel benützen, und neun von zehn Jugendlichen halten vorehelichen Sex für die normalste Sache der Welt. Nahezu alle Paare, die ohne Trauschein zusammenleben, tun dies ohne schlechtes Gewissen, obwohl der Katechismus von Unzucht spricht.

Schon die Art, wie der Fragebogen zustande kam, offenbart die Weltfremdheit der Kurie. Vom neuen Papst Franziskus hatten die Gläubigen endlich ein Machtwort zu den strittigen Fragen in Sachen Sexualität erwartet. Doch der Papst entschied sich für eine Meinungsumfrage. Formuliert wurden die kniffligen Fragen allerdings nicht von zeitgemäßen Demoskopen, sondern von vorgestrigen Theologen. Und die machten reichlichen Gebrauch von ihrem Kirchenlatein, so dass sich die Deutsche Bischofskonferenz bemüßigt fühlte, Übersetzungshilfe zu leisten.

Der päpstliche Katalog sollte gründlich überarbeitet werden, ehe er in die Hände der Gläubigen gelangte. Bei der Gelegenheit wollten die Bischöfe die Fragen 1, 2, 5, 7, 8, die sich mit Igitt-Themen wie Homosexualität und Verhütung befassten, erst mal unter den Tisch fallen lassen. Pech für sie, dass die britischen Amtskollegen sämtliche 38 Fragen unverfälscht ins Netz stellten. Der Mannheimer Pfarrer Klaus von Zedtwitz, der zufällig darauf gestoßen war, machte die vollständige Version zur Grundlage seiner Predigt in der Heilig-Geist-Kirche am Luisenpark. Die Diskussion über die missglückte Zensur war nicht mehr aufzuhalten.

Das größere Problem der Kirche ist jedoch der ozeanbreite Graben zwischen der Lebenswelt der Katholiken und dem Dogma, der sich in den Antworten der Gläubigen manifestierte. Offenbar hat die Nomenklatura des Vatikans, wie einst das Zentralkomitee der Kommunistischen Partei der Sowjetunion, den Kontakt zum Volk verloren. Die alten Männer an der Spitze der kirchlichen Hierarchie haben ihr Leben mit dem Studium der Theologie wie der Liturgie verbracht und von der Welt da draußen nur eine historisch geprägte Vorstellung. Im Bewusstsein, einer zweitausend Jahre alten Organisation zu dienen, die noch alles überlebt hat, was sich ihr in den Weg stellte, halten sie den libertären Zeitgeist für eine kurzlebige Mode. Ihre Moral blockiert die Reform der Kirche.

DIE KIRCHE SCHÜTZTE DIE TÄTER Sie könnten sich irren. Die globale Bildungsoffensive ist Gift für eine Glaubenslehre, die vom Nichtwissen lebt. Je mehr Menschen mit den Grundlagen von Wissenschaft, Technik und Biologie vertraut werden, desto geringer ist ihr Interesse an der biblischen Schöpfungsgeschichte. Marktanteile gewinnt die katholische Kirche nur noch in Gegenden, wo Lehrer, Ärzte, Ingenieure Mangelware sind. In Afrika, Südamerika und Südostasien erschließt sie sich zwar Wachstumsmärkte, doch was sie dort gewinnt, verliert sie in Europa und Nordamerika. Wie sie zu leben und zu lieben haben, das wollen die aufgeklärten Bürger im 21. Jahrhundert sich nicht mehr vorschreiben lassen. Schon gar nicht von einer Institution, die ihre Inkompetenz in Sachen Sexualität seit Jahrhunderten beweist.

Obwohl sie schon immer Probleme mit der Triebhaftigkeit ihres irdischen Bodenpersonals hatte, will die Kirche nicht von der Idee lassen, dass Sexualität allein der Fortpflanzung zu dienen habe. Die Wollust ist nach ihrer Vorstellung ein Verführungstrick des Teufels, darum soll sie unterdrückt werden. Priester sind noch immer dem Zölibat verpflichtet, auch wenn der Triebstau viele von ihnen zu Päderasten werden ließ. Trotz der nicht enden wollenden Missbrauchsskandale, die das Vertrauen der Gläubigen in die Geistlichkeit zerstörten, ist Rom zu einem Umdenken nicht bereit.

Im Gegenteil: Zum obersten Sittenwächter der Kurie bestellte der zurückgetretene Papst Benedikt XVI. seinen erzkonservativen deutschen Landsmann Gerhard Ludwig Müller, der schon als Bischof von Regensburg nicht die geringste Abweichung vom Dogma der Kirche duldete. Anstatt den Hardliner abzusetzen, beförderte ihn der neue Papst Franziskus gar zum Kardinal. Kategorisch verweigert der Präfekt der Glaubenskongregation – früher hieß diese Institution Heilige Römische Inquisition – Geschiedenen den Empfang der heiligen Sakramente – und stößt damit eine große Zahl von Katholiken vor den Kopf.

Priester und Mönche, die ihnen anvertraute Kinder und Jugendliche sexuell missbrauchten, gab es zu allen Zeiten und nicht nur in Deutschland. Spätestens seit Erscheinen des ›Pfaffenspiegels‹ im Jahr 1845 ahnte eine informierte Öffentlichkeit, dass es hinter Kirchen- und Klostermauern nicht immer so fromm zuging, wie es der hohe ethische Anspruch der Kirche erforderte. In Zeiten der Moralisierung jedoch entfaltete das massenhafte Fehlverhalten des geistlichen Personals eine Sprengkraft, welche die Institution Kirche zumindest in Mitteleuropa ihrer Integrität beraubte.

Zwar ist die Kirche keineswegs die einzige Organisation, in der es zu massenhaftem Missbrauch von Kindern und Jugendlichen gekommen war, doch sie tut sich schwerer als andere damit, das Fehlverhalten ihres Führungspersonals zu erklären. Nicht zufällig wenden sich Päderasten Berufen zu, in denen sie unverfänglichen Kontakt mit Kindern haben können. An der reformpädagogischen Odenwaldschule im hessischen Oberhambach, geradezu ein Gegenpol zu katholischen Internaten, wurden 132 Schüler von ihren Lehrern sexuell missbraucht. Dank seiner exzellenten Verbindungen zu linksliberalen Politikern und der Kultusbürokratie konnte Schulleiter Gerold Becker das kriminelle Treiben jahrzehntelang verheimlichen.

Von der Kirche allerdings, der Mutter aller Moral und Barmherzigkeit, hätte man ein anderes Verhalten erwarten dürfen. Doch die älteste, reichste und erfahrenste Organisation auf Erden kannte kein anderes Rezept als das eines jeden ertappten Sünders: abwiegeln, verleugnen, vertuschen. Anstatt sich um die Opfer zu kümmern, setzte sie ihre Macht dazu ein, die Täter zu schützen. Erst versuchten manche Bischöfe, die missbrauchten Jugendlichen zum Stillschweigen zu verpflichten; als dies nicht fruchtete und Staatsanwälte mit Ermittlungen begannen, galt ihre Fürsorge den »gestrauchelten« Untergebenen. Bereits 1995 leitete die Staatsanwaltschaft Kassel ein Verfahren gegen Weihbischof Johannes Kapp und Erzbischof Johannes Dyba ein, weil sie pädophile Priester stillschweigend versetzt, aber nicht entlassen hatten.

EINE MAFIABANK IM VATIKAN? Viele kirchliche Würdenträger dachten wie der Augsburger Bischof Walter Mixa, der die zahlreichen Missbrauchsfälle in seinem Bistum mit »der sexuellen Revolution der 1960er und 70er Jahre« zu entschuldigen versuchte. Libertäre Pädagogen wie Gerold Becker oder verirrte Politiker wie Daniel Cohn-Bendit waren demnach die Ursache, wenn sich Priester an Minderjährigen vergingen. Viel zu spät wurde der erzkonservative Mixa, der als Stadtpfarrer von Schrobenhausen Schutzbefohlene körperlich gezüchtigt hatte, zum Rücktritt gedrängt.

Weil immer mehr Opfer die Öffentlichkeit suchten und die Welle der Empörung nicht mehr zu stoppen war, räumte Joseph Ratzinger als Vorsitzender der Glaubenskongregation im Vatikan 2005 den Bischöfen immerhin die Möglichkeit ein, nicht nur mit dem Kirchenrecht gegen die Übeltäter vorzugehen. Erst jetzt durften sie die Polizei einschalten und mit staatlichen Ermittlern kooperieren, um die Übeltäter der weltlichen Gerichtsbarkeit auszuliefern.

Als er dann zum Papst gewählt worden war, ließ sich Benedikt XVI. zwar über die aus aller Welt eingehenden Missbrauchsanzeigen informieren, aber erst mit seinem USA-Besuch im Jahr 2008 änderte sich die Haltung der Kirche. Der Nachfolger Petri zeigte sich erschüttert über das Ausmaß des Missbrauchs und forderte die Opfer auf, sich an die Polizei zu wenden. Im März 2010 richtete die Deutsche Bischofskonferenz eine Hotline ein, bei der sich Opfer sexueller Gewalt melden konnten. Als sie Ende 2012 abgeschaltet wurde, waren beim Missbrauchsbeauftragten Andreas Zimmer nicht weniger als 1800 Anzeigen eingegangen.

Bis zu seinem Rücktritt im Februar 2013 entließ Benedikt XVI. über 400 pädophile Priester aus den Diensten der Kirche, doch damit war das Problem nicht beseitigt. Bald nach seiner Wahl musste der neue Papst Franziskus den polnischen Erzbischof Josef Wesolowski vom Botschafterposten in der Dominikanischen Republik abberufen. Der päpstliche Nuntius wurde beschuldigt, mit sieben minderjährigen Jungen sexuelle Kontakte gehabt zu haben. Auf seinem Computer waren 86 000 Fotos und Filme mit kinderpornografischen Motiven gespeichert. Auf eine gründliche Überprüfung aller kirchlichen Würdenträger warten die Gläubigen bis heute.

Die späten Aufklärungsbemühungen konnten den Ansehensverlust der Kirche nicht aufhalten. Mit seinen demonstrativen Gesten der Demut und Bescheidenheit erzeugte Papst Franziskus zwar eine Welle der Sympathie, doch bis heute ließ er nicht erkennen, dass er gewillt und in der Lage ist, die Kirche ins 21. Jahrhundert zu befördern. Im Vatikan herrscht, wenn man den Berichten der Korrespondenten glauben darf, keine Aufbruchsstimmung, sondern eine Art Belagerungszustand. Die von den Vorgängern installierten Hardliner, darunter Mitglieder des Ordens Opus Dei, halten nach wie vor wichtige Schaltstellen besetzt und belauern die Vertrauten des neuen Papstes.

Dass Franziskus die Vatikanbank IOR säubern ließ, rechnen ihm Kritiker zwar hoch an, doch anders hätte er das Institut kaum retten können. Der Ruf der Kirchenbank war so schlecht, dass immer mehr europäische Geldhäuser die Geschäftsbeziehungen beendeten. Das Istituto per le Opere di Religione stand im Verdacht, von hohen Politikern und der Mafia zu Geldwäsche und Steuerhinterziehung benutzt zu werden. Staatsanwälte ermittelten, und Anfang 2013 schnitt die italienische Zentralbank das IOR vom Geld- und Kreditverkehr des Landes ab. Die Tickets für die Vatikanischen Museen waren nur noch gegen Bargeld erhältlich.

Eile war nun geboten. Kaum im Amt, setzte Papst Franziskus die von Benedikt angestoßene Reform fort, indem er den IOR-Chef Ettore Gotti Tedeschi feuerte und durch den schwäbischen Adeligen Ernst von Freyberg-Eisenberg ersetzte. Der Deutsche ließ rund 1400 Konten von Kunden mit zweifelhaftem Hintergrund schließen, trennte sich von einigen Managern und stellte das Institut nach den Transparenz-Richtlinien der Europäischen Zentralbank neu auf. Inzwischen ermitteln römische Staatsanwälte auch gegen den früheren IOR-Chef Angelo Caloia und den ehemaligen Generaldirektor Lelio Scaletti wegen des Verdachts auf Veruntreuung von 60 Millionen Euro.

Die Kernfrage aber blieb unbeantwortet: Weshalb braucht die Kirche überhaupt eine Bank? Vordergründig geht es um den Zahlungsverkehr zwischen der römischen Zentrale und den über den ganzen Globus verstreuten Kirchenprovinzen, doch den könnten auch x-beliebige Geschäftsbanken abwickeln. Wenn da nicht etwas wäre, in das man keiner fremden Institution Einblick gewähren möchte: die Verwaltung des vermutlich größten Vermögens der Welt.

GESCHICKT GETARNTER REICHTUM Der unermessliche Reichtum der Kirche, in zwei Jahrtausenden durch Erbschaften, Spenden, Gebühren, Provisionen, Abgaben und Steuern angewachsen, sorgt schon lange für Unmut unter den Gläubigen. Bereits die Reformatoren Jan Hus und Martin Luther störten sich vor 500 Jahren an der Pracht und dem Pomp, mit dem sich die Kirchenfürsten umgaben, und erinnerten an die Bescheidenheit des Gottessohnes Jesus Christus, der die Geldwechsler aus dem Tempel Salomons verjagte.

Viele haben versucht, den wahren Wert des kirchlichen Reichtums zu ermitteln, doch keinem ist dies je gelungen. Kaiser und Könige scheiterten genauso an dieser Aufgabe wie die Steuerbehörden der Nazis oder die Rechercheure von Finanzmagazinen. Höchstwahrscheinlich gibt es auch im Vatikan niemand, der alle

Zahlen kennt, und so etwas wie einen schriftlichen Vermögensstatus darf man von einer solch gewitzten Organisation ohnehin nicht erwarten. Das eigentliche Geheimnis hinter den ›Finanzen des Vatikans‹ (so der Titel eines 2009 erschienenen Sachbuchs des italienischen Journalisten Curzio Maltese) ist, dass es keines gibt, weil die gesamten Vermögenswerte nirgendwo zentral erfasst sind.

Was nicht bilanziert ist, kann man auch nicht angreifen – das ist die Lehre, die die Kurie aus ihrem bisher schwersten Aderlass gezogen hat. Nachdem Frankreichs Herrscher Napoleon dem Heiligen Römischen Reich kurzerhand die linksrheinischen Gebiete entrissen hatte, verabschiedete der Immerwährende Reichstag am 25. Februar 1803 in Regensburg den »Reichsdeputationshauptschluss« mit dem Ziel, die Fürsten für die verlorenen Gebiete mit den Gütern der Kirche zu entschädigen.

Die Säkularisierung beraubte die Kirche eines Teils ihres bedeutenden Immobilienbesitzes, während Staatsgebiete wie Bayern, Baden und Württemberg einen erheblichen Zugewinn an Land und Leuten verbuchen konnten. Als Kompensation für ihren damaligen Verlust erhält die Kirche von der Bundesrepublik Deutschland noch heute jährlich rund 500 Millionen Euro. Ein Ärgernis, das in den Parteien seit langem für Diskussionen sorgt. Doch keiner unter den maßgeblichen Politikern möchte sich mit der noch immer mächtigen Kirche anlegen.

Obwohl glaubensmäßig vom Vatikan zentral gesteuert, hat die Kirche ihre Vermögenswerte extrem dezentralisiert. Jede der weltweit 2945 Diözesen operiert als eigenständige Rechtspersönlichkeit, und Anlagevermögen in Form von Kirchen, Friedhöfen oder Klöstern taucht in deren Rechenschaftsberichten erst gar nicht auf. Auch Kunstgegenstände wie Monstranzen, Altäre, Kirchengestühl, Bilder oder Skulpturen sind nur zahlenmäßig, aber nicht nach ihren Verkehrswerten erfasst.

Bekannt ist immerhin, dass sowohl der Vatikan als auch einzelne Bistümer über ein beträchtliches Geldvermögen verfügen, das in Aktien, Anleihen und Beteiligungen an Wohnungsbaugesellschaften wie Industrieunternehmen angelegt ist. Zum päpstlichen Portfolio zählten beispielsweise Aktienpakete an Firmen wie Fiat, Finmeccanica und Mediobanca.

In Deutschland ist die Kirche auf vielfältige Weise mit dem Staat verbandelt, die Zahlungsströme indes werden kunstvoll verschleiert. Viele Katholiken sind des Glaubens, dass sie mit ihren Spenden zur Finanzierung etwa der Caritas, kirchlicher Krankenhäuser oder Kindergärten beitragen, dabei werden diese Einrichtungen fast ausschließlich mit öffentlichen Mitteln unterhalten.

Kaum ein anderer Staat unterstützt die Kirchen finanziell so üppig wie Deutschland. Während die Kirchen in den USA, Frankreich oder Großbritannien sich über die Spenden ihrer Anhänger finanzieren müssen, zieht der deutsche Staat die Kirchensteuer zwangsweise ein. In Bayern und Baden-Württemberg zahlen die Bürger, sofern sie nicht aus der Kirche ausgetreten sind, 8 Prozent, in den übrigen Bundesländern 9 Prozent Kirchensteuern. 2013 überwies der Fiskus 5,2 Milliarden Euro an die katholische und 4,6 Milliarden Steuern an die evangelische Kirche. Damit lässt sich nicht nur predigen und ein wenig Sozialarbeit machen, sondern ordentlich Vermögen bilden.

Der Berliner Politologe Carsten Frerk hat sich viele Jahre mit Einkünften und Vermögen der Kirchen beschäftigt und darüber mehrere Bücher veröffentlicht. Nach seinen Recherchen überweisen die öffentlichen Kassen der Bundesrepublik Deutschland an die beiden großen christlichen Konfessionen weit mehr Geld als nur die Kirchensteuer. Frerk taxiert die Staatszuschüsse auf rund 19 Milliarden Euro im Jahr und das Vermögen der Kirchen auf insgesamt 270 Milliarden.

DER CLEVERE KARDINAL MARX Erst in jüngster Zeit begannen die Diözesen, etwas Licht in ihre Bilanzen zu lassen. Dabei stellte sich heraus, dass das Erzbistum Köln die reichste deutsche Kirchenprovinz ist. Sie verfügt über einen jährlichen Etat von mehr als 900 Millionen Euro. Ihrem Immobilienbesitz billigen die Rheinländer einen Wert von 612 Millionen Euro zu, und dies dürfte extrem tiefgestapelt sein. Interessant sind die 86 Millionen Euro jährlicher »Kapitaleinkünfte«, denn die lassen auf ein wesentlich größeres Vermögen schließen. Tatsächlich verfügt das Erzbistum nach einem 2015 veröffentlichten Rechenschaftsbericht über ein Vermögen von wenigstens 3,35 Milliarden Euro. Neben den offiziellen Haushalten der Bistümer gibt es eine zweite Finanzstruktur, die bischöflichen Stühle. Im Stuhl der Kölner stecken weitere 166 Millionen Euro, in dem des Limburger Bischofs rund 200 Millionen. Und dieser bislang verborgene Schatz war es auch, der zur Transparenz-Offensive der Bischöfe den Anlass gab.

Bis zum 23. Oktober 2013 hieß der Bischof von Limburg nämlich Franz-Peter Tebartz van Elst. Zur Erinnerung: Das war jener Herr, der es für erforderlich hielt, seinen Wohnsitz ein wenig wohnlicher zu gestalten. Weil die Umbauten am Ende statt der vom Domkapitel genehmigten zwei Millionen sich inklusive einer schönen Badewanne auf 31,5 Millionen Euro summierten, welche großenteils aus des Bischofs Stuhl bezahlt wurden, muckten die Gläubigen in ganz Deutschland auf. Dass in Stühlen Millionen versteckt waren, verwunderte sie ebenso wie des Bischofs großzügiger Umgang mit dem gebunkerten Baren.

Hier war sie nun wieder, die Moral. In früheren Zeiten hätte sich kaum jemand über einen verschwenderischen Bischof aufgeregt. Im Gegenteil, jede Gemeinde war stolz, wenn sie mal wieder einen Neubau einweihen oder die Renovierung eines gotischen Doms feiern konnte. Nun aber wurde die Geldausgabe als Skandal empfunden, obwohl an der Architektur des Limburger Projekts nichts auszusetzen war. Katholiken wie Andersgläubige ereiferten sich über den Bischof mit dem seltsamen Namen und die mangelnde Kontrolle seiner Aufsichtsbehörden, über die Prunksucht der Kirche und ihr geringes Engagement für die Armen. Verärgert kehrten Zehntausende ihren Glaubensgemeinschaften den Rücken.

Seltsam war nur, dass die 31,5 Millionen in Limburg so viel medialen Wind erzeugten und das Publikum in Wallung versetzten, während die 130 Millionen, die Kardinal Reinhard Marx zur gleichen Zeit in der Münchner Innenstadt für ein wenig bescheidenes Dienstleistungszentrum ausgab, kaum jemand interessierten. Vielleicht ein Hinweis darauf, wie die Mediengesellschaft tickt: Die Menschen brauchen plastische Feindbilder. Eine teure Badewanne kann sich jeder vorstellen, ein Dienstleistungszentrum eher weniger.

Der geschickte Dr. Marx schrieb nicht nur ein Buch mit dem passenden Titel ›Das Kapital‹, sondern demonstrierte auch, wie preiswert Schöner Wohnen sein kann. Wenn der Kardinal die Landeshauptstadt mit seiner Anwesenheit beehrt, dann nimmt er Logis im prächtigsten Rokokobau, den die Weißwurst-Metropole zu bieten hat. Das Palais Holnstein in der Kardinal-Faulhaber-Straße ist zwar seit 1818 im Besitz des Freistaats, doch fast so lange dient es dem Erzbischof von München und Freising als Dienstsitz. 2013 wurde es aufwendig runderneuert, die Kosten beliefen sich auf 8,7 Millionen Euro, wovon der Freistaat mehr als 75 Prozent übernahm. Über den Limburger Kollegen, der auf sein Amt verzichten musste und in Regensburg Unterschlupf fand, kann der bayerische Kirchenfürst nur den Kopf schütteln.

Der Freistaat überwies 2013 nämlich nicht nur 65,7 Millionen Euro an Zuschüssen für Renovierungen und Instandhaltungen kirchlicher Gebäude, sondern zahlte dem Kardinal sowie weiteren 138 kirchlichen Würdenträgern auch noch das Gehalt, insgesamt 11,6 Millionen Euro. Zusätzlich zur Kirchensteuer. Das viele Geld aus den Taschen der Steuerzahler machte die beiden christlichen Großkirchen zu gewaltigen Konzernen, deren Finanzkraft es mit jedem Wirtschaftsunternehmen aufnehmen kann. Doch während private Firmen gezwungen sind, über ihre Einnahmen und Ausgaben wie über ihr Vermögen penibel Rechenschaft abzulegen, agieren die Glaubenskonzerne in einer Grauzone, in der nur der liebe Gott den Durchblick hat.

Hatte einst die Furcht vor dem räuberischen Zugriff staatlicher Mächte die Kirche zur Tarnung ihrer Besitztümer bewogen, so ist es heute, da der Staat sein Füllhorn ausschüttet, eher die Angst vor der Wut der Armen. In einer Zeit, da Millionen Haushalte überschuldet sind, ganze Stadtviertel in prekären Verhältnissen leben und den öffentlichen Händen das Geld für Asylsuchende fehlt, entfalten feudale Bischofssitze nicht unbedingt eine motivierende Kraft.

DER STAAT FINANZIERT DIE CARITAS Ihren moralischen Kredit beziehen die beiden christlichen Kirchen vor allem aus ihren Sozialwerken. Bei den Katholiken heißen diese Caritas, bei den Evangelischen Diakonie. Sie betreiben Kindergärten, Schulen, Krankenhäuser, Altenheime; helfen Obdachlosen, Drogensüchtigen, Schwangeren; speisen die Armen und pflegen die Sterbenden, alles im Namen des einen barmherzigen Gottes. Doch die Reparaturbetriebe der kapitalistischen Gesellschaft werden nicht von den Kirchen, sondern vom Staat finanziert. Die Kirchen sacken nur den Ruhm der guten Werke ein, den Preis bezahlen alle Steuerpflichtigen. 2013 überwiesen die öffentlichen Hände rund 45 Milliarden Euro für Diakonie und Caritas – mehr, als sie für die Verteidigung des Landes übrig hatten. Die Kirchenquote, also der Anteil, den die beiden Konfessionen beisteuerten, lag bei bescheidenen 1,8 Prozent.

Das Sagen in den vielfältigen Wohlfahrtseinrichtungen aber haben allein die Kirchen, und das bekommen ihre Mitarbeiter deutlich zu spüren. Bei den beiden größten Arbeitgebern Deutschlands – die Caritas beschäftigt 560 000 Mitarbeiter und noch mal so viel ehrenamtliche Helfer, bei der Diakonie sind es 453 000 Mitarbeiter und 700 000 Ehrenamtliche – gibt es kein Betriebsverfassungsgesetz, kein Streikrecht und auch keine ordentlichen Tarifverträge. Die Kirchen machen ihre eigenen Regeln, und die sind nicht immer zeitgemäß. Katholiken, die sich scheiden lassen, müssen die Caritas verlassen, ebenso wie Mitarbeiter, die einen bereits geschiedenen Lebenspartner heiraten wollen. Homosexuelle werden, sofern sie ihre Neigung nicht verheimlichen, erst gar nicht eingestellt.

In jüngster Zeit stießen die antiquierten Moralvorstellungen der kirchlichen Arbeitgeber auf heftigen Widerstand, so dass die Bischöfe über Lockerungsübungen nachdachten. Ein Änderungsvorschlag, erarbeitet von einer Arbeitsgruppe unter dem Freiburger Erzbischof Robert Zollitsch, sieht vor, dass »ein kirchenrechtlich unzulässiger Abschluss einer Zivilehe« nur noch dann als Kündigungsgrund gelten solle, »wenn dieser nach den konkreten Umständen objektiv geeignet ist, ein erhebliches Ärgernis in der Dienstgemeinschaft oder im beruflichen Wirkungskreis zu erregen …« Im Klartext: Der Vorgesetzte soll entscheiden, ob er einen Mitarbeiter, der sich mit einer geschiedenen Frau einließ, feuert oder nicht.

Bei so viel Großzügigkeit verwundert es schon, dass die kirchlichen Sozialwerke überhaupt noch Mitarbeiter finden, denn auch die Bezahlung ist mickrig. Vergeblich stemmten sich Caritas- und Diakonie-Verbände gegen die Einführung des gesetzlichen Mindestlohns, meistens zahlten sie weniger. Gerne drücken sie sich auch um die Abführung der Beiträge zur Kranken- und Rentenversicherung; nach Auffassung der Gewerkschaften beschäftigen sie zigtausende Scheinselbständiger, die de facto angestellt sind, ihre Versicherungsbeiträge aber selber aufbringen müssen.

Als moralisch wird jemand wahrgenommen, der das Gute nicht nur verkündet, sondern lebt. Und da heutzutage das Leben nicht nur einzelner Personen, sondern auch das von Staaten, Unternehmen, Fußballklubs oder eben auch Kirchen öffentlich stattfindet, führt der Widerspruch zwischen der christlichen Glaubenslehre und der Wirklichkeit der kirchlichen Organisationen zu einer tiefen Entfremdung. Immer mehr Menschen sehen in der Kirche nicht mehr einen von göttlicher Inspiration geprägten Mythos, sondern einen geldschweren Machtapparat, der die Unionsparteien genauso im Griff hat wie die öffentlich-rechtlichen Rundfunkanstalten. Die Kirche sei zu sehr mit sich selbst beschäftigt, findet selbst der langjährige CSU-Politiker und Vorsitzende des Zentralrats der deutschen Katholiken, Alois Glück.

Der Bedarf an spirituellen Werten ist hingegen keineswegs im Schwinden begriffen. Je mehr die Gesellschaft sich auf das Materielle konzentriert, desto dringender verlangt es große Teile der Bevölkerung nach dem Transzendenten. Der Mensch lebt bekanntlich nicht vom iPhone allein; er fühlt sich einsam in der Masse, schwach inmitten eines gnadenlosen Wirtschaftswettbewerbs, deprimiert ob der Bedeutungslosigkeit seiner Existenz, unsicher über den Sinn des Lebens. Er sucht Halt und Orientierung, doch die findet er immer weniger bei den Kirchen.

Deren Botschaften kommen ihm altbacken und weltfremd vor; und das Personal ist ihm suspekt. Einzelne Lichtgestalten wie Papst Franziskus oder Margot Käßmann, die ehemalige Ratsvorsitzende der Evangelischen Kirche in Deutschland, vermögen nicht darüber hinwegzutrösten, dass zwischen Predigt und Handeln der Großkirchen Welten liegen. Die Welt schreit nach Sitte, Anstand und Moral, aber die Kirchen scheinen es nicht zu hören.

DER DSCHIHAD VERLÖRE SEINEN SCHRECKEN Als Deutschland 2014 überschwemmt wurde von Flüchtlingen aus den

Kriegsgebieten in Afrika und dem Nahen Osten, da musste der Staat handeln, während die Bischöfe allenfalls mahnende Worte fanden. Überforderte Bürgermeister räumten Schulen und Turnhallen aus, um den Asylsuchenden wenigstens notdürftige Unterkünfte anbieten zu können, dieweil tausende leerstehender Kirchengebäude, Pfarreien und Klöster genug Platz geboten hätten, die zehnfache Menge an bedürftigen Menschen aufzunehmen.

Erst wenn die mit Geld gut versorgten Kirchen anfangen, sich von ihrem Besitz zu trennen, um die Not der Armen zu lindern, werden sie wieder an Glaubwürdigkeit gewinnen. Es ist ja schön, wenn Papst Franziskus im Licht Dutzender Kameras einem Pilger die Füße wäscht, aber noch viel schöner wäre es, wenn er seine Glaubensbrüder und -schwestern dazu aufrufen würde, den Palästinensern beim Aufbau ihrer zerbombten Häuser zu helfen. Oder wenn er den Reichtum seiner Kirche dazu verwendete, der Milliarde Menschen, die Hunger leiden, zu einer gesunden Ernährung zu verhelfen.

Würden die christlichen Kirchen sich darauf besinnen, nach ihren eigenen Regeln zu handeln, könnten sie nicht nur den nach Moral verlangenden Konsumgesellschaften des Westens neuen Lebenssinn einhauchen, sondern auch ihren großen Rivalen, den Islam, in die Schranken weisen. Angesichts einer wirklich barmherzigen christlichen Kirche verlöre der Dschihad seinen Schrecken. Um für die aufgeklärten Bürger in Deutschland und anderswo wieder attraktiv zu werden, müssten die Kirchen es riskieren, ihre Glaubenslehre zu entrümpeln.

Frauen sind nicht dem Manne untertan, sondern ihm gleichgestellt und auch zur Priesterschaft befähigt. Und der Mensch ist nicht von Gott geschaffen, sondern ein Produkt der Evolution. Spätestens seit Charles Darwins Erkenntnissen über die Entstehung der Arten ist die kirchliche Weltsicht überholt, aber deshalb muss der liebe Gott ja nicht abgeschafft werden.

Selbst Albert Einstein plagten bekanntlich Zweifel, ob sich hinter dem Chaos der Elementarteilchen nicht doch eine ordnende Hand verbirgt: »Jedenfalls bin ich überzeugt, dass ER (Gott) nicht würfelt«, schrieb er 1926 in einem Brief an den Kollegen Max Born zum Thema der Quantenmechanik. Das Weltbild der modernen Physik und Biologie mit den ewigen Wahrheiten der Bibel in Einklang zu bringen – das ist die Denksportaufgabe, die die Kirchen im 21. Jahrhundert lösen müssen, wenn sie nicht in die Bedeutungslosigkeit versinken wollen. Als höchste Instanz in Sachen Moral haben sie bereits abgedankt.

Kapitel X
Das Gegenteil von Moral

Darf man einer Frau das Einsetzen einer Eizelle und damit die Verwirklichung ihres Kinderwunsches verwehren? Weshalb gilt die Entnahme von Stammzellen aus einem Embryo als Mord? Warum ist die aktive Sterbehilfe in Holland erlaubt, in Deutschland verboten? Aus welchem Grund decken Gerichte den massenhaften Bruch des Telekommunikations- und Briefgeheimnisses durch staatliche Dienste? Soll die Bundeswehr Waffen an die Kurden liefern, die sie dringend selber braucht? Dürfen wir Flüchtlinge aus Afrika und Syrien zurückweisen?

Täglich konfrontieren uns Politik, Wirtschaft, Wissenschaft mit Fragen, die die Moral ansprechen. Das Wertesystem aber, das die Verhaltensregeln bestimmt, ist bei den verschiedenen Bevölkerungsgruppen keineswegs identisch. Ein Wissenschaftler wird Fragen der Reproduktionsmedizin anders beantworten als ein Priester. Ein Kurde die Lieferung von Waffen an seine Stammesbrüder anders sehen als ein deutscher Pazifist. Für die katholische Kirche ist der Mensch von Gott geschaffen, sie lehnt deshalb sowohl die künstliche Befruchtung als auch die Zerstörung eines Embryos ab. Das christliche Weltbild prägt bis heute die Gesetzgebung, obwohl Wissenschaft und Technik ständig neue Erkenntnisse liefern. Das Zeitalter der Aufklärung begann vor über 200 Jahren, doch unsere Moral ist nur teilweise aufgeklärt.

Die soziale Herkunft bestimmt das Wertesystem ebenso wie die Religion, die Erziehung, der Wissensstand, der Beruf und der Freundeskreis. Innerhalb der Bevölkerung werden moralische Fragen deshalb kontrovers diskutiert. Fragen der Moral sind Machtfragen. Wer von seinem Wertesystem überzeugt ist, will es anderen vermitteln. Die Toleranz stößt da an ihre Grenzen. Die Gesetze klären nicht, was richtig und was falsch ist, sondern nur, was erlaubt und was verboten ist. Sie spiegeln die Machtverhältnisse in einer Gesellschaft wider, nicht das objektiv Richtige. In einer Demokratie gibt es keine letzte Instanz.

Organisationen verordnen sich eigene Regeln. In der Bundeswehr gilt das Soldatengesetz, die Kirche hat den Katechismus, der Verein beschließt eine Satzung, die Behörde erlässt Dienstvorschriften, die Firma erteilt Handlungsanweisungen. Doch hinter den Paragrafen bestimmt eine höhere Instanz das Verhalten der Menschen. Ihre Moral gibt ihnen vor, was sie für richtig und falsch halten. Der Whistleblower Edward Snowden riskierte Leib und Leben, um die Welt über das Treiben seines Arbeitgebers, des US-Geheimdienstes NSA, zu informieren, weil er dessen Überwachungspraxis für unmoralisch hält. Seine Arbeitskollegen sind mehrheitlich anderer Meinung. Sie halten ihn für einen Verräter.

Über kaum ein anderes Thema haben sich die Menschen so sehr den Kopf zerbrochen wie über die Moral. Ob sie über ethische Werte philosophierten wie Sokrates, Platon oder Aristoteles, theologische Tugenden definierten wie Augustinus oder Thomas von Aquin, Moral als kommunikatives Problem begriffen wie Niklas Luhmann, stets ging es um das »richtige« und »falsche« Verhalten in einer Gemeinschaft.

Richtig ist, was dem »Guten« dient, falsch, was »Böses« verursacht. Doch was ist das Gute und das Böse? Die Kirche macht es sich einfach: Gut ist, was Gott will, böse, was der Teufel treibt. Segnet ein Kardinal Hitlers Kanonen, ist der Angriffskrieg von Gott gewollt, lehnt der Papst die Homosexualität ab, ist sie des Teufels. Lässt man die Imaginationen Gott und Teufel außen vor, reduziert sich das Problem der Moral auf das, was die Gemeinschaft dem Einzelnen abverlangt und was der Einzelne der Gemeinschaft zubilligt. John F. Kennedy fasste das Thema in einem prägnanten Satz zusammen: »Fragt nicht, was euer Land für euch tun kann, sondern fragt euch, was ihr für euer Land tun könnt.«

Als Individuum trachtet der Mensch danach, sich gegenüber der Natur und anderen Lebewesen durchzusetzen. Er verhält sich egoistisch. Als Teil von Sozialverbänden (Familie, Schule, Verein, Gemeinde, Nation etc.) ist er auf den ständigen Austausch mit anderen angewiesen. Er empfängt Wissen, Nahrung, Kleidung etc. und gibt Arbeitskraft, Energie, Ideen etc. Er verhält sich sozial. Aus dem Spannungsverhältnis zwischen dem Ich und dem Wir entwickelten sich Religionen, Ethik und Moral. Sie geben die Werte vor und bestimmen die Regeln des Zusammenlebens.

Die Demokratie räumt den Menschen mehr Freiheiten ein als eine Diktatur, aber sie fordert auch mehr Eigeninitiative und selbstbestimmte Entscheidungen. Die Marktwirtschaft begünstigt Menschen, die gefragte Fähigkeiten entwickeln, und benachteiligt jene, deren Interessen und Leistungen schwer verkäuflich sind. Zum Ausgleich der Interessen und Fähigkeiten wurde die Marktwirtschaft sozialisiert. Dem egoistischen Individuum setzt sie Schranken, der abhängig beschäftigten Mehrheit beschert sie Freibeträge und den progressiven Steuertarif.

THE WINNER TAKES IT ALL In einer funktionierenden Demokratie wechseln sich konservative und sozialistische Regierungen ab. In der einen Legislaturperiode gibt es mehr wirtschaftsfreundliche, in der anderen mehr arbeitnehmerfreundliche Gesetze. Mal dürfen die Bürger mehr von ihrem Verdienst behalten, mal verteilt der Staat einen größeren Teil um, und stets ist der Wechsel begleitet von einer veränderten Moral. Der eine Teil der Bevölkerung hält staatliche Hilfe für ein Menschenrecht, der andere für Verschwendung von Steuergeldern.

Je mehr Freiheiten der Staat seinen Bürgern lässt, desto egoistischer werden diese handeln. Schön zu beobachten war dies nach der deutschen Wiedervereinigung, wo die an staatlichen Zwang gewöhnten Bürger der DDR schnell zu Opfern gerissener »Wessis« wurden, da sie keinerlei Übung im Verhandeln hatten. Bürger, die zur strikten Einhaltung der vom Staat verordneten Werte und Normen gezwungen werden, sind weniger selbstbestimmt und weniger lebenstüchtig. Wir werden noch darauf zurückkommen.

Den Egoismus beflügelte die neoliberale Wirtschaftsordnung, die in den 80er Jahren eine Alternative zu den sozialdemokratisch orientierten Wohlfahrtsstaaten bot. Den meisten Ländern ging es damals schlecht. In Europa rissen die als Wahlgeschenke verteilten Sozialleistungen tiefe Löcher in die Haushaltskassen, die USA drohten an den vom Vietnamkrieg verursachten Schulden zu ersticken. Neue Ideen waren gefragt, und geliefert wurden sie von der wirtschaftswissenschaftlichen Fakultät der Universität Chicago.

Milton Friedman und seine Professorenkollegen, bekannt als die »Chicago-Boys«, überzeugten den neugewählten US-Präsidenten Ronald Reagan, dass er den Staat radikal verkleinern müsse. Nach ihren Vorstellungen sollte sich ein Staat auf seine Kernkompetenzen (äußere und innere Sicherheit, Polizei und Justiz sowie Finanzverwaltung) beschränken und alles andere privaten Unternehmen überlassen. Außerdem verlangten sie, den Finanzsektor zu deregulieren, den Banken also größere Freiheiten zu lassen.

Reagan hielt sich dran und privatisierte, was sich zu Geld machen ließ: Banken und Gefängnisse, Energieversorger und Wasserwerke, Eisenbahnen und Regierungsgebäude. Dazu nahm er neue Schulden auf und steckte den Erlös, scheinbar gegen alle Vernunft, ins Militär. Allein für das utopische Star-Wars-Konzept, mit dessen Hilfe heranschießende Atomraketen schon in der Luft zerstört werden sollten, gab er mehr als 30 Milliarden Dollar aus. Am Ende hatte er zwar keinen ausgeglichenen Haushalt, aber die Welt verändert wie kaum ein anderer Präsident vor ihm.

Am Wettrüsten mit den USA zerbrach die Sowjetunion und mit ihr der Ostblock. In China erkannte Deng Xiaoping, dass er dem gleichen Schicksal nur entgehen konnte, wenn er seinem Riesenvolk eine Radikalkur nach westlichem Vorbild verordnete. Der Kalte Krieg war beendet, die Wirtschaft wurde global und wuchs, nicht zuletzt dank des gewaltigen chinesischen Aufbauprogramms, jährlich um vier bis fünf Prozent. Größter Nutznießer der Privatisierungs- und Deregulierungswelle aber wurde die Finanzindustrie. Banken schlossen sich mit Kreditkartenorganisationen zusammen, gründeten Investmentgesellschaften und erfanden neue Finanzierungsinstrumente.

Friedmans gelehrigste Schülerin in Europa hieß Margret Thatcher. Großbritanniens Premierministerin zerschlug die Gewerkschaften, senkte die Unternehmenssteuern und kürzte die Sozialleistungen. Als sie am 27. Oktober 1986 neue Regeln für die Finanzindustrie verkündete, hörte zunächst kaum jemand hin. Doch der »Big Bang« war der Startschuss zu einer Revolution im Bankwesen. Er machte die Londoner »City« zum wichtigsten Finanzzentrum der Erde und die Metropole an der Themse zu einem Paradies für Millionäre.

Der neoliberale Zeitgeist veränderte nicht nur Staaten und Wirtschaftssysteme, auch die Moral zollte ihm Tribut. Der Schwung, den er in die Welt brachte, führte zu mehr Konsum, mehr Reichtum und mehr Ungerechtigkeit. Wenige profitierten, viele blieben auf der Strecke. Doch am Ende ging es allen ein bisschen besser. Im Rennen um die besten Jobs, die lukrativsten Aufträge war nicht Fairness gefragt, sondern Geschwindigkeit und Rücksichtslosigkeit. Wenn nötig, wurde ein wenig nachgeholfen. Die Korruption blühte, nicht nur in Bananenrepubliken. Jeder nahm, so viel er kriegen konnte, und viele protzten mit dem, was sie erobert hatten. »The winner takes it all« – der Sieger nimmt sich alles – so hieß in den 80er Jahren ein Hit der Popgruppe ABBA.

MORAL BEHINDERT DEN FORTSCHRITT Anders als in den angelsächsischen Ländern stieß die neue Freiheit in Deutschland auf wenig Begeisterung. Kanzler Helmut Kohl scheute das Risiko von Arbeitsmarkt- und Sozialreformen, das Old-Boys-Netzwerk der miteinander verflochtenen Konzerne der Deutschland AG behinderte den Wettbewerb, das Wachstum erlahmte. Die Wiedervereinigung führte zu einer kurzen Blüte, doch ab 1993 herrschte wieder Stagnation. Die internationale Finanzwelt spottete über den rheinischen Kuschel-Kapitalismus, und das US-Magazin ›Newsweek‹ ernannte Deutschland zum »kranken Mann Europas«.

Schließlich hatte auch das Volk genug und optierte für einen Regierungswechsel. Gegen den Widerstand ihrer Parteien wagte sich die rot-grüne Regierung unter Kanzler Gerhard Schröder an die überfälligen Reformen, und damit begann in Deutschland ein Kulturkampf unterm Deckmantel der Moral. Wo es in Wahrheit um die Verteilung des Sozialprodukts ging, wurde nicht wirtschaftlich, sondern moralisch argumentiert.

Die Gewerkschaften beklagten, im Verbund mit Kirchen, Sozialverbänden und der gesamten Umverteilungsindustrie, die »soziale Kälte« der Reformen, die tatsächlich nur Reförmchen waren. »Hartz IV«, benannt nach dem vom Kanzler beauftragten Arbeitsmarktreformer Peter Hartz, wurde zum Schreckenswort für Arbeitnehmer. Sozialdemokraten wetterten, unterstützt von den mehrheitlich linken Medien, gegen den »Ausverkauf des Tafelsilbers«, den »Abbau des Sozialstaats« und erkoren die »soziale Gerechtigkeit« zu ihrer Ikone, während Industrie und Handel die neugewonnenen Freiräume nutzten, um ihre Geschäfte über den Globus auszudehnen.

Plötzlich fanden sich die deutschen Angestellten im Wettbewerb mit Chinesen, Koreanern oder Slowaken und mussten feststellen, dass die für weniger Geld länger und härter malochten. Aus Angst vor dem Verlust ihrer Arbeitsplätze machten sie Zugeständnisse, die von linken Politikern wie Gewerkschaftlern als »Entsolidarisierung der Gesellschaft« gebrandmarkt wurden. Vom »Verrat der in 100 Jahren erkämpften Sozialstandards« war die Rede, kurz: von einem unsozialen und unmoralischen Verhalten. Dabei eröffneten diese Zugeständnisse eine Chance, den industriellen Kern der deutschen Wirtschaft wenigstens für eine gewisse Zeit zu erhalten.

So wichtig die Moral für den Zusammenhalt einer Gemeinschaft ist, so schnell wird sie zum Übel, wenn sie den gesellschaftlichen Disput dominiert. Das christliche Abendland war, solange es vom Dogma der Kirche beherrscht wurde, rückständiger als der Islam. Heute haben die von islamischen Dogmatikern beherrschten Staaten einen Nachholbedarf. Das gilt für die Schiiten im Iran wie für die Sunniten in Saudi-Arabien: Wenn eine religiös motivierte Moral das Leben bestimmt, gibt es zu wenig Eigeninitiative und Kreativität in einer Gesellschaft. Die Moral, ob christlich oder islamisch, ist eben nur eines von vielen Elementen, die eine Gesellschaft ausmachen. Allerdings ist sie geeignet, allen anderen ihren Stempel aufzudrücken.

Ohne Moral versinkt eine Gesellschaft im Chaos, zu viel Moral blockiert sie. Der Egoismus bringt Wachstum, Ideen und Projekte, die Moral Gerechtigkeit, sozialen Ausgleich und Stabilität. Jede Gesellschaft braucht beide Elemente; entscheidend für ihre Prosperität und Dauerhaftigkeit ist die richtige Balance. Menschen rufen nach der Moral, wenn sie unzufrieden sind mit den herrschenden Verhältnissen oder wenn sie Entwicklungen fürchten, die ihren sozialen Status gefährden. Das Wertesystem der Moral soll das friedliche Zusammenleben gewährleisten und sie vor der Willkür der Mächtigen beschützen. Das vertraute Regelwerk erleichtert das Leben und nimmt ihnen die Angst vor einer ungewissen Zukunft. Doch es zementiert auch die Verhältnisse und erschwert notwendige Veränderungen. Wenn alle Interaktionen, ob politisch, wirtschaftlich oder technisch, nach ihrer Übereinstimmung mit der gerade gültigen Moral abgeklopft werden, gibt es keinen Fortschritt.

Aktuelles Beispiel: Die Verhandlungen über das europäisch-amerikanische Freihandelsabkommen TTIP werden zeigen, was wichtiger ist: die wirtschaftlichen Vorteile oder die Moral der Bedenkenträger, die um Standards beim Verbraucherschutz fürchten. Die Geschichte lehrt, dass freier Handel für alle Partner vorteilhaft ist. Der britische Ökonom David Ricardo erklärte bereits 1817 in seinem Standardwerk ›On the Principles of Political Economy and Taxation‹ die *komparativen Vorteile*, die sich für eine Volkswirtschaft aus dem freien Handel ergeben. Deutschland hat sie durch den 1834 von Friedrich List geschaffenen Zollverein genutzt und wurde zur Industrienation. Freihandel ist gut, die Absichten der Handelspartner waren es nicht. Die Amerikaner wollten ihre Maximalforderungen durchsetzen, die Europäer sich auf faule Kompromisse einlassen. Gut, dass eine öffentliche Diskussion darüber einsetzte. Sollte das Abkommen scheitern, hätte das Nachteile für beide Handelspartner.

SCHÖPFERISCHE ZERSTÖRUNG Innovationen entstehen, indem das Bekannte durch etwas Besseres ersetzt wird. Jede Neuerung stellt einen Angriff auf das Bestehende dar. Ein unfreundlicher, vielleicht auch unmoralischer Akt also gegenüber denjenigen, denen das Verdrängte die Lebensgrundlage bot. Der österreichische Ökonom Joseph Schumpeter nannte den Prozess der *schöpferischen Zerstörung* das für den Kapitalismus wesentliche Faktum. Gottlieb Daimler verhielt sich unmoralisch gegenüber den Besitzern von Pferdefuhrwerken, Thomas Alva Edison ruinierte mit der Erfindung der Glühlampe die Kerzendreher, und Steve Jobs wirkte wie der leibhaftige Teufel auf die Mitarbeiter von Nokia. Weil die Produkte von Daimler, General Electric und Apple so viele praktische Vorteile boten, setzten sich die »Zerstörer« gegen die Bewahrer durch – und damit gegen die Moral.

Führt der soziale Darwinismus in der Industrie zu besseren Produkten, zur Erweiterung der technischen Fähigkeiten und – gelegentlich – auch zu einer Steigerung des Wohlbefindens, so dienten die Innovationen, die die Finanzindustrie in den vergangenen Jahrzehnten hervorbrachte, in erster Linie ihr selbst. Erfindungen im Finanzbereich sind sehr viel abstrakter als jene in der Technik, deshalb wurden sie außerhalb ihrer Sphäre kaum begriffen.

Die vielen neuen Produkte, die seit dem »Big Bang« in den Banken entwickelt wurden, dienten vor allem zwei Zwecken: Erstens erweiterten sie das Kredit- und Geschäftsvolumen der Institute, zweitens eröffneten sie den Investoren tausenderlei Wetten auf alle möglichen Werte und Wertkonstellationen. Sie machten die Finanzindustrie zum größten und mächtigsten, aber auch gefährlichsten Wirtschaftszweig des Planeten. Die Branche hebelte nicht nur die staatlichen Kontrollmechanismen aus, sondern setzte sich auch über ihre eigenen ethischen Standards hinweg.

Hatten die Finanzinstitute einst die Funktion von Dienstleistern der Realwirtschaft, indem sie die Ersparnisse der Bürger in Kredite für Unternehmen umwandelten, ging es jetzt nur noch darum, mit fremdem Geld die eigenen Taschen zu füllen. Die Manager und Händler der Banken und Fondsgesellschaften strichen obszön hohe Gehälter und Boni ein, während Kunden und Aktionäre wenig Freude an ihren Geldanlagen hatten. Aus Dienstleistern wurden *Masters of the Universe*, wie der amerikanische Autor Tom Wolfe die Investmentbanker nannte.

»Gier ist gut«, fasste der fiktive Hedgefonds-Manager Gordon Gekko in Oliver Stones Film ›Wall Street‹ das Credo der Finanzartisten zusammen. Mit Hilfe kunstvoll verschachtelter Finanzderivate schafften sie virtuelle Werte, für die es keine Deckung gab, und die extreme Ausweitung des Kreditvolumens machte das gesamte Finanzsystem anfällig für Krisen. Der hemmungslose Egoismus in dieser für alle Bürger so eminent wichtigen Branche musste, das war den Insidern klar, eines Tages an seine Grenzen stoßen.

Dieser Tag war gekommen, als Lehman Brothers Insolvenz anmeldete. Der Zusammenbruch der in New York und London beheimateten Investmentbank gab dem zuvor schon latent vorhandenen Moralismus den entscheidenden Schub. Plötzlich begriffen die Bürger in Europa wie in den USA, dass das imposante Glitzerding, das sie im kapitalistischen Wirtschaftssystem gesehen hatten, in Wahrheit eine hohle Nuss war. Sie bekamen Angst um ihr Vermögen und Angst vor der Vorstellung, der Bankomat würde am nächsten Tag keine Scheine mehr ausspucken.

Furcht war schon immer ein Treiber der Moral. Aus Furcht vor den imaginären Qualen des Fegefeuers befolgten Christen die Zehn Gebote. Aus Furcht, unter Bergen von Unrat ersticken zu müssen, trennt der moderne Mensch den Müll. Gesellt sich zur Angst vor befürchteten Katastrophen die Wut über die Verursacher, ist der Boden bereitet für eine Epoche, in der die Moral über alle anderen Gesichtspunkte triumphiert. Das 21. Jahrhundert könnte eine solche Epoche werden.

Selbst in der amerikanischen Ego-Gesellschaft macht sich inzwischen ein neuer Moralismus breit. Er unterscheidet sich deutlich von der puritanischen Moral der auf die ersten Siedler zurückgehenden Frauenverbände und auch vom traditionellen Sendungsbewusstsein der weißen US-Amerikaner. Die Protestbewegungen der jüngeren Zeit sind säkular und haben ihre Ursache in sozialen Ungerechtigkeiten.

ETHISCHE ENTGLEISUNGEN Der Kahlschlag, den die Autoindustrie in der Gegend um Detroit hinterließ, empörte die Menschen ebenso wie die Zwangsversteigerungen ihrer Häuser nach dem Platzen der Immobilienblase. Zwar blieben die Demonstrationen im New Yorker Finanzdistrikt zunächst ohne Wirkung, doch die Regierung in Washington reagierte schließlich doch. Gegen den Widerstand der Finanz-Lobby presste sie den Geldhäusern horrende Strafzahlungen ab. Rund 100 Milliarden mussten in- und ausländische Banken bis Ende 2014 abliefern; die für die kriminellen Geschäfte verantwortlichen Banker allerdings blieben verschont. Inzwischen droht die Notenbank sogar mit Zerschlagung der Geldkonzerne. William Dudley, Präsident der New York Federal Reserve Bank, ärgert sich vor allem darüber, dass die Geldhäuser nach der Krise weitermachten, als wäre nichts geschehen. Er wirft ihnen »professionelles Fehlverhalten, ethische Entgleisungen und Regelverstöße« vor.

Welche Macht die Moral bereits gewonnen hat, zeigt sich an der Beurteilung aller möglichen Ereignisse in der Öffentlichkeit. Ob in Politik, Wirtschaft, Sport, Kultur oder Religion: Was immer auf der Welt geschieht, wird zuallererst nach moralischen Kriterien bewertet:

- Als Bill Clinton aus dem Amt schied, da blieb er nicht als der erste US-Präsident, der einen ausgeglichenen Haushalt vorgelegt hatte, in Erinnerung, sondern als Ehebrecher, der sich von einer Praktikantin oral befriedigen ließ.
- Die US-Eliteuniversität Harvard, einst ein Hort des liberalen Denkens, sah sich nach Protesten feministischer Studentinnen 2014 veranlasst, den ersten hochschulweiten Verhaltenskodex in Sachen Sexualmoral einzuführen. Verboten sind seither »sexuelle Annäherungsversuche, ob mit oder ohne physischen Kontakt«, »Kommentare über die Körper von anderen« sowie »schlüpfrige oder sexuelle Anspielungen, Witze oder Gesten«. Obwohl sich dutzende Professoren, vor allem der juristischen Fakultät, über die Richtlinie beschwerten, blieb sie in Kraft. Frühere Jahrgänge hätten sich darüber kaputtgelacht.
- Als Gerhard Schröder nach seiner Wahlniederlage den Aufsichtsratsvorsitz der North-Stream-Gesellschaft übernahm, brandete ein Sturm der Entrüstung durchs Land. Kritiker unterstellten dem Exkanzler, er habe sich an seinen Duzfreund Putin verkauft, und kaum einer der Kommentatoren schenkte dem Umstand Beachtung, dass die von North Stream gebaute Öl- und Gas-Pipeline die Versorgungssicherheit Deutschlands beträchtlich erhöht.
- Als es der Stadt München gelungen war, den weltberühmten russischen Dirigenten Valery Gergiev für die Leitung ihres philharmonischen Orchesters zu verpflichten, da prägte nicht die Freude über den erwarteten Musikgenuss die öffentliche Debatte, sondern eine Kampagne der Schwulen und Lesben, die in dem Putin-Freund einen Gegner gleichgeschlechtlicher Orientierung vermuteten.
- Als das Fernsehmagazin ›Panorama‹ im Herbst 2014 einen Beitrag über das Fracking ausstrahlte, in dem führende Geologen zu Wort kamen, die der Meinung waren, dass Fracking nicht gefährlicher als andere Bergbaumethoden sei, brach ein Sturm der Entrüstung über die Redaktion herein. Die Protestler, weit weniger sachkundig als die zitierten Experten, unterstellten der Redaktion, sie habe sich von den Mineralölkonzernen kaufen lassen.
- Weil seine Frau Kashya bei der Bank Sarasin ein Dollarkonto

unterhalten hatte, musste Philipp Hildebrand von seinem Posten als Präsident der schweizerischen Nationalbank zurücktreten, obwohl ihm fachlich nichts vorzuwerfen war. Kritiker unterstellten ihm, er habe den Beschluss der Notenbank, den Kurs des Schweizer Franken gegenüber dem Dollar zu verteidigen, zur privaten Bereicherung genutzt.

- Weil einer seiner Minister über unversteuertes Geld auf Auslandskonten verfügte, sah sich Frankreichs Ministerpräsident François Hollande gezwungen, die Vermögensverhältnisse seines gesamten Kabinetts offenzulegen, was den Theatermacher Luc Bondy zu der Bemerkung veranlasste: »Die Gesellschaft verwandelt sich in einen Bienenstock voller übereifriger Spione.«
- Weil sie von ihrem Vater eine »Blutanomalie« geerbt hat und deswegen bei diversen Dopingtests aufgefallen war, wurde Deutschlands erfolgreichste Wintersportlerin Claudia Pechstein für zwei Jahre von allen Wettbewerben ausgeschlossen. Ihre Klagen auf Schadensersatz wurden zunächst abgewiesen, obwohl sie sich keines Vergehens gegen die Antidoping-Vorschriften schuldig gemacht hat. Erst 2015 hob das Oberlandesgericht München das erstinstanzliche Urteil auf.
- Das Interesse vieler Staaten an deutschen Panzern, Flugzeugen und Waffen wird nicht zugunsten der Leistungsfähigkeit von Firmen wie Rheinmetall, EADS oder Krauss-Maffei Wegmann interpretiert, sondern als deren Schuld. Produktion und Verkauf von Rüstungsgütern sollen, wenn es nach den Moralisten geht, grundsätzlich verboten werden. Gleichzeitig fordern sie die Bundesregierung auf, Waffen an die von der ISIS-Armee bedrohten Kurden zu liefern.

Die Liste ließe sich beliebig verlängern. Verstöße gegen die Moral wecken Emotionen, da will man keine rationalen Argumente gelten lassen. Und mancher jüngere Leser, an den Moralismus der Zeit gewöhnt, mag sich fragen: Wo ist hier das Problem? Das Misstrauen ist uns in Fleisch und Blut übergegangen. Überall wittern wir Betrug, Verrat, Täuschung. Den als Begründer einer neuen Ästhetik gefeierten Künstler Joseph Beuys zeiht man posthum der Kollaboration mit den Nazis, den nicht minder bedeutenden Maler Georg Baselitz der Steuerhinterziehung und des

Umgangs mit verdächtigen Sammlern wie dem Vaduzer Vermögensverwalter Herbert Batliner. Jeder, der prominent, reich, mächtig oder begabt ist, muss heutzutage damit rechnen, seines Privatlebens beraubt zu werden. Mit Eifer forschen die neuen Jakobiner nach Vergehen gegen Gesetz und Moral, und die Mehrheit der misstrauischen Bürger billigt die verbale Hinrichtung der Delinquenten durch die Medien.

Das Klima des Misstrauens wird sich kaum ändern, solange die Regierungen und Parlamente in den USA wie in Europa nicht ernsthaft an die Beseitigung des Kernproblems gehen: der auf Lügen und haltlosen Versprechungen aufgebauten Schuldenpolitik. Die Welt lebt weit über ihre Verhältnisse, und dies begünstigt die extreme Ungleichverteilung des Wohlstands. Die Schulden der einen bilden das Vermögen der anderen. Je mehr Schulden Privathaushalte, Unternehmen und Staaten anhäufen, desto mehr Zinsen, Dividenden und Kursgewinne kassieren die Besitzer des Kapitals und desto reicher werden sie.

Das Spiel mit Schulden und Vermögen, das die Finanzindustrie so mächtig werden ließ, ist höchst riskant. Der amerikanische Ethnologe David Graeber untersuchte die Schuldverhältnisse in den letzten 5000 Jahren und kam zu dem Schluss, dass alle gewaltsamen Veränderungen in dieser Zeit, also Revolutionen, Tyrannenmorde, Bürgerkriege auf extreme Verschuldung zurückzuführen waren. Der ehemalige Chefvolkswirt der Deutschen Bank, Thomas Mayer, fordert deshalb eine neue Geldordnung mit weniger Schulden und stabilem Geldwert. Er bezieht sich auf die Denkschule österreichischer Wirtschaftswissenschaftler wie Ludwig von Mises und Friedrich August von Hayek, die schon vor dem Zweiten Weltkrieg darauf hinwiesen, dass die Kreditschöpfung der Banken zu einem Ungleichgewicht in der Weltwirtschaft führen müsse.

Letztlich ist die unheilige Allianz zwischen der Finanzindustrie und den Regierungen schuld an dem wachsenden Misstrauen in der Bevölkerung und damit an der Moralisierung. Die Politiker versprechen ihren Wählern Wohltaten, die nur mit Schulden finanziert werden können; die Regierungen gießen die Forderungen in Gesetze und nehmen Anleihen auf. Die Banken verkaufen die Anleihen ans Publikum und kassieren dafür Provisionen.

Staaten und Banken sind aufeinander angewiesen wie siamesische Zwillinge. Macht die linke Hälfte keine neuen Schulden, gibt es für die rechte nichts zu verdienen. Verweigern die Banken den Dienst, bleiben die Regierungen auf ihren Schuldscheinen sitzen.

Die Kumpanei mit dem Staat lassen sich die Banken mit Freiheiten vergüten. Etwa der Freiheit, über Kredite Geld in beliebiger Menge zu erzeugen. Jeder Kredit, den sie aufnehmen oder vergeben, erhöht die Geldmenge, sofern die Aufsicht, also der Staat, dafür keine Deckung in Form harten Eigenkapitals fordert. Die Absenkung des Mindestreservesatzes auf zuletzt 1 Prozent begünstigte die Ausweitung des Kreditvolumens. Weil die Staaten und Notenbanken den Geschäftsbanken zu viele Freihciten ließen, pumpten diese den Geldballon so sehr auf, dass er jederzeit platzen kann.

DIE ENTEIGNUNG DER SPARER Einer ihrer größten Tricks bestand darin, aus Krediten Vermögenswerte zu machen. Die Verbriefung von Krediten, d. h. die Umwandlung von Schuldverhältnissen in handelbare Wertpapiere, war denn auch eine wesentliche Ursache der Finanzkrise von 2008. Investmentbanken bündelten Kreditverträge mit Kunden unterschiedlichster Bonität und gaben auf diese Vertragsbündel neue Wertpapiere heraus, die sie ABS (Asset Backed Securities) nannten. Dann bündelten sie die ABS und machten daraus Anleihen, die CDOs (Collateral Debt Obligations). Den Kunden in aller Welt verkauften sie diese als mündelsichere Papiere, dabei handelte es sich großenteils um wertlosen Schrott, weil die Kreditnehmer zahlungsunfähig waren.

Mit Hilfe solcher Kreationen schufen die Geldhäuser ein Finanzvolumen, das den Geldbedarf der Realwirtschaft um das Zehn- bis Hundertfache übersteigt. Würden sie gezwungen, das Kreditvolumen dem Realvermögen anzupassen, käme es zu einem Kollaps des globalen Finanzsystems. Unternehmen würden zahlungsunfähig und müssten Leute entlassen, Rentner bekämen kein Geld mehr, Wohnungen würden zwangsversteigert, Autos gepfändet. Massenpaniken und Volksaufstände wären die Folge.

Weil sie dies verhindern wollen, ziehen Regierungen, Notenbanken und Wirtschaftsprofessoren an einem Strang. Ihr Rezept heißt: Wachstum um jeden Preis. In den USA, wo die hemmungslose Schuldenmacherei schon immer beliebter war als bei den Deutschen, stoßen Ideen wie eine staatliche Schuldenbremse auf wenig Gegenliebe, obwohl auch Wachstumsfetischisten wie dem ›New York Times‹-Kolumnisten Paul Krugman klar sein dürfte, dass die Mathematik sich nicht überlisten lässt. Nach Adam Riese wird irgendwann niemand mehr bereit sein, weitere Schulden zu finanzieren. Dann ist Schluss mit lustig.

Solange die Wirtschaft wächst, besteht wenigstens eine theoretische Chance auf Rückzahlung der Kredite. Eine Rezession bedeutet sinkende Umsätze, schrumpfende Gewinne, entlassene Mitarbeiter, fallende Aktienkurse, geplatzte Anleihen. Weil dies nicht passieren darf, öffneten die amerikanische Fed wie die europäische EZB die Geldschleusen, mit der Folge, dass das aufgeblähte Wirtschaftssystem zwar nicht kollabierte, die Sparer in Ost und West aber unaufhaltsam enteignete.

Die von den Notenbanken ins System gepumpte Geldlawine drückte die Zinsen für Spareinlagen aufs tiefste Niveau aller Zeiten, während Großanleger ihr ausgeliehenes Geld retteten und mit Wetten auf Aktien, Anleihen, Rohstoffe immense Gewinne einfuhren. 2013 legten die Privatvermögen weltweit um etwa 15 Prozent zu, die inflationsbereinigten Netto-Arbeitseinkommen in Deutschland nahmen im gleichen Zeitraum um 0,3 Prozent ab.

Das mühsam am Leben gehaltene Finanzsystem vertieft jeden Tag ein bisschen mehr den Graben zwischen einer kleinen Elite superreicher Individuen und der Masse der verschuldeten Normalverdiener. Das eine Prozent der vermögendsten Menschen verfügt über nahezu die Hälfte des rund 63 Billionen Dollar schweren Immobilien- und Geldvermögens der Erde (Zahlen von 2013). Im gewiss nicht armen Kanton Zürich besitzen die 10 reichsten Bürger so viel wie die 500 000 ärmsten. Was Wunder, dass der Frust über die Ungleichheit wächst und die Bevölkerung auf jede Verletzung moralischer Prinzipien allergisch reagiert. Pauschal hält das Volk Unternehmer und Manager für Verbrecher, Politiker für korrupt und jeden Prominenten für unverdient reich.

Die neue Macht der Moral entstand nicht über Nacht und sie hat nicht nur eine Ursache. Mehrere parallel verlaufende Entwicklungen führten zu einer Sensibilisierung der Menschen für Ungerechtigkeiten und damit zur Forderung nach einer verschärften Moral:

1. Die Moral ist weiblich
Die Emanzipation der Frauen brachte nicht nur die gesetzlich verordnete Quote bei der Besetzung von Topjobs in Behörden und Unternehmen hervor; sie veränderte das Recht ebenso wie das gesellschaftliche Klima. Die »harten« männlichen Werte wie Mut, Aufrichtigkeit, Tüchtigkeit zählen heute weniger als weiblich geprägte »Soft Skills« wie Sozialkompetenz, Kommunikationsfähigkeit und Zivilcourage, und dies führte zu einem Bedeutungsgewinn moralischer Prinzipien.

Der amerikanische Moralforscher Lawrence Kohlberg wies nach, dass Frauen per se keineswegs moralischer sind als Männer. Ihr Gerechtigkeitssinn ist weniger abstrakt und logisch, dafür praktischer ausgelegt. Nach den Studien von Kohlbergs wissenschaftlicher Gegenspielerin Carol Gilligan beziehen Frauen ihr moralisches Wertegerüst aus sozialen Interaktionen, sie lassen sich von Empathie und Fürsorge leiten und sind gegen gewaltsame Konfliktlösungen. Frauen sind an sozialem Frieden interessiert, und niemand kann diesen besser garantieren als eine für alle verbindliche Moral.

Ein weiteres Motiv liegt in der Kindererziehung. Frauen achten mehr als Männer auf die Einhaltung moralischer Regeln. Sie wollen keine Rabauken, sondern »wohlerzogene« Kinder. Da der Anteil alleinerziehender Mütter schon bei 20 Prozent liegt, verlieren männliche Werte beim Nachwuchs an Bedeutung. Rebellierte die Jugend früher gegen ihre autoritätsgläubigen Eltern, so sind Töchter heute die besten Freundinnen ihrer Mütter und Söhne die Kumpels ihrer Väter. Diese »Kuschel-Kinder« sind denn auch weniger an individuellen Freiräumen und einem verschärften Wettbewerb, sondern mehr an allgemeingültigen Normen und friedlicher Koexistenz interessiert. Von der Kita bis zur Uni werden sie ans Kollektiv und seine Regeln gewöhnt; sie sind die Hüter einer ungeschriebenen, aber umso enger gefassten Moral.

Da die Frauen in der Mehrzahl noch immer weniger verdienen als Männer und in den Entscheidungsgremien unterrepräsentiert sind, reagieren sie auf Regelverletzungen von reichen und mächtigen Männern möglicherweise heftiger. Der Ruf nach mehr Moral ist ihre Rache an der männlichen Dominanz.

2. Die Generation Y

Generationenbeschreibungen sind schon deshalb problematisch, weil Generationen nicht homogen sind, sondern aus sehr unterschiedlichen Menschen unterschiedlichen Alters bestehen. Dennoch unterscheiden sich die Generationen in ihrem Denken und Verhalten voneinander, so dass man zumindest den Versuch einer Charakterisierung wagen kann. Soziologen haben die Generationen durchbuchstabiert und den zwischen 1987 und 1998 Geborenen das Y verpasst. Ihre Sozialisierung fällt in die Zeit von 1990 bis 2010, man nennt sie deshalb auch *Millennials* (Jahrtausender). Sie sind heute zwischen 17 und 38 Jahre alt.

Das ›Manager-Magazin‹ ließ 2012 die Personalchefs der 500 größten deutschen Unternehmen nach ihren Erfahrungen mit den »Millennials« befragen, und die Antworten fielen nicht sehr schmeichelhaft aus. »Wir sehen eine ichbezogene Generation, die oft Defizite in Selbstreflexion und Leistungswille zeigt«, schrieb der Teilhaber einer führenden Personalberatungsfirma. Aus den Antworten ergibt sich das Bild einer zwar gut ausgebildeten und international erfahrenen Kohorte, deren hohe Ansprüche nicht mit ihren Fähigkeiten korrelieren. Die Millennials wollen alles und dies möglichst sofort: ein erfülltes Privatleben, einen tollen Job und reichlich Kohle. Aber sie wollen keine Verantwortung und keinen Stress.

Etwas milder urteilte der Berliner Soziologe Klaus Hurrelmann, der zusammen mit dem Journalisten Erik Albrecht ein Buch über die Millennials verfasste: »Die Generation Y ist nicht unpolitisch. Sie definiert Politik allerdings anders als bisher gewohnt. Viele früher als ›politisch‹ definierte Themen sind für die Ypsiloner heute eher eine Frage von Konsum, *Ethik* oder Lifestyle. Die Generation Y kämpft nicht für eine neue Gesellschaftsordnung wie andere Generationen vor ihr. Aber sie will nach ihren eigenen Vorstellungen leben.«

Die jüngste Umfrage zu dem Thema stammt von der Unternehmensberatung Consulting Cum Laude. Die fand nach der Befragung von 1000 Vertretern der 18- bis 32-Jährigen, davon je ein Drittel Berufseinsteiger, Studenten und Absolventen, heraus: Die Youngster sind durchaus leistungsbereit, doch sie wollen Sicherheit. Nur 21 Prozent der Befragten sind am Wohlfühlfaktor interessiert, und immerhin 25 Prozent finden den beruflichen Wettbewerb in Ordnung. Die größte Gruppe aber, rund 30 Prozent, setzt auf traditionelle Werte und strebt nach materieller Sicherheit. Ihr bevorzugter Arbeitgeber: der öffentliche Dienst.

Der Hamburger Soziologe Heinz Bude zeichnet das Bild einer vor Angst erstarrten Gesellschaft: »Alle Bemühungen der 40-Jährigen drehen sich darum, den Begriff eines gelungenen Lebens einzulösen … Man wird aber zum Sklaven dieser Work-Life-Balance. Was ursprünglich eine Befreiungsidee war, um sich vor den Tücken der Arbeitswelt zu schützen, wird nun zum Auslöser einer Depression. Das existenzielle Optimierungsprogramm ist schwer durchzuhalten. Früher sagte man: Ich bin, der ich bin. Heute heißt es: Ich bin, der ich sein könnte …«

Die von ihren Ansprüchen überforderten Ypsiloner sehen sich selbst entspannter. Kerstin Bund, Jahrgang 1982 und Wirtschaftsredakteurin bei der Wochenzeitung ›Die Zeit‹, wehrt sich gegen den Vorwurf, einer Generation von Weicheiern anzugehören: »Wir sind nicht faul. Wir wollen arbeiten. Nur anders. Mehr im Einklang mit unseren Bedürfnissen. Wir lassen uns im Job nicht versklaven, doch wenn wir von einer Sache überzeugt sind, geben wir alles. Wir suchen Sinn, Selbstverwirklichung und fordern Zeit für Familie und Freunde.«

Ob sie will oder nicht: Die Wirtschaft muss sich auf die Neuen einstellen, denn sie hat keine anderen. Die Generation Y wird sehr wohl die Arbeitswelt verändern; sie wird auf die Sinnhaftigkeit ihrer Arbeit mehr Wert legen und höhere moralische Ansprüche stellen als die Generationen vor ihr.

3. Die Erben und die Armen

Am Geld mangelt es nicht. 2013 wurden in Deutschland Vermögen im Wert von 254 Milliarden Euro vererbt. Schön für die Erben, schlecht für die Masse derer, die leer ausgingen. Nach einer Allensbach-Umfrage kann etwa jeder Fünfte in Deutschland mit einer Erbschaft rechnen, aber nur ein Fünftel davon erbt jeweils mehr als 100 000 Euro.

Von den 81 Millionen Deutschen erben also 96 Prozent nichts oder so wenig, dass sie keine großen Sprünge machen können. Die reichen Erben sind den Normalverdienern uneinholbar enteilt. Während deren Vermögen unaufhaltsam wächst, weil es für den Lebensunterhalt kaum benötigt wird, sind Arbeitnehmer auf ihr Gehalt angewiesen, und das lässt, nach Abzug von Steuern, Miete und allerlei Zwangsabgaben, eine Vermögensbildung nur bei asketischer Lebensweise zu. Allein Manager sowie Sport- und Showstars haben noch eine reelle Chance auf selbstgeschaffenen Reichtum. Firmengründer brauchen unverschämtes Glück, wenn sie auf den von Konzernen beherrschten Märkten eine Überlebenschance haben wollen.

Zum Frust über die Aussichtslosigkeit, finanzielle Unabhängigkeit zu erarbeiten, gesellt sich bei den meisten Arbeitnehmern die Sorge um die Zukunft. Obwohl die deutsche Wirtschaft die weltweite Finanzkrise gut überstand, herrscht in den Betrieben tiefe Verunsicherung. Scheinbar unverwundbare Konzerne wie Daimler, BMW, Siemens, Allianz oder Deutsche Bank strichen 2014 tausende Stellen; entweder weil sie ihre Geschäfte ins Ausland verlagerten oder weil sie einen Einbruch der Konjunktur befürchteten.

Düstere wirtschaftliche Perspektiven sind immer ein guter Nährboden für Moralisten. Wenn sich die Angst über die eigene Zukunft paart mit dem Neid auf den unverdienten Reichtum der Erben, wächst die Neigung, das Treiben der anderen mit dem erhobenen Zeigefinger zu begleiten. Kittete der Traum vom sozialen Aufstieg einst die Gesellschaft zusammen, so bröckelt sie heute desillusioniert auseinander. Nur gemeinsame Wertvorstellungen könnten sie noch stabilisieren.

4. Verfall der Autoritäten

Bei Freund und Feind standen die Deutschen einst im Ruf, besonders autoritätsgläubig zu sein. »Zack, zack«, verhöhnten die Briten den Respekt der Germanen vor ihren Häuptlingen, und amerikanische Besatzer wunderten sich, wenn der Deutsche nachts um drei vor einer roten Ampel stehen blieb, obwohl weit und breit kein Auto in Sicht war.

Das hat sich geändert. Bereits die 68er Generation zertrümmerte die Ehrfurcht vor den Zelebritäten, und vor der Staatsmacht beugt heute niemand mehr das Knie. Beamte und Lehrer gelten nicht mehr als Achtung gebietende Amtspersonen, sondern als Faulpelze. Politikern nähert sich der deutsche Untertan nicht mehr ehrfürchtig, sondern herausfordernd. »Es ist definitiv ein Verfall der Autoritäten zu beobachten«, bestätigt der Hamburger Medienmanager Rolf Schmidt-Holtz und fordert die Politiker auf, die »Schwarmintelligenz« ihrer Wähler zu nutzen. Die Kanzlerin hat das längst antizipiert. Sie schreibt dem Volk nicht mehr vor, was es zu tun und lassen hat, sondern gibt vor jeder wichtigen Entscheidung eine Meinungsumfrage in Auftrag. Das Plebiszit regiert den Staat.

Außer vor dem Absturz seines Betriebssystems hat der *Digital Native* vor nichts und niemandem Respekt. Älteren oder im Status überlegenen Personen begegnet er mit Hohn, weil er anzunehmen beliebt, dass sie ein OSx nicht von einem Unix unterscheiden können. Dementsprechend rustikal fallen seine Meinungsäußerungen in Blogs und Chats aus. Die Pöbeleien im Internet färben ab auf die Talkshows im TV wie auf die Umgangsformen im Alltag.

Den Fall der Klassenschranken muss man nicht bedauern, und auf die Betonung der feinen Unterschiede im Benimm wie im Stil der Kleidung mag man gern verzichten, doch die ästhetische und verbale Verwahrlosung der Gesellschaft ist ein Phänomen, das nur bei linken Soziologen Anerkennung findet. Der Azubi, samstags zum Hooligan gereift, pöbelt den Trainer seines Stammvereins mit »Du Flasche!« an, das Ortsvereinsmitglied der staatstragenden Partei unterstellt dem Vorstand, dass er »a saubers Gschwerl« sei, und der Ministrant schnauzt seinen Bischof an: »Finger weg, du Schwuchtel!«

Seltsamerweise werden Zeitgenossen, die den Wissenschaftsbetrieb nur aus der Ferne kennen, höchst aggressiv, wenn eine honorige Politikerin wie Annette Schavan der Schummelei bei ihrer vor 30 Jahren verfassten Doktorarbeit bezichtigt wird. Obwohl die meisten keine Ahnung davon haben, worum es bei dem

Streit um Form und Umfang der Quellenangaben geht, sehen sie sich in ihrem generellen Misstrauen gegenüber »denen da oben« bestätigt.

Die Forderung solcher Kreise nach härteren Strafen für Verfehlungen prominenter Mitbürger ist denn auch weniger ein Ausdruck verinnerlichter moralischer Werte als vielmehr eine Art Klassenkampf. Mit der Moralkeule erschlagen sie jeden, der erfolgreicher ist als sie selbst.

5. Der Transparenz-Terror

Die Wunderwaffe im Kampf gegen den überall vermuteten Korruptionssumpf heißt Transparenz. Durchsichtig soll alles werden, was mit uns und unserem Geld geschieht – dies fordert die in Jahrzehnten gewachsene und von den Medien kräftig geförderte Misstrauenskultur. Jeder ist prinzipiell verdächtig, deshalb darf, ja muss er kontrolliert werden. Der Nacktscanner am Flughafen ist das Symbol des Transparenz-Terrors.

So berechtigt die Forderung nach Transparenz ist, wenn sie sich an Ministerien, Behörden und Unternehmen wendet, so schädlich ist sie im Privaten. Regierungen und Behörden schulden den Bürgern Rechenschaft, doch was Politiker und Beamte nach Dienstschluss treiben, geht niemanden etwas an. Wenn Politkarrieristen allerdings die Nähe der Medien suchen, um sich ihren Wählern mit Homestorys anzubiedern, haben sie den Schutz ihres Privatlebens verwirkt. Christian Wulff war nicht unschuldig am Interesse der Medien, doch die öffentliche Treibjagd hat er nicht verdient.

Der Mensch ist ein zwiespältiges Wesen. Er möchte nicht, dass sein Privatleben öffentlich wird, aber er liebt den Klatsch und Tratsch. Dieselben Leute, die sich über den Schnüffeljournalismus der Yellow Press aufregen, delektieren sich an den Geschichten und Bildern über sexuelle oder finanzielle Eskapaden prominenter Zeitgenossen. Die Transparenz bei anderen hat hohen Unterhaltungswert, im eigenen Bereich empfindet man sie als kriminell.

Politiker sind gerne für Transparenz, allerdings nur so lange, wie es nicht um die Aufklärung ihrer Fehlleistungen geht. In den Zahlenwerken des Berliner Flughafens, der Hamburger Elbphilharmonie oder des Erlebnisparks am Nürburgring war gar nichts durchsichtig. In den Amtsstuben der Nation soll, so will es der Gesetzgeber, volle Transparenz herrschen. Journalisten erleben meist das Gegenteil. Unter allerlei Vorwänden verweigern die Beamten jede Auskunft, auch wenn es sich um Vorgänge von öffentlichem Interesse handelt.

Auch in den Unternehmen stößt das Transparenz-Gebot auf gebremste Begeisterung. Die Manager fürchten um ihre Pfründen und möchten die Konkurrenz nicht schlauer machen. Compliance-Regeln suggerieren vollkommene Offenheit, tatsächlich lenken sie von den sensiblen Bereichen ab. In vielen Konzernbilanzen steckt eine Menge heißer Luft in Form unterlassener Abschreibungen auf den bei Übernahmen zu teuer eingekauften »Goodwill«. Derlei Tricksereien gehören ebenso bestraft wie Falschinformationen oder geschönte Ausblicke. Bücher mit sieben Siegeln sind die Bankbilanzen. Nach wie vor verstecken die Institute Risiken in Zweckgesellschaften, setzen ihr Eigenkapital zu hoch an und täuschen Gewinne vor, die sie nicht erwirtschaftet haben. Der Staat duldet dies, vielleicht weil er bei den Banken die Folgen zu großer Transparenz fürchtet.

Anders verhält es sich mit der Privatsphäre der Bürger. Was ein Mensch in seinen eigenen vier Wänden treibt, hat niemanden zu interessieren. Seit aber die halbe Bevölkerung in sozialen Netzwerken unterwegs ist, Finanzbeamte und Staatsanwälte jederzeit Zugriff auf Computer und Kontodaten haben und geheime Dienste ungeniert den gesamten Datenverkehr abfischen, ist nichts mehr privat. Das Argument der Schnüffler, wer nichts zu verbergen habe, habe auch nichts zu befürchten, ist so dreist wie falsch. Es unterstellt sowohl die Unmündigkeit und Kontrollbedürftigkeit des Volkes als auch die Überlegenheit der staatlichen Kontrolleure. Mit der Demokratie ist das nicht vereinbar.

Der Transparenz-Terror gibt vor, der Einhaltung moralischer Verhaltensregeln zu dienen, tatsächlich ist er selbst zutiefst unmoralisch. Wer ohne Erlaubnis ins Privatleben der Bürger eindringt, macht sich des Datendiebstahls schuldig. Das stört Big Data wenig. So nennen die Amerikaner das lukrativste Geschäftsmodell der Gegenwart, denn personenbezogene Daten gelten als das Öl des 21. Jahrhunderts. Konzerne wie Amazon, Apple, Facebook und Google erzielen mit der Sammlung und Verwertung von Kundendaten Milliardengewinne. Wer ihre Dienste nutzt, liefert sich ihnen aus.

Keine Regierung ist bisher in der Lage, dem Treiben der Datenkraken Einhalt zu gebieten. Das Internet ist ein gesetzesfreier Raum, in dem derjenige, der über die beste Technik verfügt, den größten Gewinn erzielt. Big Data besitzt gewaltige Rechnerfarmen mit unbegrenzter Speicherkapazität und Programme, die aus den gesammelten Informationen immer vollständigere Personenprofile erstellen. Jeder, der hier erfasst ist, wird mit Angeboten zugeschüttet, die präzise auf seine Bedürfnisse zugeschnitten sind. Spielsüchtige werden durch Gesetze geschützt, Konsumsüchtige nicht. Jeder darf sich selbst ruinieren.

In der Welt der Daten-Economy gilt eine besondere Moral. Kunden, die mit Hilfe spezieller Programme, Adblocker genannt, die Werbeblöcke ausblenden, werden als Spielverderber und Störenfriede gebrandmarkt. Der Verkauf solcher Programme soll deshalb verboten werden. Ebenfalls verboten sind Verschlüsselungsprogramme, die den staatlichen Schnüfflern das Mitlesen erschweren. In den USA werden solche Programme nur dann zugelassen, wenn die Hersteller den Geheimdiensten den Quellcode ausliefern. Wer seine E-Mails so gut sichert, dass sie nicht entschlüsselt werden können, macht sich künftig auch in Deutschland strafbar. Innenminister Thomas de Maizière lässt ein Gesetz zur Cybersicherheit erarbeiten, das staatlichen Behörden den Zugang zu verschlüsselten Informationen gewährleisten soll. Der »Große Bruder« aus dem 1948 von George Orwell verfassten Zukunftsroman ›1984‹ brauchte ein paar Jahre länger, bis er in Gestalt von NSA oder BND Realität wurde.

Diktaturen beanspruchen die totale Kontrolle über ihre Untertanen; Demokratien leben von freien Bürgern, die ein Recht auf ihre Geheimnisse haben. Seit die Bürger darauf gefasst sein müssen, dass alles, was sie je getan oder gelassen haben, öffentlich gegen sie in Stellung gebracht werden kann, nimmt der Rechtfertigungsdruck inhumane Züge an. »*Wer unter euch ohne Sünde ist, der werfe den ersten Stein*«, sprach Jesus zu den Pharisäern, die eine Ehebrecherin steinigen wollten (Johannesevangelium, Kapitel 8, Vers 7, Lutherbibel von 1912), denn er wusste: Kein

Mensch ist ohne Sünde. Die Pharisäer in den Medien wie in der Justiz aber lauern auf Verfehlungen.

Der Transparenz-Terror ist eine Folge der Moralisierung. Die Bürger beanspruchen Transparenz bei allen, die Macht über sie haben, und befriedigen ihren Voyeurismus mit Geschichten aus dem Intimleben der Prominenz. Der Staat verlangt die Kontrolle über seine Bürger, weil er vorgibt, nur so ihrem Sicherheitsbedürfnis gerecht werden zu können. Die Freiheit des Individuums ist, auch wenn der Bundespräsident sie täglich beschwört, ein Relikt aus historischer Zeit. Einzig die Hoffnung, dass die Menge der gesammelten Daten eines Tages auch die leistungsfähigsten Superrechner der Kontrolleure überfordern wird, spendet Trost in der total transparenten Welt. »Eine Gesellschaft ohne Geheimnisse hat ihre Ordnung verloren«, warnt der Historiker Herfried Münkler.

6. Die Welt ist aus den Fugen

Wenn es so etwas wie ein zeittypisches Lebensgefühl gibt, dann ist es das der Unsicherheit. Nie zuvor waren die Möglichkeiten, sein Leben zu gestalten, so vielfältig wie heute, aber nie zuvor herrschte auch so viel Ratlosigkeit. Wenn die Verhaltensforscher richtig gezählt haben, trifft der moderne Mensch zwischen Aufwachen und Einschlafen rund 20000-mal eine Entscheidung, und deren Auswirkungen sind immer schwerer zu kalkulieren. Die Parameter, an denen er sich orientieren könnte, erweisen sich als brüchig. Alles ist im Fluss, auf nichts mehr Verlass, die permanente Veränderung das einzig stabile Element.

Praktika, Zeitverträge, Scheinselbständigkeit – im Berufsleben ist nichts mehr berechenbar. Ständig entstehen neue Berufsbilder, Firmen heuern und feuern im Jahresrhythmus. Gestern war Banker in, heute sind Ingenieure gefragt, morgen vielleicht Bioethiker? Ungewiss ist auch der Einsatzort. Will man nicht auf der Sachbearbeiterebene verhungern, ist Flexibilität das erste Gebot. Heute München, morgen Schanghai, übermorgen San Francisco, wo ist das Problem? Berufsnomaden kommen gar nicht dazu, so etwas wie ein soziales Umfeld zu bilden. Sie haben zwar überall Freunde, aber keinen einzigen Freund.

Den Unternehmenslenkern geht es nicht besser. Die Trends

und Moden wechseln schneller, als sie reagieren können. Nicht nur die Verbraucher sind sprunghaft und wählerisch in ihrem Kaufverhalten, die Regierungen sind es nicht minder. Sehen sie ihre heimischen Anbieter in Gefahr, ändern sie blitzschnell die Regeln, und der deutsche Exporteur hat das Nachsehen. Krisenbewältigung ist das tägliche Geschäft der Manager. Mal ändern sich die Währungskurse, mal gibt es einen Arbeitskampf, und am nächsten Tag haben sie es mit einem neuen Konkurrenten zu tun. Das Internet beschleunigt das Geschäft so sehr, dass von einer vernünftigen Planung keine Rede mehr sein kann.

Nicht besser sieht es im Privaten aus. Jede zweite Ehe ist nach zehn Jahren am Ende, die Lebensabschnittsgefährten und -gefährtinnen wechseln mit den Wohnungen und den Fitnessklubs. Halt- und orientierungslos hetzt der Mensch dem Burnout entgegen, bis er kurz vor dem ersten Infarkt die Leere entdeckt. Er fängt an nachzudenken, sucht den Sinn in seinem bisherigen Leben und findet – nichts. Jetzt ist der Zeitpunkt gekommen, wo er die Fühler nach dem Transzendenten ausstreckt. Vielleicht braucht er einen Coach, eventuell tut's auch ein Therapeut, jedenfalls kann es so nicht weitergehen.

Mit Unsicherheit zu leben ist unbequem. Darum suchen wir uns eine Wahrheit, die zu unserer psychischen Struktur passt. Das Nachdenken über den Sinn und Zweck des Daseins führt entweder zur Religion oder zur Philosophie, vielleicht auch nur zu einem neuen Hobby. Das Leben wird einfacher, wenn wir an einen Gott, an Buddha oder auch nur an den Erdmagnetismus glauben. Der Mensch braucht Werte, für die es sich lohnt, jeden Morgen aufzustehen. Ein größerer Dienstwagen ist es nicht, und die Beförderung macht nur kurzzeitig Freude. Aus dem pragmatischen Opportunisten, als den wir uns bisher gesehen haben, wird nach und nach ein Moralist.

7. Deutschland verspießert

Kein Schimpfwort trifft den Deutschen härter als der Vorwurf, ein Spießer zu sein. Spießer sind selbstredend immer die anderen, und sie sind allgegenwärtig. Der DDR-Nostalgiker ist dem Brezel-Schwaben vom Prenzlauer Berg ein »Spießer«. Der hält sich für cool, doch für den Alt-Berliner Taxler ist er bloß ein »zugewanderter Spießer«. Die 15-jährige Architekten-Tochter hält ihre Eltern für »total spießig«, wenn nicht für »peinlich«, diese wiederum finden, ihr Freund sei ein »spießiger Nerd«, und alle zusammen halten die Schrebergärten auf der anderen Straßenseite für einen »Ausbund an Spießigkeit«.

Weil das Spießer-Etikett auf alles und jeden passt und weil es geeignet ist, das Selbstwertgefühl der Bundesbürger zu treffen, sagt es einiges über die Zustände in der Republik aus. Keiner möchte als spießig erscheinen, denn jeder weiß, dass das Leben in diesem unserem Lande eben so ist, wie es ist. Die Sehnsucht nach »Freiheit und Abenteuer« befriedigt der Deutsche am Zigarettenautomaten, und das Bedürfnis, ein Held zu sein, beim Public Viewing. Im echten Leben droht die größte Gefahr, mal abgesehen vom morgendlichen Berufsverkehr, durch die Rentenlücke.

Eine langsam vergreisende Gesellschaft, in der bereits jeder Fünfte älter als 65 ist, verliert zwangsläufig ihre Dynamik. Doch es ist nicht nur die Demografie, die das Land süchtig nach Moral und Regeln macht. Der Bewusstseinszustand seiner Bevölkerung tendiert gefährlich in Richtung Rollator. Wenn jeder dritte Student danach strebt, sein Berufsleben im öffentlichen Dienst zu verbringen – das ergab eine Umfrage der Unternehmensberatung Ernst & Young (ey) vom Frühjahr 2014 –, dann ist das nicht gerade ein Zeichen für den Aufbruch zu neuen Ufern.

Zwar gibt es auch in Deutschland eine Start-up-Szene, doch die macht eher mit Ankündigungen als geschäftlichen Erfolgen auf sich aufmerksam. Drei Brüder aus Berlin, die sich für Internet-Pioniere halten, wurden mit zwei Börsengängen zu Milliardären, ihre Geschäftsideen aber hatten sie samt und sonders von anderen abgekupfert. Die wilden Jahre, in denen unter den Talaren der Muff von tausend Jahren verschwand, sind endgültig vorbei. Jetzt regiert Frau Merkel, und der Duft von frischgebackenem Apfelkuchen zieht durch ein Land, das sich behaglich eingerichtet hat. Es möchte nicht gestört werden durch Kriege, Flüchtlinge oder Forderungen seiner Nachbarn und schützt sich mit einer selbstsüchtigen Moral: Wir sind die Guten, darum lasst uns in Ruhe.

Das Land geniert sich ob seiner wirtschaftlichen Erfolge und macht sich politisch kleiner, als es ist. Um beim Großen Bruder in Washington nicht anzuecken, akzeptiert es dessen eigennützige, von Quäkern und Pietisten geprägte Moralvorstellungen und lässt zu, dass NSA und CIA machen, was sie wollen. Den einstigen Besatzern stellt es im pfälzischen Ramstein einen Stützpunkt zur Verfügung, von dem aus Menschen in Asien und Afrika mit Hilfe unbemannter, aber schwer bewaffneter Drohnen ohne Gerichtsurteil getötet werden. Probleme mit der Moral lässt man in diesem Fall ruhen.

Gedeckt von den breiten Schultern der Militärmacht möchten wir Geschäfte machen und selbst nicht viel fürs Militärische ausgeben. Den Vorwurf der Drückebergerei lässt man sich gern gefallen, wenn dafür ein paar Autofabriken in Arizona, Florida oder South Carolina herausspringen. Solange Audi, BMW und Daimler genug verdienen, ist uns alles recht, was Mr. Obama befiehlt.

In Europa befolgen wir brav, was Brüssel beschließt. Salatgurken ließen wir im richtigen Krümmungswinkel wachsen, und die Glühbirne haben wir durch die Energiesparlampe ersetzt, die demnächst von LED-Leuchten abgelöst wird. Wenn es allerdings ums Geld geht, kennt unsere Solidarität Grenzen. Italienern, Franzosen oder gar Griechen aus der Patsche zu helfen, das geht gar nicht. Das Diktat der Moral hat hier nichts zu melden, unser Finanzminister ist nämlich ein Schwabe.

Statt in Jeans und Sweater treten wir wieder im korrekten Anzug auf, und Titel sind uns wichtiger denn je. Auf der Visitenkarte des Außendienstlers steht »Key Account Manager« und der Hausmeister heißt jetzt »Facility Manager«. Die einstige Lebensabschnittsgefährtin wird, Ordnung muss sein, geheiratet und Familienfeste nach einer Vorlage der ›Bunten‹ im Adelsstil organisiert. Wir schmücken uns mit einem notfalls erfundenen Stammbaum und entsorgen die hoffnungsvollen Sprösslinge unserer Patchworkfamilie in einem teuren Internat. Gekrönt wird die neue deutsche Bürgerlichkeit mit einem Moralkodex. Der dient allerdings weniger der Selbstdisziplin als dem Selbstbewusstsein. Wir sind schließlich wieder wer.

DAS KREUZ MIT DEN MORALISTEN Die Moral hat viele Gesichter, und nicht alle sind sympathisch. Zur Plage wird sie in Gestalt des Moralismus. »Moralisten sind Menschen, die sich dort kratzen, wo es andere juckt«, spottete einst der irische Literaturnobelpreisträger Samuel Beckett. Laut Duden handelt es sich beim Moralismus um »eine übertreibende Beurteilung der Moral als alleiniger Maßstab für das menschliche Verhalten«. Die Moral ist ein Instrument zur Selbstdisziplin, der Moralismus ein Instrument zur Disziplinierung anderer. Zur Moral gehört die Akzeptanz menschlicher Schwächen (gäbe es sie nicht, bräuchte man keine Moral). Der Moralist ist nur gegen sich selber tolerant, anderen gegenüber kennt er keine Gnade. Moralisten eignen sich trefflich als Blockwarte, Hausmeister oder Polizisten.

Moralisten haben viel Übles angerichtet, seit Moses vom Berg Sinai herabgestiegen ist. Im Namen der heiligen Inquisition folterten sie Hexen und Häretiker, im Namen des Marxismus schickten sie Millionen »Revanchisten« in den Gulag, im Namen des Führers vergasten sie sechs Millionen Juden. Der Wahn ist keineswegs vorbei. Mit mittelalterlicher Grausamkeit wüten militante Islamisten in Syrien, Irak, Libyen, Jemen gegen alle, die anderen Glaubens sind. Sie geben vor, im Namen des Propheten zu handeln, und beziehen sich auf den Koran.

Zur Erinnerung: Im Namen einer göttlichen Moral rief Papst Urban II. im November 1095 die europäischen Christen zu einem Kreuzzug auf, um die heiligen Stätten in Jerusalem aus der Herrschaft der Muslime zu befreien. »Gott will es!«, hieß der Schlachtruf der Kreuzritter, die in Wahrheit blutrünstige Eroberer waren. »In Mara kochten unsere Leute die erwachsenen Heiden in Kesseln, zogen die Kinder auf Spieße und aßen sie geröstet«, schrieb der normannische Ritter Radulf von Caen angeekelt nach Hause.

Zu allen Zeiten wurde die Moral missbraucht, um politische oder wirtschaftliche Ziele zu erreichen, denn die Machthaber wussten: Nichts motiviert Menschen mehr als ein Appell an ihr Wertesystem. Moralische Prinzipien bilden den Kern des Selbstwertgefühls eines jeden Menschen. Für ihre Überzeugungen sind Menschen bereit zu sterben. Schon immer zogen sie in Schlachten, für das Gute zu kämpfen, und brachten andere um, weil sie diese für böse, also unmoralisch hielten. Oder weil man sie dies glauben machte.

Neuerdings befürworten sie auch Kriege, wenn andere gegen die Moral verstoßen, ohne dass sie selbst davon betroffen sind. Als auf dem Balkan Serben, Bosnier, Kroaten und Albaner aufeinander losgingen, da hielten es Amerikaner wie Europäer für geboten, dem Schlachten ein Ende zu bereiten, obwohl sie deren Auseinandersetzungen, genau genommen, nichts angingen. Im Rahmen einer »humanitären Initiative« der NATO-Partner flog die deutsche Luftwaffe auf Geheiß der rot-grünen Bundesregierung 1999 rund 500 Kampfeinsätze. Die Piloten töteten Menschen, um sie am Töten anderer zu hindern. »Im Falle schwerster Menschenrechtsverletzungen muss nicht mehr eine Intervention begründet werden, sondern der Verzicht darauf«, brachte der Politikwissenschaftler Peter Rudolf das neue Moralverständnis der demokratischen Menschenfreunde auf den Punkt.

Während die US-Regierung keinen Anlass sah, der Gewaltherrschaft schwer bewaffneter Drogenbanden in ihrem südlichen Nachbarland Mexiko den Kampf anzusagen, fackelte sie nicht lange, als im fernen Libyen ein Bürgerkrieg ausbrach. Im Verein mit britischen und französischen Jagdbombern schossen amerikanische F15-Jets und Tomahawk-Marschflugkörper im Frühjahr 2011 die Stellungen des libyschen Diktators Muammar al-Gaddafi sturmreif. Es war dies der erste Krieg in der jüngeren Geschichte, der mit dem Prinzip *Responsibility to protect* (»Schutzverantwortung«) gerechtfertigt wurde.

HUMANITÄRE MOTIVE VORGESCHOBEN Geht es danach, sieht sich die Völkergemeinschaft im Recht, militärisch einzugreifen, wenn eine Regierung ihrer Schutzverantwortung gegenüber der eigenen Bevölkerung nicht nachkommt. Die Verhinderung weiterer Gräueltaten sei eine moralische Pflicht gewesen, heißt es zur Begründung des Bombardements in Libyen. In Syrien aber, wo die Bevölkerung noch mehr leiden musste, griff der Westen nicht ein, weil ihm das militärische und politische Risiko zu hoch erschien. Die Moral gilt nur, solange sie den Machthabern in den Kram passt.

Abgesehen davon, dass eine solche Intervention vom Völkerrecht nicht gedeckt ist, bewegen sich die Regierungen auch ethisch auf vermintem Gelände. Immerhin verlangen sie von ihren Staatsbürgern in Uniform, dass sie ihr Leben zugunsten Fremder riskieren. Soldaten schwören ihren Eid auf den Staat, in dem sie leben. Für ihn sind sie bereit, in den Tod zu gehen, nicht aber für irgendein fremdes Gemeinwesen.

Noch abwegiger ist ein solches Verlangen, wenn die humanitären Motive nur vorgeschoben sind. Der Verdacht, dass Briten und Franzosen in Libyen vor allem die Interessen ihrer Mineralölkonzerne BP, Shell und Total schützen wollten, ist nicht widerlegt worden. Der Angriff auf den irakischen Diktator Saddam Hussein wurde vom US-Präsidenten George W. Bush mit der Gefahr von Massenvernichtungswaffen begründet, über die dieser angeblich verfügte. Später stellte sich heraus, dass die Beweise dafür gefälscht waren. Tatsächlich galt das Interesse der US-Regierung den Ölquellen im Irak. Regierungen haben, wie wir wissen, keine Moral, sondern Interessen (Winston Churchill). Ihren Appellen an die Moral sollte man keinen Glauben schenken.

Dient die Moral im Ränkespiel der Völker lediglich als Vorwand, so prägt sie deren Kultur und Lebensformen umso nachdrücklicher. Die europäische wie die nordamerikanische Geschichte ist im Kern eine Moralgeschichte. Bis zur Aufklärung im 18. Jahrhundert bestimmten Kirchen, ob katholisch oder reformiert, das Wertesystem der Menschen. Die Furcht vor imaginären Strafen im Jenseits hielt die Gläubigen aller Stände im Zaum.

Der Adel kultivierte seine Umgangsformen und pflegte eine ständische, auf Ehre, Gott und Vaterland basierende Moral. Verstöße gegen den Ehrenkodex pflegte man im Duell mit Degen oder Pistole zu ahnden, während sexuelle Eskapaden mit Diskretion behandelt wurden. Aufstände und Revolutionen ließ die herrschende Klasse mit militärischen Mitteln niederschlagen. Wer der Willkürherrschaft entkommen wollte, musste auswandern. Die ersten amerikanischen Siedler waren gottesfürchtig und kultivierten eine puritanische Moral.

Das aufstrebende Bürgertum versuchte im 19. Jahrhundert die Sitten des Adels zu kopieren und hielt es ansonsten mit dem Anstand eher lax. Dafür strebte es den wirtschaftlichen Erfolg an und grenzte sich gegenüber dem Proletariat ab. Dieses wiederum brachte, trotz der allgegenwärtigen Armut, eine auf Stolz und Rechtschaffenheit gegründete sozialistische Arbeiter-Moral hervor.

Angesichts der von blindwütigem Hass durchtränkten Geschichte der Völker verwundert es, welche Bedeutung zu allen Zeiten der Moral zukam. Von Anfang an trachteten die Menschen danach, einander zu übertrumpfen, zu erniedrigen und zu töten. Christen gegen Juden, Muslime gegen Christen, Franzosen gegen Italiener, Briten gegen Buren, Japaner gegen Chinesen, Nord- gegen Südstaaten, Adelige gegen Bauern, Katholiken gegen Protestanten, Arbeiter gegen Kapitalisten, Deutsche gegen alle – die blutigen Konflikte nahmen nie ein Ende. Erstaunlicherweise siegte am Ende immer wieder die Menschlichkeit. Was bringt die Erdenbewohner wohl dazu, gegen ihre animalischen Instinkte und ihre egoistischen Interessen zu handeln? Kurz gefragt: Wie kommt eigentlich die Moral in die Welt?

Kapitel XI
Ein gutes Gefühl

Dass die Menschen einander noch nicht ausgerottet haben, verdanken sie nicht ihrer Vernunft, sondern vielmehr ihrem Gehirn, und zwar einem kleinen Areal hinter der Stirn, das die Neurologen den *medialen präfrontalen Cortex* nennen. Hier vermuten die Wissenschaftler das Zentrum eines neuronalen Netzwerks, das unser moralisches Verhalten steuert. Das Besondere daran: Es existiert angeblich schon, bevor wir die Zehn Gebote gelernt haben.

Bei der Geburt bekommen wir die Moral gratis mitgeliefert. Dies jedenfalls behaupten führende Neurowissenschaftler und stellen damit alles in Frage, was wir über uns zu wissen glaubten. Die ganze Erziehung, das mühsame Bezähmen unserer Instinkte und Triebe, das Erlernen von Ge- und Verboten, die Religion, Philosophie, Ethik – alles für die Katz? Ganz so ist es nicht, aber ein bisschen schon. Die frohe Botschaft der Hirnforscher: Der Mensch ist besser, als er glaubt. Zu seiner biologischen Grundausstattung gehört nicht nur der Fress-, Sexual- und Tötungstrieb, sondern auch ein Betriebssystem, das auf Moral programmiert ist.

So wie jeder Mensch von Natur aus befähigt ist, Sprachen zu lernen, weiß er von Anfang an, was gut und was schlecht für ihn ist; dies stellten der amerikanische Linguist Noam Chomsky und seine Kollegen aus der Neurowissenschaft fest. Allerdings braucht der Mensch dann ein paar Jahre, etwa bis zur Pubertät, ehe ihm dämmert, was in seinen Brüdern und Schwestern vorgeht. Die Empathie ermöglicht es ihm, sein Verhalten so zu steuern, dass es mit dem der anderen kompatibel ist. Doch längst nicht alle Menschen verfügen in ausreichendem Maß über die soziale Begabung. Noch sind die Kenntnisse über das, was in den Schaltkreisen des Gehirns vorgeht, wenn wir lieben oder lügen, lückenhaft. Doch die Forscher kommen den Geheimnissen unserer innersten Empfindungen Schritt für Schritt näher.

Das Gute ist also schon in der Welt, ehe wir in der Lage sind, böse zu werden. Was Philosophen wie der Grieche Sokrates

(469–399 v. Chr.), der Schotte David Hume (1711–1776) oder der Ire Francis Hutcheson (1694–1746) vermuteten, das glauben die Neurowissenschaftler mit modernen Diagnosegeräten wie der Magnetresonanztomografie (MRT) beweisen zu können.

Bereits 2001 steckte der an der Harvard University lehrende Psychologe Joshua Greene Versuchspersonen in den MRT und registrierte ihre Gehirnaktivitäten, während er ihnen Fragen stellte wie diese: Ein Güterzug rast führerlos auf fünf Gleisarbeiter zu. Sie können diese Leute retten, wenn Sie die Weiche umstellen. Auf dem Ausweichgleis aber steht eine einzelne Person, die unweigerlich sterben würde. Was tun Sie? Tausende Probanden, Männer wie Frauen, Kinder wie Erwachsene, Weiße wie Farbige, Amerikaner wie Europäer, wurden mit dem in der Branche als »Gleisarbeiter-Dilemma« bekannten Beispiel konfrontiert, und kaum einer hatte Probleme mit der Antwort: Der Pechvogel musste sterben, damit die fünf gerettet werden konnten.

Anders fielen die Antworten bei der nächsten Frage aus: Von einer Brücke aus sehen Sie den Güterzug heranrasen. Vor Ihnen steht ein Mensch, groß und schwer genug, die Lokomotive zu stoppen. Würden Sie ihn von der Brücke stoßen, wenn Sie dadurch die fünf Arbeiter retten können? Nur 15 Prozent derselben Versuchspersonen waren dazu bereit, obwohl das Zahlenverhältnis zwischen Opfer und Geretteten dasselbe war wie bei der ersten Frage. Die meisten hatten Hemmungen, den Mann vor ihnen mit eigenen Händen zu töten.

Zum Indiz für die Theorie von der angeborenen Moral aber wurde das Experiment erst, als die Forscher um den Neurowissenschaftler Michael Koenigs von der University of Iowa und die Psychologin Elisa Ciaramelli von der Universität Bologna es mit speziellen Probanden wiederholten. Aus den Patientenkarteien von Kliniken und Praxen wählten sie Menschen aus, deren medialer präfrontaler Cortex beschädigt war. Von dieser Versuchsgruppe hatte kein einziger Skrupel, den schweren Mann von der Brücke zu stürzen.

Aus den Gehirnaktivitäten der Probanden schlossen die Forscher, dass gesunde Menschen über ein moralisches Gewissen verfügen, das sie daran hindert, anderen Menschen Schaden zuzufügen. Die Hemmschwelle sinkt, wenn der Tod durch technische Apparaturen (wie die Weichenstellung oder auch eine unbemannte Drohne) herbeigeführt wird. Ist ein bestimmter Teil des Gehirns beschädigt, handeln die Menschen ohne moralische Bedenken.

Auf die Spur brachte die Neurowissenschaftler einer der bizarrsten Unfälle in der Medizingeschichte. Der 25-jährige Bauarbeiter Phineas Gage war anno 1848 mit Sprengungen für eine Eisenbahnlinie im US-Bundesstaat Vermont beschäftigt. Bei einem Bohrloch vergaß er, Sand auf das Schwarzpulver zu schütten, ehe er es mit einer Eisenstange feststampfte. Die Explosion trieb die sechs Kilo schwere, 1,10 Meter lange und 3 cm dicke Stange von unten durch seinen Schädel. Das Projektil trat am linken Wangenknochen ein, durchbohrte die Schädeldecke und flog noch 30 Meter weiter. Gage blieb bei vollem Bewusstsein und konnte sich an den Vorgang in allen Einzelheiten erinnern. Er verlor lediglich sein linkes Auge.

DER MORALISCHE CODE ... Wie aus dem Behandlungsbuch seines Arztes John D. Harlow hervorgeht, war Gage nach wenigen Wochen wieder arbeitsfähig. Weder seine Intelligenz noch seine motorischen Fähigkeiten hatten gelitten. Er konnte sprechen, rechnen, sich erinnern. Doch sein Charakter hatte sich völlig verändert. Aus dem besonnenen und freundlichen Vorarbeiter war ein jähzorniger, zu vernünftigen Entscheidungen unfähiger Wüterich geworden. Bis zu seinem Tod am 21. Mai 1860 litt Gage an epileptischen Anfällen und Fieberattacken.

1867 wurde Gages Leichnam exhumiert, der Schädel sowie die Eisenstange im Museum der Harvard Medical School ausgestellt. 127 Jahre später interessierte sich die aus Portugal stammende und an der University of Southern California arbeitende Neurowissenschaftlerin Hanna Damásio für die Überreste des Phineas Gage. Zusammen mit ihrem Ehemann Antonio, ebenfalls Neurowissenschaftler, scannte sie den Schädel in ihren Computer und füllte ihn mit einem virtuellen Gehirn. So konnten die Forscher genau feststellen, welche Hirnareale bei Gage zerstört worden und welche intakt geblieben waren.

Der tote Vorarbeiter lieferte der Neurowissenschaft bahnbrechende Erkenntnisse und trug zur Entwicklung eines neuen Wissensgebietes bei: der *Neuroethik*. Die Damásios fanden heraus, dass es im Stirnhirn zwei Zentren geben müsse. Eines, das an beide Schläfen grenzt und das bei Gage unverletzt blieb, sei für abstrakte Denkvorgänge wie Lesen, Sprechen und Rechnen zuständig. Das andere, zwischen den Hirnhälften gelegen, wurde bei Gage von der Eisenstange eliminiert. Es steuere unser soziales Verhalten, schlossen die Damásios, und müsse den moralischen Code enthalten.

Antonio Damásio machte sich auf die Suche nach Menschen, bei denen dieser Teil des Gehirns ebenfalls gelitten hat, und stieß auf einen Patienten, den er Elliott nannte. Ein Tumor hatte in dessen Gehirn zu wuchern begonnen und musste schließlich, groß wie eine Kinderfaust, operativ entfernt werden. Elliott, der in Wahrheit anders heißt, kann logisch denken, schreiben und rechnen, aber er ist absolut unfähig, mit anderen Menschen Beziehungen aufzunehmen. Er weiß nicht, was andere von ihm erwarten und wie er sich in ihrer Gegenwart benehmen soll. Ihm fehlt völlig, was Personalchefs von jedem Bewerber erwarten: soziale Kompetenz.

Elliott besitzt keine Moral. Er weiß nicht, was gut ist und was schlecht. Er hat keine Bedenken, den dicken Mann von der Brücke zu stoßen, denn fünf Gleisarbeiter sind nun mal mehr wert als der eine Mensch vor ihm. Ihm fehlt das Gefühl für seine Mitmenschen. Für den Neurologen Damásio war Elliott ein Geschenk des Himmels. Am lebenden Objekt konnte er studieren, wie ein Mensch ohne medialen präfrontalen Cortex funktioniert.

Es war der Harvard-Psychologe Marc Hauser, der in seinem 2006 erschienenen Buch ›Moral Minds – How Nature Designed a Universal Sense of Right and Wrong‹ die These aufstellte, dass der Mensch von Geburt an mit einem Sinn für Gut und Böse ausgestattet ist. Als Hauser und seine Forscherkollegen über 500 Studenten, die sie mit dem Gleisarbeiter-Dilemma konfrontiert hatten, nach dem Grund ihrer Entscheidungen befragten, bekamen sie keine vernünftigen Erklärungen. Die Studenten wussten schlichtweg nicht, weshalb sie sich für oder gegen den Tod eines Menschen entschieden hatten. Der Psychologe schloss daraus, dass die Moral fest im Gehirn programmiert ist und keiner rationalen Rechtfertigung bedarf.

Obwohl Marc Hauser 2012 die Harvard University verlassen

musste, weil ihm »wissenschaftliches Fehlverhalten« vorgeworfen wurde, teilen viele Neurowissenschaftler seine Ansicht über die programmierte Urmoral. Der an der Berliner Charité arbeitende Neurologe Henrik Walter ist davon überzeugt, dass das Gehirn bei Neugeborenen nicht einem unbeschriebenen Blatt gleicht, sondern bereits mit einem Kompass für das Gute und das Schlechte ausgestattet ist: »Ich glaube, dass die Grundregeln des sozialen und damit moralischen Zusammenlebens angelegt sind.«

Die Vorstellung, dass moralische Fragen ausschließlich in jenem Teil des Gehirns entschieden werden, die bei Phineas Gage und Elliott fehlten, mussten die Neurowissenschaftler allerdings bald korrigieren. Weitere MRT-Experimente und genauere Messungen führten sie zu der Erkenntnis, dass die Moral nahezu das gesamte Gehirn beschäftigt. Bei schwierigen Entscheidungen, die das Wertesystem betreffen, kommunizieren die verschiedenen Hirnareale miteinander. Offenbar ist der *mediale präfrontale Cortex* für die Erzeugung des »guten Gefühls« zuständig, das sich bei einer moralisch »richtigen« Entscheidung einstellt, der *dorsolaterale präfrontale Cortex* hingegen für die kognitive Kontrolle und verstandesmäßige Problemlösung.

... UND DAS GOTTES-MODUL Was ist das nun für eine Moral, die nach Meinung der Neurowissenschaft fest im Betriebssystem der Menschen programmiert ist? Mit Sicherheit wissen wir nur, dass von Geburt an nicht alle 2367 Paragrafen des Bürgerlichen Gesetzbuches (Stand 2014) gespeichert sind. Die universelle Urmoral ist sehr viel bescheidener. Sie funktioniert gleichermaßen bei den Aborigines in Australien wie den Inuit am Polarkreis, den Bewohnern von München-Bogenhausen wie den Papua in Neuguinea und sie enthält möglicherweise nur zwei Gebote: 1. Du sollst nicht töten, 2. Du sollst nicht lügen. Die einfachen Regeln sind die Ursache für das schlechte Gewissen, das schon Kinder empfinden, wenn sie schwindeln oder zuschlagen. Vielleicht existieren noch ein paar Gebote mehr, je nach dem Kulturkreis, in dem die Menschen leben. Die Neurologen werden keine Ruhe geben, bis sie den Moral-Code aller Rassen und Kulturen entschlüsselt haben.

Inzwischen glauben Wissenschaftler wie Vilayanur Ramachandran von der University of California und Andrew Newberg von der University of Pennsylvania sogar, im Gehirn ein Zentrum für religiöse Erfahrungen identifiziert zu haben. Einem Teil des Schläfenlappens hinter dem linken Ohr trauen sie die Fähigkeit zu, Menschen in außergewöhnliche Zustände zu versetzen. Eine der Versuchspersonen Newbergs beschreibt ihre Empfindungen so: »Ich fühlte eine Verbindung mit irgendeiner Energie, einen Zustand der Klarheit, Transparenz und Freude.« Eine andere Probandin glaubte: »Die Gegenwart Gottes war spürbar, ich fühlte, wie seine Existenz mich durchdrang.« Die Forscher injizierten den Versuchspersonen während ihrer Trancezustände eine radioaktive Substanz in die Vene, die sofort an die aktiven Hirnzellen andockte. Mit Hilfe eines SPECT genannten Verfahrens konnten sie genau feststellen, welche Areale aktiviert waren. Flapsig nannten sie diese »Das Gottes-Modul«.

Noch einen Schritt weiter ging der kanadische Neuropsychologe Michael Persinger von der Laurentian University in Ontario. Er stülpte seinen Probanden einen Helm über den Kopf, der ein schwaches Magnetfeld erzeugt und die Nervenzellen des Temporallappens stimuliert. Vier von fünf Versuchspersonen verspürten daraufhin ebenfalls spirituelle Erweckungserlebnisse. »Jeder kann Gott treffen«, ist Persinger überzeugt. Religiöser Glaube ist also, wenn die Forscher ihre Ergebnisse richtig deuten, kein soziokulturelles Phänomen, sondern ein inneres Bedürfnis des Menschen.

Die für die Moral zuständigen Synapsen im Gehirn, die Menschen daran hindern, einander umzubringen, sind ein Produkt der Evolution. Indem sie den Drang zur Aggression bremsen, sichern sie den Fortbestand der Spezies. Dem Raubtier in uns legen sie jedoch nur schwache Fesseln an. Betrug, Raub, Mord, Vergewaltigung und kriegerische Auseinandersetzungen begleiten die Entwicklung des Menschen vom Homo rudolfensis bis zur Gegenwart. Die Biologie enthebt den Menschen also keineswegs der Anstrengung, sein Verhalten bewusst zu kontrollieren. Anstandsregeln und Selbstdisziplin sind nicht für die Katz, sondern notwendige Überlebensstrategien. So wenig die Erkenntnisse der Neurowissenschaftler über vorgeprägte Entscheidungen die Justiz überflüssig machen, so wenig sind sie geeignet, die uns anerzogene Moral zu ersetzen.

Der Mensch ist gut und er ist böse, egoistisch und sozial, rücksichtslos und barmherzig, und manchmal weiß er gar nicht, was er gerade ist. Die Religionen haben den Dualismus mystifiziert und in Symbole verlagert. Engel und Dämonen sind nichts anderes als Fiktionen für die in jedem Menschen wirkenden Kräfte. Für seine Untaten machten sie die dunkle Macht des Teufels verantwortlich und die gütige Kraft eines allwissenden und verzeihenden Gottes für seine Möglichkeit, dennoch ins Paradies zu gelangen oder wenigstens ein einigermaßen gelungenes Leben zu führen. Damit er die Chance wahren kann, braucht der Mensch die Moral.

Wenn die Neurowissenschaft mit ihrer Entdeckung einer biologisch verankerten Moral recht behält, stellt sich die Frage, wo in unserem Gehirn das Böse seinen Sitz hat. Und warum es überhaupt existiert. Seltsamerweise fasziniert das Böse die Menschen mehr als das Gute. Unentwegt serviert uns das Fernsehen Leichen zum Abendbrot und Kommissare, die die Mörder zur Strecke bringen. Figuren wie der teuflisch schlaue Kannibale Hannibal Lecter, der blutsaufende Graf Dracula oder der ewig intrigante J. R. Ewing fesseln das Publikum mehr als Menschen, die Gutes tun.

WARUM TÖTEN SPASS MACHT Die Filmemacher führen fort, was bereits die großen Dramatiker der Weltliteratur in Szene setzten. Mord und Totschlag, Intrigen und Kabalen beherrschen die Bühnen, seit es Theater und Opernhäuser gibt. Gestalten wie Goethes Mephisto und Shakespeares Macbeth zeigen auf exemplarische Weise den Reiz des Zwiespältigen. Konsequenterweise widmet die Geschichtsschreibung den großen Schurken, von Dschingis Khan bis Hitler und Stalin, immer wieder neue Filme und Biografien, während die Helfer und Retter längst vergessen sind. Weil fast jeder Mensch irgendwann in seinem Leben von der Versuchung geplagt wird, gewalttätig zu werden und einem Artgenossen zu schaden, finden wir die Bösen so interessant.

Einer, der sich über das Böse Gedanken macht, ist der Konstanzer Neuropsychologe Thomas Elbert. Mit seinen Assistenten und Studenten reist er immer wieder nach Afrika, in den Kongo, nach Somalia oder Uganda, um in Interviews mit Mördern und Vergewaltigern herauszufinden, warum der Mensch so ist, wie er ist. In Goma, einer am östlichen Rand der Demokratischen Republik Kongo gelegenen Großstadt mit mehr als 500000 Einwohnern, bekam er 2011 von der UNO die Erlaubnis, ehemalige Kindersoldaten zu befragen, die mit Hubschraubern und LKWs aus den Kampfgebieten evakuiert worden waren.

»Nachts sind wir losgezogen, um Dörfer zu überfallen«, schilderte einer der Jugendlichen seine Erlebnisse. »Alle, die wir trafen, haben wir kaltgemacht. Wenn uns eine Frau über den Weg lief, haben wir sie vergewaltigt ...« Die unvorstellbaren Gräuel, die sie erlebt und begangen haben, gehörten für die Halbwüchsigen zum normalen Alltag. Thomas Elbert und seine Helfer hat das wenig überrascht. In den Gefängnissen von Ruanda hatten sie nach dem Genozid von 1994, als Angehörige des Hutu-Volkes mit Knüppeln und Macheten etwa eine Million Tutsi umbrachten, mit vielen der Mörder gesprochen und schon damals festgestellt, dass das Töten zur Lust werden kann.

»Jeder Mensch ist darauf angelegt, Gewalt auszuüben«, zieht Elbert das Resümee seiner Forschungsarbeit. »Und nicht nur das: Er empfindet sogar noch Lust dabei. Wir haben gefragt: Wie ist das, wenn du tötest? Sie haben geantwortet: Beim ersten Mal war es schrecklich, beim zweiten Mal ging es schon, und ab dem dritten Mal hat es Spaß gemacht.« Die Lust an der Grausamkeit ist keine afrikanische Spezialität. Aus den abgehörten Gesprächen deutscher Wehrmachtssoldaten in amerikanischer Kriegsgefangenschaft ging hervor, dass sie ganz ähnliche Empfindungen hatten. »Der Krieg war eine Katastrophe«, sagten sie, »aber sie gaben auch zu, dass es Spaß gemacht hat, die Leute niederzumähen, und dass sie stolz auf ihre Siege sind«, bestätigt der Konstanzer Psychologe. Wenn es ums Töten geht, sind die Unterschiede zwischen Kongolesen und Deutschen nicht sehr groß.

Thomas Elbert hält die Lust am Töten für ein Erbe unserer Vergangenheit. Als der Homo erectus vor ein paar hunderttausend Jahren entdeckte, dass Fleisch ihm mehr Kraft und Schnelligkeit verlieh als die gewohnte pflanzliche Kost, entwickelte er sich vom Sammler zum Jäger. Die Jagd aber war ein gefährliches Abenteuer. Die Hominiden hatten es nicht nur mit flinken und wehrhaften Beutetieren zu tun, sondern auch mit verwandten Stammesbrüdern, die ihnen die Reviere streitig machten. Die Menschen jagten in Kohorten von etwa fünf bis 25 Personen, und sie mussten lernen, Freund und Feind zu unterscheiden. Die eigenen Leute anzugreifen war verboten, die Fremden durften getötet werden.

Wer einmal ein Bundesliga-Spiel im Stadion miterlebt hat, weiß, wovon die Rede ist. Die eigene Mannschaft wird angefeuert, der Gegner niedergebrüllt, und nicht immer bleibt es bei verbalen Attacken. Glücklicherweise ist selbst bei den Hooligans das Ausmaß der Gewalt durch ein paar Jahrtausende Zivilisation und die im medialen präfrontalen Cortex verankerte Moral gemildert worden. Ganz anders als in einem richtigen Krieg. Da gibt es kein Fairplay und keine Rücksichtnahme, die Tötungsabsicht ist gewollt und wird geschätzt. Der Soldat, der den Feind erschießt, wird mit einem Orden belohnt.

Wie kommt es aber, dass Soldaten nicht nur kämpfen, um die Heimat zu verteidigen, sondern dass sie lustvoll und grausam Zivilisten umbringen? Auch die Entgleisung der Tapferkeit, Fachleute nennen es *appetitive aggression*, hat mit der langen Epoche der Jägerei zu tun. Als die Kohorten aufbrachen, um einen Säbelzahntiger oder ein Mammut zu erlegen, wussten sie, dass sie ein hohes Risiko eingingen. Die Jagd dauerte viele Tage, in denen es wenig zu essen und trinken gab. »Die Entbehrungen und die ständige Lebensgefahr waren nur zu ertragen, wenn der Organismus das Töten als lustvoll und belohnend erlebte«, vermutet der Konstanzer Psychologe.

VATER VERGIFTET, MUTTER GEWÜRGT Die Lust am Töten entsteht im Gehirn, wenn das mesolimbische Belohnungssystem den Neurotransmitter Dopamin ausschüttet. Der Botenstoff löst Gefühle aus, die wir als Glück und Zufriedenheit empfinden. Guter Sex kann das limbische System ebenso stimulieren wie der Anblick des eigenen Kindes, eines schönen Bildes, einer Landschaft, ein sportlicher oder beruflicher Erfolg. Gewinnt »unser« Fußballklub die Champions League, freuen wir uns ähnlich intensiv wie über eine Beförderung. In beiden Fällen wurde nach langer Vorbereitung und großer Anstrengung ein Ziel erreicht. Dafür hat die Evolution das Belohnungssystem geschaffen.

Der Glückszustand entschädigt für die Mühen, die wir (oder unser Klub) auf sich genommen haben, das gesteckte Ziel zu erreichen. Ohne Dopamin-Ausschüttungen im Gehirn hätten sich unsere Vorfahren kaum aufgerafft, die Savanne Afrikas zu verlassen, und wir würden heute nicht BMW fahren und im Internet surfen, sondern im Lendenschurz Antilopen jagen. Der zivilisatorische Fortschritt der Menschen ist das Ergebnis von Entbehrung und Belohnung, Aggression und Befriedigung.

Was für den Angestellten die Beförderung, ist für den Jäger das Erlegen der Beute und für den Soldaten die Vernichtung des Gegners. Den tödlichen Schuss empfindet er als ähnlich befriedigend wie der Stürmer der Fußballmannschaft den Torschuss. Das Belohnungssystem im Gehirn funktioniert bei den US-Navy-Seals oder dem Spezialkräfte-Kommando der Bundeswehr so zuverlässig wie bei den Mammutjägern vor hunderttausend Jahren. Als ein Kommando der Navy Seals am 2. Mai 2011 im pakistanischen Abbottabad den langgesuchten al-Qaida-Chef Osama bin Laden aufspürt und ihn in seinem Schlafzimmer überrascht, da zögert der Elitesoldat Robert O'Neill nach eigenen Angaben keinen Moment: »Ich habe ihn zwei Mal in den Kopf geschossen, bap, bap!« Dann fragte er sich: »Ist es das Beste, was ich je getan habe, oder das Schlimmste?«

Die Lust an der Aggression, hervorgerufen durch das Sexualhormon Testosteron und befriedigt durch Glückshormone wie Oxytocin, äußert sich nicht nur in kriegerischen Konflikten, sondern jeden Tag im Büro, im Straßenverkehr, im Sport oder in der Familie. Manager, die ihre Mitarbeiter demütigen, Autofahrer, die anderen die Vorfahrt nehmen, Väter, die ihre Frauen und Kinder drangsalieren, unterscheiden sich nur in Nuancen von Gewalttätern.

Wo die Moral im Kopf entsteht, haben die Neurowissenschaftler herausgefunden, dem Bösen aber jagten sie mit MRT und Elektroenzephalografie vergeblich hinterher. Der Teufel steckt nicht in einem bestimmten Areal des Hirns, er offenbart sich vielmehr, wenn dieses fehlt. Hirnscans von Gewaltverbrechern zeigen auffallend schwache Aktivitäten jener Regionen, in denen die Neurologen den Sitz von Empathie und Moral vermuten. Ohne die eingebaute Moral wird der Mensch zur Gefahr für andere Menschen.

2011 steht im italienischen Como eine Frau namens Stefania Alberti vor Gericht. Die Unternehmertochter gesteht, ihre

Schwester Mariarosa entführt, misshandelt und getötet zu haben. Die Leiche übergießt sie mit Benzin und zündet sie an. Anschließend versucht sie, das Auto ihrer Eltern in die Luft zu jagen, ehe sie den Vater vergiftet, die Mutter mit einem Gürtel bis zur Bewusstlosigkeit würgt und den Körper in Brand setzt. Schwerverletzt überlebt die Mutter.

Normalerweise hätte die zweifache Mörderin den Rest ihres Lebens im Gefängnis verbringen müssen. Die Richterin Luisa Lo Gatto aber ließ sich von der Verteidigung überzeugen, die Hirnscans der Angeklagten vorlegte. Die Aufnahmen aus dem Kernspintomografen zeigten, dass Stefania Alberti im vorderen cingulären Cortex sowie in der sogenannten *Insel* eine zu geringe Hirnmasse aufweist. Die als Gutachter benannten Neurowissenschaftler Pietro Pietrini und Giuseppe Sarori schlossen daraus, dass die Frau über ein abnormes Maß an Aggressivität verfügte und keine Möglichkeit besaß, diese zu kontrollieren. Statt lebenslänglich bekam Stefania Alberti nur 20 Jahre Gefängnis. Unter Kriminologen ist das Urteil ebenso umstritten wie die These der Neurowissenschaftler, dass Menschen, die eine Fehlfunktion im Gehirn haben, für ihre Verbrechen nicht verantwortlich gemacht werden können.

DAS GEHIRN EINES PSYCHOPATHEN Auch der Amerikaner James Fallon war dieser Meinung. Als Professor für Psychiatrie, Anatomie und Neurobiologie an der medizinischen Fakultät der University of California lehrte er seine Studenten, dass nur die angeborenen Veranlagungen eines Menschen seinen Lebensweg bestimmen. Die sozialen Umstände hielt er für weniger bedeutend. Viele Jahre lang beschäftigte er sich mit den Gehirnen von Gewalttätern, denn er wollte herausfinden, weshalb manche Menschen Verbrechen begehen und andere nicht. Aus seiner Forschung zog er die Erkenntnis: Nicht pure Not oder andere Umwelteinflüsse machen aus einem Menschen einen Verbrecher, sondern die Natur bestimmt ihn dazu. Menschen, die sich nicht in andere hineinversetzen können, haben wenig Hemmungen, anderen Gewalt anzutun. Wer keine Angst vor Gefahren und Strafen hat, setzt sich über die Konventionen hinweg und nimmt, was er begehrt.

Etwas später arbeitete der in den USA über die Fachwelt hinaus bekannte Neurowissenschaftler an der Erforschung der Alzheimer-Krankheit, als ihn ein Testbild stutzig werden ließ. Unter den Schädelbildern von Alzheimer-Patienten hatte er zum Vergleich acht Hirnscans von gesunden Menschen angeordnet. Eines davon erinnerte ihn an die Aufnahmen der Gewaltverbrecher, die er zuvor studiert hatte. Alle Bilder waren anonymisiert und mit einer Ziffer versehen. Fallon durchwühlte seine Schreibtischschublade. Als er die Liste mit den Codes gefunden hatte, las er hinter der Nummer des auffälligen Bildes seinen eigenen Namen.

»Ich habe das Gehirn eines Psychopathen«, durchfuhr es ihn. Er begann, seine Familiengeschichte zu erforschen, und stellte fest: In der direkten Linie seines Vaters gab es sieben Mörder, darunter die berüchtigte Lizzy Borden, die beschuldigt wurde, ihren Vater und die Stiefmutter mit dem Beil zerhackt zu haben. Fallon war geschockt und fing an, über sich selbst nachzudenken. Er gestand sich ein, zu seiner Frau und den drei Kindern nie tiefe Gefühle entwickelt zu haben: »Ich war immer bereit, sie für eine lustige Nacht in einer Bar sitzen zu lassen.« Als er mit seiner Familie darüber sprach, erfuhr er Dinge über sich, die er längst vergessen hatte. Sein Schwager berichtete von halsbrecherischen Abfahrten im Nationalpark Death Valley, andere von Partys mit Sex, Drugs and Rock 'n' Roll. Der Wissenschaftler entpuppte sich als »wilder Hund«, der vor nichts und niemandem Respekt hatte.

Besonders beeindruckte ihn, was seine Mutter erzählte. Als Jugendlicher habe er eine Phase gehabt, in der er sich abkapselte. Stundenlang saß er im Garten, starrte finster vor sich hin und wollte mit keinem sprechen. Weil sie fürchtete, dass er zum depressiven Einzelgänger würde, verbot sie ihm, nach der Schule sofort nach Hause zu kommen, was ihn zwang, die Gesellschaft der anderen zu suchen. Der junge Fallon spielte Football, trieb im Sommer Leichtathletik und fuhr im Winter Ski. »Sie hat instinktiv das Richtige getan«, meint er heute, »denn so war ich beschäftigt und hatte keine Zeit, über etwas anderes nachzudenken.«

Nun interessierte ihn nur noch eine Frage: weshalb er Professor und kein Massenmörder geworden war. An einem sonnigen Nachmittag lag er in seinem Whirlpool im Garten und sah seiner Mutter zu, die vor einem Beet kniete und Blumen einpflanzte.

Plötzlich kannte er die Antwort: Sie war es, die ihn davor bewahrt hatte, gewalttätig zu werden. Die Mutter und sein Vater, die Geschwister, die ganze Verwandtschaft hatten ihn umsorgt und ihm ein Umfeld geboten, das seine guten Anlagen förderte und die schlimmen gar nicht zur Entfaltung kommen ließ. Professor Dr. James Fallon musste erkennen, dass seine Ansichten über das, was einen Menschen ausmacht, grundfalsch waren. Zwar hat jeder Mensch Anlagen zum Verbrecher, der eine mehr, der andere weniger, doch er hat auch die Möglichkeit, sie zu bezähmen. Die Moral, die ein Mensch entwickelt, ist nicht nur eine Gabe der Natur, sondern auch das Produkt seiner Sozialisierung. Ob ein Teil seines Gehirns gut oder schlecht funktioniert, ist für seinen Lebensweg nicht allein entscheidend. Genauso wichtig ist sein Wille, ein anständiges Leben zu führen.

DIE DEUTUNGSHOHEIT ANGESTREBT Als Produkt der Evolution ist der Mensch des Menschen Feind und zugleich sein Freund. In den meisten Lebenslagen hat er die Wahl zwischen Konfrontation und Kooperation. Wofür er sich entscheidet, hängt sowohl von seinen Gefühlen als auch von seinem Verstand ab. Sind die negativen Emotionen zu stark, geht er zum Kampf über, auch wenn die Kooperation zu einem besseren Ergebnis führen würde.

»Moralempfinden kommt nicht ohne Emotionen aus«, bestätigt der Tübinger Neurobiologe Niels Birbaumer. »Ein gesunder Mensch hat Angst vor der Strafe; sie hindert ihn daran, ein Verbrechen zu begehen. Gewalttäter mit einer antisozialen Persönlichkeitsstörung empfinden nicht so. Sie wissen wohl, was sie ihren Opfern antun und dass sie dafür ins Gefängnis kommen können. Aber sie fürchten sich nicht davor.« Möglicherweise, weil die Region in ihrem Gehirn, die für die Moral zuständig ist, schlecht durchblutet oder gar nicht aktiviert ist.

Noch wissen die Neurowissenschaftler nicht, wie Gedanken und Gefühle entstehen, und noch weniger haben sie eine Ahnung davon, was unser Bewusstsein ausmacht. Ihre Erkenntnisse bereichern zwar unser Wissen über uns selbst, aber sie dürfen nicht als Entschuldigung für falsches Verhalten missbraucht werden. Wer andere bestiehlt, beraubt oder gar tötet, gehört im Interesse der Gemeinschaft bestraft, unabhängig davon, was sein Gehirnbild zeigt. Die Versuche der Neurologen, die Deutungshoheit über das menschliche Verhalten zu gewinnen, stoßen bereits auf den Widerstand von Justiz, Kirchen und Politik. Das Prinzip der Selbstverantwortung, an dem schon Sozialisten und Soziologen rüttelten, sollte nicht wegen halbverstandener Gehirnaktivitäten aufgegeben werden.

So wenig ein jedermann zustehendes Grundeinkommen die wirtschaftlichen und sozialen Probleme der Gesellschaft lösen würde, so wenig sind die Erkenntnisse der Neurowissenschaft geeignet, den Menschen die Anstrengung zu ersparen, ihre sozialen Fähigkeiten weiterzuentwickeln. Von der Wiege bis zur Bahre hat der Mensch zu lernen, sich anzupassen, Regeln zu befolgen. Gerade in Deutschland herrscht ja kein Mangel an Vorschriften. Alles ist bis ins Kleinste penibel geregelt, und der Dschungel an Ge- und Verboten wird immer dichter.

Gesetze und Allgemeine Geschäftsbedingungen können zwar Schuld- und Haftungsfragen klären helfen, aber sie können den Menschen nicht erklären, wie sie leben sollen. Diese Aufgabe bleibt, übers Elternhaus hinaus, den Religionen und den großen Denkern vorbehalten. Einer der Ersten, der sich dem Thema in Theorie und Praxis widmete, war der Grieche Aristoteles (384 v. Chr. bis 322 v. Chr.). Lange vor Jesus Christus definierte er, was ein gelingendes Leben ausmacht und zu welchem Zweck es gelebt werden sollte.

Das höchste aller Güter, nach denen die Menschen streben, ist für ihn das Glück. Gemeint ist ein Zustand der Zufriedenheit, der nur erreicht werden kann durch stetige Übung der Tugenden, zu denen er Geistesgaben ebenso zählt wie Charaktereigenschaften. Bei der Pflege der Tugenden, etwa der Tapferkeit, empfiehlt Aristoteles, nicht in Extreme zu verfallen, sondern ein gesundes Mittelmaß zwischen Feigheit und Tollkühnheit anzustreben. Sein berühmtester Schüler, der makedonische Königssohn Alexander, übertrieb es bekanntlich mit der Kühnheit und bekam dafür von der Geschichtsschreibung den Beinamen »der Große« verpasst.

Im Verhältnis zwischen dem Ethik-Lehrer Aristoteles und dem Schüler Alexander wird bereits ein Dilemma sichtbar, das sämtliche Sittenlehren, philosophische wie religiöse, bis heute nicht auflösen konnten. Es ist der Konflikt zwischen dem Wohlbefinden einer Gemeinschaft und dem Ehrgeiz einzelner Mitglieder.

Alexander lernte viel von Aristoteles, über die Natur der Dinge, über Biologie und Geografie. Doch vergeblich versuchte der weise Lehrer seinem ungebärdigen Schüler die Tugend der Mäßigung beizubringen. Hätte Alexander nach der Nikomachischen Ethik (benannt nach dem Sohn des Philosophen) gehandelt, wäre er vielleicht ein guter König geworden, aber kein Eroberer eines Weltreichs und kein Vorbild für ehrgeizige Männer seit 2300 Jahren.

WOHLSTAND AUS DEM LASTER Die ethischen Normen von Gesellschaften waren zu allen Zeiten auf das gedeihliche Miteinander ausgerichtet, weniger auf die Eroberung von Weltreichen. Und doch haben Staaten und Völker stets von jenen profitiert, die die Regeln verletzten. Ob Griechen oder Römer, Germanen oder Wikinger, Briten oder Franzosen – ihre Geschichte wurde nicht geprägt von den Tugendhaften, sondern von Gestalten, die wir heute als kriminell, zumindest als skandalös bezeichnen würden. Von Julius Caesar über Heinrich VIII. bis hin zu Napoleon Bonaparte und Mussolini reicht die Kette der absolut unethisch handelnden Machthaber.

Sowohl die Sittenlehrer der Griechen und Römer wie auch jene der Christenheit betonten stets die Notwendigkeit, egoistische Motive und Triebe zu zügeln und den Gemeinsinn zu pflegen. Sobald es jedoch ums Wirtschaften geht, ist es vorbei mit dem Altruismus. In der ›Ökonomie von Gut und Böse‹ – so der Titel einer Geschichte der Wirtschaftsethik des Prager Professors Tomáš Sedláček – verschieben sich die Gewichte. Im Unterschied zu den großen Staatsphilosophen erkannten die Ökonomen frühzeitig, dass der Egoismus die wesentliche Triebfeder des wirtschaftlichen Erfolgs ist.

In seiner berühmten Bienenfabel beschrieb der im England des 17. und 18. Jahrhunderts lebende holländische Arzt Bernard Mandeville, wie es einem Bienenvolk ergeht, das, vom sündigen Treiben der Geschäftswelt angeekelt, die Gnade der Tugendhaftigkeit erfleht. Gott Jupiter hat ein Einsehen und verwandelt die fleißigen in gute Bienen. Statt im Paradies landen die geläuterten Honigsammler aber in der Rezession: Weil es keine Diebe mehr gibt, braucht man keine Gitter vor den Fenstern, also werden die Schmiede arbeitslos. Da die Eitelkeit verschwunden ist, bekommen die Schneider, Juweliere und Parfümeure nichts mehr zu tun. Logischerweise verlieren auch die Waffenschmiede, Soldaten, Polizisten, Richter und Anwälte ihre Jobs. Am Ende stirbt der Bienenstock aus.

Mandevilles Zeitgenossen fanden die Fabel gar nicht lustig. Sie fühlten sich durch die gereimten Verse der Satire provoziert, und das war ja wohl auch die Absicht des Autors, der in seiner ›Abhandlung über Barmherzigkeit, Armenpflege und Armenschulen‹ die These wagte: »Stolz und Eitelkeit haben mehr Hospitäler erbaut als alle Tugenden zusammen.« Mandeville war davon überzeugt, dass das Laster dem Fortschritt dient: »Wie hat's ein solches Land doch gut, wo Macht ganz auf Verbrechen ruht«, heißt es in der Bienenfabel.

Einer der schärfsten Kritiker Mandevilles hieß Adam Smith. Der berühmteste aller Ökonomen verurteilte die rabenschwarze Einschätzung des Menschen, obwohl er später in seinem Hauptwerk ›Vom Wohlstand der Nationen‹ zu ganz ähnlichen, allerdings gemäßigten Ansichten gelangte. Bekannt wurde der Sohn eines Zollbeamten aus der schottischen Hafenstadt Kirkcaldy mit seiner ›Theorie der ethischen Gefühle‹, in der er ein etwas vorteilhafteres Menschenbild zeichnete: »Mag man den Menschen für noch so egoistisch halten, es liegen doch offenbar gewisse Prinzipien in seiner Natur, die ihn dazu bestimmen, an dem Schicksal anderer Anteil zu nehmen …«

DIE UNSICHTBARE HAND DES MARKTES In seinem 1776 erschienenen Hauptwerk ist davon allerdings nicht mehr viel übrig geblieben. Der Begründer der Lehre vom freien Spiel der Marktkräfte setzt hier voll auf die Dynamik des Egoismus: »Nicht vom Wohlwollen des Metzgers, Brauers und Bäckers erwarten wir, was wir zum Essen brauchen, sondern davon, dass sie ihre eigenen Interessen wahrnehmen …« Etwas später heißt es im ›Wohlstand der Nationen‹: »Alle, die jemals vorgaben, ihre Geschäfte dienten dem Wohl der Allgemeinheit, haben niemals etwas Gutes getan ….« Damit aus dem egoistischen Handeln vieler Einzelner ein gemeinsamer Wohlstand wird, hat Adam Smith jene *unsichtbare Hand* des Marktes erfunden, die zur Lieblingsmetapher der Volkswirte aufstieg.

Tatsächlich sorgte Smiths unsichtbare Hand für eine in der

Geschichte der Menschheit beispiellose Wohlstandsmehrung. Wuchs das Pro-Kopf-Einkommen der Europäer von Christi Geburt bis zum Jahr 1820 gemächlich um den bescheidenen Faktor 2,5, so explodierte es förmlich in den folgenden knapp 200 Jahren. Heute liegt es in den Industrieländern rund 20-mal so hoch wie damals. Natürlich ist das nicht allein das Werk des schottischen Philosophen, sondern beruht auch auf der immensen technischen und wissenschaftlichen Entwicklung in diesem Zeitraum, doch seine Überlegungen bildeten die intellektuelle Grundlage für das moderne Wirtschaftssystem.

Smiths Konzept, das Wirtschaften über freie Märkte zu regeln, fand nicht überall Anklang. Karl Marx und Friedrich Engels setzten ihm die Ideologie des Klassenkampfs entgegen, die zur Diktatur des Proletariats führen sollte und in einer Diktatur der Parteifunktionäre endete. Auch Monarchen, Autokraten und Sozialrevolutionäre fanden wenig Gefallen an der Vorstellung, dass ihnen eine Vielzahl von Akteuren die Herrschaft über das Wirtschaftsgeschehen streitig machen würde. Am Ende aber erwies sich der Kapitalismus als das überlegene, weil anpassungsfähigere und effizientere System. Seine Spielarten reichen vom Turbokapitalismus amerikanischer Prägung bis zum »gelenkten Sozialismus« nach Peking-Art.

In Frage gestellt wurde das kapitalistische System immer wieder, weil es nicht von selbst funktioniert. Die Geschichte der Marktwirtschaft ist eine Geschichte von Übermut und Angst, von Hoffnung und Pessimismus, von Blasenbildung und Börsencrash, von Vollbeschäftigung und Arbeitslosigkeit. Dieses System folgt keiner Ideologie, sondern bildet die Stimmungen und Verhaltensweisen der Menschen ab; damit ist es anfällig für Krisen. Und stets, wenn Hoffnungslosigkeit sich breitmachte, schlug die Stunde der Moralisten und Systemveränderer. Märkte brauchen Regeln, darüber sind sich Gelehrte und Politiker einig, doch was, wie und wie viel geregelt werden soll, ist Gegenstand ewiger Debatten.

Fatal an der öffentlichen Diskussion über den Zustand des Systems ist, dass sie selten auf der Funktionsebene geführt, sondern bewusst ideologisch aufgeheizt wird. Machtinteressen der Gewerkschaften verstecken sich hinter der Forderung nach

»mehr Gerechtigkeit«. Wirtschaftliches Interesse der Unternehmer verbirgt sich hinter der Warnung vor der »Regulierungswut des Staates«. Und wenn alle an die Fleischtöpfe der Nation wollen, schüren sie die Angst vor dem »Kaputtsparen«. Gemeint ist: Der Steuerzahler soll für Schulden haften, damit die Funktionäre der verschiedenen Interessengruppen ihre Klientel zufriedenstellen können.

Der amerikanische Wirtschaftsnobelpreisträger Douglass C. North untersuchte, wann und weshalb Gesellschaften sich verändern, und kam zu dem Schluss, dass *Shared Mental Models* dabei eine entscheidende Rolle spielen. Gemeint sind Ideen, die zuerst von einer Minderheit entschlossen und konsequent vertreten werden und allmählich zur Mehrheitsmeinung werden. Wie so etwas funktioniert, ließ sich an den Kampagnen zur Gleichstellungspolitik, an der Öko-Welle und dem Klimaschutz wie an der Einschränkung der Eigentumsrechte beobachten. Auch die Moralisierung ist ein solches »Shared Mental Model«.

Es durchdringt nahezu alle Bereiche der Gesellschaft und fordert selbst die Experten heraus. Bereits 1986 warnte der Theologie-Professor Joseph Ratzinger und spätere Papst Benedikt XVI.: »Eine Moral, die die Sachkenntnis der Wirtschaftsgesetze überspringen zu können meint, ist nicht Moral, sondern Moralismus, also das Gegenteil von Moral.« Bis heute streiten die Wirtschaftsprofessoren über die Frage, ob die ethischen oder die ökonomischen Ziele Vorrang haben sollen. So vertritt Karl Homann, Nestor der deutschen Wirtschaftsethiker, die Position: »Ökonomie ist ein System mit eigenen Sachzwängen, *bei dem ethisches Handeln zu Nachteilen führt*. Ethik ist ein eigenständiger Diskurs, der sich in den Rahmenbedingungen auswirken muss.« Sein Gegenspieler Peter Ulrich von der Universität Münster hingegen fordert: »*Ethik ist der Ökonomie vorgelagert* und dient der Begrenzung des ökonomischen Rationalitätsprinzips. Probleme, die sich aus der Ökonomie ergeben, sind durch Diskurs zu lösen.«

Der Diskurs aber führt selten zu vernünftigen Lösungen, wenn mit moralischen Ansprüchen argumentiert wird. Nichts wirkt so überzeugend wie ein Appell an die »Menschlichkeit«. Der von linken Parteien ebenso wie von den Kirchen, den Sozialverbänden oder dem CDU-Senior Heiner Geißler gebetsmühlenartig wiederholte Slogan »Die Wirtschaft ist für den Menschen da und nicht umgekehrt« meint im Klartext: Wir wollen mehr Geld und weniger arbeiten. Das Duopol Mensch–Wirtschaft ist in Wahrheit eine Tautologie, denn wer verbirgt sich denn hinter der »Wirtschaft«? Menschen natürlich, keine Marsmännchen. Menschen, die Kapital besitzen, haben logischerweise andere Interessen als solche, die nur ihre Arbeitskraft anzubieten haben. Die einen wollen eine hohe Rendite, die anderen hohe Löhne, und beides schließt einander aus. Doch ohne eine gedeihliche Zusammenarbeit bekommt keiner von ihnen, was er möchte. Tarifverhandlungen sind dazu da, den Konflikt auf sachlicher Ebene auszutragen; in der politischen Arena aber wird mit der Moral argumentiert, auch wenn es nur um Verteilungsfragen geht. Und je höher die Moral im Ansehen steht, desto schwerer ist es, mit rationalen Argumenten dagegenzuhalten.

Die Fragmentierung der Gesellschaft in eine Vielzahl unterschiedlicher Milieus führte auch zu einer Auffächerung der moralisch begründeten Ansprüche. Was dem einen ein hoher Lohn, ist dem anderen die Rente, und wo ein Dritter die Steuer gesenkt haben möchte, verlangt ein Vierter nach mehr Umweltschutz. Hier, ohne Anspruch auf Vollständigkeit, ein kurzer Abriss der Inflationierung moralischer Standpunkte:

Die Moral der Guten

Sie steht für ein harmonisches, von wirtschaftlichen Zwängen befreites Leben im Einklang mit der Natur und allen Menschen, die guten Willens sind. Denen, die nicht so sind, droht man mit der Moral. Friedfertig sind die Guten nämlich nur so lange, wie sie ihren Willen durchsetzen können. Widerstand ist zwecklos, denn die Guten fühlen sich immer im Recht. Die sanften Tyrannen essen keine toten Tiere, kennen keine Feinde und wollen für alle nur das Beste. Sie sind gegen: Wettbewerb, Waffenproduktion, Sterbehilfe, Börsenspekulation, Baumfällen, Fracking, Premium-Autos, das G8-Gymnasium, und für: Radwege, Tierschutz, Kuschelsex, Homoehe, Multikulti, Soli-Zuschlag und Wohlstand für alle.

Ihr Mitgefühl gilt zwar auch den Armen von nebenan, doch mehr Sorgen machen sie sich um die Not in der Dritten Welt.

Sie spenden für die Kinder in Bangladesch, gründen Spitäler in Honduras und bauen Brunnen in Eritrea. Dass Europa die Armutsflüchtlinge, die übers Mittelmeer den gelobten Kontinent zu erreichen versuchen, nicht standesgemäß willkommen heißt, stattdessen hohe Elektrozäune und karge Auffanglager errichtet, empfinden sie als ein Verbrechen an der Menschlichkeit. Sobald Asylanten aber in ihrer Nachbarschaft auftauchen, kommen ihnen Bedenken, wenn auch nur wegen der Hygiene.

Wie viele Gute es gibt, hat noch niemand ermittelt, schon weil jeder ein bisschen gut sein möchte. Man trifft sie auf Kirchentagen wie auf Flohmärkten, in Krankenhäusern und Waldorfschulen. Es sind häufig ältere Frauen, mitunter auch jüngere Männer mit feurigen Augen und sanftem Wesen. Ihr Einfluss wächst, selbst im Haifischbecken Berlin. Ereignen sich Gräueltaten irgendwo in der Welt, vergessen sie ihren Pazifismus und fordern unverzügliches Eingreifen, notfalls auch militärisch. Sollte jemand anderer Meinung sein, können sie biestig werden, wie Katrin Göring-Eckardt, Fraktionsvorsitzende der Grünen und bis Ende 2013 Präses der Synode der Evangelischen Kirche.

Die Moral der Zornigen

Sie funktioniert andersherum: Die Zornigen wollen nicht verhandeln, sondern Krawall veranstalten. Die Zornigen halten es für ihr Menschenrecht, gegen alles zu protestieren, was ihnen nicht in den Kram passt. Aggressiv bis beleidigend im Ton, posten und bloggen sie, bis die Kabel glühen. Zeitungen bombardieren sie mit Leserbriefen, Sender mit Anrufen. Wenn sie, mit Plakaten bewaffnet, auf die Straße gehen, trotzen sie am Stuttgarter Bahnhof den Baggern, am Brandenburger Tor den Salafisten, im Hamburger Schanzenviertel den »Miethaien«, in Konstanz dem »Fracking«.

Ihre Moral gestattet es, gleichzeitig für den Atomausstieg und gegen die Stromtrassen zu kämpfen, welche die elektrische Energie von den Windparks in der Nordsee zu den Verbrauchern in Süddeutschland bringen sollen. Richtet sich heute ihre Wut gegen die Asylbewerber, protestieren sie im nächsten Moment gegen deren schlechte Unterbringung. Sie folgen keinem festen Wertesystem, sondern machen ihr Engagement von der jeweiligen Interessen- und Stimmungslage abhängig. Wutbürger haben viel Zeit, denn entweder sind sie arbeitslos oder sie fliehen vor der Langeweile. Ihr harter Kern besteht aus Lehrern und Beamten jenseits der Pensionsgrenze, ihre Einmischung empfinden sie als Errungenschaft der Demokratie. Dabei blockieren sie bloß notwendige Infrastruktur-Projekte.

Der Göttinger Politologe Franz Walter rechnet damit, dass sich »zwischen 2015 und 2025 hunderttausende hochmotivierter und rüstiger Rentner mit dem gesamten Know-how juveniler Demonstrationserfahrungen in die Schlacht werfen« werden. Der Wutbürger, so beschreibt ihn der ›Spiegel‹-Autor Dirk Kurbjuweit, »buht, schreit, hasst. Er ist konservativ, wohlhabend und nicht mehr jung. Früher war er staatstragend, jetzt ist er zutiefst empört über die Politiker.«

Die Moral der Manager
Sie folgt dem Motto: »Erlaubt ist, was nicht ausdrücklich verboten ist.« Die Probleme der Welt sind für sie nur eine Frage der richtigen Gestaltung. Machbar ist in ihren Augen alles, deshalb scheitern sie so häufig bei häuslichen Konflikten. Im Zuge der Moralisierung erheben Politik, Justiz und NGOs Forderungen, die ihren Handlungsspielraum einschränken, und das gefällt den Managern gar nicht. Die Geschäfte leiden, wenn Mindestlöhne gelten, der Aufwand für den Umweltschutz steigt, Korruption verboten ist, Steuervermeidungsstrategien nicht mehr greifen. Ihr Rezept dagegen: Sie kalkulieren die Zusatzkosten in die Preise ein und lassen sich für ihr »gesellschaftliches Engagement« feiern.

Manager wissen, dass man sich mit der Staatsmacht am besten nicht anlegen sollte. Deshalb trachten sie danach, die Politik auf ihre Seite zu ziehen. Parteispenden helfen dabei ebenso wie fachlicher Rat. Hat man die entsprechenden Experten nicht im eigenen Haus, kauft man sie eben ein. Konzerne mit sehr viel Geld und Marktmacht können die Politik in eine ihnen genehme Richtung lenken, und wenn es hart auf hart kommt, hilft im Zweifel der Betriebsrat. Nichts fürchten Regierungen mehr als den Verlust von Arbeitsplätzen. Mittelständische Unternehmen versuchen auf andere Weise, mit der Moral fertig zu werden. Die

Ideen reichen von besserer Tarnung unsauberer Geschäfte bis zur Verlagerung des Firmensitzes. In den Augen mancher Unternehmer ist die Moralisierung eine von der ausländischen Konkurrenz geschürte Attacke auf ihre Marktstellung. »Wirtschaft ist keine Veranstaltung für Klosterschüler«, lässt sich Helmut Maucher zitieren, pensionierter Exchef des Nestlé-Konzerns. Doch was, wenn die strengen Klosterregeln überall gelten? Dann muss eben der Verbraucher dafür büßen, sagt ein anderer Manager. Er will sich nicht zitieren lassen.

Die Moral der Jungen
Sie verlangt, dass sie unverzüglich ernst genommen wird von den alten Säcken. Kostenloses Studium, freier Netz-Zugang und eine Bude inmitten der Stadt für höchstens 200 Euro, das ist moralischer Grundkonsens der *Generation Merkel*, wie der Spiegel, trotz des Altersunterschieds zur Kanzlerin, die künftigen Leistungsträger der Nation betitelte. Sie wissen, dass sie ein rares Gut sind, und gedenken, sich so teuer wie möglich zu verkaufen. Karriere ist nur eine von mehreren Optionen; die anderen haben eher mit Familie, Haus und Hund zu tun.

Sie finden es »total ungerecht«, dass Ältere mehr verdienen als Jüngere, halten Orthografie für eine verzichtbare Disziplin und den Anspruch auf einen Dienst-Porsche für eine Selbstverständlichkeit. Handwerksarbeit ist, obwohl nicht schlecht bezahlt, verpönt, die jungen Herrschaften verlangt es nach Führungspositionen, am liebsten bei Audi, BMW oder Daimler. Die Ernsthaften unter ihnen machen sich Gedanken über die wachsende Kluft zwischen Arm und Reich und neigen zur Sozialromantik. Die jungen Frauen freuen sich über die Quote und das kostenlose *Social Freezing* ihrer Eizellen bei Unternehmen wie Google oder Facebook.

Sie wissen mehr über die Welt als ihre Eltern und sind dennoch unsicherer als diese, weil sie nie gelernt haben, sich gegen Widerstände durchzusetzen. Im Wohlstand aufgewachsen und in Kollektiven sozialisiert, spielt das Gemeinschaftserlebnis in ihrem Denken und Handeln eine zentrale Rolle. Fairness ist ihnen wichtiger als Durchsetzungsvermögen, die Einhaltung von Regeln rangiert vor dem Erfolg um jeden Preis. Ihre Moral qualifiziert sie für die Arbeit im Team, doch ob sie, wenn der Dachstuhl brennt, dem Stress gewachsen sind, darf bezweifelt werden.

Die Moral der Alten
Sie hält gar nichts vom Jugendwahn und pocht auf die Macht der Seniorität. Dass die Renten im Gleichschritt mit den Löhnen erhöht werden, ist für sie ein Naturgesetz, dessen Bruch mit sofortiger Abwahl der Regierung bestraft wird. Junge Leute, die nicht aufspringen, sobald ein Senior die S-Bahn betritt, bestätigen ihre Befürchtung vom Zerfall der Zivilisation mehr als die Erkenntnis, dass ein *hashtag* nichts mit einem freundlichen Gruß zu tun hat. Sie vermissen den Respekt, den sie selbst ihren Eltern schuldig geblieben waren, verfluchen die Amerikanisierung der Alltagssprache, langweilen ihre Enkel mit Erzählungen von einem gewissen Beckenbauer und verlangen mehr Präsenz der Polizei auf Straßen und Plätzen.

Der Kampf gegen die »Überfremdung Deutschlands« ist ihnen eine Herzensangelegenheit, seit sie sich von Asylanten und Diebesbanden aus dem Kosovo umzingelt wähnen. Den Euro halten sie mitsamt der ganzen EU für eine Fehlkonstruktion, die nur erfunden wurde, um sie ihrer Ersparnisse zu berauben. Von der Regierung fordern sie die unverzügliche Rückkehr zu den traditionellen *Sekundärtugenden* Helmut Schmidts wie Fleiß, Ordnung und Pflichtbewusstsein; im anderen Fall wird Deutschland, davon sind sie überzeugt, zu einer chinesischen Kolonie verkommen. Die Alten wissen, dass ihre Tage gezählt sind, deshalb möchten sie davor noch ein wenig Spaß haben.

Die Moral der Habenichtse
Sie fordert das leistungslose Grundeinkommen für alle und hat dabei einen der Reichsten des Landes an ihrer Seite. dm-Eigentümer Götz Werner hat sich in die Schlaraffenland-Idee verbissen und macht damit seine Drogeriefilialen populär. Beim Anblick des teuren Blechs auf Deutschlands Straßen, der hohen Großstadtmieten und der satten Preise in den Luxusläden fühlen sich die Arbeitslosen, Geringverdiener und Kleinrentner ausgegrenzt. Arm zu sein ist keine Schande, doch in der Wettbewerbsgesellschaft wird geringer Verdienst gleichgesetzt mit geringer Leis-

tung, und das ist ein Irrtum. Die vielzitierte Krankenschwester leistet für die Gesellschaft mehr als mancher Immobilienmakler oder Versicherungsvertreter.

In der Marktwirtschaft bekommt nicht jeder, was er verdient – und das ist in den Augen linker Politiker, Politologen und Publizisten ein Skandal. Sie sehen im Staat eine Umverteilungsmaschine, die den Reichen nehmen und den Armen geben soll. Dass die Angst vor der Armut eine der wichtigsten Motivationsquellen für die Leistungsfähigen darstellt und deshalb für eine Wettbewerbsgesellschaft unverzichtbar ist, geht über ihr Verständnis. Obwohl kaum ein anderes Land mehr Geld für Soziales übrig hat als die Bundesrepublik und deshalb von Armutsflüchtlingen aus aller Welt überrannt wird, macht die Umverteilungsindustrie, mit dem Paritätischen Wohlfahrtsverband an der Spitze, aus der Not ein Geschäftsmodell: Sie verlangt Geld und bietet Wählerstimmen.

Dass die hohen Sozialausgaben von Bund, Ländern und Gemeinden zu Lasten der Investitionen in Straßen, Brücken, Glasfaserkabel gehen und den Politikern immer neue Vorwände für höhere Steuern und Abgaben liefern, kümmert die Umverteiler wenig. In einem reichen Land soll es keinem schlecht gehen, doch mancher Bedürftige empfindet das Gezeter der Armutslobbyisten als Angriff auf seine Würde.

Die Moral der Reichen

Sie hält Steuern im Speziellen und Gesetze im Allgemeinen für eine Zumutung. Was für das dumme Volk gilt, kann ihnen doch egal sein. Wozu bezahlt man denn Rechtsanwälte, Steuerberater, Lobbyisten? Natürlich wird niemals einer aus ihrer Kaste in nüchternem Zustand derartige Gedanken äußern, man weiß ja nie, wer mithört. Und selbstverständlich gibt es Superreiche, die eine andere Werteskala haben. Milliardäre wie Hasso Plattner oder Reinhold Würth sind nicht durch Zufall, sondern durch besondere Talente und harte Arbeit an die Spitze der Vermögenspyramide vorgestoßen. Ihr Credo heißt Leistung, ihre Religion Wettbewerb und ihre Moral fußt auf dem Recht des Tüchtigen. Wer zahlt, schafft an.

Liebste Beschäftigung reicher Menschen ist neuerdings das Stiften. Dabei geht es weniger um den edlen Spenderzweck als vielmehr ums preiswerte Vererben. Seit die Steueroasen austrocknen, ist so eine Familienstiftung im nahen Österreich eine feine Sache, und auch in Deutschland lässt sich mit ein bisschen Nachdenken die Alimentierung des Sozialstaats aufs Nötigste beschränken. Viele Reiche leben in ständiger Angst, eines Tages ihren Reichtum zu verlieren. Die deutsche Geschichte liefert hinreichend Anschauungsmaterial über vermögende Familien, die durch zwei Weltkriege, Nationalsozialismus und deutsche Teilung ihrer Besitztümer und Privilegien verlustig gingen.

Weil sie so etwas nicht erleben wollen, verteilen sie ihr Vermögen nach Risiko-Gesichtspunkten über den Globus und verstecken es, so gut es geht, in allerlei Trusts, Stiftungen und Treuhandgesellschaften. Immerhin leben in Deutschland 19000 Multimillionäre, die zusammen stattliche 2,5 Billionen US-Dollar besitzen. Vermögen in Zeiten der Niedrigzinsen zu erhalten, macht viel Arbeit. Überall lauern Risiken, Neider und gierige Regierungen.

Reiche trauen niemandem, am wenigsten den Politikern. Deshalb bleiben sie am liebsten unter sich. Ihre Ehepartner suchen sie, entgegen den Aschenputtel-Geschichten in der Yellow Press, ausschließlich in ihren Kreisen. Sie wissen, dass sie in der Minderheit sind und von der Masse der Besitzlosen jederzeit überstimmt werden können. Protzen ist verpönt, feines Understatement angesagt, man will ja keine schlafenden Hunde wecken. Mit ein paar Spenden und zur Schau gestellter Wohltätigkeit macht man sich die Öffentlichkeit gewogen.

Die Moral der Egoisten

Sie ist ein Widerspruch in sich, denn Egoisten verlangen Moral nur von den anderen. Für sich selber reklamieren sie Vorfahrt in allen Lebenslagen. Egoisten treiben die Gesellschaft voran, aber sie tun ihr nicht gut. Der verbreitete Egoismus ist schuld an der Moralisierungswelle; er schürt den Unmut der vielen, ruft Medien und Justiz auf den Plan und führt zu Gerechtigkeitsdebatten. Wer nur nimmt und nichts gibt, mag kurzfristig Vorteile aus dem Wettbewerb ziehen, doch langfristig stößt er auf Widerstand.

Egoisten sind geschickt darin, ihre Absichten zu tarnen. Sie geben sich als Menschenfreunde und nutzen Freunde schamlos aus. Am Ende haben sie die Beute und einen schlechten Ruf. Nur in der Bibel verwandelt sich Saulus in Paulus, im richtigen Leben bleiben die Egoisten, wie sie sind. Täuschen und Tricksen ist für sie nichts Verwerfliches, sondern so selbstverständlich wie Essen und Trinken. Ihre Opfer müssen sich damit abfinden: Das Geld ist nicht weg, es steckt nur in anderen Taschen.

Egoist wird man weniger durch die Geburt als durch falsche Erziehung. Wer seine Kinder wie Prinzen oder Prinzessinnen verhätschelt, braucht sich nicht zu wundern, wenn er kleine Ego-Monster heranzieht. Als Erwachsene wissen diese oft gar nicht, weshalb sie gemieden werden, denn der Egoismus ist ihnen in Fleisch und Blut übergegangen. Zutiefst sind sie davon überzeugt, dass andere Menschen nur dazu da sind, für ihren Wohlstand und ihre Bequemlichkeit zu sorgen. Egoisten streben, darin den Hedonisten ähnlich, nach maximalem Lustgewinn, doch anders als diese haben sie nichts dagegen, wenn er auf Kosten anderer Leute geht. Lange Zeit galten sie als unverzichtbar, inzwischen zeigen ihnen die Moralisten, wo der Hammer hängt.

Die Moral der Sozialen

Sie ist eine Verlierer-Moral. Jahrzehntelang dominierte sie die Politik im westlichen Europa, brachte den Wohlfahrtsstaat hervor und häufte Schuldenberge an, doch mit dem Zusammenbruch der Sowjetunion verlor sie ihre Legitimation. Die Effizienz des Kapitalismus besiegte nicht nur das kommunistische Weltreich, sondern auch die verführerische Idee einer auf Gleichheit aufgebauten und vom Staat gelenkten Gesellschaft. Der Sozialismus ist verschwunden, geblieben ist seine Moral.

Sie hat nicht mehr viel mit den Theorien des Karl Marx zu tun, eher schon mit dem christlichen Gebot der Nächstenliebe. Die Moral der Sozialen zielt auf die Beseitigung der ungerechten Lohn- und Vermögensverteilung in den kapitalistischen Gesellschaften. Sie will die Kapitalisten und ihre Handlanger nicht aus der Verantwortung für Arbeitsplätze, hohe Löhne und technischen Fortschritt entlassen, sondern ihnen nur den Spaß daran nehmen. Die von Banken verursachte Finanzkrise stärkte den Einfluss der Sozialmoral auf Politik und Publizistik in den USA wie in Europa. Heute ist sie nicht mehr nur in linken Parteien und Gewerkschaften zuhause, sondern über die Medien in der Mitte der Gesellschaft angekommen.

Die Moral der Sozialen tritt für eine schärfere Regulierung der Märkte und eine Stärkung staatlicher Organe ein; sie möchte die Leistungsfähigkeit privater Unternehmen nicht einschränken, sondern deren Erträge gerechter verteilen. Ideologisch nähert sie sich damit der »gelenkten Demokratie« chinesischen Zuschnitts an und entfernt sich von der Freiheitsidee des amerikanischen Kapitalismus. Der verbissene Kampf des demokratischen US-Präsidenten Barack Obama gegen die oppositionellen Republikaner ist ebenso ein Zeichen für die wachsende Macht der Sozialmoral wie die Politik der Großen Koalition in Deutschland. Die Verlierer-Moral hat gute Aussichten, eines Tages doch noch die Oberhand zu gewinnen.

Die Moral der Grünen
Sie reicht weit über die Photosynthese hinaus, die ihnen ihre Lieblingsfarbe beschert. Grün steht heutzutage nicht nur für den Natur- und Klimaschutz, sondern fürs generelle Aufbegehren aus moralischen Gründen. Die grüne Bewegung, von der die gleichnamige Partei nur einen kleinen Teil repräsentiert, absorbiert mittlerweile auch soziale, christliche und bürgerliche Anliegen. Ihr Öko-Humanismus hat die großen Volksparteien bereits unterwandert.

Wo immer in der Welt ein Unrecht geschieht, sind die grünen Moralisten mit Protesten zur Stelle, gleich, ob es sich um religiöse, ethnische oder ökonomische Konflikte handelt. Die Mordgesellen des Islamischen Staates erregen ihren Abscheu ebenso wie Russlands Annexion der Halbinsel Krim oder die Steuertricksereien von Amazon und Google. Sie führen sich auf wie das moralische Gewissen der Nation, und niemand wagt es, ihnen offen zu widersprechen. Vom Öko-Humanismus zum Öko-Faschismus ist der Weg allerdings nicht sehr weit, und mancher grüne Aktivist hat ihn schon zurückgelegt, so der ÖDP-Gründer Herbert Gruhl.

Wenn nicht mehr der Mensch, sondern das Ökosystem im Mittelpunkt der Aufmerksamkeit steht, verschwindet der Humanismus aus dem Blickfeld. In den Augen vieler grüner Idealisten sind die menschlichen Bedürfnisse, etwa nach Nahrung und Lebensräumen, nachrangig gegenüber dem Schutz der unberührten Natur. Die apodiktische Strenge des grünen Gewissens entpuppt sich als menschenfeindlich und damit als amoralisch. In der Partei der Grünen kommt es darüber immer wieder zu ernsten Konflikten zwischen den Flügeln der »Realos« und der »Fundis«.

Die Wirtschaft hat vor der grünen Bewegung bereits kapituliert. Autofirmen werben nicht mehr mit PS-Zahlen und Höchstgeschwindigkeit, sondern mit niedrigem Kraftstoffverbrauch. Lebensmittel werden mit Gesundheitsargumenten angepriesen, Kosmetika mit natürlichen Inhaltsstoffen, und »Bio« nennt sich alles, was sich gut verkaufen lässt. Grün ist das Lebensgefühl der jüngeren Generationen, die gut sein wollen zu sich und ihrer Umwelt. Es ist nicht auf Deutschland beschränkt, sondern ein internationales Phänomen. Gleichzeitig aber nimmt der globale Wettbewerb zu, und die grünen Idealisten werden sich schwer damit tun, ihre Moral mit wirtschaftlichem Erfolg zu verbinden.

Die Moral kommt in vielen Erscheinungsformen daher, und die Zahl ihrer Facetten nimmt weiter zu, seit sie zum Forschungsobjekt nicht nur der Neurowissenschaft, sondern auch der Verhaltensforschung avancierte. Hier schauen die Wissenschaftler ihren Probanden nicht ins Gehirn, sondern veranstalten mit ihnen Experimente, um zu klären, wie sie es mit der Moral halten. Mal wird untersucht, unter welchen Umständen Menschen bereit sind, anderen Schmerzen zuzufügen, mal wird ihre Ehrlichkeit getestet, ein anderes Mal der Zusammenhang zwischen Lügen und Kreativität erforscht.

MORGENS MORALISCHER ALS ABENDS So fanden die Organisationspsychologin Maryam Kouchaki von der Harvard University und ihr Kollege Isaac Smith von der University of Utah heraus, dass sich Menschen morgens moralischer verhalten als abends. An Gruppen von 100 bis 200 Studenten testeten sie zu verschiedenen Tageszeiten, ob sich Menschen mit Geld zum Mogeln überreden lassen oder ob sie unter Zeitdruck zum Pfuschen neigen. Das Ergebnis war eindeutig: Vormittags widerstanden weit mehr Versuchspersonen den Verlockungen als am späten Nachmittag. Daraus schlossen die Wissenschaftler, dass die

Selbstdisziplin ähnlich funktioniert wie ein Muskel. Am Morgen ist sie ausgeruht und unvorbelastet; der Mensch lügt dann nur ein bisschen. Durch die Mühen des Alltags erschöpft sie sich so weit, dass man am Abend um eines kleinen Vorteils willen die guten Vorsätze einfach ignoriert. Der Effekt ist am größten bei Personen, die sich für besonders moralisch halten.

Dass unmoralisches Verhalten durchaus nützlich sein kann, ahnte man ja bereits. Bestätigt haben es die Psychologen Francesca Gino von der Harvard University und Scott S. Wiltermuth von der University of Southern California. In wochenlangen Experimenten mit Dutzenden Studenten fanden sie heraus, dass es einen direkten Zusammenhang gibt zwischen der Fähigkeit zur kreativen Problemlösung und dem Talent zum Schwindeln. »Regeln sind dazu da, um gebrochen zu werden« – der Leitspruch von Künstlern, Unternehmern und Erfindern gilt auch für notorische Lügner. Beide pflegen einen kreativen Umgang mit der Wirklichkeit, beide setzen sich bedenkenlos über Gesetze und moralische Regeln hinweg.

Die Wissenschaftler ließen ihre Versuchspersonen Denksportaufgaben lösen und versprachen ihnen für jede richtige Antwort ein paar Dollar. Die Studenten wurden scheinbar nicht kontrolliert und durften selbst angeben, wie viele der Aufgaben sie richtig gelöst hatten. Von 153 Teilnehmern beschönigten 59 ihre Leistungen. Anschließend unterzogen Gino und Wiltermuth ihre Probanden einem Assoziationstest, bei dem Einfallsreichtum gefragt war. Die Betrüger erzielten dabei wesentlich bessere Ergebnisse als jene Studenten, die ihre Ergebnisse korrekt angegeben hatten. Lügner sind offenbar die kreativeren Menschen.

Einem anderen Phänomen kam der Psychologe und Verhaltensökonom Dan Ariely von der Duke University in Durham, North Carolina, auf die Spur. Ariely und seine Assistenten stellten fest, dass Menschen, die in einem kommunistischen System aufgewachsen sind, eher zum Betrügen neigen als die Bürger eines kapitalistischen Landes. Die Erkenntnis kam ihnen nach einem Experiment mit 259 Versuchspersonen ausgerechnet in Deutschland.

Im Dezember 2013 verteilten sich die US-Forscher auf 9 Bürgerämter in Berlin. Sie wählten sowohl zentral gelegene Stadtteile wie Neukölln, Mitte oder Pankow als auch Außenbezirke im Osten wie im Westen der einstmals geteilten Stadt. Den Leuten, die auf den Ämtern ihre Pässe oder Ausweise abholten, boten sie ein Spiel an, bei dem sie wenigstens 6 Euro gewinnen konnten. Jeder Spieler sollte 40-mal einen Würfel werfen und dabei die Zahl der Augen auf einem Blatt Papier notieren. Je höher die Zahl der Augen, desto höher fiel die Prämie aus.

Der Trick dabei: Die Spieler durften selbst entscheiden, ob sie die Ober- oder Unterseite des Würfels werten wollten. Zeigte der Würfel oben eine Eins, konnten sie eine Sechs eintragen. Das Ergebnis fiel eindeutig aus: Die Spieler, die in der DDR aufgewachsen waren, schummelten doppelt so oft wie die Westberliner, und je länger sie unter kommunistischer Herrschaft gelebt hatten, desto geringer waren ihre Skrupel. Ariely und seine Kollegen schlossen daraus, dass Menschen, denen der Staat privates Eigentum verwehrt, keine moralischen Bedenken haben, es sich auf illegale Weise zu beschaffen.

Ohne Moral kann eine Gemeinschaft nicht funktionieren, egal, ob es sich um eine Familie, einen Verein, eine Kommune oder einen Staat handelt. Folgen die Menschen aber ausschließlich moralischen Prinzipien, etwa in fundamentalistischen Religionsgemeinschaften, dann verhindern sie deren Weiterentwicklung und blockieren die Lösung wirtschaftlicher, kultureller oder technischer Probleme. Dies ist die Erkenntnis aus zahlreichen Experimenten der Verhaltensforscher.

Unterstellt, die Moralisierung nimmt weiter zu und ethisches Verhalten wird zur dominanten Forderung im 21. Jahrhundert: Wie sieht dann wohl die Welt in 20 Jahren aus?

Kapitel XII
Am deutschen Wesen …

Das letzte Mal, als es gelang, eine ganze Nation moralisch umzuerziehen, liegt schon eine Weile zurück. Ein arisches Herrenvolk musste erleben, wie seine Wahnidee von der Beherrschung der Welt in Schutt und Asche fiel. Die Siegermächte verordneten ihm, neben der Demokratie und dem Kapitalismus, Kaugummi, Micky Mouse und Coca-Cola sowie eine sozialistische Einheitspartei. Das gedemütigte Volk machte das Beste daraus.

70 Jahre später möchte dieses von seinem Sendungsbewusstsein noch immer nicht ganz befreite Volk die Welt erneut beglücken. Diesmal allerdings nicht mit dem Arier-Nachweis, sondern mit ethisch sauberer Politik, nachhaltiger Wirtschaft und gut konservierter Ökologie. Das im Weltmaßstab zu mittlerer Größe geschrumpfte Deutschland sieht sich als Vorreiter der Moral-Bewegung im 21. Jahrhundert und hofft, daraus ein Geschäft machen zu können.

Wenn ein Volk einem anderen seine Wertvorstellungen aufdrängt, dann ist das ein Ausdruck von Siegermentalität. Es glaubt an seine Überlegenheit und möchte diese nicht nur militärisch und ökonomisch, sondern auch kulturell ausdrücken. In seinem jüngsten Buch ›Weltordnung‹ unterstellt Henry Kissinger sämtlichen amerikanischen Präsidenten seit Kennedy, sie hätten ihre Kriege – in Vietnam, Afghanistan, Irak – nicht primär aus machtpolitischen oder wirtschaftlichen Gründen geführt; ausschlaggebend seien vielmehr moralisch-idealistische Motive gewesen. Man mag das glauben oder nicht – gelohnt haben sich die immens teuren Engagements für die USA jedenfalls kaum. Weder die Demokratie noch General Motors oder Coca-Cola haben die Menschen in diesen Ländern begeistern können. Auch Deutschland wird sich schwertun, die Welt vom Guten zu überzeugen.

Noch wird die Moralisierung als eine eher harmlose Zeiterscheinung begriffen. Die meisten Menschen halten sie für eine notwendige Reaktion auf den überzogenen Egoismus der Eliten. Sofern sie auf die Verurteilung von Steuerbetrügern, gierigen Managern, pädophilen Priestern oder korrupten Politikern beschränkt bleibt, entfaltet sie eine durchaus erwünschte Reinigungskraft. Sobald sie jedoch zum Prinzip erhoben wird und wichtigen Wirtschaftszweigen die Existenzgrundlage entzieht, etwa bei der Energieversorgung, der Ernährung, den Verkehrsmitteln oder den Produktionsprozessen, bekommt sie eine gefährliche Dimension.

Der Wettbewerb der Nationen und Wirtschaftsregionen wird künftig nicht weniger hart ausgetragen als bisher. Neu ist, dass moralische Kategorien dabei eine entscheidende Rolle spielen werden. Kleidung, Nahrung oder Maschinen sollen nicht nur ihren funktionalen Zweck zu niedrigen Preisen erfüllen, sondern auch noch ökologischen und sozialen Kriterien genügen. Die Versuchung ist groß, diesen »Soft Skills« höchste Priorität einzuräumen und die Qualität samt den Produkteigenschaften zu vernachlässigen.

Wenn die Moral nicht mehr lässig im Gewand freiwilliger Selbstverpflichtung daherkommt, sondern zur unbedingten Pflicht erklärt wird, verändert sie das Leben aller Menschen. Idealistisch gesinnte Minderheiten könnten, unterm Beifall der Medien, moralische Prinzipien mit demselben Absolutheitsanspruch durchzusetzen versuchen wie einst die katholische Kirche ihren Glauben. Welcher Politiker würde es wagen, gegen »das Gute« zu argumentieren?

Appelle an die Moral haben einen verführerischen Reiz, wie der Auftritt von Papst Franziskus vor dem europäischen Parlament im November 2014 bewies. Begeistert applaudierten die sonst heftig zerstrittenen Abgeordneten dem katholischen Oberhirten, nachdem er ihnen die Leviten gelesen hatte. »Man kann nicht hinnehmen, dass das Mittelmeer zu einem großen Friedhof wird«, schimpfte Franziskus und klagte: »Die Kähne, die täglich an den Küsten Europas landen, sind gefüllt mit Männern und Frauen, die Annahme und Hilfe benötigen.«

Niemand wagte zu widersprechen, obwohl die Parlamentarier wussten, dass der kategorische Imperativ des Papstes bei ihren Wählern keine Chance hat. Im Prinzip sind die Menschen zwar für die geforderte »Annahme und Hilfe«, doch sobald die Fremden vor der Tür stehen, ist es vorbei mit der Nächstenliebe. Der Mensch ist eben nicht nur gut, sondern auch egoistisch. Die Leute haben Angst um ihren Wohlstand und wollen keine andersartigen Zuzügler in ihrer Nachbarschaft. Man kann das beklagen, doch es wird das Verhalten der Menschen nicht ändern. Auch der Papst beließ es beim Appell an das Gute; der praktische Beitrag seiner reichen Kirche zur Lösung des Flüchtlingsproblems hält sich bisher in Grenzen.

Sollte die Brüsseler Kommission es riskieren, im Namen einer christlichen oder auch nur humanitären Moral die Tore Europas weit zu öffnen, würde sie ähnlichen Widerstand provozieren wie bei der Unterdrückung des Nationalstolzes. Je mehr sie für das Projekt Europa wirbt, desto stärker werden die rechtsradikalen Parteien. Das nationalkonservative Gedankengut lässt sich nicht per Federstrich beseitigen, seine politische Bekämpfung führt nur zur weiteren Radikalisierung und zu noch mehr Ausländerhass.

DIE ELITEN REDEN DAS CHAOS SCHÖN Der Pluralismus aus vielen Ethnien und Religionen wird oft als Garant von Stabilität und Fortschritt bezeichnet, tatsächlich lähmt er die Entwicklung der Gesellschaft. Weil alle Bürger und jede Gruppe eifersüchtig darüber wachen, dass Veränderungen niemandem mehr Vorteile bescheren als ihnen selber, gibt es keine Veränderungen mehr. Wenn sich die Menschen gegenseitig blockieren, brauchen sie eine höhere Macht, die ihnen die Entscheidungen abnimmt. Eines Tages wird dies wohl der Computer sein. Rechner besitzen keine Häuser und Grundstücke, also wird man ihnen mehr Objektivität zubilligen als Stadträten, Bürgermeistern oder Ministern.

Der Pluralismus reißt Konflikte auf, wo bisher Frieden herrschte. Der von dem US-Historiker Samuel Huntington 1996 beschworene »Clash of Civilizations« ist in den Großstädten Westeuropas bereits zu besichtigen. Die politischen Eliten reden das von ihnen angerichtete Chaos schön, doch in den Völkern gärt es gewaltig. Die verschiedenen Bevölkerungsgruppen belauern und beneiden sich. Ob die Zuwanderer ein Segen für die überalterten Gesellschaften des Westens sind oder ob sie mehr Kosten und Probleme verursachen, wird von den politischen Lagern unterschiedlich beurteilt.

Der Weg zurück ist versperrt, denn es leben bereits zu viele Fremde in Europa, als dass man sich ihrer wieder entledigen könnte. Das Zauberwort für die Lösung der verfahrenen Situation heißt Integration, doch jeder versteht etwas anderes darunter. Die Einheimischen verlangen, dass die Zugewanderten gefälligst die Landessprache beherrschen und sich ihren Sitten und Gebräuchen anpassen sollen. Die Muslime bestehen auf der freien Ausübung ihrer Religion und bringen ihre Vorstellungen vom Zusammenleben mit. Noch ist die Mehrheit von ihnen um Anpassung bemüht, doch die Radikalen bekommen Zulauf. Auseinandersetzungen über kulturelle, religiöse und moralische Vorstellungen werden die kommenden Jahrzehnte prägen.

Nach dem mörderischen Anschlag der Brüder Kouachi auf das Satiremagazin ›Charlie Hebdo‹ in Paris war sich die europäische Polit- und Medien-Elite einig, dass Muslime die teilweise bösartigen Karikaturen des Magazins erdulden müssten. Pressefreiheit ginge in jedem Fall vor Religionsfreiheit. Erst als sich amerikanische Zeitungen wie die ›New York Times‹ weigerten, die in Frankreich geschätzten Karikaturen abzudrucken, begann bei besonnenen Journalisten das Nachdenken. Natürlich kann ein Massenmord niemals eine Antwort auf die Verletzung religiöser Gefühle sein. Doch ist in einer Multikulti-Gesellschaft wirklich alles erlaubt?

Im liberalen Deutschland gibt es noch immer den Blasphemie-Paragrafen 166 StGB: »Wer öffentlich oder durch Verbreiten von Schriften den Inhalt des religiösen oder weltanschaulichen Bekenntnisses anderer in einer Weise beschimpft, die geeignet ist, den öffentlichen Frieden zu stören, wird mit Freiheitsstrafe bis zu drei Jahren oder mit Geldstrafe belegt.« Dabei dachten die Gesetzesmacher vermutlich eher an den Schutz der christlichen Religionen als an den Islam. Während sich die Kirchen im Lauf der Zeit an despektierliche Veröffentlichungen zu gewöhnen hatten, zeigen Muslime eine geringere Toleranz.

Vorbei ist es mit dem auf Wachstum und Wohlstand gerichteten Pragmatismus der westlichen Welt. Jetzt muss sie ihre moralischen Werte neu definieren und verteidigen. Nationale Egoismen bedrohen die von wirtschaftlichen Erwägungen zusammengehaltene Europäische Union, und selbst die Nationen beginnen sich zu zerlegen. Die Katalanen wollen weg von Spanien, die Schotten weg von England, die Flamen weg von den Wallonen, die Lega Nord weg vom restlichen Italien, die Krim weg von der Ukraine. Mühsam ringen die Regierungen um den Erhalt ihrer Einflusssphären.

Weil die Menschen in der unübersichtlich gewordenen Welt nach gemeinsamen Werten und Identitäten suchen, verliert die Idee von der Supranationalität ebenso an Bedeutung wie jene vom freien Welthandel. Überall versuchen nationale Interessengruppen, protektionistische Hürden aufzubauen. Mal erhöht China die Einfuhrzölle für Kfz-Teile, mal schützt die EU die heimische Landwirtschaft vor Importen aus Afrika oder Amerika, mal verhindern deutsche Tierschützer dic Einfuhr von Fellen und Pelzen. Auf ihrem letzten Gipfeltreffen vom November 2014 im australischen Brisbane registrierten die Regierungschefs der G20-Staaten in den zurückliegenden 12 Monaten nicht weniger als 170 den Handel schädigende Maßnahmen ihrer Partnerländer.

Wo Angst vor dem wirtschaftlichen Wettbewerb herrscht, ist man mit der Moral schnell bei der Hand. Gruppeninteressen tarnen sich mit gesamtgesellschaftlicher Verantwortung. Von der Bewahrung der Sozialstandards ist die Rede, wenn Gewerkschaften ihre Reviere verteidigen, vom Verbraucherschutz, wenn Handelskonzerne Konkurrenten fernhalten wollen, und von Qualitätsnormen, wenn die Industrie sich abschotten möchte. Doch es geht längst nicht mehr nur ums Geld. Die Moralisierung wird die gesamte Gesellschaft neu konditionieren. Sie bietet Chancen und birgt Gefahren für nahezu alle Bereiche des Lebens. Hier ein paar Beispiele:

Der Spitzel-Staat

Die Vielfalt der Religionen, Ethnien und Nationalitäten in den europäischen Staaten verschärft die sozialen Spannungen und erhöht die Gefahr terroristischer Anschläge. Den Regierungen und ihren Institutionen liefert die latente Angst der Bürger den Vorwand für den Einsatz moderner Überwachungstechnik. Das Brief- und Fernmeldegeheimnis ist de facto schon abgeschafft, ebenso das Recht am eigenen Bild. Der öffentliche Raum wird mit Videokameras überwacht, das Privatleben über den Telefon- und Internetanschluss ausgespäht.

Wer sich an die Gesetze hält, hat zunächst nicht viel zu befürchten, solange er seine Steuern zahlt, mit keiner als gefährlich eingestuften Organisation in Verbindung gebracht wird – und die Behörden den Datenschutz beachten. Was aber, wenn die Parteien sich ideologisieren und der Staat Stärke zeigen will? Auf Knopfdruck kann der Verfassungsschutz die bei den Melde-, Finanz-, Grundbuch- und Kfz-Ämtern, Amtsgerichten, Notariaten, Krankenkassen, Vereins- und Verkehrsregistern gespeicherten Daten zusammenführen, sie mit Partei- und Kirchenbüchern, Bankkonten, Kreditkartennummern etc. abgleichen und so nahezu vollständige Personenprofile anfertigen. Er braucht dazu kaum mehr Personal, sondern lediglich ein paar zusätzliche Server.

Verdächtigte müssen damit rechnen, rund um die Uhr verfolgt und beobachtet zu werden. Während des Kalten Krieges standen Mitglieder der KPD im Visier der Verfassungsschützer, später die Sympathisanten der RAF; heute gelten Steuerbetrüger, Rechtsradikale und Islamisten als Staatsfeinde, morgen vielleicht Afrikaner, Atheisten oder Bargeldzahler. Seit Jahren schon arbeiten die Staatsorgane am Ausbau ihrer Überwachungsmethoden. Mikrochips auf Personalausweis und Krankenkassenkarte erleichtern die Kontrolle der Bürger ebenso wie die Pkw-Maut und die geplante Abschaffung des Bargelds.

DIE GEDANKENPOLIZEI RÜCKT NÄHER Zum Kummer von Bundesbank und Finanzministerium wollen sich die Deutschen partout nicht von ihren Scheinen und Münzen trennen, obwohl die Digital-Wirtschaft den bargeldlosen Zahlungsverkehr mit allen Mitteln durchzusetzen versucht. Wer bar zahlt, ist nicht zu kontrollieren und lässt weder Banken noch Kreditkartenorganisationen Provisionen verdienen. Das muss, das wird sich ändern, und selbstverständlich wird der Große Bruder seinen Kontrollwahn mit dem Schutz der Bürger und ihrer Moral begründen.

Schon heute sind Polizei und Verfassungsschutz in der Lage, Verbrechen und Terroranschläge zu orten, bevor sie begangen werden. Auf der Grundlage vorhandener Daten berechnet der mit einer Software namens PredPol ausgerüstete Polizeicomputer die Wahrscheinlichkeit von Ort und Zeitpunkt der nächsten

Straftat. Das von den US-Wissenschaftlern George Mohler und Jeffrey Brantingham entwickelte System wird in Städten wie Los Angeles, Boston und Chicago eingesetzt und soll demnächst auch in Deutschland erprobt werden. Noch bremst der Datenschutz das Projekt, doch das BKA schult seine Beamten bereits in »operativer Analyse«.

Die nächste Stufe ist erreicht, wenn verdächtige Personen schon beim ersten Gedanken an ein Verbrechen verhaftet werden. Die Gedankenpolizei, eine utopische Schreckensvision in den Romanen von Franz Kafka, Aldous Huxley und George Orwell, rückt näher. Zu befürchten ist, dass die Geheimen Dienste ihre Kenntnisse über dienstliche wie private Vergehen von Politikern, Managern und anderen Funktionsträgern dazu nutzen werden, ihre Macht auszubauen. Wenn Telefonmitschnitte vom Liebesgeflüster des britischen Thronfolgers oder Bilder des französischen Staatspräsidenten, der auf dem Motorroller zu seiner heimlichen Geliebten fährt, den Weg in die Presse finden, dann lautet die Botschaft: Wir können jeden bloßstellen.

Manche Kommentatoren fragen sich bereits, ob die USA nicht längst von der NSA statt vom Weißen Haus regiert werden. Die Demokratie ist in Gefahr, wenn Beamte das illegal abgesaugte Wissen dazu verwenden, die Politik im Interesse einer »höheren Moral« in die von ihnen gewünschte Richtung zu lenken. Nur der Hartnäckigkeit der US-Senatorin Dianne Feinstein war es zu verdanken, dass die gesetzeswidrigen und menschenverachtenden Folterpraktiken der CIA ans Licht kamen.

Man muss keine Verschwörungstheorien bemühen, um den Machtzuwachs und die Wissensakkumulation bei den staatlichen Nachrichtendiensten als bedrohlich zu empfinden. Sowohl in den USA als auch in der Bundesrepublik Deutschland bekamen die Geheimdienste seit den Anschlägen vom 11. September 2001 mehr Geld, mehr Personal und vor allem mehr Befugnisse. Selbst wenn sie Verbrechen begehen, werden sie von der Politik gedeckt. Ein unhaltbarer Zustand, der weder mit der Demokratie noch der Moral vereinbar ist. Geheimdienste passen nicht in eine Welt, die sich der Transparenz verschrieben hat. Sie missachten die persönliche Freiheit der Bürger, die allmählich auch in den Demokratien des Westens zum kostbaren Gut wird.

Lämmer, die Wölfe mimen

Die hohen moralischen Ansprüche der Wähler machen das politische Personal anfällig für Erpressungen und Intrigen, wie die Fälle Wulff, Guttenberg, Edathy, Schavan gezeigt haben. Von seinen Führungsfiguren erwartet das Volk, dass sie nicht nur klug, energisch und erfolgreich agieren und im Fernsehen einen guten Eindruck hinterlassen. Fast noch wichtiger ist der von den Medien meinungsgesteuerten Öffentlichkeit die weiße Weste ihrer Polit-Heroen: Das Volk verlangt nach Leitwölfen mit den reinen Herzen unschuldiger Lämmer.

Politiker sollen die Interessen ihrer Wähler vertreten, Konzepte in Gesetze gießen, das Land nach innen und außen rhetorisch brillant repräsentieren, gleichzeitig aber auch noch treue Ehemänner und -frauen sein, Kinder und Tiere lieben, in geordneten finanziellen Verhältnissen leben, fromm und unbestechlich ihren Dienst versehen, in der Schule nicht geschummelt haben und sich weder modische noch sexuelle Eskapaden leisten. Ein unmögliches Anforderungsprofil also, das den Kreis der Kandidaten von vornherein reduziert.

Ob die Sauberfrauen und -männer, die künftig die Gewissensprüfungen der Parteien und Aufsichtsräte mit Bravour zu bestehen haben, auch noch in der Lage sein werden, den Staat, ein Ministerium, den Konzern oder die Kommune gegen internationale Konkurrenz zum Erfolg zu führen, steht auf einem anderen Blatt. Sicher ist nur, dass die hohe Gewichtung moralischer Anforderungen die Suche nach den »Machern« der Zukunft nicht einfacher macht.

Ihren Glamour hat die Polit-Karriere längst verloren. Die Gestaltungsmacht ist extrem reduziert, die Bezahlung nur für Leute interessant, die die Privatwirtschaft nicht unbedingt benötigt. Den Neid und die Intrigen der Parteifreunde gibt es, im Paket mit den Sticheleien des politischen Gegners, gratis. Wer will sich künftig so etwas antun, wenn er damit rechnen muss, dass sein Privatleben von NGOs wie abgeordnetenwatch.de öffentlich ausgebreitet und von den Moralaposteln in den Medien wie im Parlament streng bewertet wird? Der Politikbetrieb, dessen Debattenniveau schon heute zu wünschen übrig lässt, wird wohl weiteren Qualitätsverlust verkraften müssen.

Der bevormundete Konsument
Generali macht den Anfang. Im November 2014 gab der italienische Assekuranz-Konzern bekannt, dass er seinen krankenversicherten Kunden einen Tarif anbieten wird, der ihnen Gutscheine und Rabatte auf die Prämien verheißt, wenn sie sich überwachen lassen. Das funktioniert mit Hilfe einer aufs Smartphone geladenen App, die Vorsorgetermine notiert, Schritte zählt, sportliche Aktivitäten misst und auch noch die Kalorienaufnahme bei der Ernährung registriert. Die Idee dahinter: Kunden, die sich gesundheitsbewusst verhalten, verursachen geringere Kosten und bekommen deshalb günstigere Konditionen.

Was zunächst vernünftig erscheint, ist ein weiterer Schritt zur Verhaltenssteuerung der Verbraucher. Kfz-Versicherer wollen ihre Tarife am Fahrstil der Kunden ausrichten und zu diesem Zweck die Nutzung der bei ihnen versicherten Fahrzeuge überwachen. Vorsichtige Fahrer zahlen weniger, aggressive Tempobolzer mehr. Nebenbei können sie die Fahrziele registrieren und so lückenlose Bewegungsprofile anfertigen. Wer häufiger Supermärkte, Hotels und Restaurants anfährt, muss damit rechnen, mit Angeboten zugeschüttet zu werden, wer als Ehemann regelmäßig die Adresse einer heimlichen Geliebten ansteuert, liefert sich Erpressern aus.

Derart individualisierte Tarife hebeln das Prinzip des Risikoausgleichs aus. Die Versicherer werden sich um die kostengünstigen Kunden balgen und vom Rest horrende Prämien verlangen. Vorbei ist es mit der Solidargemeinschaft der Versicherten, künftig zählt das Wohlverhalten. Die Moral macht auch nicht vor der Zahnbürste halt, die mit Sensoren Dauer und Intensität der täglichen Reinigung misst, oder vor der Home-Kamera, die der Hausratversicherung eine zuverlässige Schätzung des Inventarwerts erlaubt.

Digitalkonzerne wie Apple, Google oder Amazon tüfteln an immer neuen Anwendungsmöglichkeiten ihrer Technologie. Der Kühlschrank, der sich nach dem programmierten Speiseplan selbst befüllt, ist ebenso in der Erprobung wie Google Glass, eine Datenbrille, die Gesichter oder Häuser scannt und den dazu passenden Namen samt Adresse einblendet. 3,2 Milliarden Dollar gab Google für die 280-Mann-Firma Nest Labs aus, die elektronisch regelbare Thermostate und Rauchmelder herstellt. Das übers Handy gesteuerte Heim wird schon bald zum Standard der Immobilienbranche zählen, und auch der Weg zum selbstfahrenden Auto ist nicht mehr weit.

Das Fatale an diesen Entwicklungen: Überall fallen Daten an, die aufgezeichnet und abgespeichert werden. Sie verraten *Big Data* nahezu alles über die Lebensgewohnheiten von Milliarden Kunden, die sie nach Belieben steuern, manipulieren oder aussperren können. Schon heute lässt Apple, darin der rotchinesischen Regierung nicht unähnlich, Inhalte rassistischen oder pornografischen Charakters nicht auf die iMacs und iPhones. Das muss man nicht bedauern, doch wer weiß schon, was diesen Unternehmen morgen einfällt? Die Kunden jedenfalls sind ihnen umso wehrloser ausgeliefert, je mehr die Datensammler über sie wissen.

Über das Netz soll eines Tages die gesamte Weltbevölkerung gesteuert, überwacht und zum Konsum verleitet werden – das ist das Ziel von Big Data und den dieser Industrie eng verbundenen staatlichen Behörden. Auf dem Altar politischen und wirtschaftlichen Wohlverhaltens wird die individuelle Freiheit geopfert. Regierungstreue Fachleute wie der Harvard-Professor Cass Sunstein und der US-Wirtschaftswissenschaftler Richard Thaler nennen die staatliche Bevormundung euphemistisch einen *libertären Paternalismus*. Tatsächlich geht es nicht ums Libertäre, sondern um die Vernichtung der Liberalität. Der Flensburger Soziologe Harald Welzer sieht bereits einen neuen Totalitarismus heraufziehen: »Diktaturen arbeiten immer zuerst an der Abschaffung der Privatheit und des Geheimen und Verborgenen. Denn nur so lassen sich Menschen effektiv kontrollieren. Google und Co. arbeiten auch an der Abschaffung des Privaten«, sorgte sich der Mitbegründer der gemeinnützigen Stiftung »Futurzwei« im ›Spiegel‹.

Die Welt soll einer Moral unterworfen werden, die in Cupertino, Mountain View oder Seattle zu Hause ist. Staaten, die sich dem amerikanischen Kulturimperialismus widersetzen wollen, müssen sich abschotten – oder auf das Internet verzichten. Konsumenten wie Unternehmen bezahlen die Produkte und Dienste der IT-Branche mit wachsender Abhängigkeit. Das exzessiv beworbene Cloud-Konzept ist der Honig, mit dem die amerikanischen Netz-Giganten ihre Kunden in die Falle locken. Cloud heißt so viel wie Datenwolke und meint riesige Rechenzentren, in denen die Daten der Kunden kostengünstig verarbeitet und gespeichert werden.

Auf den ersten Blick eine vernünftige Sache: Der Kunde braucht kein eigenes Rechenzentrum mehr, spart sich den Ärger mit der Software-Pflege und verfügt stets über die neueste Technik. Die Raten, die Cloud-Kunden für den Service bezahlen müssen, sind jedoch nur scheinbar günstig. Richtig teuer kann es werden, wenn die Daten außer Kontrolle geraten oder in den Leitungen der Konkurrenz landen. Die Serverfarmen der IT-Dienstleister stehen irgendwo in der Welt, jedenfalls außerhalb der Einflusssphäre der Kunden. Was dort mit ihren Daten geschieht, entzieht sich ihrer Kenntnis. Niemand kann garantieren, dass nicht die NSA oder ein anderer Geheimdienst darauf zugreift.

Vorbei ist es mit Betriebsgeheimnissen, wenn das *Internet of Everything* in die Wirtschaft Einzug hält. In Deutschland spricht man von der *Industrie 4,0* und meint dasselbe: sich selbst organisierende Teile. Jedes Ding, von der kleinsten Schraube bis zum Container-Riesen, soll mit Mikrochips bestückt werden, die miteinander kommunizieren. Das vereinfacht die Produktionsprozesse, verringert das finanzielle Risiko und erleichtert das Verkaufen. Die Kehrseite: Der Datenaustausch funktioniert übers Internet und ist damit sowohl einseh- als auch angreifbar.

Die Welt wird zu einer riesigen Datenmasse und verliert ihre Geheimnisse. Wenn alles offenliegt und jeder über alles Bescheid weiß, braucht es eine höhere Moral, die für Ordnung sorgt, sonst nimmt das Chaos überhand. Dinge, die sich selbst organisieren, können gar nicht anders, als ihrem programmierten Schema zu folgen. Menschen haben mehr Freiheitsgrade als Roboter und sind in der Lage, sich anders zu verhalten, als von ihnen erwartet wird.

Die anerzogene Moral soll verhindern, dass sie sich zerfleischen. Sie wird umso wichtiger, je mehr Menschen den Planeten bevölkern. Doch wenn Menschen ihrer Geheimnisse beraubt werden, verlieren sie ihre Identität – und damit ihre Kreativität. Die Diktatur der Moral verlangt soziales Wohlverhalten und bekommt dafür angepasste Herdenwesen. So gesehen, ist der gegenwärtige Moralisierungstrend nur ein Vorgeschmack dessen, was die Zukunft bereithält.

Die wehrlose Wehr

Deutschland neigt, aus guten Gründen, zum Pazifismus, sieht sich aber immer wieder von seinen Verbündeten zu militärischen Einsätzen genötigt. Der Widerspruch brachte eine ungeliebte Bundeswehr hervor, der es an nahezu allem mangelt, was dem Schutz der Heimat und fremder Territorien dienlich ist. Sie verfügt über Transportflugzeuge, die nicht transportieren, Kampfbomber, die nicht bomben, Hubschrauber, die nicht fliegen, Drohnen, die nicht starten, Gewehre, die nicht treffen.

Das Arsenal des Grauens wird bedient von einer Truppe, die sich zwar unter widrigen Umständen im fernen Afghanistan, nicht aber in der Heimat Respekt verschaffen konnte. In der Moral der Wohlstandsgesellschaft ist kein Platz für Heldentum. Mit einer Kampagne zur »Vereinbarkeit von Beruf und Familie« wollte die Bundesverteidigungsministerin ihre wehrlose Wehr zum »attraktivsten Arbeitgeber Deutschlands« machen, tatsächlich gab sie die sozial umhegten Soldaten und Offiziere der Lächerlichkeit preis.

Seltsamerweise sind die Produkte der heimischen Rüstungsindustrie, von Krauss-Maffeis Leopard-Panzer über Thyssens U-Boote bis zu den Handfeuerwaffen von Heckler & Koch, in der Welt begehrt. Weshalb Waffen made in Germany überall funktionieren, nur in Germany nicht, zählt zu den großen Mysterien der Verteidigungspolitik. Entweder bestellt die Bundeswehr das falsche Gerät oder die Industrie missbraucht das Militär als Übungsgelände und Schrottplatz.

Friedensbewegte Medien wie ›Die Zeit‹, die ›Süddeutsche Zeitung‹ oder die ›taz‹ pflegen die Exporte der Rüstungsindustrie unisono an den Pranger zu stellen, Ausrüstungsmängel bei der Bundeswehr aber investigativen Recherchen zu unterziehen. Im Verbund mit den Kirchen und linken Parteiflügeln würden sie diese Industrie mit rund 100 000 Beschäftigten und weiteren 200 000 in den Zulieferbetrieben am liebsten ganz aus Deutschland vertreiben. Dass damit ein wesentlicher Bereich des technologischen Fortschritts in andere Länder abwanderte, scheint sie wenig zu stören. Der Krieg ist zwar nicht der Vater aller Dinge, aber ohne militärische Forschung und Entwicklung gäbe es viele Dinge nicht.

Ein Land, das aus Gründen seiner pazifistischen Moral der Bundeswehr den Etat beschneidet und der Rüstungsindustrie den Garaus macht, darf sich nicht wundern, wenn es weder von Verbündeten noch von seinen Gegnern sonderlich ernst genommen wird. Mit den schrumpfenden Einsatzmöglichkeiten der Bundeswehr schwindet Deutschlands Einfluss sowohl in der NATO als auch im Sicherheitsrat der UNO, und vielen Zeitgenossen kommt das gar nicht so ungelegen.

Die pazifistische Moral einer kriegsmüden Gesellschaft verlangt, dass auf den Schlachtfeldern nicht mehr gestorben wird. Nur sehr reiche Nationen aber können sich automatisiertes Kriegsgerät wie Kampfroboter, Drohnen oder laserbewaffnete Satelliten leisten. Die anderen werden versuchen, ihre technische Unterlegenheit mit asymmetrischer Kriegsführung auszugleichen. Militärische Konflikte werden deshalb kaum verschwinden, sondern, im Gegenteil, zunehmen, und die hochgerüsteten Staaten müssen damit rechnen, in immer neue schmutzige Kriege verwickelt zu werden.

Der Beruf des Söldners dürfte, aller Friedensmoral zum Trotz, weiterhin gute Verdienstchancen bieten. Da in den Wohlstandsgesellschaften der Dienst an der Waffe wenig Begeisterung hervorruft, überlassen die Staaten, die es sich leisten können, ihre Verteidigung bezahlten Profis. Den Irak-Krieg führte die berüchtigte Söldner-Firma Blackwater im Auftrag des Pentagon. Nach unschönen Vorfällen, bei denen die privaten Ballermänner unbewaffnete Zivilisten erschossen hatten, taufte sich die Firma 2009 in XE Services um, um zwei Jahre später nochmals den Namen zu wechseln. Inzwischen nennt sich die im US-Bundesstaat North Carolina beheimatete Privatarmee Academi und ist Teil der Constellis Holding. Auch in Deutschland werben Sicherheitsfirmen wie die 2007 gegründete Asgaard German Security Group Söldner für den Krieg in Somalia an.

Gefährlicher sind die Abgehängten. Wer nicht ins Raster der Gesellschaft passt, baut sich seine eigene Moral. Egal, ob Muslim oder Neonazi: Ideologisch gesteuerte Menschen sind leichter zum Kampf zu verführen als satte Wohlstandsbürger. Doch ihre Aggressivität richtet sich eher gegen die Gesellschaft, als dass sie für sie kämpfen würden. Politik und Bundeswehr haben es versäumt, das Potential der Abgehängten für sich zu nutzen. Jeder Fünfte zählt bereits dazu; sie werden dem Rest der Gesellschaft noch viel zu schaffen machen.

Die blockierte Wissenschaft

Die größten Wissenszuwächse wird es in den nächsten Jahren, das vermuten die großen Forschungsorganisationen, von der Max-Planck- bis zur Helmholtz-Gesellschaft, bei den Life Sciences geben. Aber gerade dort blockiert die Moral den Forscherdrang. Versuche an Genen und Zellen sind umstellt von Tabus, und in den Krankenhäusern bestimmen nicht mehr Chirurgen, sondern Ethikräte, was mit alten Patienten zu geschehen hat.

Verboten ist zum Beispiel die »verbrauchende Embryonenforschung«, weil der Gesetzgeber in einer befruchteten Eizelle bereits ein mit Würde versehenes Lebewesen und keinen beliebigen Zellhaufen zu sehen beliebt. So darf ein Embryo zwar bis zum 3. Monat der Schwangerschaft im Mutterleib abgetötet, aber nicht außerhalb zum Zweck der Zellentnahme zerstört werden. Versuche mit pluripotenten (in jeden Zelltyp verwandelbaren) Stammzellen sind deshalb in Deutschland nur unter erheblichen Schwierigkeiten möglich. Das Material, mit dem die Forscher Herzinfarkte, Parkinson, Diabetes, Leukämie und andere Krebsarten bekämpfen wollen, müssen sie sich entweder im Ausland beschaffen oder aus Tieren zu gewinnen versuchen.

Tabuisiert wird die Forschung erstens durch die bis in die Rechtsprechung des Bundesgerichtshofs einwirkende Doktrin der katholischen Kirche und zweitens durch die Abscheu vor den Menschenversuchen deutscher KZ-Ärzte im Dritten Reich. Die Gegner der Stammzellenforschung führen die vier SKIP-Argumente ins Feld:

1. **S**pezies: ein Embryo gehört der Spezies Mensch an, also besitzt er Würde;
2. **K**ontinuität: da die Entwicklung von der Befruchtung bis zur

Geburt kontinuierlich verläuft, ist eine Unterscheidung zwischen Embryo und Mensch nicht erlaubt;
3. Identität: der Embryo ist moralisch identisch mit der Person, die aus ihm entsteht;
4. Potentialität: weil der Embryo das Potential besitzt, ein Mensch zu werden, besitzt er auch Würde und ist deshalb unantastbar.

Die Befürworter sprechen einer Eizelle erst ab dem 40. Tag nach der Befruchtung menschliche Würde zu und folgen damit der Logik des Aristoteles, der schon vor 2300 Jahren die »Reifung der Seele« auf diesen Zeitpunkt verlegt hatte. Wer recht hat, ist weniger interessant als die Frage, weshalb in der Wissensgesellschaft des 21. Jahrhunderts moralische Bedenken eine solche Bedeutung bekommen haben, dass sic die Heilung schwerstkranker Menschen zu behindern vermögen. Mit dem 2011 reformierten Stammzellengesetz von 2002 misst der Gesetzgeber nämlich dem noch nicht entstandenen Leben einen höheren Wert bei als der Gesundheit lebender Patienten.

Menschen können einen Herzinfarkt überleben, wenn sich ihr Herzmuskel wieder regeneriert. Da bei einem schweren Infarkt bis zu 10 Milliarden Zellen zerstört werden, brauchen stark geschädigte Herzen Hilfe. Am Institut für Neurophysiologie der Uni Köln ist Professor Jürgen Hescheler mit einem Team von 100 Wissenschaftlern damit beschäftigt, aus embryonalen Stammzellen Herzmuskelzellen zu züchten. Mit einer Spritze ins Herz könnten Patienten auch nach einem schweren Infarkt gerettet werden. Der Professor ist gläubiger Katholik und weiß genau, dass er mit seiner Arbeit gegen die Doktrin der Kirche verstößt. Als er im Vatikan mit hohen Geistlichen diskutierte, stieß er auf taube Ohren: »Wir sprechen nicht die gleiche Sprache«, stellte Hescheler frustriert fest.

Die restriktive Haltung des Gesetzgebers verhindert ebenso die Behandlung der Alzheimer-Krankheit mit neuralen Stammzellen. Bisher ist diese schwere Form der Demenz unheilbar, doch Spitzenforscher wie Oliver Brüstle vom Institut für Rekonstruktive Neurobiologie an der Universität Bonn glauben, die im Gehirn der Alzheimer-Patienten abgestorbenen Nervenzellen durch Stammzellen ersetzen zu können. Dazu wären allerdings Versuche mit lebenden Gehirnzellen notwendig. Da demente Patienten einer solchen Behandlung nicht rechtswirksam zustimmen können, ist die Forschung blockiert. Die Ethikräte in den Kliniken pflegen derartige Anträge abzulehnen.

Teilweise untersagt ist ferner die Präimplantationsdiagnostik (PID). Bei diesem Verfahren werden außerhalb des Mutterleibs (in-vitro-Fertilisation) befruchtete Eizellen molekulargenetisch und zellbiologisch untersucht, um beim Embryo Anomalien oder Erbkrankheiten auszuschließen. Ursprünglich strikt gehandhabt, wurde das PID-Verbot nach einem Urteil des Bundesgerichtshofs (BGH) vom November 2011 etwas gelockert, etwa wenn bei der Frau oder dem Mann »das hohe Risiko einer schwerwiegenden Erbkrankheit besteht«. Auch hier fragt man sich, weshalb der Gesetzgeber die ethische Position der Kirche über das Selbstbestimmungsrecht der Eltern stellt. Nicht jede Mutter ist bereit, ein Kind mit Down-Syndrom oder anderen Beeinträchtigungen großzuziehen.

Bei den Beratungen im Bundestag formierte sich eine parteiübergreifende Allianz gegen jede Form der Embryonenforschung. Plötzlich paktierten wertkonservative Unionsabgeordnete mit Altlinken und jungen Grünen, Katholiken mit Protestanten, und alle waren sich einig in der Verteidigung einer diffusen, aber irgendwie christlichen Ethik. Eizellen dürfen nach Auffassung der Kirche nur zu dem Zweck befruchtet werden, um verheirateten Paaren den Wunsch nach Kindern zu erfüllen. Alles andere ist in ihren Augen Teufelswerk.

So versperrt die Moral den Weg zu einem biologisch verbesserten Menschen. Die Fiktion von Schriftstellern wie Aldous Huxley (›Schöne neue Welt‹) und Philosophen wie Friedrich Nietzsche (›Also sprach Zarathustra‹) wäre nach Meinung namhafter Biologen und Humangenetiker durchaus zu realisieren. Der optimierte Mensch könnte intelligenter, kräftiger, ausdauernder und gegen Krankheiten resistenter werden als das natürliche Produkt der Evolution. Eventuell sogar auch moralischer. Nach Lage der Dinge wird er das Licht der Welt auch im 21. Jahrhundert nicht erblicken, und vielleicht ist das auch gut so. Doch Therapien gegen die großen Plagen der Menschheit sollten durch eine rückwärtsgewandte Ethik nicht verhindert werden.

Die christliche Moral vereitelt ebenso die aktive Sterbehilfe.

Menschen, die nicht mehr leben wollen, müssen sich vor den Zug werfen wie der Unternehmer Hans L. Merckle, aus dem Fenster stürzen wie die Schauspielerin Jennifer Nitsch oder sich erschießen wie der Industrie-Erbe Gunter Sachs. Humanes Sterben mit medizinischer Hilfe scheitert am Gesetzgeber wie am Standesrecht der Ärzteverbände. In Nachbarstaaten wie der Schweiz oder Holland gilt die vielzitierte Würde des Menschen bis zum selbstbestimmten Ende. In Deutschland maßen sich andere an, darüber zu bestimmen, und dabei wird es wohl bleiben.

Das Ende des Rekordwahns

Längst hat die Moral auch den Sport im Griff. Athleten, die in ihrer Disziplin alle bisherigen Leistungen überbieten, erregen heute mehr Misstrauen als Bewunderung. Kann es mit rechten Dingen zugehen, wenn ein gewisser Usain Bolt aus Jamaika die 100 Meter in 9,58 und die 200 Meter in 19,19 Sekunden bewältigt? Staunte man früher über die Leistungsexplosion in nahezu sämtlichen Disziplinen, so stehen herausragende Ergebnisse inzwischen unter dem Generalverdacht des Dopings.

In seltener Klarheit zeigt sich hier der zwiespältige Charakter der Moral. Einerseits verlangt das Publikum Spitzenleistungen, andererseits verdammt es Athleten, die ein wenig nachgeholfen haben. Einerseits akzeptiert es die totale Kommerzialisierung der TV-tauglichen Sportarten, andererseits gibt es sich der Illusion von sauberen Wettkämpfen hin. Einerseits toleriert es Sportfunktionäre mit fragwürdigem Leumund, andererseits fordert es von den Athleten eine moralisch einwandfreie Lebensführung.

Zu allen Zeiten erlagen Sportler der Versuchung, ihre Körper auf Höchstleistung zu trimmen. Olympioniken im Athen des Aristoteles verspeisten Stierhoden, und die für ihre Ausdauer berühmten Stafettenläufer des Inkareichs stopften Kokablätter in sich hinein. Medizin und Pharmazie entwickelten neue Substanzen, deren Wirkung auf den Organismus anfangs nicht immer genau erforscht wurde. Als der dänische Radrennfahrer Knud Enemark Jensen bei den Olympischen Spielen 1960 in Rom nach einem Sturz im Krankenhaus starb, entdeckten die Ärzte in seinem Blut Spuren von Methamphetamin und Pyridilcarbinol. Jensen gilt als das erste Dopingopfer der jüngeren Sportgeschichte.

Weil der Befund der römischen Ärzte zunächst unter Verschluss gehalten wurde, dauerte es weitere acht Jahre, ehe das Olympische Komitee systematische Dopingkontrollen einführte. Anlass war der Tod des Radprofis Tom Simpson, der gute Aussichten hatte, als erster Brite die Tour de France zu gewinnen. Am 13. Juli 1967 wagte er am Mont Ventoux den Angriff auf die Spitzengruppe, kollabierte aber 1500 Meter vor dem Ziel und starb am Straßenrand. Als Todesursache diagnostizierten die Ärzte Dehydration, aber der Brite hatte reichlich Amphetamine im Blut und entfachte eine breite Diskussion über die Gefahren des Dopings.

Stand anfangs die Sorge um die Gesundheit der Athleten im Vordergrund, so entwickelte sich das Doping während des Kalten Krieges zu einem Reizthema der Politik. Fabelhafte Leistungen von Läuferinnen aus der DDR, Turnerinnen aus Rumänien, Schwimmerinnen aus China, Ringern aus Bulgarien erweckten den Argwohn ihrer westlichen Konkurrenten, ehe genauere Kontrollen Gewissheit brachten: In den totalitären Staaten des Ostblocks wurde die Leistungsverbesserung, ohne Rücksicht auf bleibende Schäden bei den Athleten, mit wissenschaftlicher Gründlichkeit betrieben. Der Sozialismus wollte seine Überlegenheit auf der Aschenbahn und im Schwimmbecken beweisen.

Der Westen mochte nicht zurückstehen, und so begann mit stillschweigender Duldung der Sportbehörden die chemische Aufrüstung auch in der Bundesrepublik. Wie intensiv westdeutsche Sportler auf wichtige Wettkämpfe vorbereitet wurden und welche Rolle bei der Vertuschung des Dopings Funktionäre, Ärzte, Trainer und Betreuer spielten, ist einer 2013 fertiggestellten Studie der Berliner Humboldt-Universität mit dem sperrigen Titel ›Doping in Deutschland von 1950 bis heute aus historisch-soziologischer Sicht im Kontext ethischer Legitimation‹ zu entnehmen.

Das zunächst unter Verschluss gehaltene Werk offenbart, wie sich das Institut für Sportmedizin an der Albert-Ludwigs-Universität in Freiburg zum Zentrum des systematischen Dopings entwickelte. Joseph Keul, Ordinarius für Innere Medizin und Sportmedizin, betreute nicht nur die deutschen Olympiamannschaften und das Daviscup-Tennisteam, er galt auch als führender Anabolika-Forscher und einer der Entdecker des Blutdopingmittels Erythropoietin (Epo). Der Doping-Papst war eng befreundet mit Willi Daume, dem langjährigen Präsidenten des Nationalen Olympischen Komitees.

Zum Symbol für die Praktiken in Deutschlands Olympia-Kader wurde der Ruderer Peter-Michael Kolbe, der 1976 in Montreal als Favorit ins Rennen ging und am Ende nach physischem Zusammenbruch gegen den Finnen Pertti Karppinnen verlor. Er hatte eine Spritze mit Wirkstoffen wie Berolase und Thioctacid erhalten, die eigentlich zur Behandlung von Diabetikern dienten und Kolbes Organismus überforderten. Gedopt wurden damals viele Spitzensportler; auch die Fußballnationalmannschaft, die 1966 in Wembley knapp gegen England verlor, steht unter Verdacht, seit ein FIFA-Funktionär behauptet hatte, dass am Ende des Turniers bei drei deutschen Spielern Spuren von Ephedrin gefunden worden seien.

DAS PUBLIKUM LIEBT DIE ILLUSION Inzwischen geht es nicht mehr um Politik und Schuldzuweisungen, sondern nur noch um die Moral und um das Geschäft, das in ihrem Namen betrieben wird. Längst hat die Sportmedizin Methoden und Mittel entwickelt, die Leistungsfähigkeit des menschlichen Organismus zu steigern, ohne die Gesundheit der Athleten zu gefährden, doch im Zuge der Anti-Doping-Kampagne wird deren Einsatz tabuisiert. Nichts fürchtet die Sportindustrie mehr als die Abwendung des launenhaften Publikums, doch keiner weiß, was fürs Geschäft schädlicher ist: gedopte Athleten oder mäßige Leistungen.

Nicht ganz unschuldig an der paradoxen Situation sind die Medien. Mit ständigen Vergleichen von Längen, Weiten, Höhen, Gewichten und Zeiten trieben sie den Rekordwahn erst auf die Spitze, dann präsentierten sie sich mit Enthüllungsgeschichten über gedopte Athleten und deren Methoden als Bewahrer der Moral. Nur die Chefs der Sportredaktionen von ARD und ZDF brauchten etwas länger, bis sie begriffen, dass ihre von der Telekom gesponserten Liveübertragungen der Tour de France beim Publikum keinen Anklang mehr fanden, nachdem sich herausgestellt hatte, dass die Könige der Bergetappen als Versuchskaninchen der Pharmaindustrie in die Pedale traten.

Der Sinn der Heldenverehrung im Sport erschließt sich rational denkenden Menschen ohnehin nicht mehr, seit Athleten nach Belieben den Verein, das Land oder die Nationalität (manchmal gar das Geschlecht) wechseln, um sich das Trikot des meistbietenden Sponsors überzustreifen. Noch akzeptiert die Bevölkerung sie als Identifikationsfiguren, doch es ist wohl nur eine Frage der Zeit, bis sie der millionenschweren Werbeträger überdrüssig wird.

Sport ist ein Milliardengeschäft, doch es funktioniert nur, solange der Anschein sauberer Wettbewerbe erhalten bleibt. Geschichten über gedopte Athleten und das Schweigekartell der beteiligten Funktionäre stören den Betrieb ebenso wie jene über die von der Wettmafia gekauften Spiele. Das Publikum liebt nun mal die Illusion, auch wenn es ahnt, dass sich dahinter eine schmutzige Wirklichkeit verbirgt. Das Interesse am ewigen Schneller-Höher-Weiter könnte eines Tages so abrupt erlahmen wie der Hype um die Tennisstars und den Rennzirkus der Formel 1.

Die Funktionäre des Internationalen Olympischen Komitees sind gut beraten, wenn sie ihren Gigantismus mitsamt der Korruption beerdigen. Milliarden-Investitionen in Sportstätten, die nach den Spielen verrotten, können sich nur noch prestigesüchtige Potentaten leisten. In demokratischen Staaten wird das Volk nach dem Sinn fragen und keinen finden. Dem olympischen Geist schadet es nicht, wenn Wintersportrefugien wie Garmisch, St. Moritz oder Krakau dem Wanderzirkus des IOC Absagen erteilen. Präsident Thomas Bach hat die Zeichen der Moral erkannt, doch ob er stark genug ist, die olympische Idee vom Geruch des Geldes zu befreien, muss sich erst erweisen.

Die Moral wird auch vor dem Profi-Fußball nicht haltmachen und die Fédération Internationale de Football Association im schweizerischen Lausanne samt ihrem ewigen Häuptling Josef Blatter strengeren Kriterien unterwerfen. Die Weltmeisterschaft im Wüstenemirat Katar 2022 gilt den Moralisten als Menetekel, das sich nicht wiederholen darf. Korrupten Funktionären wird der Staatsanwalt die rote Karte zeigen, und in 20 Jahren, darauf darf man wetten, ist die FIFA ein richtig sauberer Verband.

Das Dilemma mit der Moral

Ein Prototyp des deutschen Moralbürgers lebt im niedersächsischen Osterode. Der 1954 geborene Frührentner Horst-Werner N. brachte es als »Knöllchen-Horst« zu bundesweiter Berühmtheit, weil er mit seltener Konsequenz Jagd auf Falschparker macht. Bewaffnet mit einer Ricoh-Kamera, dokumentiert er seit 2004 den Missbrauch des öffentlichen Raums, schreibt Anzeigen und führt im Keller eine private Verkehrssünderkartei. Der Fall des gelernten Maschinenbautechnikers und späteren Taxifahrers zeigt exemplarisch, wie aus einer nützlichen eine für die Gemeinschaft schädliche Moral werden kann.

Waren die Behörden zunächst angetan von der unbezahlten Politessen-Arbeit des emsigen Wächters, der nahezu jeden Kfz-Halter in der nur 27000 Einwohner zählenden Gemeinde im südlichen Harz schon mal angezeigt hat, so sehen sie in ihm heute nur noch einen Störenfried. Sein Waterloo erlebte Knöllchen-Horst am 17. August 2008, als er einen Rettungshubschrauber, der auf dem Gehweg am Rand der Bundesstraße 243 gelandet war, um einen Infarkt-Patienten aus einer Arztpraxis abzuholen, »wegen behindernden Parkens auf einem Gehweg« anzeigte.

Horst-Werner N. wurde jetzt zwar im ganzen Land bekannt, doch die Stimmung in der Bevölkerung wendete sich gegen ihn. Im September 2013 bescheinigte ihm das niedersächsische Oberverwaltungsgericht in Lüneburg, er ginge »einer denunziatorischen Tätigkeit« nach und könne die Behörden nicht zwingen, die von ihm aufgezeichneten Ordnungswidrigkeiten zu verfolgen. Zuvor hatte der Moralbürger gegen den Landkreis geklagt, weil die Beamten der Straßenverkehrsabteilung seine Anzeigen nicht mehr bearbeiteten. Inzwischen hat Knöllchen-Horst sein Jagdrevier auf den Landkreis Göttingen ausgedehnt, worauf in Duderstadt Geschäftsleute von der Stadtverwaltung verlangten, »dem geschäftsschädigenden Unwesen Einhalt« zu gebieten.

Die banale Geschichte von Knöllchen-Horst demonstriert das Dilemma mit der Moral. Es ist richtig und notwendig, die Straßen und Gehwege in den Innenstädten von parkenden Fahrzeugen freizuhalten, weil diese den Verkehr behindern und den Bewegungsraum der Mehrheit einschränken. Wird das Verbot aber konsequent durchgesetzt, leiden die Geschäfte. Die Belieferung mit Waren wird erschwert, und es kommen weniger Kunden. Wo immer die Moral mit vitalen Interessen kollidiert, ist Toleranz und Flexibilität gefragt. Ein von seiner Mission überzeugter Moralist aber duldet keine Nachlässigkeit. Der auf die Spitze getriebene Konflikt beschädigt immer beide Parteien. Knöllchen-Horst wird geächtet, und das Oberverwaltungsgericht untergräbt mit seinem Urteil die Gesetzestreue der Bürger.

Kaum irgendwo in der Welt werden Gesetzesverstöße so konsequent verfolgt und geahndet wie in Deutschland. Das garantiert zwar Ruhe und Ordnung, aber noch lange keine Zufriedenheit mit den Lebensumständen. Denn nicht alle Bürger sind mit allen Gesetzen einverstanden. Vor allem dort, wo Gesetze mit dem Moralempfinden kollidieren, entzündet sich der Widerspruch. Ein wenig Lockerheit im Umgang mit Ge- und Verboten erleichterte das Zusammenleben, doch wo moralische Entrüstung sich breitmacht, ist es vorbei mit der Großzügigkeit. Prinzipienreiterei war schon immer eine deutsche Spezialität.

Während Italiener, Franzosen oder Griechen in Gesetzen eher unverbindliche Empfehlungen sehen und ihr Verhalten an praktischen, für sie vorteilhaften Parametern ausrichten, sind die Germanen versessen auf das absolut Richtige. Rechthabenwollen, das erkannte schon Martin Walser, ist die Erbkrankheit des deutschen Bildungsbürgertums. Die Folgen der Moralisierung sind deshalb nicht zu unterschätzen. Wo Menschen sich im Besitz der einzig gültigen Wertmaßstäbe wähnen, fällt es schwer, Kompromisse zu finden.

DER POLIT-KOMMISSAR IN DER FIRMA Die Moralisierung wird nicht nur die Wertigkeiten verändern, die unser Leben bestimmen, sondern ganz praktische Auswirkungen haben. Raucher müssen vor die Tür, Alkoholiker verlieren ihren Job, Übergewichtige zahlen höhere Prämien, rüde Vorgesetzte werden bestraft, und schon mit 8 Punkten in Flensburg sind Autofahrer ihren »Lappen« los. Das Ampelmännchen weicht in Dortmund dem Ampelweibchen, und im Kinderzimmer herrscht Werbeverbot, seit Lego darauf verzichtet, seine gelben Spielzeugmännchen im Gewand des Shell-Konzerns auftreten zu lassen. Greenpeace war dagegen.

Menschen sind neuerdings zur Hälfte Menschinnen, bei Shakespeares Liebespaar handelt es sich nicht mehr um Romeo und Julia, sondern um Julia und Romeo, und der Dr. auf dem Arztschild wird der Dr.in weichen müssen, weil die gendergerechte Moral es so will. Deshalb wissen wir jetzt auch, dass die menschliche Anatomie, egal, ob mit Penis oder Vulva versehen, kein Konstrukt der Natur, sondern lediglich eines der sozialen Konvention ist. Meint jedenfalls die kalifornische Frauenrechtlerin Judith Butler.

Im Namen der Moral lässt sich vieles verändern in demokratisch organisierten Gesellschaften, wenn die Mehrheit aus Bequemlichkeit zu den Ansinnen militanter Minderheiten schweigt. Das gilt für den Gender-K(r)ampf wie für den grünen Anstrich der Politik, für den Klimawandel wie die von den Eliten verordnete Multikulti-Zuwanderung. Die vom Wertewandel verursachten Konflikte bleiben jedoch nur so lange beherrschbar, wie die wirtschaftliche Prosperität anhält. Bricht die Konjunktur ein, kommt es zu Verteilungskämpfen, und die Verlierer werden Rache nehmen für den Verlust ihrer Identität.

Die Überforderung der Wirtschaft mit moralischen Ansprüchen ist umso gefährlicher, je undurchsichtiger die Zeitläufte werden. Wenn die Energie- und Umweltpolitik ganze Industrien aus dem Land vertreibt und andere zu existenzbedrohenden Investitionen zwingt, beschädigt das Land seine wirtschaftliche Basis. Nicht allen Unternehmen wird es gelingen, den vielfältigen, von der Moral diktierten Anforderungen gerecht zu werden.

Die Firmen sollen auf jede Form von Korruption, Betrug und Täuschung verzichten, ihre Mitarbeiter nach Tarif bezahlen und deren hohe Sozialstandards (vom Kündigungsschutz bis zum Urlaubsgeld) mitfinanzieren, die vielfältigsten Steuern und Abgaben abführen, gleichzeitig ihre Luft-, Lärm- und Abwasseremissionen minimieren sowie sämtliche Lieferanten und Geschäftsvorgänge auf ethische Unbedenklichkeit überprüfen. So kann man vielleicht ein Kloster führen, aber kein Geld verdienen.

Die mächtigste Figur im Unternehmen wird deshalb künftig auch nicht mehr der Unternehmer oder Vorstandsvorsitzende sein, sondern der Compliance-Officer. Ob Mann oder Frau: Der für die Einhaltung ethischer Regeln zuständigen Person kommt eine ähnliche Rolle zu wie dem Polit-Kommissar im Sowjetkommunismus. Ohne das Plazet des Compliance-Officers geht kein Auftrag in die Produktion, ohne seine Einwilligung wird kein Kandidat zum Vorstand befördert und keine Akquisition getätigt. Er oder sie verkörpert die Moral und ist damit unangreifbar. Keine guten Aussichten für die Wettbewerbsfähigkeit der deutschen Wirtschaft.

Die Moralisierung zwingt selbst die mächtigste Nation der Welt in die Knie. Die Veröffentlichung der CIA-Folterverhöre und der NSA-Schnüffelpraxis zerstörte nicht nur den Ruf der US-Regierung als Bewahrer der Menschenrechte, sondern nagte auch am Selbstverständnis der Amerikaner. Die Beherrscher der Welt werden sich in Demut üben und ihre Allmachtsphantasien auf dem Altar der Moral opfern müssen. Das eigene Volk wird es von ihnen verlangen.

Um welche Moral es sich handelt, ist Nebensache, solange sie auf das friedliche Miteinander der Menschen zielt. Zu bekämpfen sind allerdings Wertesysteme, die auf die Beherrschung anderer gerichtet sind. Ob Allah, Gott, Marx, Lenin oder Greenpeace – wer den Anspruch auf Absolutheit erhebt, handelt nicht moralisch, sondern faschistisch.

Die Diktatur der Moral wird das 21. Jahrhundert prägen. Sie wird die Art, wie wir denken, handeln, Geld verdienen, radikal verändern. Ob zum Guten oder zum weniger Guten, das wird sich zeigen. Man muss das nicht bedauern, sondern, wie schon mal in der jüngeren Geschichte, versuchen, das Beste daraus zu machen.

Literaturhinweise

Aristoteles, Nikomachische Ethik, Köln 2009

Nils Birbaumer, Dein Gehirn weiß mehr, als du denkst, Berlin 2014
Michael Braungart, William McDonough, Cradle to Cradle, London 2009
Heinz Bude, Gesellschaft der Angst, Hamburg 2014
Anna Sophie Buhler, Die moderne Konsumgesellschaft, München 2013
Kerstin Bund, Glück schlägt Geld, Hamburg 2014

Hans Carl von Carlowitz, Sylvicultura oeconomica, München 2013

Karlheinz Deschner, Die Politik der Päpste, Aschaffenburg 2013
Karlheinz Deschner, Das Kreuz mit der Kirche, Düsseldorf 2009
Karen Duve, Anständig essen, München 2012

Dominik Enste, Julia Wildner, Mitverantwortung und Moral, Köln 2014
Rainer Erlinger, Gewissensbisse, Frankfurt 2011

James Fallon, Der Psychopath in mir, Berlin 2015
Raphael Fellmer, Glücklich ohne Geld, Heidelberg 2013
Jonathan Safran Foer, Isabel Bogdan, Tiere essen, Frankfurt 2012
Christian Frantz, Kerstin Martens, Nichtregierungsorganisationen, Wiesbaden 2006
Carsten Frerk, Violettbuch Kirchenfinanzen, Aschaffenburg 2010

Nils Goldschmidt, Karl Homann, Die gesellschaftliche Verantwortung der Unternehmen, München 2011
David Graeber, Die ersten 5000 Jahre, Stuttgart 2012
Adam Grant, Sabine Hedinger, Geben und Nehmen, München 2013
Glenn Greenwald, Die totale Überwachung, München 2014

Gary Hamel, Worauf es jetzt ankommt, Darmstadt 2012
Marc Hauser, Moral Minds, New York 2006
Attila Hildmann, Vegane Küche, die Spaß macht, Hilden 2013
Karl Homann, Ethik in der Marktwirtschaft, München 2007

Karl Homann, Dominik Enste, Oliver Koppel, Ökonomik und Theologie, München 2009
Claudia Honegger, Sighard Neckel, Chantal Magnin, Strukturierte Verantwortungslosigkeit, Berlin 2010
Vittorio Hösle, Politik und Moral, München 1997
Klaus Hurrelmann, Erik Albrecht, Die heimlichen Revolutionäre, Weinheim 2014

Immanuel Kant, Kritik der reinen Vernunft, Köln 2009
Henry Kissinger, Weltordnung, München 2014
Peter Koslowski, Ethik der Banken, München 2009

Stefan Loipfinger, Die Spendenmafia, München 2011

Curzio Maltese, Die Finanzen des Vatikans, München 2009
Karl Marx, Friedrich Engels, Gesamtausgabe, München 1989
Dennis L. Meadows, Die Grenzen des Wachstums, Stuttgart 1972

Douglass C. North, Institutionen und Wirtschaftsleistung, Tübingen 1992
Gianluigi Nuzzi, Vatikan AG, München 2011

Nils Ole Oermann, Tod eines Investmentbankers, Freiburg 2013

Niko Paech, Befreiung vom Überfluss, München 2012

John Rawls, Eine Theorie der Gerechtigkeit, Frankfurt 1979
Jeremy Rifkin, Die Null-Grenzkosten-Gesellschaft, Frankfurt 2014
Jean-Jacques Rousseau, Die Bekenntnisse, München 2012

Michael J. Sandel, Was man für Geld nicht kaufen kann, Berlin 2012
Thilo Sarrazin, Der neue Tugendterror, München 2014
Frank Schirrmacher, EGO – das Spiel des Lebens, München 2013
Friedrich Schmidt-Bleek, Grüne Lügen, München 2014
Tomáš Sedlá⊠ek, Die Ökonomie von Gut und Böse, München 2009
Seneca, Vom glücklichen Leben, Leipzig 2011
Robert Skidelsky, Edward Skidelsky, Wie viel ist genug?, München 2013
Hans von Storch, Werner Krauß, Die Klimafalle, München 2013
Henrik Svensmark, Nigel Calder, Sterne steuern unser Klima, Ostfildern 2008

Greta Taubert, Apokalypse Now, Köln 2014

Richard H. Thaler, Cass R. Sunstein, Nudge, Berlin 2009
Henry David Thoreau, Walden, Zürich 2006

Peter Ulrich, Integrative Wirtschaftsethik, Bern 2007

Fritz Vahrenholdt, Sebastian Lünig, Die kalte Sonne, Hamburg 2012

Franz Walter u. a., Die neue Macht der Bürger, Hamburg 2013
Hans-Ulrich Wehler, Die neue Umverteilung, München 2013
Martin L. Weitzman, The Share Economy, Boston 1986

Robert Zimmer, Die europäischen Moralisten, Hamburg 1999
Gabriel Zucman, Steueroasen, Berlin 2014

Register

X/Z